21世纪普通高等教育
法 学 系 列 教 材

婚姻家庭继承法（第八版）

房绍坤　范李瑛　张洪波　编著

中国人民大学出版社
·北京·

作者简介

房绍坤：法学博士，吉林大学“匡亚明学者”杰出教授、烟台大学法学院特聘教授、教育部“长江学者”特聘教授，博士研究生导师；国家级教学名师、国家“万人计划”哲学社会科学领军人才、新世纪百千万人工程国家级人选、中宣部文化名家暨“四个一批”人才，享受国务院政府特殊津贴；兼任中国法学会民法学研究会副会长、中国农业农村法治研究会副会长。代表性著作有《用益物权基本问题研究》、《公益征收法研究》、《民事立法理念与制度构建》、《民商法原理》（全 4 册）等，代表性论文有《民事法律的正当溯及既往问题》《导致物权变动之法院判决类型》《国有土地上房屋征收的法律问题与对策》《用益物权三论》等。

范李瑛：法学硕士，烟台大学法学院教授，硕士研究生导师，山东省教学名师；兼任山东省法学会婚姻法学研究会副会长。代表性著作有《夫妻关系的立法与现实问题研究》，代表性论文有《夫妻财产制契约所致的物权变动》《子女赡养父母的几个法律问题》《房屋承租人优先购买权的几个问题》《论我国推行住房反向抵押贷款的法律制度保障》等。

张洪波：法学博士，南开大学法学院教授，博士研究生导师。代表性著作有《海域使用权制度研究》，代表性论文有《准不动产善意取得的逻辑构成》《自然资源利用权对民法物权理论的新发展》《特殊动产物权变动登记对抗之第三人范围》《论不溯既往原则在新〈婚姻法〉及其司法解释中的适用》等。

第八版修订说明

本次修订主要做了如下工作：第一，根据最新修订的《未成年人保护法》《妇女权益保障法》《婚姻登记条例》《中国公民收养子女登记办法》《外国人在中华人民共和国收养子女登记办法》，以及最高人民法院发布的《关于适用〈中华人民共和国民法典〉婚姻家庭编的解释（二）》《关于审理涉彩礼纠纷案件适用法律若干问题的规定》，对相关内容进行了补充和完善；第二，根据《民法典》的体例安排，调整相关章节的顺序；第三，根据读者的反馈意见，对第七版中存在的不妥之处进行更正。本次修订工作由房绍坤负责完成，不当之处请批评指正。

编　者

2025 年 4 月

目　　录

上编　婚姻家庭法

下编　继承法

上编

婚姻家庭法

第一章 婚姻家庭法概述

提　要

婚姻家庭是婚姻双方和家庭成员之间基于两性差别和血缘联系而形成的社会关系，既有自然属性，又有社会属性。婚姻家庭的概念分为一般概念和法律概念，二者虽表述方法不同，但实质相同。婚姻家庭是社会的细胞，承担着人口再生产、组织消费、教育等多项社会功能。婚姻家庭制度作为社会制度的组成部分，属于上层建筑的范畴，经历了群婚制、对偶婚制、一夫一妻制三个历史发展阶段。婚姻家庭法是调整婚姻关系和家庭关系的法律规范的总和。婚姻家庭法调整对象的范围决定了婚姻家庭法具有广泛性、伦理性和强制性的特点。婚姻家庭法是民事法律规范体系中相对独立的组成部分，婚姻家庭法确立的婚姻自由，一夫一妻，男女平等，保护妇女、未成年人、老年人和残疾人的合法权益原则，既是婚姻家庭法的立法指导思想，又是婚姻家庭法规范适用的基本准则。

重点问题

1. 婚姻家庭的概念和属性
2. 婚姻家庭的社会功能
3. 婚姻家庭法的特点
4. 婚姻家庭法的调整对象
5. 婚姻家庭法的基本原则

第一节　婚姻家庭与婚姻家庭制度

一、婚姻家庭的概念

（一）婚姻家庭的一般概念

按照学界比较一致的认识，关于婚姻家庭的一般概念可以从婚姻和家庭两个方面理解。

所谓婚姻，是指为当时社会制度所确认的，男女两性互为配偶的结合。对于这一概念，可以从以下方面理解：（1）从婚姻的主体上说，婚姻是男女两性的结合。两性的区别是婚姻存在的基础，“同性婚”是不符合婚姻本质的。（2）从婚姻的目的上说，婚姻是男女双方以共同永久生活为目的的结合。不具有此目的的男女双方的结合，不能被认定为婚姻。（3）从婚姻的效力上说，婚姻是男女双方确立配偶身份的结合。只有为当时社会制度所认可的男女两性的结合才形成婚姻，因此，男女两性的结合被当时社会制度认可后，双方的关系就成为配偶关系而受到保护。非配偶身份的结合，即使男女双方长期共同生活，也不成立婚姻。（4）从婚姻与家庭的关系上说，婚姻是家庭的基础，是家庭产生的前提。婚姻双方构成了最初的家庭关系，通过生育又产生父母子女、兄弟姐妹等其他家庭成员间的关系。

所谓家庭，是以婚姻、血缘和共同经济为纽带而组成的亲属团体和生活单位。对于这一概念，可以从以下方面理解：（1）家庭是由亲属所组成的亲属团体，但并非所有的亲属都能成为家庭成员，家庭由一定范围内的亲属所组成，相互间共同生活；（2）家庭有共同的经济关系，是最基本的消费单位。

（二）婚姻家庭的法律概念

婚姻家庭的法律概念可以表述如下：婚姻是男女双方以永久生活为目的，以夫妻的权利、义务为内容的合法结合；家庭是共同生活的成员间互享法定权利、互负法定义务的亲属团体。对于上述概念，可以从以下方面理解：（1）男女双方的结合应当具有永久性和合法性。不以永久生活为目的的结合，不可能具有承担家庭义务的责任感，是不符合婚姻关系的宗旨的。在法治社会中，婚姻不是男女双方结合的事实行为，而是能确立配偶关系的法律行为。（2）婚姻双方与其他家庭成员间的权利、义务应当具有一致性。婚姻家庭法是身份法，因此，婚姻家庭领域的权利、义务首先是身份方面的权利、义务，财产方面的权利、义务基于特定的身份关系而发生，从属于身份关系。婚姻家庭关系的主体行使权利的同时，必须承担相应的义务。

应当指出，婚姻家庭的一般概念和法律概念并不矛盾，两者在实质上是一致的。前者是就社会关系角度而言的，被哲学、人类学、社会学等学科广泛适用；后者是就法律关系角度而言的，适用于法学领域。

二、婚姻家庭的属性

婚姻家庭关系在本质上是一种社会关系，是社会关系的特定形式，但它又是以两性结合和血缘联系为自然条件的。因此，我们应当对婚姻家庭的自然属性和社会属性以及两者之间的关系有一个正确的认识。

（一）婚姻家庭的自然属性

婚姻家庭的自然属性是指婚姻家庭关系赖以存在的自然因素。婚姻家庭关系为社会关系，但其又与其他社会关系不同，其不同点就体现在婚姻家庭有其本身固有的自然属性。男女两性的生理差别和人类的性本能，是婚姻的生理学上的基础；通过生育繁衍而形成的血缘关系，是家庭这一亲属团体在生物学上的特点。如果没有这种自然因素，婚姻家庭便无从产生，也不可能实现其特殊的社会功能。因此，婚姻家庭立法不能无视婚姻家庭的自然属性，不能违背自然规律的要求。例如，关于法定婚龄的确定必须考虑人的生理发育程度；有关禁止近亲结婚的亲属范围的规定，必须考虑到“近亲结婚，其生不蕃”的生物学规律。同时，以缺乏性行为能力作为离婚的法定理由，以出生的事实作为确定亲子关系的依据等，都是同婚姻家庭的自然属性密切相关的。

（二）婚姻家庭的社会属性

婚姻家庭的社会属性是指社会制度赋予婚姻家庭关系的本质属性。婚姻家庭关系虽以自然属性作为存在基础，但在本质上是社会关系而非自然关系。作为自然因素的两性结合和血缘联系，普遍存在于一切高等动物界，但婚姻家庭是人类社会特有的社会关系。从历史上看，婚姻家庭是适应人类社会发展的客观需要而出现的。婚姻家庭的社会功能、婚姻家庭制度在社会制度中的地位、婚姻家庭制度类型的演变、婚姻家庭法在法律体系中的地位等，归根到底是由婚姻家庭在社会生活中的重要作用决定的。婚姻家庭的性质和特点以及它的产生和发展变化等，都不是通过其自然属性所能解释的，只有从其社会属性中才能找到正确的答案。因此，不能片面夸大婚姻家庭自然属性的作用，也不能将这两种属性并列起来，置于同等的地位。在婚姻家庭这两种属性的关系中，自然属性是婚姻家庭的基本属性，决定着婚姻家庭的存在；而社会属性则是婚姻家庭的本质属性，决定着婚姻家庭关系的性质、内容和发展方向。

三、婚姻家庭的社会功能

婚姻家庭关系是适应人类社会发展的客观需要而出现的，一夫一妻制的婚姻和个体家庭是社会机体中的细胞组织，自其产生之时起，就担负着其他社会组织无法替代的社会功能。习近平总书记指出：“……无论时代如何变化，无论经济社会如何发展，对一个社会来说，家庭的生活依托都不可替代，家庭的社会功能都不可替代，家庭的文明作用都不可替代。”[①] 一般来说，婚姻家庭不仅起着调节两性关系、维护两性关系的社会秩序的作用，而且承担着实现人口再生产、组织消费和教育等社会功能。

（一）实现人口再生产的功能

人类的生产活动由两部分构成：一方面是生活资料的生产，即食物、住房等以及为此所必需的工具的生产；另一方面是人类自身的生产，即种的繁衍。以两性结合和血缘联系为其自然条件的婚姻家庭，作为人口再生产的单位是其自然属性的具体表现。生和育是人类繁衍过程中的重要环节，而这些环节的复杂性决定着只有婚姻家庭才具备独立圆满完成此项任务的各种条件。费孝通先生认为：“在男女分工体系中，一个完整的抚育团体必须包括两性的合作。两性分工和抚育作用加起来才发生长期性的男女结合，配成夫妇，组成家庭，夫妇不只是男女间的两性关系，而且还是共同向儿女负责的合作关系。在这个婚姻契约中同时缔结了两种相连的社会关系：夫妇和亲子。”而“婚姻是人为的仪式，用以结合男女为夫妇，在社会的公认之下，约定以永久共处的方式来共同担负抚育子女的责任”[②]。在现代社会，人工生育技术虽然使无性生育成为可能，“丁克”家庭（英文为 Double Income No Kids，即不生育子女而只有夫妻的家庭）的存在也使

① 习近平：《习近平谈治国理政》，第 2 卷，353 页，北京，外文出版社，2017。
② 费孝通：《乡土中国：生育制度》，118 页，北京，北京大学出版社，1998。

人们摆脱了婚姻必须生育的束缚，但因为技术条件、经济发展条件、社会心理条件和法律条件等方面的限制，婚姻家庭人口再生产功能的社会需求并未因此而减弱或丧失。

（二）组织消费的功能

从法律意义上讲，家庭是共同生活的成员间互享法定权利、互负法定义务的亲属团体。在这个亲属团体中，成员间的主要权利、义务就是抚养、扶养和赡养，而这种权利主要依靠义务人承担抚养费、扶养费和赡养费的方式实现。因此，只要社会无力直接抚养所有的子女、赡养所有的老人，家庭组织消费就是必然的。同时，家庭作为一个生活单位，有时还具有组织生产的功能，这在个体经济得到充分发展的今天体现得较为直接和明显。

（三）教育的功能

社会教育主要分为学校教育和家庭教育，家庭教育是社会教育的重要组成部分。习近平总书记特别重视家庭教育，指出："家庭是人生的第一个课堂，父母是孩子的第一任老师。……家庭教育涉及很多方面，但最重要的是品德教育，是如何做人的教育。"① 在婚姻家庭中，家庭成员之间特有的血缘和共同生活联系，使家庭教育具有不同于学校教育等其他社会教育的特点。虽然当今学校教育等其他社会教育得到了充分发展，但家庭教育在全部社会教育中仍具有特殊的地位和作用。在社会生活中，青少年犯罪大多与家庭教育不当有关，这从反面说明了家庭教育之功能存在和作用发挥的重要性。

四、婚姻家庭制度的历史类型

在人类社会中，婚姻家庭制度并不是自始存在、永恒不变的，它是社会发展到一定阶段的产物，其主要类型有群婚制、对偶婚制和一夫一妻制。

（一）群婚制

在人类历史上，婚姻家庭制度是以群婚制为开端的。在原始社会，受生产力发展的限制，人们只有结成不同的群体才能生存下来。这种原始群体是人类最初的生产单位和生活单位，也是当时唯一的社会组织形式。在同一群体内，男女的两性关系没有任何限制，因而也就无所谓婚姻家庭制度。随着原始社会的不断发展，最初毫无限制的男女两性关系，逐渐演变出各种群婚制的两性结合的社会形式。对此，恩格斯在《家庭、私有制和国家的起源》中，沿用了摩尔根在《古代社会》一书中的提法，认为血缘群婚制和亚血缘群婚制（普那路亚）是群婚制的两种典型形式。②

血缘群婚制是群婚制的低级形式，是具有血缘关系的同辈男女之间形成的婚姻集团。这种群婚制已经排除了不同辈分的直系血亲之间的两性关系，父母与子女、祖父母与孙子女、外祖父母与外孙子女之间存在着严格的婚姻禁例。按照这种制度，两性关系是按照世代来划分的，在群体内部形成了若干同辈分的婚姻集团，即一对配偶的子孙中每代都互为兄弟姐妹，也互为夫妻。

亚血缘群婚制是群婚制的高级形式，虽仍是一种同辈男女之间的集团婚，但在两性

---

① 习近平：《习近平谈治国理政》，第 2 卷，354 页。

② 参见《马克思恩格斯选集》，3 版，第 4 卷，23～25 页，北京，人民出版社，2012。

关系上排除了兄弟姐妹，最初排除的是同胞兄弟姐妹，后来又逐步排除了血缘关系较远的兄弟姐妹。可见，与血缘群婚制相比，亚血缘群婚制下两性关系的主体范围受到了很大的限制，旁系同辈血亲的婚姻禁例越来越严格。在亚血缘群婚制下，人们只知其母而不知其父，母系血统成为认定血缘关系的唯一依据。这种两性和血缘关系的社会形式，必然导致母系氏族的出现。由于兄弟姐妹间不得互为夫妻，所以它必定是实行族外婚制的：婚姻双方分属于不同的氏族，子女只能成为母方氏族的成员。

（二）对偶婚制

对偶婚制是指一个男子在一群女子中有一个主妻，而一个女子在一群男子中有一个主夫，这一男一女在一定时期内脱离群婚相对稳定地单独生活。成对配偶在一定时期相对稳定地同居，在群婚制下或更早的时代便已出现，但在当时并未形成一种通行的制度。随着两性和血缘关系社会形式的发展变化，群婚制下的各种婚姻禁例越来越多、越来越严格，一男一女对偶同居的现象逐渐被习惯、道德固定下来，直至取代了群婚制。但相对于后来出现的一夫一妻制，对偶婚制下成对配偶同居生活的状态不太稳定，很容易被打破。

在母系氏族制和族外婚制下，一方面，这种对偶婚具有群婚的特点，仍以女子为中心，实行“女娶男嫁”，女方定居于本氏族，其夫则来自外氏族，所生子女是母方氏族而不是父方氏族的成员，因此，对偶家庭的两性和血缘关系的社会形式仍然不是严格意义上的家庭。在氏族共有经济中，它不可能成为一个脱离氏族而独立存在的经济单位。另一方面，这种一男一女或长或短的时期内脱离群婚而单独生活的情形，相对于后来出现的一夫一妻制则不稳定，极易被破坏。因此，对偶婚制是从群婚制向一夫一妻制的过渡。

（三）一夫一妻制

一夫一妻制又称个体婚制，是指一男一女结为夫妻，任何人不得在同一时期内有两个以上配偶的婚姻制度。一夫一妻制是在群婚制的基础上发展起来的，是私有制确立的必然结果。

在原始社会末期，随着生产力水平的较大提高，氏族内部的私有经济已经产生并且不断积累，男子逐渐成为新的财富的掌管者。恩格斯指出：“随着财富的增加，财富便一方面使丈夫在家庭中占据比妻子更重要的地位；另一方面，又产生了利用这个增强了的地位来废除传统的继承制度使之有利于子女的原动力。但是，当世系还是按母权制来确定的时候，这是不可能的。因此，必须废除母权制，而它也就被废除了。”① 于是，氏族组织结构发生了根本改变，子女由母方氏族的成员变为父方氏族的成员，确立了子女按父方计算世系和承袭父亲遗产的制度。后来，随着私有制经济的发展，便在氏族内部出现了以男性为中心的个体婚和与此相适应的父权制的个体家庭。一夫一妻制“是不以自然条件为基础，而以经济条件为基础，即以私有制对原始的自然产生的公有制的胜利为基础的第一个家庭形式”②。

① 《马克思恩格斯选集》，3版，第4卷，64页。
② 《马克思恩格斯选集》，3版，第4卷，75页。

一夫一妻制的婚姻家庭制度历经奴隶制时代和封建制时代，随着封建主义婚姻家庭制度的崩溃、资本主义婚姻家庭制度的建立和发展，近代型的婚姻家庭制度逐渐产生。从古代型的婚姻家庭制度到近现代型的婚姻家庭制度的转变，是沿着从男尊女卑到男女平等、从婚姻不自由到婚姻自由、从家族本位到个人本位的方向发展的。在当代世界，既存在着植根于私有制的、与资本主义社会制度相适应的婚姻家庭制度，也存在着植根于公有制的、与社会主义社会制度相适应的婚姻家庭制度。从制度上讲，社会主义婚姻家庭制度是真正的一夫一妻制的婚姻家庭制度，尽管还存在着重婚、有配偶者与他人同居、卖淫等不符合一夫一妻制要求的现象，但随着社会的发展、文明的进步，这种违法现象必将消失。人类的婚姻家庭制度，总是不断地从低级形式向高级形式发展，这是不以人的意志为转移的。

第二节　婚姻家庭法的概念、特点和调整对象

一、婚姻家庭法的概念和特点

在传统法学中，婚姻家庭法有两种不同的含义，即形式意义上的婚姻家庭法和实质意义上的婚姻家庭法。前者是指以婚姻家庭法（或亲属法、婚姻法、家庭法）为名的规范性文件，后者是指一定国家中调整婚姻家庭关系的法律规范的总和。在我国，《中华人民共和国民法典》（以下简称《民法典》）中的婚姻家庭编是调整婚姻家庭关系的主要法律规范，其与《婚姻登记条例》等立法文件以及最高人民法院有关司法解释一起，构成了我国的婚姻家庭法。因此，婚姻家庭法的概念可以表述如下：婚姻家庭法是调整婚姻关系和家庭关系的法律规范的总和。具体来讲，婚姻家庭法是调整婚姻家庭关系的发生和终止以及由此所产生的特定范围内的亲属之间的权利和义务关系的法律规范的总和。

根据婚姻家庭法的上述概念，婚姻家庭法具有如下特点。

（一）婚姻家庭法在适用上具有极大的广泛性

婚姻家庭关系是人类社会普遍存在的社会关系，以婚姻为基础的家庭是社会机体中的细胞组织。任何人，不论其性别、年龄和其他情形如何，都是婚姻家庭法律关系的主体，不可能不参与婚姻家庭法领域的法律关系。婚姻家庭法对一切自然人都是适用的，一个人在从出生后到死亡前的整个生命过程中都会作为婚姻家庭关系的主体参与到婚姻家庭法律关系之中。

（二）婚姻家庭法在内容上具有鲜明的伦理性

从一定意义上说，婚姻家庭法堪称道德化的法律或者法律化的道德，古今中外概莫能外。例如，中国古代婚姻家庭法以儒家的伦理观为其思想基础，欧洲中世纪的婚姻家庭法以基督教的道德为其精神支柱。我国社会主义的法律，本来就是同社会主义的道德相一致的。这一点，在婚姻家庭生活领域里表现得尤为明显：法律为婚姻家庭关系的主体规定的权利和义务，都是社会主义婚姻家庭道德的必然要求，充分反映了社会主义核

心价值观。

（三）婚姻家庭法中的规定多为强制性规定

为了妥善地保护自然人在婚姻家庭共同生活中的权益和全社会的利益，婚姻家庭法的规范大部分为强制性规范。在婚姻家庭法领域，法律关系发生和终止的要件、法律关系的内容是法定而不是意定的。在一定的法律事实（如结婚、离婚、出生、死亡、收养等）出现后，必然发生相应的法律后果，这些法律后果是法律预先指明、严格规定的，当事人不得自行改变或者通过约定加以改变。当然，婚姻家庭法中也有一些任意性规范，如关于夫妻财产的处理、婚姻住所的确定等，但这类规范为数不多，适用时也要符合婚姻家庭法的基本原则，当事人选择的余地不大。

二、婚姻家庭法的调整对象

（一）婚姻家庭法调整对象的范围

《民法典》第1040条规定："本编调整因婚姻家庭产生的民事关系。"可见，从范围来看，我国婚姻家庭法的调整对象既包括婚姻关系，也包括家庭关系。这些社会关系一经婚姻家庭法调整，便在有关主体之间产生法定的权利和义务。

婚姻关系是指夫妻之间的权利和义务关系。婚姻关系因结婚而发生，配偶身份基于婚姻的效力而确定；婚姻关系又因配偶死亡和离婚而终止。具体来说，关于结婚的条件和程序、夫妻之间的权利和义务、配偶死亡的法律后果、离婚的程序和处理原则，以及离婚后的子女抚养和财产处理等问题，都属于婚姻家庭法调整的婚姻关系的范围。

家庭关系是指作为家庭成员的特定亲属之间的权利和义务关系。家庭关系因结婚、出生、法律拟制等而发生，因离婚、死亡、拟制关系的解除等而终止。具体来说，家庭成员关系的发生和终止、家庭成员之间的权利和义务，都属于婚姻家庭法调整的家庭关系的范围。依据《民法典》第1045条第3款的规定，家庭成员包括配偶、父母、子女和其他共同生活的近亲属。家庭关系除夫妻关系、父母子女关系外，还包括其他近亲属关系，如兄弟姐妹之间的权利和义务关系、（外）祖父母和（外）孙子女之间的权利和义务关系等。

（二）婚姻家庭法调整对象的性质

从性质上说，婚姻家庭法所调整的社会关系既有婚姻家庭主体和一定亲属之间的人身关系，又有他们之间的财产关系。

1. 婚姻家庭方面的人身关系

婚姻家庭方面的人身关系存在于具有特定亲属身份的自然人之间，这种关系本身并不具有任何经济内容。婚姻家庭关系在本质上是一种身份关系，按照法律的规定，它只能因出现一定的法律事实（事件或者行为）而发生，如结婚、出生、收养等；因出现一定的法律事实而终止，如离婚、死亡、收养解除等。这种人身关系并不是出于经济的目的而创设和存在的。因出生这一事实而发生的亲子关系和其他血亲关系自不必说，因结婚、收养等行为而发生的亲属关系也不应是以追求经济利益为目的的，否则便违背了婚姻关系、收养关系的本质要求。

2. 婚姻家庭方面的财产关系

婚姻家庭方面的财产关系具有一定的经济内容，涉及有关主体的物质利益。但是，这种财产关系不能脱离婚姻家庭方面的人身关系而独立存在，它依附、从属于婚姻家庭方面的人身关系。这种从属性，具体表现为发生上的从属性、内容上的从属性和终止时的从属性。婚姻家庭方面的财产关系只能随着相应的人身关系的发生而发生，随着相应的人身关系的终止而终止。财产关系的内容与特定的人身关系相对应，例如：夫妻在财产关系方面的权利和义务，基于当事人的配偶身份而产生，因配偶死亡或者离婚而终止；扶养、抚养、赡养和继承等均以权利人和义务人之间特定的亲属关系为依据。因此，在婚姻家庭领域里，财产关系无非是亲属人身关系所引起的相应法律后果。

第三节　婚姻家庭法的基本原则

婚姻家庭法的基本原则是指婚姻家庭立法、婚姻家庭司法与婚姻家庭活动的基本准则。依据《民法典》第1041条的规定，婚姻家庭法的基本原则主要包括：婚姻自由原则，一夫一妻原则，男女平等原则，保护妇女、未成年人、老年人和残疾人的合法权益原则。此外，《民法典》第1043条规定：“家庭应当树立优良家风，弘扬家庭美德，重视家庭文明建设。”“夫妻应当互相忠实，互相尊重，互相关爱；家庭成员应当敬老爱幼，互相帮助，维护平等、和睦、文明的婚姻家庭关系。”这也是我国婚姻家庭法的基本原则的体现。

一、婚姻自由原则

（一）婚姻自由原则的概念和内容

婚姻自由是我国宪法赋予自然人的一项基本权利，也是我国婚姻家庭法的一项重要原则。婚姻自由是指婚姻关系当事人有权依照法律规定，自由行使婚姻问题的选择权和决定权，另一方和第三人不得以任何手段加以强制。

婚姻自由包括结婚自由和离婚自由两个方面的内容。结婚自由是指婚姻当事人依照法律规定，缔结婚姻关系的自由；离婚自由是指夫妻双方或者一方基于婚姻关系破裂的事实，通过法律程序解除婚姻关系的自由。在结婚自由和离婚自由这两个方面的关系中，结婚自由是主要的，离婚自由是结婚自由的必要补充。我们既要坚持保障离婚自由，又要反对轻率离婚。只有在夫妻感情确已破裂，婚姻关系难以继续维持时，才允许使用离婚这一法律手段。

婚姻自由权是法律赋予自然人的一项人身权利，具有专属性，只能由婚姻当事人本人行使。因此，自然人结婚、离婚必须由当事人自己决定，当事人一方不得对他方加以强迫，任何第三者也不得加以干涉。但是，自然人行使婚姻自由权利，无论是结婚还是离婚，都必须依照法律规定的条件和程序进行，才能受到法律的保护。

（二）保障婚姻自由原则实施的禁止性规定

《民法典》第1042条第1款规定：“禁止包办、买卖婚姻和其他干涉婚姻自由的行为。禁止借婚姻索取财物。”

1. 禁止包办、买卖婚姻和其他干涉婚姻自由的行为

包办婚姻是指包括父母在内的第三者，违背婚姻自由原则，包办强迫他人婚姻的行为；买卖婚姻是指包括父母在内的第三者以索取大量财物为目的，包办强迫他人婚姻的行为；其他干涉婚姻自由的行为，是指第三者阻挠他人婚姻自由的行为，如父母干涉子女结婚、子女干涉父母再婚、干涉他人离婚或者复婚等。

包办、买卖婚姻和其他干涉婚姻自由的行为，侵害了自然人的婚姻自由权利。首先，包办、买卖婚姻和其他干涉婚姻自由的行为是一种民事违法行为，受害人可以请求停止侵害；属于可撤销婚姻的，可通过撤销权的行使撤销婚姻；属于无效婚姻的，如买卖婚姻同时构成重婚的，可以请求宣告婚姻无效。其次，在干涉婚姻自由时使用暴力的，应按照《中华人民共和国刑法》（以下简称《刑法》）的规定追究行为人的刑事责任。

事例 1-1 甲、乙自由恋爱多年决定结婚，乙母因为甲家庭贫困无力购置婚房，坚决反对乙与甲结婚。丙家境殷实但腿有残疾，乙母答应与丙的亲事，逼乙与丙结婚。迫于母亲威逼，乙无奈与丙结婚。

——甲、乙自由恋爱，自愿缔结婚姻关系，是行使婚姻自主权的表现。乙母嫌贫爱富，反对乙与甲结婚，侵害了乙的婚姻自主权利；乙母违背婚姻自由原则，包办强迫乙的婚姻，其行为构成包办婚姻。

2. 禁止借婚姻索取财物

借婚姻索取财物是指婚姻当事人一方或者一方的亲属，向对方索取一定数量的财物作为结婚条件的行为。这种婚姻的当事人结婚基本上是自愿的，但将财产关系作为人身关系的前提，不符合“结婚应当男女双方完全自愿”的条件，同样违反了婚姻自由原则，为我国法律所禁止。在认定和处理具体问题时，应当注意借婚姻索取财物与买卖婚姻、给付彩礼等问题的区别。

在司法实践中，对于按照习俗给付的彩礼，应依照《最高人民法院关于适用〈中华人民共和国民法典〉婚姻家庭编解释（一）》[以下简称《婚姻家庭解释（一）》]第5条的规定处理，即：当事人请求返还的，如果查明属于以下情形，人民法院应当予以支持：(1) 双方未办理结婚登记手续；(2) 双方办理结婚登记手续但确未共同生活；(3) 婚前给付并导致给付人生活困难。适用后两项的规定，应当以双方离婚为条件。关于彩礼的处理，《最高人民法院关于审理涉彩礼纠纷案件适用法律若干问题的规定》又作了如下具体规定：(1) 禁止借婚姻索取财物。一方以彩礼为名借婚姻索取财物，另一方要求返还的，人民法院应予支持。(2) 人民法院在审理涉彩礼纠纷案件中，可以根据一方给付财物的目的，综合考虑双方当地习俗、给付的时间和方式、财物价值、给付人及接收人等事实，认定彩礼范围。但是下列情形给付的财物，不属于彩礼：1) 一方在节日、生日等有特殊纪念意义时点给付的价值不大的礼物、礼金；2) 一方为表达或者增进感情的日常消费性支出；3) 其他价值不大的财物。(3) 双方已办理结婚登记且共同生活，离

婚时一方请求返还按照习俗给付的彩礼的，人民法院一般不予支持。但是，如果共同生活时间较短且彩礼数额过高的，人民法院可以根据彩礼实际使用及嫁妆情况，综合考虑彩礼数额、共同生活及孕育情况、双方过错等事实，结合当地习俗，确定是否返还以及返还的具体比例。人民法院认定彩礼数额是否过高，应当综合考虑彩礼给付方所在地居民人均可支配收入、给付方家庭经济情况以及当地习俗等因素。（4）双方未办理结婚登记但已共同生活，一方请求返还按照习俗给付的彩礼的，人民法院应当根据彩礼实际使用及嫁妆情况，综合考虑共同生活及孕育情况、双方过错等事实，结合当地习俗，确定是否返还以及返还的具体比例。

事例 1－2 甲为还赌债，将女朋友乙诱骗到某地，以人民币 6 万元的价格卖于丙为妻。乙被迫与丙登记结婚后，寻找机会成功脱逃，报警求助后被解救。

——甲以索取财物为目的，强迫乙与丙结婚，乙与丙的婚姻在性质上为买卖婚姻。乙受胁迫与丙结婚，可以请求人民法院撤销婚姻。甲以恋爱为名，将乙卖于丙为妻，其行为构成拐卖妇女罪；丙明知乙是被拐卖的妇女而收留，并迫使乙与其结婚，其行为构成收买被拐卖妇女罪。

二、一夫一妻制原则

（一）一夫一妻制的概念和要求

一夫一妻制亦称单偶制，是指一男一女互为配偶的婚姻形式。从历史上看，一夫一妻制的字面含义和特定的社会内容并不完全一致。在私有制下，一夫一妻制是专对妇女而言的，妻只能一夫，但剥削阶级中的男性可以凭借财富和权力，实行公开的或者变相的多妻制。从理论上说，社会主义制度的建立和妇女的解放，实现了一夫一妻制的字面含义和特定社会内容的统一。

实行一夫一妻制是社会发展的必然要求。首先，一夫一妻制是保障男女两性性别比例平衡的自然要求。在人类社会，人口总量中两性比例受自然规律的调节，除战争、瘟疫、自然灾害等原因外，人口的两性比例大体上是平衡的。只有实行一夫一妻制，才能保证每个自然人成年后都有可能择偶配婚，建立婚姻家庭关系。其次，一夫一妻制是婚姻本质的反映。在我国社会主义社会，提倡建立以爱情为基础的婚姻，必须要求实行名实相符的一夫一妻制。恩格斯曾指出："既然性爱按其本性来说就是排他的……那么，以性爱为基础的婚姻，按其本性来说就是个体婚姻。"[①] 所以，只有实行一夫一妻制，才能保护夫妻感情专一，同心协力抚育子女，承担对家庭和社会的责任。一夫一妻制符合婚姻这一伦理实体的本质要求。最后，实行一夫一妻制是实现男女平等、保护妇女和子女的合法权益的必要条件。实行一夫一妻制，能进一步提高妇女的家庭地位，保护妇女和子女的合法权利，实现男女平等。

① 《马克思恩格斯选集》，3 版，第 4 卷，93 页。

按照我国一夫一妻制原则的要求，婚姻只能是一夫一妻互为配偶的合法结合，任何人不得同时有两个以上的配偶；有配偶者在婚姻终止即配偶死亡（包括自然死亡和宣告死亡）或者离婚前，不得再行结婚；禁止重婚，重婚者应依法承担刑事责任；禁止有配偶者与他人同居。

（二）禁止重婚

所谓重婚，是指有配偶者又与他人再行结婚的行为。重婚包括事实上的重婚和法律上的重婚。法律上的重婚是指前一个婚姻关系并未终止，一方或者双方又与他人骗取登记而形成的重婚；事实上的重婚是指前一个婚姻关系并未终止，一方或双方又与他人以夫妻名义共同生活，周围群众也认为是夫妻关系而形成的重婚。

重婚是对一夫一妻制的严重破坏，禁止重婚是当代各国立法的通例，我国法律也不例外。在婚姻家庭法中，重婚是结婚的禁止条件，是婚姻无效的原因，是判决离婚的法定理由和承担离婚损害赔偿责任的过错事由。

在刑法上，重婚行为依法成立重婚罪。《刑法》第 258 条规定：“有配偶而重婚的，或者明知他人有配偶而与之结婚的，处二年以下有期徒刑或者拘役。”

事例 1－3 甲为乙的姑家表哥，二人青梅竹马、两小无猜。成年后双方隐瞒表兄妹关系，骗取了结婚登记。婚后甲独自到外地务工。其间与丙建立婚外恋情，丙明知甲有配偶仍与甲以夫妻名义公开同居生活。乙知道后，向人民法院提起自诉，请求追究甲与丙重婚罪的刑事责任。甲和丙则以甲与乙的婚姻无效为由，对抗乙的自诉请求。

——甲与乙登记结婚后，在婚姻关系存续期间与丙以夫妻名义公开同居生活，构成事实上的重婚。甲与乙为三代以内旁系血亲关系，具备婚姻无效的情形。但我国对婚姻无效采取宣告无效主义，在婚姻被宣告无效之前，基于婚姻登记产生的公信力，婚姻仍处于有效状态，当事人受该婚姻效力的约束。甲、乙之婚姻被宣告无效之前，甲与丙以夫妻名义公开同居生活，构成事实上的重婚，符合重婚罪的构成要件；丙明知甲有配偶而与之结婚，也具备重婚罪的构成要件，应当与甲共同承担重婚罪的刑事责任。

（三）禁止有配偶者与他人同居

依据《婚姻家庭解释（一）》第 2 条的规定，有配偶者与他人同居是指有配偶者与婚外异性，不以夫妻名义，持续、稳定地共同居住。在现实生活中，如果有配偶者与他人结婚，或者与他人以夫妻名义同居生活，自可按重婚处理。但是，某些有配偶者为规避法律，与他人并不是以夫妻名义同居生活。对此，法律也应采取必要的措施。《民法典》第 1042 条第 2 款关于“禁止有配偶者与他人同居”的规定，在法律上增强了保护婚姻家庭、维护一夫一妻制的力度。同时，《民法典》第 1079 条和第 1091 条也规定，有配偶者与他人同居是判决离婚的法定理由和承担离婚损害赔偿责任的过错事由。

在《民法典》第 1042 条第 2 款中，“禁止重婚”和“禁止有配偶者与他人同居”是同时规定的，因此，有配偶者与他人同居显然是指那些在性质上不属于重婚的非法同居关系。在认定有配偶者与他人同居时，要注意它与事实重婚、通奸等婚外性关系的区别。

三、男女平等原则

（一）男女平等的概念和内容

男女平等不仅是我国婚姻家庭法的基本原则，而且是我国宪法和其他有关法律的重要原则。作为一般的法律概念，男女平等是指妇女在政治的、经济的、文化的、社会的和家庭的生活等各方面，都与男子处于平等的地位，享有与男子平等的权利，承担平等的义务。作为我国婚姻家庭法的一项基本原则，男女平等专指妇女在婚姻家庭领域与男子处于平等的法律地位，享有同男子平等的权利，承担平等的义务。

婚姻家庭领域的男女平等主要体现在以下方面：第一，男女双方在结婚、离婚问题上的权利、义务是平等的；第二，夫妻在人身关系、财产关系上的权利、义务是平等的；第三，父母在抚养、教育、保护子女等方面的权利、义务是平等的。在祖孙、兄弟姐妹关系上，男性亲属和女性亲属享有的权利和承担的义务也是平等的。总之，婚姻家庭主体依法享有的权利和承担的义务，均不因性别不同而异。

（二）男女平等原则的贯彻

应当说，在婚姻家庭领域，男女双方法律上的平等已经基本实现，但在现实生活中男女平等还没有完全实现，还存在着男女不平等的现象，如在继承问题上剥夺女性继承人的继承权，在抚养问题上遗弃及虐待女婴、女童，在家庭地位问题上采取暴力手段伤害、虐待妻子等。因此，为彻底贯彻男女平等原则，必须在进一步发展社会经济、提高妇女的经济地位的同时，在现有的男女平等的社会条件下，认真贯彻执行我国的婚姻家庭法和其他法律中有关男女平等的规定，通过各种措施（包括法律措施）为妇女行使权利创造更加有利的条件。

四、保护妇女、未成年人、老年人和残疾人的合法权益原则

（一）保护妇女的合法权益

保护妇女的合法权益的意义主要有二：第一，这是对男女平等原则的必要补充。历史上广大妇女处于社会的底层，深受政权、族权、神权和夫权的压迫，社会地位和家庭地位十分低下。在现代社会，虽然法律规定了男女平等原则，但旧社会遗留下来的男尊女卑、夫权统治等封建思想的残余并未完全消除，歧视妇女、侵犯妇女合法权益的现象依然不同程度地存在。在婚姻家庭中，父母包办女儿的婚姻，阻碍妇女参加工作学习，剥夺妇女的财产继承权或妻子享有的夫妻共同财产份额，虐待妇女、拐卖妇女、遗弃女婴等违法犯罪行为仍时有发生。因此，法律必须对妇女给予特殊保护，才能真正实现男女平等。第二，这是妇女生理因素的要求。男女两性的生理差异，决定了妇女在体力上普遍弱于同龄男子。妇女担负着怀孕、生育和哺育子女的任务，身体负担和精神负担较男子为重。因此，法律应对妇女的权益给予一定的特殊保护，以照顾妇女生理因素的要求。

在婚姻家庭法领域，《民法典》和《妇女权益保障法》（2022 年修订）对妇女合法权益的保护性规定主要有：（1）妇女依法享有生育子女的权利，也享有不生育子女的自由；（2）父母或者其他监护人应当履行保障适龄女性未成年人接受并完成义务教育的义务；（3）在夫妻共同财产、家庭共有财产关系中，不得侵害妇女依法享有的权益；（4）妇女享有与男子平等的继承权，丧偶妇女有权依法处分继承的财产；（5）禁止干涉妇女的结婚、离婚自由；（6）女方在怀孕期间、分娩后 1 年内或者终止妊娠后 6 个月内，男方不得提出离婚，但是女方提出离婚或者人民法院认为确有必要受理男方离婚请求的除外；（7）禁止对妇女实施家庭暴力；（8）妇女对夫妻共同财产享有与其配偶平等的占有、使用、收益和处分的权利，不受双方收入状况等情形的影响；（9）夫妻双方应当共同负担家庭义务，共同照顾家庭生活；（10）父母双方对未成年子女享有平等的监护权；（11）女方丧失生育能力的，在离婚处理子女抚养问题时，应当在最有利于未成年子女的条件下，优先考虑女方的抚养要求。依据《婚姻登记条例》第 6 条第 3 款中的规定，婚姻登记机关及其工作人员在婚姻登记工作中发现疑似被拐卖、绑架的妇女的，应当依法及时向有关部门报告。

（二）保护未成年人的合法权益

未成年人是祖国的未来，是社会主义事业的接班人。法律对未成年人的合法权益进行特殊的保护，以使他们在德、智、体、美、劳各方面得到全面健康成长。

在婚姻家庭法领域，《民法典》和《未成年人保护法》（2024 年修正）对未成年人合法权益的保护性规定主要有：（1）未成年人的父母或者其他监护人应当依法履行监护职责，不得实施有损未成年人的行为，如虐待、遗弃、非法送养未成年人或者对未成年人实施家庭暴力等；（2）未成年人的父母或者其他监护人应当为未成年人提供安全的家庭生活环境，避免未成年人遭受损害；（3）未成年人的父母或者其他监护人应当根据未成年人的年龄和智力发展状况，在作出与未成年人权益有关的决定前，听取未成年人的意见，充分考虑其真实意愿；（4）未成年人的父母或者其他监护人发现未成年人身心健康受到侵害、疑似受到侵害或者其他合法权益受到侵犯的，应当及时了解情况并采取保护措施；（5）未成年人的父母或者其他监护人不得使未满 8 周岁或者由于身体、心理原因需要特别照顾的未成年人处于无人看护状态，或者将其交由无民事行为能力、限制民事行为能力、患有严重传染性疾病或者其他不适宜的人员临时照护，不得使未满 16 周岁的未成年人脱离监护单独生活；（6）未成年人的父母或者其他监护人因外出务工等原因在一定期限内不能完全履行监护职责的，应当委托具有照护能力的完全民事行为能力人代为照护；（7）未成年人的父母离婚时，应当妥善处理未成年子女的抚养、教育、探望、财产等事宜，听取有表达意愿能力未成年人的意见。不得以抢夺、藏匿未成年子女等方式争夺抚养权。未成年人的父母离婚后，不直接抚养未成年子女的一方应当依照协议、人民法院判决或者调解确定的时间和方式，在不影响未成年人学习、生活的情况下探望未成年子女，直接抚养的一方应当配合，但被人民法院依法中止探望权的除外。

（三）保护老年人的合法权益

尊敬老年人是中华民族的传统美德。老年人为我国社会主义革命和建设事业付出了辛勤劳动，贡献了毕生精力，为社会创造了财富。在家庭中，老年人也为培养后代和建设家庭操劳一生，履行了应尽的义务。因此，他们在年老丧失劳动能力时，理应受到社会和后代的尊重，他们的权利理应受到法律的保障，使他们幸福、愉快地安度晚年。

《民法典》和《中华人民共和国老年人权益保障法》对老年人合法权益的保护性规定主要有：家庭成员应当关心和照料老年人；父母或者祖父母、外祖父母在年老、丧失劳动能力、生活困难时，子女或者孙子女、外孙子女有赡养扶助的义务。赡养人应当履行对老年人经济上供养、生活上照料和精神上慰藉的义务，照顾老年人的特殊需要。赡养人不履行赡养义务，老年人有要求付给赡养费的权利，并可以向人民法院提起诉讼；人民法院对老年人追索赡养费或者扶养费的申请，可以依法裁定先予执行；禁止歧视、侮辱、虐待或者遗弃老年人；老年人有依法继承父母、配偶、子女或者其他亲属遗产的权利，有接受赠与的权利；暴力干涉老年人婚姻自由或者对老年人负有赡养义务、扶养义务而拒绝赡养、扶养，情节严重，构成犯罪的，依法追究刑事责任等。

（四）保护残疾人的合法权益

残疾人在心理、生理、人体结构上，某种组织、功能丧失或者不正常，致使其全部或者部分丧失了以正常方式从事某种活动的能力。因此，需要对残疾人给予特殊的保障，以使其平等地充分参与社会生活，共享社会物质文化成果。

《民法典》和《中华人民共和国残疾人保障法》对残疾人合法权益的保护性规定主要有：残疾人在政治、经济、文化、社会和家庭生活等方面享有同其他公民平等的权利；残疾人的公民权利和人格尊严受法律保护；禁止基于残疾的歧视；禁止侮辱、侵害残疾人；禁止通过大众传播媒介或者其他方式贬低损害残疾人人格；残疾人的扶养人必须对残疾人履行扶养义务；残疾人的监护人必须履行监护职责，尊重被监护人的意愿，维护被监护人的合法权益；禁止对残疾人实施家庭暴力，禁止虐待、遗弃残疾人；国家保障残疾人享有康复服务的权利、平等接受教育的权利、劳动的权利、平等参与文化生活的权利、享有各项社会保障的权利。

（五）禁止家庭暴力

《民法典》第 1042 条第 3 款第一句规定："禁止家庭暴力。"家庭暴力的内涵应如何界定？学者的解释不尽相同。《中华人民共和国反家庭暴力法》第 2 条规定："本法所称家庭暴力，是指家庭成员之间以殴打、捆绑、残害、限制人身自由以及经常性谩骂、恐吓等方式实施的身体、精神等侵害行为。"依据《婚姻登记条例》第 6 条第 3 款的规定，婚姻登记机关及其工作人员在婚姻登记工作中发现当事人遭受家庭暴力或面临家庭暴力的现实危险的，应当及时劝阻并告知受害人寻求救助的途径。

与发生在其他领域的暴力行为相比较，家庭暴力有其自身的特殊性：家庭暴力的施暴者和受害者之间具有特定的亲属关系。施暴者一般是在家庭中处于强势地位的成员，受害者一般是在家庭中处于弱势地位的成员，这些成员往往缺乏独立生活能力或者自卫能力，在实际生活中以妇女、老年人、未成年人为多。根据我国法律的规定，施暴者首先应当承担行政责任和民事责任；造成严重后果，构成犯罪的，施暴者必须承担刑事责任。

事例 1-4　某日晚，李某（女）因为家庭教育问题，使用抓痒耙、跳绳对养子施某进行殴打。经某市公安局物证鉴定所鉴定，施某的伤情已构成轻伤一级。人民法院经审理认为，李某在对被害人施某实际监护的过程中，故意伤害施某的身体，致其轻伤，其行为已构成故意伤害罪。遂依法作出一审判决，被告人李某犯故意伤害罪被判处有期徒刑 6 个月。李某不服一审判决，提起上诉，要求改判无罪。二审法院经审理作出终审裁定：驳回上诉，维持原判。

——李某作为养母，对养子施某采用殴打方式进行教育，超出了惩戒权行使的合理范围，构成家庭暴力。李某的家庭暴力行为造成了受害人一级轻伤的结果，符合故意伤害罪的犯罪构成，李某应当承担故意伤害罪的刑事责任。因此，一审判决和二审裁定以故意伤害罪判处李某有期徒刑 6 个月，是正确的。

（六）禁止家庭成员间的虐待和遗弃

《民法典》第 1042 条第 3 款第二句规定："禁止家庭成员间的虐待和遗弃。"虐待是指以作为或者不作为的手段，如打骂、冻饿、恐吓、限制人身自由、有病不予医治等，对家庭成员进行精神上和肉体上的折磨、摧残，使其遭受严重痛苦的行为。依据《婚姻家庭解释（一）》第 1 条的规定，持续性、经常性的家庭暴力，可以被认定为虐待。

遗弃是指应当履行扶养、抚养和赡养的法定义务而不履行，使受害人的身心遭受严重损害的行为。

遗弃和虐待家庭成员的，行为人应当承担行政责任和民事责任；情节严重，构成犯罪的，还要追究行为人虐待和遗弃的刑事责任。

事例 1-5　甲作为母亲，独自承担两个幼女的抚养义务，但一直怠于履行抚养义务。某天下午，甲为两个女儿（殁年分别为 2 岁 5 个月和 1 岁 3 个月）预留少量食物、饮用水后，将其置留在家中主卧室内，用布条反复缠裹窗户锁扣并用尿不湿夹紧主卧室房门（防止小孩跑出）后，锁上大门离家，把孩子独自丢在家中。此后，甲多次从社区领取救助金用于在外吸食毒品、打游戏和上网。甲明知两个孩子无生活自理能力，在无人照料的情况下会饥渴致死，但直至案发时仍未回家，最终导致两幼女饿死家中。人民法院以故意杀人罪判处甲无期徒刑（甲被审判时已怀孕 3 个月）。

——甲负有抚养女儿的义务，但在具备抚养能力的情况下，不履行抚养义务，造成两被害人死亡的后果。甲的行为排除了幼儿自救和别人实施救助的机会，不宜被认定为遗弃罪。甲主观上没有虐待孩子的故意，也不宜被认定为虐待罪。虽甲没有剥夺他人生命的故意，但其对死亡后果主观上应为过失，因此，甲的行为更符合间接故意杀人罪的构成要件，一审判决以故意杀人罪判处甲无期徒刑是正确的。

五、家庭成员间相互关系的原则性规定

《民法典》第 1043 条第 1 款规定：“家庭应当树立优良家风，弘扬家庭美德，重视家庭文明建设。”第 2 款规定：“夫妻应当互相忠实，互相尊重，互相关爱；家庭成员间应当敬老爱幼，互相帮助，维护平等、和睦、文明的婚姻家庭关系。”这也是我国婚姻家庭法的基本原则。

这一基本原则既涉及家庭关系，也涉及夫妻关系，对婚姻家庭关系具有重要意义。但是，该基本原则不能直接适用于裁判个案。依据《婚姻家庭解释（一）》第 4 条的规定，当事人仅以《民法典》第 1043 条为依据提起诉讼的，人民法院不予受理；已经受理的，裁定驳回起诉。

事例 1－6 甲与妻乙之婚姻关系存续期间，甲与丙以夫妻名义公开同居生活。乙得知后，出于对家庭和一双儿女的考虑，请求甲断绝与丙的关系，但甲执意不从，仍与丙保持同居关系。乙向人民法院提起诉讼，请求人民法院责令甲停止侵害、赔礼道歉。

——人民法院应当驳回乙的起诉。甲有配偶而与丙以夫妻名义公开同居生活，其行为属于事实重婚，乙可以起诉离婚、请求离婚损害赔偿或者自诉追究甲的重婚罪刑事责任。若乙不起诉离婚，也不追究甲重婚罪的刑事责任，仅以甲违反忠实义务为由，请求甲停止侵害、赔礼道歉，人民法院不应受理乙的起诉。

（一）家庭应当树立优良家风，弘扬家庭美德，重视家庭文明建设

家风是一个家庭的精神内核。一个家庭能否做到源远流长、薪火相传，其关键性的因素就是这个家庭里面的家风相传问题。习近平总书记特别重视家风建设，指出：“家风是社会风气的重要组成部分。家庭不只是人们身体的住处，更是人们心灵的归宿。家风好，就能家道兴盛、和顺美满；家风差，难免殃及子孙、贻害社会……”①

家庭是人生的第一所学校，在社会教育体系中，家庭教育与学校教育均为社会教育的重要组成部分，家庭教育因具有“做人教育、终身教育和私人教育”的属性而居于重要地位。父母是家庭教育的主要执行者，《民法典》对家庭、家风和家庭文明建设进行规范，将家庭教育融入民法体系，对家庭教育活动予以私法规范，既是完善我国家庭教育法律法规框架体系的必要步骤，也是将“社会主义核心价值观”这一民事立法宗旨在“婚姻家庭编”中予以贯彻落实的具体体现。从法律上规范家庭应当树立优良家风，有助于通过家庭教育使子女在“自觉承担家庭责任、树立良好家风”以及为社会作出有益贡献等方面打下良好的思想基础、品德基础和人格基础。

（二）夫妻应当相互忠实、相互尊重

夫妻应当相互忠实、相互尊重，意味着在夫妻关系平等的基础上双方都享有独立的

① 习近平：《习近平谈治国理政》，第 2 卷，355 页。

完整的人身权利，要求当事人在夫妻共同生活中不仅要严格恪守一夫一妻制原则，而且应当充分意识到彼此的合法夫妻身份和各自独立的人格，不得为任何伤害对方尊严、感情和正当利益的行为。夫妻间的忠实主要是指夫妻共同生活中应当保持性生活的专一性，不得为婚外性行为；广义上还包括不得恶意遗弃配偶他方以及不得为第三人的利益而牺牲、损害配偶他方的利益。

（三）家庭成员间应当敬老爱幼，相互帮助，维护平等、和睦、文明的婚姻家庭关系

家庭成员间应当敬老爱幼。晚辈家庭成员对长辈家庭成员应予以尊敬，使之愉悦地度过晚年；长辈家庭成员对晚辈家庭成员应当予以爱护。敬老爱幼与保护未成年人、老年人的合法权益原则是从不同的角度加以规定的。保护未成年人、老年人的合法权益是保护未成年人、老年人的人格权、财产权、继承权等具体的权利，而敬老爱幼是在保护未成年人、老年人之合法权益的基础上，根据未成年人和老年人特殊的生理、心理需要提出的要求。

家庭成员间应当相互帮助。家庭成员间具有婚姻关系和血缘关系，同居一家，共同生活，在思想、生活、经济等方面应互相关心和帮助。这是家庭的社会功能（如教育功能、经济功能等）在家庭成员关系间的具体表现，而且这种帮助是来自其他方面的帮助所不能替代的。

家庭成员应当维护平等、和睦、文明的婚姻家庭关系。作为平等主体的家庭成员应当享有同等的权利，不得以强凌弱、对家庭成员实行差别待遇。家庭成员间应融洽相处，团结互助，避免无谓的纠纷。有能力的家庭成员应努力工作，不断提高物质生活水平；应当努力学习，不断提高道德水平和文化素质。如果夫妻之间互敬互爱，在家庭里上孝敬父母、下爱护教育子女，家庭成员之间相互帮助、地位平等、关系和睦、生活文明，家家如此，人人幸福，则社会自然安定祥和。

思考案例

1. 甲母得知甲与乙结婚的喜讯后，送给乙 10 万元作为结婚礼物。结婚登记前，乙母又向甲母索要 5 万元。甲与乙登记结婚后尚未共同生活，双方父母即因婚礼举行问题产生矛盾而无法调和。乙在父母威逼下提出离婚，甲同意离婚，但要求乙返还作为彩礼收受的 15 万元，乙则以上述财产系甲母自愿给予的为由拒绝返还。甲向人民法院提起离婚诉讼。

问：（1）乙收取甲母 10 万元的行为的性质及法律后果是什么？（2）乙母收取甲母 5 万元的行为的性质及法律后果是什么？（3）乙父母威逼乙离婚的行为的性质及法律后果是什么？

2. 甲系某婚姻登记机关的婚姻登记员，在其 21 周岁时与女青年乙（20 周岁）欲登记结婚。因乙在外地工作，甲便在乙未到场的情况下，给自己开具了结婚证。乙凭此结婚证在单位申请了住房，但双方基本上没有在一起共同生活。3 年后，甲又利用自己是婚姻登记员的便利，与不知情的丙领取了结婚证，后被乙发现。

问：（1）如何认定甲的行为的性质？（2）如何认定丙的行为的性质？

3. 甲与妻乙结婚后不久乙即怀孕，甲、乙商定，乙辞职在家，专心孕育孩子，照

料家庭。第二个孩子入幼儿园后，乙决定重新工作，甲坚决反对。甲、乙固执己见，互不妥协，双方矛盾加深，争吵不断。乙遂带着一双儿女搬出家门，租房居住。甲停止向乙支付生活费用，逼迫乙就范。乙提起离婚诉讼，甲到乙的租住处持刀威胁，要求乙撤回起诉。

问：（1）甲阻止乙参加工作的行为的性质是什么？（2）甲停止向乙支付生活费用的行为的性质是什么？（3）甲持刀威胁乙撤回起诉的行为的性质是什么？

4. 刘男按当地习俗向戴女给付了结婚彩礼现金10万元及金银首饰数件，婚后不久刘男即主张离婚并要求返还彩礼。关于该彩礼的返还，下列哪一选项是正确的？（　）

A. 因双方已办理结婚登记，故不能主张返还

B. 刘男主张彩礼返还，不以双方离婚为条件

C. 已办理结婚登记，未共同生活的，可主张返还

D. 已办理结婚登记，并已共同生活的，仍可主张返还

课后复习

1. 如何从法律意义上界定婚姻家庭？
2. 如何理解婚姻家庭的自然属性和社会属性？
3. 婚姻家庭有哪些社会功能？这些功能对社会文明进步起什么作用？
4. 婚姻家庭法调整的人身关系与财产关系的关联性表现在什么地方？
5. 婚姻家庭法有何特点？
6. 如何理解婚姻自由？怎样才能实现婚姻自由？
7. 我国一夫一妻制原则的本质要求是什么？

第二章
亲属制度

提　要

亲属是指因婚姻、血缘和法律拟制而产生的人与人之间的社会关系，这种社会关系经过法律确认和调整，在特定主体之间形成具有权利和义务内容的亲属法律关系。现代各国一般将亲属分为配偶、血亲和姻亲。亲属之间（配偶除外）的联络系统称为亲系，计算亲属关系亲疏远近的基本单位为亲等。亲等的计算方法有亲等计算法、世代计算法。亲等计算法主要有罗马法亲等计算法和寺院法亲等计算法两种，其中罗马法亲等计算法较为科学，为绝大多数国家所采用。世代计算法是我国所采用的亲属等级计算方法。亲属法律关系基于特定的法律事实而发生，其中，配偶因结婚而发生，因一方死亡或者双方离婚而终止；自然血亲因人的出生而发生，因一方死亡而终止；拟制血亲因法律规定而发生，因一方死亡或者依法解除而终止；姻亲关系因婚姻而发生，因配偶一方死亡或者双方离婚而终止。特定范围的亲属关系在婚姻家庭法、其他民事法律、刑法、诉讼法、劳动法和国籍法等法律上均产生相应的法律后果。

重点问题

1. 亲属的含义
2. 亲属的种类
3. 亲系和亲等
4. 亲属关系的发生和终止
5. 亲属关系的效力

第一节　亲属的含义和种类

一、亲属的含义

亲属是指人们基于婚姻、血缘和法律拟制而形成的社会关系。亲属关系一经法律调整，便在相应主体之间产生法定的权利和义务。

亲属有生物学上的亲属与法律上的亲属之分。生物学上的亲属是指以两性和血缘关系为纽带的亲属；法律上的亲属是指法律承认并规定权利、义务的亲属，即仅包括一定范围的生物学上的亲属以及法律拟制血亲。法律上的亲属关系为社会关系的一种，既有社会关系的共性，又有区别于其他社会关系的特性，具体表现在以下几个方面。

第一，亲属这种社会关系一经法律调整，便形成亲属法律关系。亲属法律关系兼具身份和财产双重性，其中身份性是前提和基础，财产性则是身份性的结果和表现。

第二，亲属法律关系的产生基于特定的法律事实。亲属法律关系的发生，必须具有婚姻、血缘或法律拟制三个原因之一。因婚姻而产生的亲属，包括配偶和姻亲；因血缘联系而产生的亲属，限于自然血亲；因法律拟制产生的亲属，是指基于某种法律行为或者事实行为，法律即认为主体之间互为亲属，如因收养成立而发生的养父母与养子女、因抚养事实而发生的继父母与继子女，被我国法律承认为拟制血亲。

第三，亲属有固定的身份和称谓。亲属关系产生后，主体间的亲属身份和称谓是固定的，除法律规定外，当事人不得随意变更或者解除。

第四，法律确认的亲属之间互有法律上的权利和义务。亲属关系一经法律调整，即在具有亲属身份的主体之间产生法律上的权利和义务关系。正如恩格斯指出的那样："父亲、子女、兄弟、姊妹等称呼，并不是单纯的荣誉称号，而是代表着完全确定的、异常郑重的相互义务，这些义务的总和构成这些民族的社会制度的实质部分。"① 我国现行法律确认互有扶养权利、义务的亲属包括夫妻、父母子女、祖孙、兄弟姐妹等。

二、亲属的种类

以亲属关系的发生原因为依据，可以将亲属分为配偶、血亲和姻亲。这是当代婚姻家庭法中的基本分类，在立法和法律适用上具有重要的意义。当然，也有一些国家的法律仅以血亲、姻亲为亲属，不以配偶为亲属，但配偶关系也是由婚姻家庭法加以调整的。《民法典》第 1045 条第 1 款规定："亲属包括配偶、血亲和姻亲。"

（一）配偶

配偶即夫妻，是男女双方因结婚而形成的亲属关系。因合法婚姻而形成的配偶关系，在亲属关系中具有重要的、特殊的地位。夫妻结合是亲属关系的起点，配偶是血亲和姻亲赖以发生的基础，在亲属关系中具有承上启下的作用。

《民法典》第 1045 条第 1 款明确将配偶纳入亲属的范畴。因此，配偶不仅是亲属，而且是在亲属关系中处于核心地位的近亲属。

（二）血亲

血亲是指有血缘联系的亲属。根据血亲间血缘来源的不同，血亲可以分为自然血亲和拟制血亲。同时，根据血亲间血缘联系的程度不同，血亲还可以分为直系血亲和旁系血亲。

自然血亲是指有自然血缘联系的亲属。自然血亲的亲属出自同一祖先，在血缘上具有同源关系，是被血缘纽带联结在一起的。这种血缘关系基于出生的事实发生，无论婚生或者非婚生，不分父系和母系，也不论是全血缘（同父同母）或者半血缘（同父异

---

① 《马克思恩格斯选集》，3 版，第 4 卷，37 页。

母、同母异父），都属于自然血亲的范围。

拟制血亲是指相互之间本无该种血亲应当具有的血缘关系，但法律确认其与该种血亲具有相同的权利、义务的亲属。因此，抑制血亲又称准血亲。这种血亲不是自然形成的，而是依法创设的。按照当代各国亲属立法，拟制血亲并不仅以原无血缘联系者为限。原先就存在某种血亲关系，依法拟制后创设了另一种血亲关系时，发生了亲属关系重复的现象。在这种情况下，权利、义务不是按照原有的血亲关系而是按照所拟制的血亲关系确定的。收养人收养三代以内旁系同辈血亲的子女为己之子女，就属于这种情况。

（三）姻亲

姻亲是以婚姻为中介而形成的亲属关系，但配偶本身除外。一般地说，姻亲分为如下三类。

一是血亲的配偶。以己身为本位，己身的血亲的配偶均为姻亲，如子之妻（儿媳）、女之夫（女婿）、兄弟之妻（嫂、弟媳）、姐妹之夫（姐夫、妹夫），以及伯、叔、舅之妻（伯母、婶母、舅母），姑、姨之夫（姑夫、姨夫）等。

二是配偶的血亲。以己身为本位，己身配偶的血亲均为姻亲，如妻之父母（岳父、岳母）、夫之父母（公、婆），以及妻之伯、叔、舅、姨及其子女，夫之伯、叔、舅、姨及其子女等。

三是配偶血亲的配偶。这种姻亲不是以一次婚姻为中介，而是以两次婚姻为中介而形成的，如夫与妻之姐妹之夫（连襟），妻与夫之兄弟之妻（妯娌）等。由于这种关系比较间接、疏远，有的国家立法不以配偶的血亲的配偶为姻亲。我国有承认这种姻亲的历史传统，但在法律上不宜规定其权利和义务。

在配偶、血亲、姻亲这三大类别的亲属中，只有少数的亲属在立法中被认为是近亲属。但关于近亲属的范围，现代各国有不同的立法例，大体有分别限定和总体限定两种立法模式。在分别限定的立法模式下，立法不从总体上概括限定亲属的范围，而是在具体的亲属关系或法律事项上分别规定亲属的法律效力，即法律分别就禁婚亲、扶养、监护、继承等方面亲属的范围及效力作出规定。在总体限定的立法模式下，立法从总体上概括限定亲属的范围，此范围之外的亲属则不属法律调整对象，也不具有亲属的法律效力。我国现行法对近亲属的范围作总体性概括规定，《民法典》第 1045 条第 2 款规定："配偶、父母、子女、兄弟姐妹、祖父母、外祖父母、孙子女、外孙子女为近亲属。"第 3 款同时规定："配偶、父母、子女和其他共同生活的近亲属为家庭成员。"

第二节　亲系和亲等

一、亲系

亲系是指亲属间的联络系统，这种联络的载体是客观存在的血缘联系和婚姻基础。血亲之间当然具有血缘联系，姻亲虽以婚姻为中介，但它是配偶一方与另一方的血亲之间的关系，配偶双方与各自的血亲之间同样具有血缘联系。因此，除配偶本身外，一切亲属关系总是有一定的亲系可循的。各种亲系相互交织，形成一个复杂的亲属网络，按不同的联系标准，分为不同系列。

（一）直系亲和旁系亲

1. 直系血亲和旁系血亲

直系血亲是指彼此之间具有直接血缘联系的血亲，包括己身所从出和从己身所出的血亲。生育自己和自己所生育的上下各代血亲，都属于直系血亲的范围，如父母与子女、（外）祖父母与（外）孙子女、曾（外）祖父母与曾（外）孙子女等。法律拟制的直系血亲，如养父母与养子女间，亦属于直系血亲。

旁系血亲是指彼此间具有间接血缘联系的血亲，即没有直接的血缘联系，但在血缘上同出一源的血亲。例如，兄弟姐妹因同源于父母而具有间接的血缘联系，与舅、姨及其子女因同源于外祖父母而具有间接的血缘关系等。法律拟制的旁系血亲，如养兄弟姐妹间，亦属于旁系血亲。

2. 直系姻亲和旁系姻亲

直系姻亲是指己身与直系血亲的配偶或与配偶的直系血亲所形成的亲属关系。例如，公婆与儿媳为直系姻亲，因为其子与己身是直系血亲，儿媳为子的配偶；己身与岳父母是直系姻亲，因为其妻与岳父母是直系血亲。

旁系姻亲是指己身与旁系血亲的配偶或与配偶的旁系血亲所形成的亲属关系。如己身与兄弟之妻、姐妹之夫是旁系姻亲，因为己身与其兄弟姐妹是旁系血亲；己身与妻之兄弟姐妹是旁系姻亲，因为妻与其兄弟姐妹是旁系血亲。

（二）父系亲和母系亲

父系亲是通过父亲的血缘关系联络的亲属，如祖父母、伯、叔、姑等；母系亲是通过母亲的血缘关系联络的亲属，如外祖父母、舅、姨等。我国古代的亲属制度是以父系为本位的。按照我国现行法的规定，父系亲与母系亲的法律地位是完全相同的。

（三）男系亲和女系亲

男系亲是指通过男子的血缘关系联络的亲属，女系亲是指通过女子的血缘关系联络的亲属。我国古代的宗法伦理观念是男尊女卑、重男系亲轻女系亲的。所谓宗亲，兼有父系亲和男系亲的性质，其他亲属相对于宗亲而言仅居于从属地位。我国现行法以男女平等为原则，男系亲和女系亲在法律上的权利和义务是完全平等的。

（四）长辈亲、同辈亲与晚辈亲

亲属的行辈（或称辈行、辈分）是按世代划分的。以行辈为依据，可以将亲属分为长辈亲（旧称尊亲属）、同辈亲、晚辈亲（旧称卑亲属）。父母辈及其他高于己身辈的亲属是长辈亲，与己身辈相同的亲属是同辈亲，子女辈及其他低于己身辈的亲属是晚辈亲。

二、亲等

亲等即亲属的等级，是计算亲属关系亲疏远近的基本单位。由于血缘联系是计算亲等的客观依据，所以亲等的计算是以血亲为基准，从而准用于姻亲的。配偶之间不计亲等。

关于亲等的计算，国外立法上主要有罗马法亲等计算法和寺院法亲等计算法。在我国，古代法采用丧服制计算亲属关系的亲疏远近，现行法则采用世代来表示血亲关系的亲疏远近。

（一）罗马法亲等计算法

这种计算法创自古罗马，随罗马法的传播为欧洲大陆法系国家所相继采用，是世界上绝大多数国家所采用的亲等计算法，其方法是分为直系血亲和旁系血亲两个方面进行计算。

1. 直系血亲亲等的计算法

罗马法直系血亲亲等的计算方法，是从己身往上或往下数，但不算己身，以一世代为一等亲等。例如，从己身往上数，父母为一亲等，祖父母、外祖父母为二亲等，曾祖父母、外曾祖父母为三亲等，高祖父母、外高祖父母为四亲等。按此方法计算，父母与子女是一亲等的直系血亲，祖父母与孙子女是二亲等直系血亲，即父母与子女比祖父母与孙子女的血缘关系近。

2. 旁系血亲亲等的计算法

罗马法旁系血亲亲等的计算方法，是首先找出最近的同源直系血亲，即己身与对方最近的共同直系长辈血亲，再按直系血亲亲等的计算方法从己身往上数至最近同源直系血亲，记下世代数，最后将两边的世代数相加所得之和，就是旁系血亲的亲等数。例如，要计算己身与姨表兄弟姐妹的亲等数，首先找出己身与姨表兄弟姐妹的最近同源直系血亲外祖父母，从己身往上数至外祖父母是二世代，再从外祖父母往下数至姨表兄弟姐妹也是二世代，然后两边世代数相加为四，因此，己身与姨表兄弟姐妹是四亲等旁系血亲。

关于姻亲亲等的计算，以“姻亲从血亲”为原则，即姻亲的亲等数以赖以发生姻亲的一方与其血亲的亲等数为依据。例如，儿媳与公婆的亲等，因丈夫与其父母是一亲等的直系血亲，故儿媳与公婆是一亲等的直系姻亲；伯叔与侄子是三亲等的旁系血亲，因此，侄子女与伯母、婶母是三亲等的旁系姻亲。

（二）寺院法亲等计算法

这种计算法创自欧洲中世纪的教会法，由于宗教影响和立法传统等原因，至今为少数国家所采用。这种方法亦分为直系血亲和旁系血亲两个方面进行计算。

1. 直系血亲亲等的计算法

寺院法直系血亲亲等的计算方法，与罗马法直系血亲亲等的计算方法完全相同，即从己身往上或往下（不算己身），一个世代为一亲等。

2. 旁系血亲亲等的计算法

寺院法旁系血亲亲等的计算方法，与罗马法旁系血亲亲等的计算方法有所不同。寺院法旁系血亲亲等的计算方法是：从己身往上数（不算己身）至最近同源直系血亲，记下世代数；再从最近同源直系血亲往下数至要计算亲等的旁系血亲，记下世代数。如果两边的世代数相同，则用一边的世代数为旁系血亲的亲等数；如果两边的世代数不同，则取数大的一边世代数为旁系血亲的亲等数。例如，己身与兄弟姐妹的最近同源直系血亲是父母，从己身往上数至父母是一世代，再从父母往下数至兄弟姐妹也是一世代，两边世代数相同，取一边的世代数为亲等数，则兄弟姐妹间是一亲等的旁系血亲。又如，计算己身与侄子女的亲等数，先从己身往上数至同源直系血亲父母为一世代，再从父母数至侄子女为二世代，取大的一边世代数为亲等数，则己身与侄子女是二亲等的旁系血亲。

关于姻亲的亲等计算，寺院法与罗马法的计算方法相似，也是以赖以发生姻亲的一方与其血亲的亲等数为依据。

（三）我国法律中的代数计算法

《民法典》以“代”来表示亲属关系的亲疏远近。代即世辈，以一辈为一代。计算亲属的代数分为直系血亲和旁系血亲两个方面。

1. 直系血亲的计算方法

从己身开始，己身为一代，往上或往下数。例如，从己身往上数，父母为二代，祖父母、外祖父母为三代，曾祖父母、外曾祖父母为四代，高祖父母、外高祖父母为五代；往下数，子女为二代，孙子女、外孙子女为三代，曾孙子女、外曾孙子女为四代，玄孙子女、外玄孙子女为五代。

2. 旁系血亲的计算方法

首先找出最近同源直系血亲，按直系血亲的计算方法，从己身往上数至最近同源直系血亲，记下世代数；再从最近同源直系血亲往下数至要计算的旁系血亲，记下世代数。如果两边的世代数相同，则用一边的世代数为定代数；如果两边的世代数不同，则取世代数大的一边为定代数。例如，要计算兄弟姐妹的代数，首先要找出最近同源直系血亲父母，己身为一世代，往上数至父母为二世代；再以父母为一世代，往下数至兄弟姐妹是二世代。因此，兄弟姐妹之间是二代的旁系血亲。再如，要计算己身与姨表兄弟姐妹的子女的代数，先找出同源直系血亲外祖父母（对姨表兄弟姐妹的子女一边来说为其外曾祖父母），己身为一世代，往上数至母亲为二世代，外祖父母为三世代；再从外祖父母往下数至姨表兄弟姐妹的子女为四世代，因此，己身与姨表兄弟姐妹的子女为四代的旁系血亲。

事例 2-1 甲的母亲与乙的外祖父是兄妹关系，甲是表姑，乙是表侄。现甲、乙申请结婚登记，婚姻登记机关以双方为三代以内旁系血亲为由，不予办理登记。

——甲和乙最近的同源直系血亲是甲的外祖父母、乙的曾祖父母，甲与外祖父母为三世代直系血亲，乙与曾祖父母为四世代直系血亲，因此，甲与乙是四代的旁系血亲，不属于法律禁止结婚的三代以内旁系血亲。如果甲、乙双方同时具备法律规定的其他结婚条件，婚姻登记机关应当为其办理结婚登记。

（四）亲属关系的重复

亲属关系的重复又称亲属关系的并存，是指有亲属关系的两人之间，同时存在两种以上不同的亲属关系。例如，基于叔侄间收养关系的成立，可以同时存在养父母子女间的拟制直系血亲关系和叔侄间的旁系血亲关系。

关于这种并存的亲属关系应如何对待，各国法律无明文规定。传统的亲属法理论认为，在亲属关系并存时采“一关系不为另一关系吸收或排斥”的原则，即并存的亲属关系各自独立存在，各保有其固有的效力。如一亲属关系消灭，不影响另一亲属关系的存在。但是，同时并存的一亲属关系所生的效力，得停止另一亲属关系所生的效力。[①] 应当指出的是，当亲属关系并存、互不吸收、各自独立时，其法律的适用，应当采“从近从重”原则，即同时并存的亲属关系中，适用亲属关系近者、权利义务重者的法律规定，发生该种亲属的效力，同时停止亲属关系远者、权利义务轻者的亲属效力。例如，叔侄间成立收养关系，养父母子女关系近于叔侄关系，养父母子女间有权利、义务而叔侄间无权利、义务，应适用养父母子女关系的法律规定，发生养父母子女的亲属效力，同时停止叔侄的亲属效力。

第三节 亲属关系的发生和终止

亲属关系因一定的法律事实而发生，也因一定的法律事实而终止。由于亲属种类的不同，发生和终止的法律事实也不同。

一、配偶关系的发生和终止

配偶关系以婚姻成立为发生原因，这是当代各国亲属立法的通例。在我国，依据《民法典》第1049条的规定，应以完成结婚登记的时间作为配偶关系发生的时间。

配偶关系终止的法律事实有二，即配偶一方死亡或者双方离婚。这里所说的死亡，既包括自然死亡，也包括宣告死亡。配偶一方的自然死亡时间，以死亡证明记载的时间为准；没有死亡证明的，以户籍登记或者其他有效身份登记记载的时间为准。有其他证据足以推翻以上记载时间的，以该证据证明的时间为准（《民法典》第15条）。关于宣告死亡的时间，人民法院宣告死亡的判决作出之日视为其死亡的日期；因意外事件下落不明宣告死亡的，意外事件发生之日视为其死亡的日期（《民法典》第48条）。配偶双方因离婚而终止配偶关系的，若为协议离婚，则以完成离婚登记的时间为配偶关系的终止时间；若为诉讼离婚，则以人民法院的离婚判决书、调解书生效的时间为配偶关系终止的时间（《民法典》第1080条）。

应当注意的是，如果一审判决准予配偶双方离婚，在上诉期内一方死亡或者二审诉讼期间一方死亡，因为准予离婚的判决书尚未发生法律效力，一方死亡前双方的婚姻关系仍然存续，所以，生存一方对死亡一方仍具有配偶身份。

---

① 参见史尚宽：《亲属法论》，70页，北京，中国政法大学出版社，2000。

事例 2-2 甲向人民法院提起离婚诉讼，经人民法院主持调解，双方达成离婚协议。甲签收离婚调解书后，即持离婚调解书与丙登记结婚。甲与丙登记结婚后，乙签收了离婚调解书。乙得知甲在其签收离婚调解书之前已结婚的消息后，向人民法院提起诉讼，要求追究甲重婚罪的刑事责任。

——乙的自诉请求不能得到人民法院的支持。依照《民事诉讼法》的有关规定，调解书经双方当事人签收后，具有法律效力。甲签收离婚调解书之后、乙签收离婚调解书之前，离婚调解书尚未发生法律效力，甲、乙之间婚姻关系的效力仍然存在。婚姻关系存续期间，甲与丙登记结婚，构成法律上的重婚。但甲基于已收到离婚调解书的事实与丙结婚，主观上不具有重婚的故意，重婚情形也在乙签收离婚调解书后消除，故情节显著轻微，危害不大，依据《刑法》第 13 条的规定，不应被认为是犯罪。

二、血亲关系的发生和终止

（一）自然血亲关系的发生和终止

自然血亲是基于出生而产生的亲属关系。只要出生事实一经发生，无论是婚生还是非婚生，出生者即与其父母和父母的亲属间发生自然血亲关系，无须当事人双方或者对方认可，也不需要履行法律手续。因此，出生是发生自然血亲关系的唯一原因。

自然血亲关系因死亡而终止。这里所说的死亡，亦包括自然死亡和宣告死亡。基于血缘联系而形成的自然血亲关系，死亡是唯一的终止原因，不能通过法律程序或者其他方式人为地解除。即使子女被他人收养，该子女与生父母的权利和义务关系消除，但双方的自然血亲关系仍然存在，法律中有关禁婚亲的规定仍然适用。脱离父母子女关系的声明和协议，也不具有终止自然血亲关系的法律效力。

（二）拟制血亲关系的发生和终止

拟制血亲是法律设定的血亲，由于拟制血亲的种类不同，其发生和终止的原因也不同。

1. 养父母与养子女关系的发生和终止

养父母与养子女间的拟制血亲关系，因收养成立而发生。收养关系依法成立，收养人与被收养人之间即发生父母子女关系。同时，被收养人与收养人的其他近亲属，也发生拟制血亲关系。

养父母与养子女的拟制血亲关系除因一方死亡而终止外，还可因收养解除而终止。收养关系解除后，收养人及其近亲属与被收养人的拟制血亲关系终止。

事例 2-3 甲早年丧妻，独自抚养婚生子乙和养女丙，备尝艰辛。乙、丙成年后产生恋情，欲登记结婚，遭到甲的强烈反对，并以断绝父子女关系相威胁。

因阻止无效，甲与乙、丙分别签订了解除父子关系和父女关系协议书，但没有办理解除手续。乙、丙结婚后，与甲没有任何往来。甲丧失劳动能力后生活困难，要求乙、丙支付赡养费，乙、丙则以父子女关系已解除为由，拒绝履行赡养费的支付义务。

——自然血亲的父母子女关系，能否通过协议方式解除，我国法律没有作出规定。但解除父母子女关系的协议，在性质上为民事法律行为，对该身份关系变动协议效力的判断，在法律规范没有明确规定的情况下，应当适用民法的基本原则。乙通过协议的方式断绝与生父的父子关系、免除对生父的赡养义务，有违人伦，违反公序良俗原则，因此，甲、乙签订的解除父子关系的协议无效，不产生父子关系终止的效力，乙应当履行对甲的赡养义务。但拟制血亲的父母子女关系，依照《民法典》的有关规定，可以通过协议方式解除，但收养关系解除自办理解除收养关系登记之日起生效。甲、丙虽达成了解除收养关系的协议，但未办理解除收养关系登记手续，因此，收养关系解除的效力没有发生，丙不得以养父女关系已经解除为由，拒绝履行对甲的赡养义务。

2. 有抚养关系的继父母子女关系的发生和终止

各国法律一般都规定养子女与养父母之间是拟制血亲关系，对继父母与继子女之间的关系则不认为是拟制血亲关系。[①] 在我国，根据立法规定，大多数学者认为继父或者继母与继子女之间可以发生拟制血亲关系。继父或者继母与继子女间拟制血亲关系的发生，须同时具备两个条件：一是继子女的生母或者生父与继父或者继母结婚，二是继父母与继子女之间形成抚养教育关系。

有抚养关系的继父母与继子女间的拟制血亲关系，除可因当事人一方死亡而终止外，也可基于双方当事人自愿而协议解除，或者由一方当事人诉请人民法院依法调解或者判决解除。如果生父（母）与继母（父）离婚，继子女与继父或者继母已经形成的抚养关系不因生父（母）与继母（父）离婚而自动消除。但如果继子女未成年而继父母拒绝抚养，则该继子女与继父母间的拟制血亲关系终止。

事例 2－4 甲、乙双方登记结婚后，乙 2 周岁的女儿丙跟随乙与甲共同生活，甲承担了对丙的抚养和教育义务。甲、丙父女情深，但甲、乙夫妻感情淡薄，后双方协议离婚，离婚协议书中明确约定离婚后甲不再负担丙的抚养费用。甲、乙登记离婚后，乙独自承担了对丙的抚养义务。丙一时难以适应只有母女二人的生活，坚决要求回到继父甲身边。甲、乙经协商满足了丙的请求。丙与甲共同生活后，甲承担了丙的抚养费用。其间，甲遇车祸身亡，丙请求继承甲的遗产。

① 参见陈苇主编：《外国婚姻家庭法比较研究》，76 页，北京，群众出版社，2006。

——甲、乙结婚后，丙与甲之间产生姻亲的继父女关系。甲对与之共同生活的丙长期履行抚养和教育义务，双方之间形成抚养关系，亲属性质转化为拟制血亲的继父女关系，甲对丙有支付抚养费的法定义务。依据《婚姻家庭解释（一）》第 54 条的规定，生父与继母离婚或者生母与继父离婚时，对曾受其抚养教育的继子女，继父或者继母不同意继续抚养的，仍应由生父或者生母抚养。可见，甲与乙离婚时，因甲不再抚养丙，甲、丙之间的拟制血亲关系已随甲、乙之离婚协议发生效力而终局性消灭。甲、丙之拟制血亲关系消灭后，甲对丙的抚养和教育并不是原继父女抚养关系的恢复，双方也不再具备继父母子女关系形成的条件。因此，丙无权继承甲的遗产。但在甲生前丙依靠其生活，故丙取得酌情分得遗产人的身份，可以依据《民法典》第 1131 条的规定，分得甲的适当遗产。

三、姻亲关系的发生和终止

姻亲关系亦以婚姻的成立为发生原因。婚姻的成立是姻亲关系发生的基础，只有以婚姻为中介，一方才与另一方的血亲或者血亲的配偶成为姻亲。因此，在一般情况下，婚姻成立的时间即为姻亲关系发生的时间。

关于姻亲关系的终止，涉及如下两个问题。

一是以婚姻为中介而发生的姻亲关系是否因离婚而消灭。对此，各国有不同的立法例。有采取不消灭主义的，如《德国民法典》第 1590 条第 2 项规定："即使姻亲所赖以成立的婚姻已解除，姻亲关系仍继续存在。"也有采取消灭主义的，如《日本民法典》第 728 条第 1 项规定："姻亲关系因离婚而终止。"我国法律对于姻亲关系是否因离婚而消灭没有规定。从社会生活来看，配偶双方离婚后，姻亲当事人也不会再保持姻亲关系，姻亲关系因离婚而消灭。

二是姻亲关系是否因配偶一方的死亡而终止。对此，各国法律的规定也有很大的差别，主要存在着有条件不消灭主义和有条件消灭主义两种立法例。有条件不消灭主义认为，配偶一方的死亡并不当然终止姻亲关系。如《意大利民法典》第 78 条第 3 款规定："没有子女的姻亲关系，不因配偶一方的死亡而消灭，特别法有规定的不在此限。"有条件消灭主义认为，在配偶一方死亡，而生存一方再婚或者作出了消灭姻亲的意思表示时，姻亲关系归于消灭。如《日本民法典》第 728 条第 2 项规定："夫妻一方死亡时，生存配偶表示终止姻亲关系的意思时"，姻亲关系终止。

在我国，《民法典》对于姻亲关系是否因配偶一方死亡而消灭未作明确规定，理论上存在不同的看法。一种观点认为，既然当配偶一方死亡时婚姻关系已消灭，那么基于该婚姻关系而发生的姻亲关系亦应随之终止，除非当事人愿意保留此种关系；另一种观点认为，在具体的姻亲关系中，一方死亡是该姻亲关系的终止原因，因为主体既已缺位，姻亲关系当然不复存在。我们认为：依据《民法典》第 1129 条的规定，丧偶的儿媳对公婆、丧偶的女婿对岳父母，尽了主要赡养义务的，作为公婆、岳父母的第一顺序法定继承人。从其立法精神看，姻亲关系不因配偶一方死亡而当然终止。

事例 2－5　甲在妻病逝后仍与岳父母乙、丙共同生活，并承担乙、丙的生活费用。甲与丁再婚后搬至丁处生活，但继续支付乙、丙的生活费用。后乙、丙煤气中毒，不幸死亡，留下房屋一栋。因乙、丙的遗产继承，甲与乙、丙的儿子发生纠纷。

——甲妻死亡后，甲对岳父母继续进行生活上的照料和经济上的帮助，双方的姻亲关系继续存在，未因甲妻的死亡而消灭。甲在与丁再婚后，继续赡养乙、丙，直到乙、丙去世。乙、丙生前对其遗产的处理没有留下遗嘱，应适用法定继承。依据《民法典》第 1129 条的规定，丧偶女婿对岳父母尽了主要赡养义务的，作为第一顺序法定继承人继承岳父母的遗产，因此，甲有权以乙、丙之法定继承人的身份继承其遗产。

第四节　亲属关系的法律效力

亲属关系一经法律调整，便会在具有亲属身份的主体之间产生法定的权利、义务。这种法律后果，即为亲属效力或者亲属关系的法律效力。在我国，不同法律规范中亲属关系的法律效力的内容有所不同。

一、在婚姻家庭法上的效力

在婚姻家庭法上，亲属关系主要发生如下效力：（1）扶养效力。《民法典》规定，夫妻之间、父母子女之间有相互扶养的义务（第 1059、1067 条）；在一定条件下，祖孙之间、兄弟姐妹之间也互负扶养义务（第 1074、1075 条）。负有扶养义务的一方不履行扶养义务的，享有扶养权利的一方有权要求扶养，并可向人民法院起诉。（2）共同财产效力。《民法典》规定，在婚姻关系存续期间，夫妻双方所得或者一方所得的财产，除另有约定和法律另有规定外，归夫妻双方共同所有；夫妻对共同财产有平等的处理权（第 1062 条）。（3）禁婚效力。基于遗传学、优生学原理和伦理道德要求，禁止一定范围的近亲属结婚。《民法典》规定，禁止直系血亲和三代以内旁系血亲结婚（第 1048 条）。法律拟制的直系血亲，如养父母与养子女、有抚养关系的继父母与继子女，虽无自然血亲关系，但基于伦理道德，也禁止结婚。（4）继承效力。《民法典》规定，夫妻有相互继承遗产的权利（第 1061 条），父母和子女有相互继承遗产的权利（第 1070 条）。同时，兄弟姐妹之间、（外）祖父母与（外）孙子女之间，也有相互继承遗产的权利（第 1127 条）。

二、在其他民事法律规范上的效力

在民法典体系中，民事法律规范与亲属关系密切相关，亲属关系主要发生如下效力：（1）法定代理效力。近亲属是无民事行为能力人或者限制民事行为能力人的法定代理人。依据《民法典》第23条的规定，父母是未成年子女的法定代理人，依法行使代理权，进行民事活动。（2）对成年人为无民事行为能力人或者限制民事行为能力人的申请认定效力。对于不能辨认或者不能完全辨认自己行为的成年人，其利害关系人或者有关组织可以向人民法院申请认定该成年人为无民事行为能力人或者限制民事行为能力人；被人民法院认定为无民事行为能力人或者限制民事行为能力人的，经本人或者其利害关系人或者有关组织申请，人民法院可以根据其智力、精神健康恢复的状况，认定该成年人恢复为限制民事行为能力人或者完全民事行为能力人（《民法典》第24条第1、2款）。（3）监护效力。父母是未成年人的监护人，父母已经死亡或者没有监护能力的，祖父母、外祖父母以及兄、姐为监护人；无民事行为能力或者限制民事行为能力的成年人的配偶、父母、子女、其他近亲属按照顺序担任其监护人（《民法典》第27、28条）。（4）对下落不明人的申请宣告效力。对于下落不明的人，达到法律规定期限的，利害关系人可以向人民法院申请宣告失踪、宣告死亡；当失踪人或被宣告死亡的人重新出现时，经本人或者利害关系人申请，人民法院应当撤销失踪宣告、死亡宣告（《民法典》第40、45、46、50条）。

三、在刑法上的效力

《刑法》中涉及亲属关系效力的规定主要有以下方面：（1）犯罪构成效力。在刑法上，虐待罪、遗弃罪，加害人与被害人之间必须具有亲属关系才能成立。如果没有亲属关系，则构成其他犯罪。（2）告诉效力。依照《刑法》的规定，近亲属之间的虐待、暴力干涉婚姻自由行为，情节严重，已构成犯罪的，除被害人重伤或者死亡以外，只有被害人或者其法定代理人告诉的，人民法院才予受理，即“不告不理”。

四、在诉讼法上的效力

亲属关系在诉讼法上的效力，包括在刑事诉讼法、民事诉讼法、行政诉讼法中规定的亲属关系的效力，主要有以下几个方面：（1）回避效力。在刑事诉讼、民事诉讼、行政诉讼中，审判人员、检察人员、侦查人员、书记员、鉴定人和勘验人员如果是本案当事人的近亲属，应自行回避。如果不回避，诉讼当事人可以申请他们回避。如对申请回避有异议，应由审判委员会、检察委员会、院长或者审判长以裁定形式决定是否回避。（2）上诉和申诉效力。对于一审人民法院作出的判决、裁定，当事人的近亲属经当事人同意可以提起上诉；对已经发生法律效力的判决、裁定不服的，可以提起申诉。（3）申请执行效力。民事案件、刑事附带民事案件的判决或者裁定及调解协议中涉及财产内容的，义务人到期不履行义务，近亲属为法定监护人的，可以申请强制执行。

五、在劳动法上的效力

在劳动法上，亲属关系的效力主要有：（1）劳动者死亡后，其遗属依法享有遗属津贴；死者生前供养的直系血亲可领取一次性抚恤金或者定期、不定期的生活困难补助费。(2) 与配偶分居两地的在国家机关、人民团体和全民所有制事业单位工作满 1 年的固定职工，与父母两地分居的职工，享有探亲权，探亲期间享有一系列的福利待遇。

六、在国籍法上的效力

在国籍法上，亲属关系的效力主要有：(1) 一定的亲属关系是取得中国国籍的前提条件。父母双方或者一方是中国公民，本人出生在中国或者外国，即具有中国国籍。但父母双方或者一方为中国公民，本人在外国出生，且出生时就具有外国国籍的，不具有中国国籍；父母无国籍或者国籍不明，定居在中国的，本人出生在中国，具有中国国籍；与中国人有一定的亲属关系的外国人、无国籍人，或者是中国人的近亲属的外国人、无国籍人，可以申请加入中国国籍。(2) 一定的亲属关系是可以申请退出中国国籍的前提条件。与外国人有一定的近亲属关系的中国人，可以申请退出中国国籍。

事例 2-6 甲与美籍男子乙在我国办理结婚登记手续后，决定移居美国。在申请加入美国国籍的过程中，甲申请退出中国国籍。但甲加入美国国籍的申请最终未获美国政府批准，甲成为无国籍人。无奈，甲基于父母中国公民的身份，向中华人民共和国申请恢复中国国籍。

——甲恢复中国国籍的申请能够获得我国政府批准。甲的父母双方是中国公民，甲出生即取得中国国籍。甲与外国人乙结婚后，可以申请退出中国国籍。退出中国国籍又未获美国国籍而成为无国籍人后，甲可以基于父母中国公民的身份，申请恢复中国国籍。

思考案例

1. 甲的父亲与乙的祖母是兄妹关系，甲是表叔，乙是表侄女。后乙被丙夫妇收养，并办理了收养登记手续。现甲、乙要申请结婚登记，但婚姻登记机关以双方为三代以内旁系血亲为由，不予办理登记。

问：甲、乙之间发生何种亲属关系？如何计算其亲等？

2. 甲妻早亡，甲与婚生子乙、养子丙共同生活。乙、丙成年后丙干涉甲的再婚，引起甲的强烈不满，甲便坚决要求与丙断绝父子关系，丙表示同意。于是，甲与丙签订了解除父子关系协议，并办理了解除收养关系登记。甲再婚后因妻子没有收入，生活困难，便请求丙履行赡养义务。丙则以父子关系已经解除为由，拒绝向甲支付赡养费。

问：(1) 甲与丙签订的解除父子关系协议是否有效？(2) 丙是否有义务向甲支付赡养费？

3. 甲妻因病死亡后，甲仍与岳父母乙、丙共同生活，并承担乙、丙的生活费用。甲与丁再婚后搬至丁处生活，不再支付乙、丙的生活费用。乙去世后，留下房屋一栋。

问：(1) 甲妻死亡后，甲与岳父母乙、丙之间的姻亲关系是否终止？(2) 甲对岳父母乙、丙是否有支付生活费的义务？(3) 甲对岳父母乙、丙的生活费支付义务，在性质上是法定义务还是道德义务？(4) 甲再婚后终止对岳父母的赡养义务，是否影响其对岳父母遗产的继承权？

4. 甲的父母离婚后，甲由母亲直接抚养，和外祖父母共同生活。甲母在一次空难中死亡，当时甲只有12周岁，没有能力处理母亲的死亡赔偿事宜，于是，甲的外祖父乙便以甲监护人的身份参与甲母的善后处理。乙领取了甲母的死亡赔偿金后，甲父丙以甲的监护人身份要求抚养甲并管理甲继承自母亲的遗产。因丙与甲的外祖父母不能就对甲的监护和抚养达成协议，丙以法定代理人的身份以甲的名义向人民法院提起诉讼。人民法院受理该案后、开庭审理前，甲向人民法院申请撤诉，并表示自己一直同外祖父母生活，今后也愿意同外祖父母生活，不同意其父监护其财产。

问：(1) 甲母死亡后，丙是否有权请求直接抚养和监护甲？(2) 甲是否有权拒绝丙的抚养和直接监护请求？(3) 甲的外祖父母能否取得对甲的监护权和抚养权？

5. 甲因婚后经常被其丈夫乙打骂，向某区人民法院提起离婚诉讼。该区人民法院经审理后认为双方感情确已破裂，判决准予离婚，并对共有财产进行了分割。甲认为区人民法院对财产的处理不公平，于是向上一级人民法院提起上诉。在二审审理期间，乙因意外事故死亡，二审法院遂裁定终结诉讼。关于本案，下列何种说法是正确的？(　　)

A. 二审法院裁定终结诉讼后，区人民法院的离婚判决即发生法律效力

B. 二审法院裁定终结诉讼后，区人民法院的离婚判决不发生法律效力

C. 区人民法院的离婚判决是否发生法律效力，取决于上诉期间是否届满，只要上诉期间届满，该判决即发生法律效力

D. 区人民法院的判决中，解除婚姻关系的部分发生法律效力，而财产分割部分不发生法律效力

6. 甲、乙为夫妻，长期感情不和。甲乘火车去外地出差，在火车上失踪。公安机关没有发现其被害尸体，也没有发现其在何处下车。人民法院依照法定程序作出宣告甲死亡的判决。之后，乙向人民法院起诉，要求铁路公司对甲的死亡进行赔偿。关于甲被宣告死亡，下列哪些说法是正确的？(　　)

A. 甲的继承人可以继承其财产

B. 甲、乙之婚姻关系消灭，且甲重新出现后也不可能恢复

C. 人民法院作出宣告甲死亡的判决之日为甲的死亡日期

D. 铁路公司应当对甲的死亡进行赔偿

课后复习

1. 如何理解亲属的含义？

2. 亲属有哪些类型？

3. 亲系、亲等应如何把握？

4. 亲属关系的发生和终止原因是什么？

5. 亲属关系在法律上的效力主要有哪些？

第三章 结婚制度

提　要

结婚又称婚姻的成立，是指男女双方确立夫妻关系的民事法律行为。只有当事人按照法律规定的条件和程序缔结的婚姻关系，才具有法律效力，受法律保护。结婚的条件包括必备条件和禁止条件。当事人必须具备结婚合意、达到法定婚龄和一夫一妻制的条件要求，同时无禁止结婚的亲属关系。欠缺婚姻成立实质要件而形成的婚姻分别构成无效婚姻和可撤销婚姻。婚姻被宣告无效或者被撤销后，自始无效，当事人不具有夫妻的权利和义务。结婚实质要件具备之后，当事人必须办理结婚登记。对于当事人的结婚申请，婚姻登记机关经审查后，如果符合法律规定的结婚条件，予以登记，发给结婚证。完成结婚登记，婚姻关系确立。结婚登记是夫妻关系确立的唯一合法有效程序，未办理结婚登记的男女双方之间不能成立婚姻。补办结婚登记的，婚姻关系的效力从当事人双方均符合法律所规定的结婚的实质要件时起算。对于未办理结婚登记，以夫妻名义共同生活的男女，分别按事实婚姻和同居关系处理。

重点问题

1. 结婚的概念和特点
2. 结婚的条件
3. 结婚的程序
4. 无效或被撤销婚姻的产生原因和法律后果

第一节　结婚的条件

一、结婚的概念和特点

《民法典》在“婚姻家庭编”用专章（第二章）规定了“结婚”。结婚亦称婚姻的成立，是指男女双方确立夫妻关系的民事法律行为。

结婚具有如下主要特点：(1) 结婚的主体必须是男女双方当事人，同性不能成立婚姻。虽然《民法典》没有明确禁止同性婚姻，但由该法“结婚应当男女双方完全自愿”

的规定可以看出，我国法律并不承认同性婚姻，一男一女的异性结合是我国婚姻成立的法定条件。(2) 结婚是民事法律行为而非事实行为。当事人必须符合法律规定的结婚条件并履行了结婚登记手续，以夫妻名义的结合才能形成婚姻，否则不具有婚姻的法律效力。(3) 结婚的效力是确立夫妻关系。男女双方因结婚形成了互为配偶的夫妻身份，开始享有法律规定的夫妻之间的权利和义务。夫妻法律关系形成后，未经法定程序，当事人一方或双方不能任意解除。

二、结婚的必备条件

结婚的必备条件又称结婚的积极条件，是指结婚当事人必须具备、缺一不可的条件。依照《民法典》的规定，当事人结婚必须具备以下三个条件。

（一）有结婚合意

结婚合意是指当事人双方对于确立夫妻关系的意思表示完全一致。基于人格独立和意思自治原则，各国法律大多把双方合意作为结婚的必备条件。《民法典》第 1046 条规定："结婚应当男女双方完全自愿，禁止任何一方对另一方加以强迫，禁止任何组织或者个人加以干涉。"按此规定，结婚合意是结婚的首要条件，是婚姻自由原则在结婚制度中的具体体现。对于"结婚应当男女双方完全自愿"一语，应当从三个方面进行理解：一是双方自愿而不是一方自愿，二是本人自愿而不是父母或者其他第三人自愿，三是完全自愿而不是勉强同意。只有这样解释，才符合法律的本意。

结婚是婚姻当事人双方的民事法律行为，就法理而言，《民法典》中有关以意思表示作为有效条件的规定，是可以结合具体情况适用于结婚的。例如，在当事人结婚的意思表示存在瑕疵时，依据《民法典》第 1052 条第 1 款的规定，因胁迫结婚的，受胁迫的一方可以向人民法院请求撤销该婚姻。同时，依据《民法典》第 1053 条第 1 款的规定，一方患有重大疾病，在结婚登记前未如实告知对方的，另一方可以向人民法院请求撤销该婚姻。

事例 3-1 甲所在单位集资建房，但规定登记结婚者方具备优惠购房资格。甲尚未婚配，为达优惠购房条件，甲决定与乙假结婚，并承诺事成之后付乙补偿费。乙生活拮据，急需资金改善生活条件。于是，甲、乙双方达成协议：甲与乙假结婚。甲领取集资房钥匙后 5 日内支付乙补偿费 10 万元；乙得到补偿费后 1 个月内，与甲办理离婚登记手续。甲在与乙登记结婚后如愿分得集资房，并依约定向乙支付了 10 万元补偿费。但乙提出甲须再支付 5 万元补偿费后方办理离婚登记手续，甲不同意，双方发生纠纷。

——甲与乙的假结婚，依照《民法典》的规定，应被认定为有效婚姻。结婚是基于双方的完全自愿，是以永久共同生活为目的的男女两性的结合，双方当事人就建立婚姻关系达成合意是婚姻成立的必要条件。甲、乙虽登记结婚，但不具有结婚的合意，而是假借结婚之名达到婚姻之外的目的。然而，我国法律对假结婚的后果没有作出规定，甲、乙的婚姻又不具备无效和可撤销的情形，因此，甲、乙通过婚姻登记机关办理的结婚登记具有法律效力，婚姻有效。

（二）达到法定婚龄

法定婚龄是指法律规定的最低结婚年龄，即结婚年龄的下限。当事人达到法定婚龄始得结婚，未达到法定婚龄结婚是违法的。关于法定婚龄，《民法典》第 1047 条规定：“结婚年龄，男不得早于二十二周岁，女不得早于二十周岁。”

达到法定婚龄后始得结婚。这是因为，婚姻是自然属性和社会属性的结合，结婚年龄相应地也要受自然因素和社会因素的制约。自然因素，即人的身心发育程度。作为婚姻主体的人，只有达到一定年龄才具有适婚的生理上和心理上的条件，才能对婚事作出理性的判断和决定，才能在婚后承担起对配偶、子女、家庭和社会的责任。社会因素，是指一定的生产方式和与之相适应的社会条件。历史传统、风俗习惯、人口状况和人口政策等，对婚龄均有不同程度的影响。

法定婚龄是法律规定的最低结婚年龄，属于强制性规范，当事人必须遵守。

（三）符合一夫一妻制

《民法典》在“结婚”一章中对此未设专门规定，但因为“婚姻家庭编”的“一般规定”章中已有实行一夫一妻制、禁止重婚的规定，所以，符合一夫一妻制是结婚的必要条件，有配偶者在配偶死亡或者与之离婚后始得再婚。

三、结婚的禁止条件

结婚的禁止条件又称结婚的消极条件或者婚姻的障碍，是指结婚当事人不能具备、必须排除的条件。依照《民法典》的规定，当事人间具有一定亲属关系的，禁止结婚。禁止结婚的亲属关系即禁婚亲，是指依法禁止结婚的一定范围的亲属。依据《民法典》第 1048 条的规定，直系血亲或者三代以内的旁系血亲禁止结婚。

（一）禁止结婚的直系血亲关系

直系血亲，包括自然血亲关系的直系血亲和法律拟制血亲关系的直系血亲。自然血亲关系的直系血亲（包括父母与子女、祖父母与孙子女、外祖父母与外孙子女等生育自己和自己所生育的上下各代亲属）禁止结婚，已成各国立法通例，我国立法也不例外。对于法律拟制血亲关系的直系血亲之间能否结婚的问题，《民法典》没有明确规定，但《民法典》第 1111 条第 1 款和第 1072 条第 2 款分别规定，养父母与养子女间的权利和义务关系以及继父或者继母和受其抚养教育的继子女之间的权利和义务关系，适用《民法典》关于父母子女关系的有关规定，因此，《民法典》对具有自然血亲关系的直系血亲缔结婚姻关系的限制，也适用于具有拟制血亲关系的直系血亲之间。

事例 3－2　甲、乙婚后不能生育子女，遂决定收养丙为养女，并到收养登记机关办理了收养登记手续。后乙与甲离婚，丙与养父甲共同生活，父女情深。丙成年后，提出与甲结婚，被甲拒绝。但在丙的坚持下，甲最终同意与丙结婚，但婚姻登记机关以双方存在禁婚亲为由，拒绝为其办理结婚登记手续。甲、乙遂到收养登记机关办理了收养关系解除登记手续，然后再次到婚姻登记机关申请结婚登记。

——甲与丙解除养父女关系后，婚姻登记机关应当为其办理结婚登记。在收养关系存续期间，甲与丙的亲属关系为拟制直系血亲关系，其地位与自然直系血亲关系相同，因此，《民法典》中禁止直系血亲结婚的规定，适用于甲、丙。甲、丙之间的收养关系解除后，双方的拟制直系血亲关系消灭，《民法典》关于直系血亲禁止结婚的规定对其不再具有约束力，婚姻登记机关应当为其办理结婚登记手续。

（二）禁止结婚的三代以内的旁系血亲关系

三代以内的旁系血亲是指同源于祖父母、外祖父母的没有直接血缘联系的血亲，其范围包括：同源于父母的兄弟姐妹，包括同父母的兄弟姐妹和同父异母或者同母异父的兄弟姐妹；同源于祖父母或者外祖父母的不同辈分的伯叔与侄女、姑与侄子、舅与外甥女、姨与外甥；同源于祖父母、外祖父母的相同辈分的堂兄弟姐妹、姑表兄弟姐妹、舅表兄弟姐妹和姨表兄弟姐妹。《民法典》禁止结婚的三代以内旁系血亲仅限于有血缘同源之人的、有自然血亲关系的三代以内旁系血亲，无血缘同源之人的法律拟制的三代以内旁系血亲如养兄妹，不属于禁止结婚的亲属。

事例 3-3 甲与妻乙系再婚。再婚时甲的儿子丙已经成年，乙与前夫所生女儿丁尚未成年，随乙与甲共同生活。在丁与甲、乙共同生活期间，甲征得乙和丁生父的同意，收养丁为养女，办理了收养登记手续。丙经常到甲家探望父亲，与丁逐渐相识。丁对丙暗生情愫，丙对丁也心生爱意，两人建立了恋爱关系，但遭到甲、乙反对。丙、丁双方到婚姻登记机关申请结婚登记，婚姻登记机关以双方存在禁婚亲为由，拒绝为其办理结婚登记。

——甲与乙再婚后，收养了乙的女儿丁，双方之间形成拟制血亲的父女关系，该拟制血亲关系的效力直接及于丙，因此，丙与丁之间的亲属关系为拟制血亲的养兄弟姐妹关系。《民法典》对于禁止结婚的三代以内旁系血亲是否包括拟制血亲没有作出规定，但在解释上认为该规定仅限于有血缘同源之人的有自然血亲关系的三代以内旁系血亲，无血缘同源之人的法律拟制的三代以内旁系血亲不属于禁止结婚的亲属。因此，婚姻登记机关不应拒绝为其办理结婚登记。

第二节　结婚的程序

一、结婚程序的概念和类型

结婚的程序又称婚姻成立的程序，即结婚的形式要件，是指法律规定的缔结婚姻所必须履行的法定手续。综观当代各国有关结婚程序的立法例，主要有三种类型：一是登记制，即要求当事人到国家的主管部门办理结婚登记。只要进行了婚姻登记，即使不举行结婚仪式，也具有婚姻效力。二是仪式制，即要求结婚须举行一定的公开形式，以取得社会的承认。仪式告成后，婚姻合法成立。结婚在形式上一般要经过公告、异议和举行婚礼三个阶段。三是登记与仪式结合制，即要求结婚既须登记又须举行一定的仪式，两者缺一不可。这方面的具体规定，各国法律不尽相同，有的规定仪式在先、登记在后，有的规定先行登记再举行仪式。

在我国，历史上曾长期实行仪式婚制，即按照礼制的要求而成立的聘娶婚制。中华人民共和国的婚姻家庭法，自革命根据地时期起，便开始实行结婚登记制度。中华人民共和国成立后，有关结婚登记的规定更加完善。

结婚登记制度是我国婚姻登记制度的重要组成部分。婚姻登记包括结婚登记和离婚登记，其中结婚登记是数量最多、影响最大的一项经常性的工作。《民法典》第 1049 条规定："要求结婚的男女双方应当亲自到婚姻登记机关申请结婚登记。符合本法规定的，予以登记，发给结婚证。完成结婚登记，即确立婚姻关系。未办理结婚登记的，应当补办登记。"婚姻登记中的具体事项，应按《婚姻登记条例》的规定办理。

实行结婚登记制度，是坚持结婚的法定条件，保障婚姻合法成立的需要。这一制度有利于保障婚姻自由，防止重婚；有利于保障男女双方和子女后代的健康，防止早婚、近亲婚。通过结婚登记对于当事人是否符合结婚条件进行必要的审查，既符合当事人的利益，也符合社会公共利益。

在我国，结婚登记是唯一合法有效的程序。只有依法办理结婚登记，婚姻才具有法律效力。是否举行仪式由当事人自行决定，对婚姻的效力无任何影响。

二、结婚登记的机关和具体程序

（一）办理结婚登记的机关

《婚姻登记条例》第 2 条第 1 款规定：内地居民办理婚姻登记的机关是县级人民政府民政部门或者省、自治区、直辖市人民政府按照便民原则确定的乡（镇）人民政府。第 7 条第 1 款规定：内地居民结婚，男女双方应当亲自到婚姻登记机关共同申请结婚登记。

根据以上规定可以看出，人民政府是婚姻登记的主管机关，婚姻登记属于行政职权的范围。结婚登记不适用地域管辖，不受当事人常住户口所在地的限制，当事人可以在全国任何一个婚姻登记机关申请结婚登记。

（二）结婚登记的具体程序

结婚登记的全部程序，可以分为申请、审查和登记三个具体环节。

1. 申请

依据《婚姻登记条例》第 8 条第 1 款的规定，申请结婚登记的内地居民应当出具下列证件和书面材料：（1）本人的居民身份证；（2）本人无配偶以及与对方当事人没有直系血亲和三代以内旁系血亲关系的签字声明。

2. 审查

这是结婚登记工作的中心环节。婚姻登记机关应当核对当事人出具的证件、书面材料，询问相关情况，并对当事人的身份以及婚姻状况信息进行联网核对。依据《婚姻登记条例》第23条的规定，当事人申请结婚登记的，应当对所出具的证件和书面材料的真实性、合法性负责，出具虚假证件或书面材料的，应当承担相应法律责任，可见，我国婚姻登记机关对当事人出具的证件、书面材料只进行形式审查。

事例3-4 王某（女）与张某系表兄妹，为达登记结婚目的，双方分别出具了虚假的无三代以内旁系血亲关系的声明。婚后王某离家外出打工，从此再未与张某联系。张某向人民法院申请宣告其与王某的婚姻无效。人民法院判决宣告张某与王某的婚姻无效后，张某向人民法院提起行政诉讼，以婚姻登记机关未尽审查义务为由，请求婚姻登记机关赔偿其因婚姻无效受到的损害。

——人民法院应当驳回张某的诉讼请求。张某与王某为达到登记结婚的目的，向婚姻登记机关隐瞒真实情况，出具虚假书面材料，对其违法行为后果应当自行承担责任。婚姻登记机关对当事人提供书面材料的审查，是形式审查而非实质审查。婚姻登记机关只对该书面材料是否为当事人的签字声明进行审查，对声明事项的真实性不负审查义务，应由当事人自行负责。在婚姻登记机关的登记行为不存在过错的情况下，张某请求婚姻登记机关对其婚姻无效的财产损害后果承担赔偿责任，没有法律依据。

3. 登记

婚姻登记机关对当事人的结婚申请进行审查后，对于符合结婚条件的，应当当场予以登记，发给结婚证。完成结婚登记，即确立婚姻关系。

依据《婚姻登记条例》第9条的规定，申请结婚登记的当事人有下列情形之一的，婚姻登记机关不予登记：(1) 未到法定结婚年龄的；(2) 非男女双方完全自愿的；(3) 一方或者双方已有配偶的；(4) 属于直系血亲或者三代以内旁系血亲的。婚姻登记机关因当事人不符合结婚条件而不予登记的，应当向当事人说明理由。当事人不服的，可以依照有关规定申请复议；对复议决定不服的，可以依照行政诉讼法的规定提起诉讼。

事例3-5 甲与乙共同到婚姻登记机关申请结婚登记。婚姻登记机关经过审查，认为双方符合结婚条件，当场予以登记，但因故没有发放结婚证。当晚婚礼如期举行，婚礼进行中乙突发心脏病死亡。乙的子女以甲与乙的婚姻不成立为由拒绝甲继承乙的遗产，甲则认为自己已与乙办理结婚登记，作为乙的配偶，自己有权继承乙的遗产。

——甲与乙的婚姻关系成立，甲有权继承乙的遗产。婚姻的成立分为两个部分：一是男女双方缔结婚姻关系的协议，二是婚姻登记机关的登记批准行为。婚姻登记实际上是国家对于男女双方缔结婚姻的行为是否符合《民法典》规定的条件进行形式审查、予以批准的行为。婚姻登记机关将婚姻登记事项记载于婚姻登记簿时，即完成婚姻登记，婚姻关系确立。结婚证书是婚姻成立的外部证明形式。结婚证书是否发放，不是婚姻关系是否确立的标志。

（三）复婚

依据《民法典》第1083条的规定，离婚后，男女双方自愿恢复婚姻关系的，应当到婚姻登记机关重新进行结婚登记。

（四）结婚证书

结婚证书是指婚姻登记机关出具的证明夫妻关系成立的法律文书。依据《婚姻登记条例》第21条的规定，内地居民需要补领结婚证的，可以持居民身份证向婚姻登记机关申请办理。婚姻登记机关对当事人的婚姻登记档案进行查证，确认属实的，应当为当事人补发结婚证。

事例3-6　邱某持某村民委员会出具的该村村民的证明及本人无配偶，以及与对方当事人没有直系血亲和三代以内旁系血亲关系的签字声明，与傅某一同向某镇人民政府申请结婚登记。某镇人民政府在邱某没有提交本人户口簿、居民身份证的情况下，向傅某和邱某颁发了结婚证。后邱某因家庭纠纷离家出走，一直下落不明。10年后，傅某向人民法院起诉，要求与邱某离婚。在诉讼过程中，公安机关查明本辖区无邱某常住户口登记，某村民委员会也出具证明证实该村无邱某其人，故傅某的起诉因“被告的身份不明确”而被人民法院驳回。

——某镇人民政府向傅某和邱某颁发结婚证的行为违法。依据《婚姻登记条例》第5条第1款的规定，办理结婚登记的内地居民应当出具本人的户口簿、身份证和本人无配偶以及与对方当事人没有直系血亲和三代以内旁系血亲关系的签字声明。某镇人民政府在邱某没有提交户口簿、身份证的情况下，即为其办理结婚登记，发放结婚证，程序违法。但该结婚证作为证明傅某与邱某婚姻关系的法律文书，在被撤销前具有法律效力。人民法院以“被告的身份不明确”驳回傅某的起诉，是不正确的。当事人以虚假身份进行结婚登记，人民法院通过其留在婚姻登记机关的照片和签字、指纹等确定当事人的身份后，被告身份已经明确，一方起诉请求解除婚姻关系的，人民法院应当通过离婚程序解除婚姻关系。如果当事人下落不明、身份无法比对，由于被告的身份不明确，当事人无法提起民事诉讼，可告知其通过行政诉讼撤销结婚登记行为，以达到撤销婚姻关系的效果。

三、与结婚有关的几个问题

（一）婚约问题

婚约是指男女双方以将来结婚为目的而作的事先约定。双方当事人成立婚约，称为订婚或定婚。

我国现行法律中未对婚约问题进行规定，因此，婚约关系只是一般的社会关系，并未被纳入法律调整的范围，法律对婚约不予保护，婚约没有人身约束力。婚约成立后，一方不履行时，另一方不得依诉讼程序请求强制履行，人民法院不受理婚约履行之诉。但对于因婚约解除引起的财产纠纷，一般认为属于人民法院受理民事案件的范围。对于这些财产纠纷，应区分不同的情况，作出不同的处理。例如，依照《婚姻家庭解释（一）》的规定，当事人双方未办理结婚登记手续的，一方有权请求返还按照习俗给付的彩礼（第 5 条）；当事人于婚前约定将一方所有的房产赠与另一方或者共有，赠与方在赠与房产变更登记之前撤销赠与，另一方请求判令继续履行的，可以依据《民法典》第 658 条有关撤销赠与合同的规定处理（第 32 条）。

事例 3－7 阿娟、阿军确定恋爱关系后，阿军购买了一枚大钻戒赠送给阿娟。当年清明节，阿军打算带阿娟回老家扫墓，但女方说，按照女方家乡的习俗，下聘订婚前，不能跟着男方回家扫墓，男方得先下聘礼 300 万元，以示诚意。男方诚意十足，果断转账 300 万元，女方便跟着男方回家乡祭祖。在订婚仪式上，男方还向女方父母支付了 108 880 元礼金。订婚后，两人共筑爱巢并同居了大半年，但同居期间，因性格不合经常发生争吵，最终双方分手。在分手前后，阿娟通过银行转账或微信红包，向阿军转账人民币 114 万元。于是，阿军将阿娟起诉到人民法院，要求其返还钻戒及彩礼 310 余万元；阿娟则起诉要求阿军返还 114 万元。

关于阿军起诉返还彩礼的诉讼，一审人民法院认为：彩礼系当事人一方以结婚为目的支付给另一方的钱物，如婚姻不能缔结，则给付彩礼的目的未能实现，给付方有权请求返还。考虑到双方举行订婚仪式后即同居生活已逾半年，判决阿娟酌情返还阿军 290 万元。

关于阿娟起诉返还转账款的诉讼，一审人民法院认为：双方当事人之间在恋爱期间为增进感情互赠财物本属人之常情，但双方交往不到 1 年，阿娟赠与阿军财物高达 114 万元，明显不合常理。从社会普遍认知来看，也不符合恋人之间日常消费水平。结合双方订婚的事实以及转账金额“52 000”“8 888.88”“88 888.88”数字的寓意，可表明阿娟的目的是与阿军缔结婚姻，属于附条件的赠与，现结婚目的没有实现，阿军构成不当得利，应当返还。基于上述理由，一审人民法院判决阿军向阿娟返还 114 万元。阿军提起上诉，理由是：阿娟向其转账发生在恋爱期间，是为增进感情的好意施惠行为，不属于民法的调整范围。另外，上述款项已被二人挥霍。再者，不认可“阿娟认为的附条件赠与行为”，阿娟也没有证据证明。二审人民法院判定，阿娟并未举出充分证据证明上述款项的赠与为基于特定目的的赠与，应属于一般赠与。遂判决驳回阿娟的诉求。其理由在于：一是转款时没有明确是以缔结婚姻为条件；二是阿娟起诉时主张为借款，后变更为附条件的赠与，反映出阿娟在转款时，并未明确以结婚为条件；三是分手后，阿娟仍有转账，从数字“52 000”“8 888.88”等寓意表明，应为联络感情和表达爱意；四是上述数额虽高，但并未超出阿娟的经济能力。

——阿娟应当将彩礼返还给阿军。阿军给付阿娟聘金在形式上表现为自愿赠与，但阿军给付阿娟聘金和阿娟接受聘金是有前提条件的，那就是必须成就婚姻。因此，双方的赠与为附解除条件的赠与，婚姻成立，解除条件不成就，受赠人取得赠与物的所有权；婚姻不成立，解除条件成就，赠与关系解除，受赠人阿娟应当将聘金返还给阿军。但是，阿军不应当将转账款返还给阿娟。阿娟在与阿军解除婚约前的转账没有明确以结婚为条件，民间也没有订婚后女方向男方支付彩礼的风俗，且婚约解除后阿娟为了表达爱意，仍有转账给阿军的行为，因此，阿娟对阿军的赠与不是以结婚为目的的特种赠与，而是基于联络感情的一般赠与行为。二审人民法院驳回阿娟的诉讼请求是正确的。

（二）登记结婚后一方成为对方家庭成员的问题

《民法典》第1050条规定："登记结婚后，按照男女双方约定，女方可以成为男方家庭的成员，男方可以成为女方家庭的成员。"这一规定虽然是男女双方并提，但就其立法精神而言，主要是提倡男方成为女方家庭的成员，即男到女家落户。从我国历史来看，在一切以男性为中心的宗法制度下，历来是男娶女嫁、妻从夫居的，即出嫁女须归附于夫家，成为男方宗族的成员。虽然也有少数男子入赘女家，但赘夫在家庭中和社会上备受歧视。入赘婚被认为是婚姻的反常形式，男女双方在婚姻中的地位和角色相互置换。对赘夫的歧视，实际上是男尊女卑、夫主妻从的宗法伦理观念的另一种表现。

提倡男方成为女方家庭的成员，符合男女平等的精神，有利于破除以男性为中心的宗法观念，有利于消除有女无儿户的思想顾虑和解决某些实际困难。登记结婚后，是女方成为男方家庭的成员，还是男方成为女方家庭的成员，应由当事人约定，任何人不得加以干涉。在这个问题上，一定要将男方成为女方家庭成员同旧式的入赘婚加以区别，妥善地保护男方在女方家庭中依法应享有的各项权益。

当然，法律中的规定是男方或女方都可以成为对方家庭的成员，并非必须成为对方家庭的成员。登记结婚后，双方也可以不加入任何一方的原有家庭，另行成立新的家庭。

第三节　无效婚姻和可撤销婚姻

一、无效婚姻

（一）婚姻无效的原因

无效婚姻即不具有法律效力的婚姻，是指男女两性违反了法律规定的结婚客观实质要件而不具有法律效力的违法结合。婚姻的有效必须具备法律规定的要件，因某些要件的欠缺而导致婚姻无效的，这些欠缺的要件就是婚姻无效的原因。

《民法典》第1051条规定："有下列情形之一的，婚姻无效：（一）重婚；（二）有禁止结婚的亲属关系；（三）未到法定婚龄。"依此规定，违背了结婚实质要件的上述情形，均属于婚姻无效的原因，构成无效婚姻。

1. 重婚

重婚是指有配偶者又与他人再行结婚的行为，包括法律上的重婚和事实上的重婚。依据《民法典》的相关规定，重婚应包括以下情形：(1) 已登记结婚的一方又与第三人登记结婚；(2) 已登记结婚的一方又与第三人形成事实婚姻关系；(3) 事实婚姻关系的一方又与第三人登记结婚；(4) 事实婚姻关系的一方又与第三人形成事实婚姻关系。重婚行为严重违反了一夫一妻制原则，其婚姻关系当然不应产生法律效力。

另据《民法典》第51条的规定，被宣告死亡的人的婚姻关系，自死亡宣告之日起消除；死亡宣告被撤销的，婚姻关系自撤销死亡宣告之日起自行恢复，但是，其配偶再婚或者向婚姻登记机关书面声明不愿意恢复的除外。因此，婚姻关系中的一方配偶因另一方被宣告死亡而另行结婚的，即使被宣告死亡的人重新出现，死亡宣告被撤销，其再婚也受法律保护，不构成重婚。

2. 有禁止结婚的亲属关系

(1) 直系血亲。

《民法典》第1048条规定，直系血亲禁止结婚。《民法典》禁止结婚的直系血亲，包括自然血亲的直系血亲和拟制血亲的直系血亲。

关于拟制直系血亲关系消灭之后，原拟制直系血亲间是否可以结婚的问题，我国法律没有规定。在理论上，拟制直系血亲关系解除后，他们之间已经不具有法律上的血亲关系，应不在禁止结婚之列，他们之间的婚姻应当是有效婚姻。

关于直系姻亲间的婚姻是否构成无效婚姻，各国的立法态度不尽相同。我国1950年《婚姻法》、1980年《婚姻法》和2001年修改后的《婚姻法》均未对直系姻亲间的结婚问题作出规定。《民法典》规定的婚姻无效原因并不包括直系姻亲。因此，根据法律的规定，应当认为直系姻亲间的婚姻不属于无效婚姻。

事例3-8 甲系乙儿子丙的妻子。在甲、丙婚姻关系存续期间，鳏居的乙即与甲、丙共同生活。丙意外死亡后，老年丧子的乙强忍悲痛，承担了养家糊口的重担，对甲母子照顾周到，关爱有加。甲渐渐对乙产生了恋情，决定与乙结为夫妻。但两人的感情被亲友视为不伦之情，不被接受。婚姻登记机关也以违背公序良俗原则为由，拒绝为其办理结婚登记。

——甲与丙的婚姻关系存续期间，乙与甲之间的亲属关系为直系姻亲。丙死亡后，甲与乙共同生活，姻亲关系并没有消灭。在姻亲关系存续期间，甲、乙双方具有的姻亲关系，不属于《民法典》禁止结婚的亲属范围，不构成婚姻登记机关不予办理结婚登记的理由。因此，婚姻登记机关在甲、乙具备婚姻登记条件的情况下，不得以双方存在直系姻亲关系为由，拒绝为其办理结婚登记手续。

（2）三代以内的旁系血亲。

禁止结婚的三代以内旁系血亲，仅包括自然旁系血亲，并不包括法律拟制的三代以内旁系血亲，即法律拟制的三代以内旁系血亲之间可以结婚，此种婚姻不构成无效婚姻。

那么，旁系姻亲是否禁止结婚呢？对此，《民法典》没有规定，只是习惯上对较近的辈分不同的旁系姻亲间的婚姻是禁止的，如侄女与姑父间的婚姻，习惯上往往视这种关系为"乱伦"。因此，有学者主张应按照民法上的"民事法律行为不得违反善良风俗"的原则确认无效。我们认为，《民法典》并没有将这种情形列为婚姻无效的原因，因此在认定时不能随意适用法律基本原则以扩大无效婚姻的范围。

3. 未到法定婚龄

当事人未到法定婚龄结婚，因为心理尚未发育成熟，不能承担作为婚姻当事人的责任和对家庭其他成员的法律责任，不仅会对男女双方的身体和心理带来不利的影响，也会产生相应的社会问题，因此，《民法典》将未到法定婚龄者的婚姻规定为无效婚姻。

当事人以《民法典》第1051条规定的三种无效婚姻以外的情形请求宣告婚姻无效的，人民法院应当判决驳回当事人的申请；当事人以结婚登记程序存在瑕疵为由提起民事诉讼，主张撤销结婚登记的，告知其可以依法申请行政复议或者提起行政诉讼［《婚姻家庭解释（一）》第17条］。

（二）宣告婚姻无效的程序

关于无效婚姻是被宣告无效还是当然无效，各国法的规定有所不同，我国法律对无效婚姻采宣告无效主义。无效婚姻在宣告无效之前已经进行了婚姻登记，在形式上被认为是有效的。在经过法定程序被宣告为无效婚姻之前，该婚姻仍处于有效状态，当事人受该婚姻的约束，一方如果与他人结婚，同样构成重婚。无效婚姻经过有权机关确认无效并宣告以后，因为婚姻被宣告无效所具有的溯及力，经过登记而产生的婚姻效力被彻底否定，婚姻自始无效。

关于婚姻无效的宣告机关，现行法采用的是单轨制，即只有人民法院才有权宣告婚姻无效。关于人民法院审理宣告婚姻无效案件，应注意以下问题。

（1）人民法院受理请求确认婚姻无效案件后，原告申请撤诉的，不予准许；对婚姻效力的审理不适用调解，应当依法作出判决［《婚姻家庭解释（一）》第11条第1、2款］。

（2）申请宣告婚姻无效的诉讼涉及财产分割和子女抚养的，可以调解。调解达成协议的，另行制作调解书；未达成调解协议的，应当一并作出判决［《婚姻家庭解释（一）》第11条第3款］。

（3）人民法院受理离婚案件后，经审理确属无效婚姻的，应当将婚姻无效的情形告知当事人，并依法作出确认婚姻无效的判决［《婚姻家庭解释（一）》第12条］；人民法院就同一婚姻关系分别受理了离婚和请求确认婚姻无效案件的，对于离婚案件的审理，应当待请求确认婚姻无效案件作出判决后进行［《婚姻家庭解释（一）》第13条］。

（4）夫妻一方或者双方死亡后，生存一方或者利害关系人请求确认婚姻无效的，人民法院应当受理［《婚姻家庭解释（一）》第14条］。

（5）利害关系人请求人民法院确认婚姻无效的，利害关系人为原告，婚姻关系当事人双方为被告；夫妻一方死亡的，生存一方为被告［《婚姻家庭解释（一）》第15条］。

(6) 人民法院审理重婚导致的无效婚姻案件时，涉及财产处理的，应当准许合法婚姻当事人作为有独立请求权的第三人参加诉讼［《婚姻家庭解释（一）》第16条］。

（三）请求权人的范围

关于有权请求确认婚姻无效的主体，《民法典》没有作出规定。依据《婚姻家庭解释（一）》第9条的规定，有权请求确认婚姻无效的主体包括婚姻当事人及利害关系人。其中，利害关系人包括如下几种。

(1) 以重婚为由的，为当事人的近亲属及基层组织。近亲属包括配偶、父母、子女、兄弟姐妹、祖父母、外祖父母、孙子女、外孙子女；基层组织包括当事人所在单位、住所地的居民委员会或者村民委员会、派出所、民政部门及妇联、工会等有关组织机构。就法理而言，依公诉程序追究重婚当事人的刑事责任时，检察机关在实际上也处于请求权人的地位，因为追究重婚罪是以否认该婚姻的效力为前提的。

(2) 以未到法定婚龄为由的，为未到法定婚龄者的近亲属。

(3) 以有禁止结婚的亲属关系为由的，为当事人的近亲属。

（四）婚姻无效请求权的行使期限

导致婚姻无效的原因不同，请求宣告婚姻无效的期间也有差别。一般情况下，当事人请求宣告婚姻无效或者人民法院确认婚姻无效没有期限的限制，但在申请人申请时法定的无效婚姻情形已消失的，当事人不得再提出申请。依据《婚姻家庭解释（一）》第10条的规定，当事人依据《民法典》第1051条的规定向人民法院请求确认婚姻无效时，法定的无效婚姻情形已经消失的，人民法院不予支持。也即在申请婚姻无效时，法定的无效婚姻情形已经消失，如未到法定婚龄者已到法定婚龄，因此时存在阻却事由，请求不应当得到支持。但应当指出，即使夫妻一方或者双方死亡的，生存一方或者利害关系人亦有权依据《民法典》第1051条的规定请求人民法院确认婚姻无效［《婚姻家庭解释（一）》第14条］。

以重婚为由请求确认婚姻无效，重婚状态消除的，是否还可以请求人民法院确认婚姻无效？对此，理论上存在不同的认识。一种观点认为，请求人在请求时，如果重婚者的前婚已经终止，重婚的状态消除，则可不确认后一个婚姻无效；另一种观点认为，请求人在请求时，无论重婚者的前婚是否终止，都应确认后一个婚姻无效。我们认为，重婚严重违反一夫一妻制原则，所以不存在阻却事由，即使请求人请求时重婚状态已经因为前婚解除或者配偶一方死亡而消除，只要后一个婚姻关系是在前一个婚姻关系存在的情况下形成的，仍应根据请求人的请求，确认后一个婚姻无效；构成重婚犯罪的，还应予以刑事制裁。对此，《最高人民法院关于适用〈中华人民共和国民法典〉婚姻家庭编的解释（二）》［以下简称《婚姻家庭解释（二）》］第1条明确规定，当事人依据《民法典》第1051条第1项规定请求确认重婚的婚姻无效，提起诉讼时合法婚姻当事人已经离婚或者配偶已经死亡，被告以此为由抗辩后婚姻自以上情形发生时转为有效的，人民法院不予支持。

事例3-9 甲在与乙的婚姻关系存续期间，隐瞒已婚事实，与异城女子丙以夫妻名义同居生活。甲被单位派驻丙所在城市后，利用虚假证件和证明材料，与丙登记结婚。乙得知后，为了保全家庭，忍气吞声，积郁成疾，几年后不幸病逝。丙得知乙死因后愧疚不已，提出与甲离婚，甲不同意。丙以与甲重婚为由，请求人民法院确认其婚姻无效，甲则以前婚终止为由抗辩。

——甲在与乙的婚姻关系存续期间，又与丙登记结婚，构成法律上的重婚。丙以重婚为由，请求人民法院确认其与甲的婚姻无效时，甲与乙的婚姻关系已因乙死亡而终止，重婚状态消失。但重婚行为违反一夫一妻制原则，民事上为无效民事法律行为，刑事上为犯罪行为，不应存在阻却事由，只要后婚是在前婚存续期间形成的，不论前婚此后的存续状态如何，对后婚都应当按照重婚对待。

二、可撤销婚姻

（一）婚姻可撤销的原因

可撤销婚姻是指当事人违反了结婚的主观实质要件，即其结婚意思表示存在瑕疵，享有请求权的人可以依法请求撤销的婚姻。

依照《民法典》的规定，婚姻可撤销发生于下列情形中。

1. 受胁迫而结婚

《民法典》第 1052 条第 1 款规定："因胁迫结婚的，受胁迫的一方可以向人民法院请求撤销婚姻。"依照该规定，受胁迫是当事人撤销婚姻的原因。这里所说的受胁迫，是指行为人以给另一方当事人或者其近亲属的生命、身体、健康、名誉、财产等方面造成损害为要挟，迫使另一方当事人违背真实意愿而结婚的情况［《婚姻家庭解释（一）》第 18 条第 1 款］。因受胁迫而同意结婚的，这种意思表示是不真实的，双方当事人之间缺乏有效的结婚合意，违反《民法典》第 1046 条有关"结婚应当男女双方完全自愿"的规定，因此应当允许当事人撤销。

2. 受欺诈而结婚

《民法典》第 1053 条第 1 款规定："一方患有重大疾病的，应当在结婚登记前如实告知另一方；不如实告知的，另一方可以向人民法院请求撤销婚姻。"依照该规定，一方患有重大疾病，未在结婚登记前如实告知，是撤销婚姻的原因。关于重大疾病的范围，《民法典》并未作列举性规定。依照《中华人民共和国母婴保健法》和《中华人民共和国传染病防治法》的有关规定，医学上认为不宜结婚的疾病包括：严重遗传性疾病，即由于遗传因素先天形成，患者全部或者部分丧失自主生活能力，后代再现风险高，医学上认为不宜生育的遗传性疾病；指定传染病，如艾滋病、淋病、梅毒、麻风病以及医学上认为影响结婚和生育的其他传染病；有关精神病，即精神分裂症、躁狂抑郁型精神病以及其他重型精神病。上述医学上认为不宜结婚的疾病，从理解上应当认为是重大疾病。

事例 3-10 甲不幸感染艾滋病毒，但坚强地生活和工作。乙女为甲的顽强性格所吸引，对甲产生爱慕之情，不顾父母反对，决定与甲建立恋爱关系，甲接受了乙的表白，甲、乙办理了结婚登记。甲的叔叔送给乙 10 万元作为结婚礼物。但婚后乙无法承受周围人对艾滋病人歧视的压力，提出离婚，甲不同意。乙向人民法院申请撤销其与甲的婚姻，甲提起反诉，请求解除与乙的婚姻关系，同时要求分割乙受赠的 10 万元。

——虽然甲在结婚登记前患有艾滋病，但结婚登记前甲已如实告知乙，依据对《民法典》第 1053 条第 1 款关于"不如实告知的，另一方可以向人民法院请求撤销婚姻"的规定的反面解释，乙无权向人民法院请求撤销该婚姻。

（二）撤销婚姻的请求权人和请求权的行使期限

1. 撤销婚姻的请求权人

对于可撤销的婚姻，撤销请求权专属于受胁迫的或者受欺诈的一方当事人本人[《婚姻家庭解释（一）》第 18 条第 2 款]，其他任何人或单位均无该项请求权。至于受胁迫或者受欺诈一方是否行使撤销请求权，应由本人自行决定。

对于可撤销婚姻并非一律必须撤销。是否行使撤销权涉及请求权人的内心意思和心理活动，只能由请求权人对此作出决断。在某些情形下，请求权人的态度、愿望可能随时间的推移和本人的感受而发生变化。如果结婚当时欠缺有效的结婚合意，但婚后双方均有保持婚姻关系的意思，请求权人不行使撤销请求权，则他人无权越俎代庖，请求撤销该婚姻。

2. 请求权的行使期限

依照《民法典》的规定，受胁迫的一方请求撤销婚姻的，应当自胁迫行为终止之日起 1 年内提出；被非法限制人身自由的当事人请求撤销婚姻的，应当自恢复人身自由之日起 1 年内提出（第 1052 条）；一方患有重大疾病，在结婚登记前不如实告知另一方，另一方请求撤销婚姻的，应当自知道或者应当知道撤销事由之日起 1 年内行使（第 1053 条）。这里的 1 年期间，不适用诉讼时效中止、中断或者延长的规定；受胁迫或者被非法限制人身自由的当事人请求撤销婚姻的，不适用《民法典》第 152 条第 2 款[①] 的规定 [《婚姻家庭解释（一）》第 19 条]。

请求权人逾期不行使请求权的，人民法院不再受理撤销婚姻的请求。

事例 3－11 甲与乙女两情相悦，建立了恋爱关系。乙的父母则认为甲品行不良，反对乙与甲保持恋爱关系。乙不愿拂逆父母，向甲提出断绝恋爱关系，甲不同意，并以伤害乙父母的身体相威胁，乙被迫与甲登记结婚。婚后，甲对乙较为关爱，夫妻感情一度融洽。但乙父母要求乙撤销与甲的婚姻，乙不同意。乙父母以乙受胁迫结婚为由，请求人民法院撤销甲、乙的婚姻。人民法院以主体不适格为由，驳回了乙父母的申请。受此影响，甲、乙的夫妻感情出现裂痕，并逐渐恶

① 该款规定："当事人自民事法律行为发生之日起五年内没有行使撤销权的，撤销权消灭。"

化。结婚 1 年后，乙申请人民法院撤销其与甲的婚姻。

——甲以对乙父母的身体造成伤害相威胁，要求乙与之结婚，乙因受胁迫违背真实意愿与甲结婚，甲、乙双方的婚姻构成可撤销婚姻。因胁迫而结婚的，向人民法院请求撤销该婚姻的主体仅限于受胁迫人本人，因此，乙的父母不具备撤销权主体资格，人民法院驳回其申请是正确的。乙虽具备撤销权的主体资格，但其以受胁迫为由撤销其婚姻的申请，应自胁迫行为终止之日起 1 年内提出，乙提出申请时已经超过 1 年，因此其撤销权因超过法定期限而消灭，甲与乙的婚姻为有效婚姻。

（三）婚姻撤销的程序

《民法典》第 1052 条第 1 款规定："因胁迫结婚的，受胁迫的一方可以向人民法院请求撤销婚姻。"《民法典》第 1053 条第 1 款规定："一方患有重大疾病的，应当在结婚登记前如实告知另一方；不如实告知的，另一方可以向人民法院请求撤销婚姻。"依照以上规定，撤销婚姻的请求权人只能向人民法院起诉，依诉讼程序处理。应当指出，人民法院审理婚姻当事人因受欺诈而请求撤销婚姻的案件，应当适用简易程序或者普通程序。

三、婚姻无效和被撤销的法律后果

违法婚姻被依法宣告无效或者予以撤销这一事实本身就是一种最重要的法律后果，此外，还会发生与此相关的其他法律后果。正确适用法律规定处理这方面的各种具体问题，是有关婚姻效力纠纷的法律实务的重要内容。

《民法典》第 1054 条第 1 款规定："无效的或者被撤销的婚姻自始没有法律约束力，当事人不具有夫妻的权利和义务。同居期间所得的财产，由当事人协议处理；协议不成的，由人民法院根据照顾无过错方的原则判决。对重婚导致的无效婚姻的财产处理，不得侵害合法婚姻当事人的财产权益。当事人所生的子女，适用本法关于父母子女的规定。"第 2 款规定："婚姻无效或者被撤销的，无过错方有权请求损害赔偿。"按此规定，关于婚姻无效和被撤销的法律后果，可从以下几方面加以说明。

（一）对当事人的后果

经宣告无效或者被撤销的婚姻自始没有法律约束力。所谓"自始没有法律约束力"，是指无效婚姻或者可撤销婚姻在依法被确认无效或者被撤销时，才确定该婚姻自始不受法律保护［《婚姻家庭解释（一）》第 20 条］。可见，有关婚姻无效和被撤销的宣告均具有溯及力，相应的婚姻不是自宣告之日起无效，而是自违法结合之日起便不具有法律效力。由于当事人的配偶身份为法律所否定，无效婚姻、可撤销婚姻的双方当事人之间不具有基于婚姻而发生的夫妻之间的权利和义务，因此，对于当事人之间的人身关系和财产关系，均不适用法律有关夫妻关系的规定。

事例 3－12 甲母与乙父为同胞兄妹，甲、乙两小无猜，成年后情投意合，决定结为夫妻。因当事人所在地奉行"舅表亲，亲上亲；打断骨，连着筋"的传统观念，双方父母也同意两人结婚。于是，甲、乙两人持相关证件和证明材料，到甲常住户口所在地的婚姻登记机关申请结婚登记。婚姻登记员就其是否自愿结婚进行询问并审查了其提供的相关证件和证明材料后，为其办理了结婚登记。婚后，为避免近亲结婚对子女健康产生不利影响，甲、乙商定不生育子女，乙到医院做了绝育手术。甲婚后独自外出务工，在务工期间与丙产生婚外情并以夫妻名义公开同居生活。乙向人民法院提起诉讼，请求追究甲重婚罪的刑事责任，甲则以与乙系三代以内旁系血亲、双方的婚姻无效为由，对抗乙的自诉请求。

——甲、乙骗取结婚登记，完成结婚登记，婚姻关系便告成立。但该婚姻当事人甲、乙存在三代以内旁系血亲关系，为《民法典》第 1051 条规定的婚姻无效的情形，因此，双方的婚姻为无效婚姻。我国婚姻登记机关对当事人出具的证件、证明材料进行的审查，是形式审查而不是实质审查。甲、乙作为当事人应当对提供的证件和证明材料的真实性和合法性负责，承受结婚登记确立婚姻关系的结果。甲、乙系表兄妹关系，亲属关系之性质为三代以内的旁系血亲，属于我国法律禁止结婚的亲属关系。禁婚亲是法律的强制性规定，任何人不得以任何理由加以改变，因此，乙即使做了绝育手术、不再生育后代，仍不能与甲结婚。依照《民法典》的规定，有关婚姻无效和被撤销的宣告均具有溯及力，相应的婚姻自违法结合之日起便不具有婚姻的法律效力。在无效婚姻经过人民法院确认无效并宣告以后，因为婚姻被宣告无效所具有的溯及力，经过登记而产生的婚姻效力被彻底否定，婚姻自始无效。对于无效婚姻，《民法典》采宣告无效主义，即无效婚姻在宣告无效之前是经登记而成立的婚姻，在经法定程序被宣告为无效婚姻之前，该婚姻处于有效状态，当事人受该婚姻的约束，一方如果与他人结婚，构成重婚。因此，甲不能以婚姻无效对抗乙的自诉请求。

1. 人身关系方面

（1）无效婚姻、可撤销婚姻的当事人在姓名权，从事生产、工作、学习和社会活动的自由权等问题上，不适用《民法典》第 1056 条、第 1057 条的规定。

（2）无效婚姻、可撤销婚姻的当事人不是合法的配偶，一方与另一方的血亲及其配偶之间，不发生姻亲关系。

（3）在监护、代理、收养、诉讼等问题上，不适用关于以夫妻身份为基础的法律关系的各种规定。

（4）人民法院根据当事人的请求，依法确认婚姻无效或者撤销婚姻的，应当收缴双方的结婚证书并将生效的判决书寄送当地婚姻登记管理机关［《婚姻家庭解释（一）》第 21 条］。

事例 3－13 甲离婚后与表妹乙再婚，乙的未成年女儿丙随乙与甲共同生活，甲承担了丙的大部分抚养费，直到丙研究生毕业。丙毕业后在外企工作，收入颇丰。甲于某日遭遇交通事故致残，丧失劳动能力，生活陷于困难，需要丙进行经济帮助。但丙认为甲与乙的婚姻无效，其与甲不产生形成抚养关系的继父女关系，自己没有赡养甲的义务。甲向人民法院提起诉讼，请求判令丙向其支付赡养费。人民法院经过审理，确认甲与乙的婚姻无效，并作出判决：宣告甲与乙的婚姻无效；甲与丙之间不产生拟制血亲关系，丙对甲无赡养的义务。

——人民法院的判决是正确的。甲、乙为三代以内旁系血亲，其婚姻具备无效的情形。人民法院在审理甲与丙的赡养费纠纷案件过程中发现甲与乙的婚姻具备婚姻无效情形时，虽甲的诉讼请求不是宣告该婚姻无效，但人民法院亦应根据有关事实主动否认违法婚姻的效力，并在审理案件的判决中予以宣告。甲与乙的婚姻被宣告无效后，甲作为丙之继父的身份消灭，甲因抚养丙而在双方之间产生拟制血亲关系的前提随之消灭，丙对甲便没有赡养义务。

2. 财产关系方面

（1）无效婚姻、可撤销婚姻的当事人，不适用《民法典》有关法定夫妻财产制的规定。同居期间所得的财产，并非夫妻共同财产。当事人同居期间所得的财产，除有证据证明为当事人一方所有的以外，按共同共有处理［《婚姻家庭解释（一）》第 22 条］。

（2）无效婚姻、可撤销婚姻的当事人，就同居期间所得的财产达成的夫妻约定财产制协议无效。当然，这种无效并不否认无效婚姻或者可撤销婚姻的当事人在同居关系终止时就处理同居期间的财产所订立的清算协议的效力。这种协议，在符合民事法律行为有效条件的情况下，具有法律效力。因为这时双方当事人对财产处理问题所达成的协议，不是基于夫妻身份而确立的，而是夫妻身份被强制取消后对同居期间财产的清算行为，故对其效力应依照一般民事法律行为有效的条件进行确定，不受婚姻之效力影响。

事例 3-14 甲隐瞒婚前罹患严重肝病的事实与乙登记结婚。登记结婚前双方签订财产协议，约定甲婚前所有的房屋一套，婚后归双方共有。婚姻关系存续期间，乙父去世，乙继承遗产 160 万元。婚后甲的肝病久治不愈，乙知情后向人民法院请求撤销与甲的婚姻。庭审中，乙对甲婚前所有的房产提出了分割请求，甲对乙继承所得的遗产也提出了分割请求，但均被对方拒绝。人民法院判决撤销了甲、乙的婚姻，但驳回了甲、乙分割对方继承所得和婚前房产的请求。

——人民法院的判决是正确的。甲在结婚登记前患有重大疾病不如实告知乙，属于《民法典》第 1053 规定的婚姻可撤销的情形，乙有权请求人民法院撤销婚姻。甲、乙的婚姻被撤销后，婚姻被撤销的效力自双方办理结婚登记之日开始，因此，双方共同生活期间不为婚姻关系存续期间。依据《婚姻家庭解释（一）》第 32 条的规定，甲与乙签订的协议不具有夫妻财产制协议的效力，为一般赠与合同，应适用《民法典》第 658 条的规定。在赠与物的所有权转移之前，甲有权撤销赠与，乙无权按照协议主张房产的共有权。乙在可撤销婚姻关系存续期间所得的 160 万元财产，为乙继承父亲遗产所得，归乙一方所有，甲无权要求分割。

（3）重婚导致的婚姻无效的财产处理，不得侵害合法婚姻当事人的财产权益。《民法典》第 1054 条第 1 款规定，当事人“同居期间所得的财产，由当事人协议处理；协议不成的，由人民法院根据照顾无过错方的原则判决。对重婚导致的无效婚姻的财产处理，不得侵害合法婚姻当事人的财产权益”。这里所说的无过错方，是指对于无效婚姻和可撤销婚姻的形成并无过错的当事人。人民法院审理重婚导致的无效婚姻案件时，涉及财产处理的，应当准许合法婚姻当事人作为有独立请求权的第三人参加诉讼。

事例 3-15 甲在与妻子乙的婚姻关系存续期间，隐瞒与乙结婚的事实，伪造虚假证件和证明材料，与丙登记结婚。甲与丙在重婚关系存续期间，积累资产近 800 万元。丙得知甲与乙存在婚姻关系后，向人民法院请求宣告其与甲的婚姻无效，并以甲有过错为由，请求分得 800 万元共有财产中的 80%即 640 万元，甲表示同意。乙认为，甲从与丙共有的财产中分得的财产为自己与甲的夫妻共有财产，涉及自己的财产利益，遂请求作为第三人参加甲与丙的诉讼。

——乙有权参与甲与丙的无效婚姻纠纷案件。甲在与乙的婚姻关系存续期间与丙登记结婚，构成重婚。在分割甲与丙同居期间的财产时，丙作为无过错方应当受到照顾。同时，甲、丙的共有财产中甲分得的数额，为甲在婚姻关系存续期间所得财产，属于甲、乙的夫妻共有财产，故在照顾丙的同时，不得侵害乙的利益。按照平等分配原则，甲应从与丙的共有财产中分得 400 万元，该 400 万元应属于甲、乙的夫妻共有财产。但按照甲、丙达成的协议，甲分得的数额仅为 160 万元，这构成了对乙的合法财产权益的侵害，该协议应为无效。

（4）无效婚姻、可撤销婚姻的当事人之间，不具有法定的扶养义务和受扶养的权利，因而，也不适用夫妻一方有权向另一方追索扶养费的规定。至于当事人一方出于自愿扶养另一方的行为，与履行法定的扶养义务在性质上有严格的区别。

（5）无效婚姻、可撤销婚姻的当事人，不得以配偶身份互为第一顺序的法定继承人；在一方的父或者母死亡时，不适用《民法典》中关于丧偶儿媳对公婆、丧偶女婿对岳父母尽了主要赡养义务的，作为第一顺序法定继承人的规定。但一方死亡时，另一方可依据《民法典》第 1131 条的规定，作为继承人以外的依靠被继承人扶养的人或者继承人以外的对被继承人扶养较多的人，分得适当的遗产。

（二）对子女的后果

父母子女关系在性质上不同于婚姻关系。婚姻无效或者可撤销的原因是欠缺婚姻成立的法定条件，而父母子女关系是以相互之间的血缘联系为依据的，因此，在无效婚姻或者可撤销婚姻中出生的子女，与父母的关系不受父母婚姻无效或者被撤销的影响。法理上而言，由于婚姻无效和被撤销的宣告具有溯及既往的效力，当事人在同居期间所生的子女应为非婚生子女。依照《民法典》的规定，父母与婚生子女的权利、义务和父母与非婚生子女的权利、义务，是完全相同的。如果子女出生后，父母已具有合法的配偶身份，该子女被视同婚生子女。

（三）无效婚姻和可撤销婚姻之法律后果的缓和

对于欠缺结婚有效要件的婚姻，在法律后果的处理上，涉及三种互相冲突的法律价值：一是尽可能否认违法婚姻的法律效力，以保障婚姻家庭法的施行，树立法律的权威；二是要考虑违法婚姻的事实性，不能简单否认其效力；三是要保护善意当事人以及妇女、未成年人的权益。在现代社会，各国法律越来越看重后两种法律后果，如1998年德国议会通过《重新规定结婚法的法律》，对有瑕疵的婚姻不再作无效与可撤销的区分，仅规定了可撤销婚姻，从而缓和了原属无效婚姻的法律后果；在法国，通过保护善意配偶制度来承认无效婚姻的效力。①

我国法律将无效婚姻规定为自始无效。在司法实践中，当事人依据《民法典》第1051条的规定向人民法院请求确认婚姻无效时，若法定的无效婚姻情形已经消失，则人民法院不予支持。这在一定程度上缓和了无效婚姻的效力。

（四）无效婚姻或者被撤销婚姻中无过错方的损害赔偿请求权

依据《民法典》第1054条第2款的规定，婚姻被确认无效或者被撤销后，无过错方享有损害赔偿请求权。当事人缔结婚姻关系的行为，虽属于身份行为，但本质上仍为民事法律行为，应当适用《民法典》第157条的规定，即“民事法律行为无效、被撤销或者确定不发生效力后，行为人因该行为取得的财产，应当予以返还；不能返还或者没有必要返还的，应当折价补偿。有过错的一方应当赔偿对方由此所受到的损失；各方都有过错的，应当各自承担相应的责任。法律另有规定的，依照其规定”。依据该规定，当事人对于实施的身份行为的无效或者被撤销有过错时，应当根据其过错程度以及其过错行为造成的损害结果，向无过错方承担损害赔偿责任。

四、事实婚姻与同居

（一）事实婚姻的含义

事实婚姻是法律婚姻的对称。关于何为事实婚姻，有广义和狭义两种学说。狭义说认为，欠缺形式要件以夫妻名义共同生活的两性结合，发生在特定的时间以内，且符合实质要件，赋予其合法效力时，才构成事实婚姻；广义说认为，凡欠缺结婚的要件，以夫妻名义共同生活的两性结合皆为事实婚姻。依狭义说，事实婚姻仅指欠缺结婚的法定形式要件的事实婚姻（单一违法）；而依广义说，事实婚姻包括欠缺结婚的法定形式要件的事实婚姻和欠缺结婚的法定实质要件的事实婚姻（双重违法）。《民法典》确立的无效婚姻制度和可撤销婚姻制度，将欠缺结婚的法定实质要件的违法婚姻纳入无效婚姻和可撤销婚姻的范畴。因此，依我国现行法的精神，结合司法解释的规定，对事实婚姻作狭义界定是合理的。

---

① 参见陈苇主编：《外国婚姻家庭法比较研究》，167～168页。

（二）我国法律关于事实婚姻效力的规定

《民法典》第1049条明确要求结婚的男女双方应当办理结婚登记手续，完成结婚登记即确立婚姻关系；同时规定“未办理结婚登记的，应当补办登记”。依据《婚姻家庭解释（一）》第7条的规定，未按法律规定办理结婚登记而以夫妻名义共同生活的男女，起诉到人民法院要求离婚的，应当区别对待：（1）1994年2月1日《婚姻登记管理条例》（已失效）公布实施以前，男女双方已经符合结婚实质要件的，按事实婚姻处理；（2）1994年2月1日《婚姻登记管理条例》公布实施以后，男女双方符合结婚实质要件的，人民法院应当告知其补办结婚登记，未补办结婚登记的，属于同居关系，不属于事实婚姻。可见，我国仅承认1994年2月1日以前形成的符合结婚实质要件的事实婚姻。

事例3-16 2010年5月，甲、乙举行婚礼后开始以夫妻名义共同生活，双方虽具备结婚条件但未办理结婚登记手续。结婚第七年，双方遭遇“7年之痒”，经常发生口角。甲又一次与乙发生口角后，当天即愤然外出打工，与乙分居两地，长期互不往来。某日，甲以短信通知乙解除双方的事实婚姻，后甲与丙登记结婚。

——甲、乙未办理结婚登记手续即以夫妻名义共同生活，因违反婚姻成立的形式要件，依照《民法典》的规定，双方的关系为同居关系，甲有权单方解除。甲在与乙同居期间，与丙登记结婚，甲与丙的婚姻不构成重婚，具有法律效力。

（三）未婚同居

未婚同居关系，包括1994年2月1日《婚姻登记管理条例》公布实施以前男女双方不符合结婚实质要件即以夫妻名义共同生活的同居和1994年2月1日后男女双方符合结婚实质要件但未补办结婚登记的同居。没有配偶的男女出于自愿而同居生活，如果仅仅是单纯的同居而没有财产或者子女抚养方面的纠纷，它就是一个社会问题而不属于法律调整的对象。但如果因为财产或者未婚同居生育的子女抚养而发生纠纷，则属于法律调整的范围。对此，首先应当由双方协议解决，协议不成时可以提起诉讼，由人民法院按照相关法律规定处理。

1. 未婚同居关系的性质

没有配偶且没有婚姻障碍的男女以夫妻互待、同居生活的，依照《民法典》的规定，应当补办结婚登记手续。补办结婚登记的，双方成立婚姻关系。可见，未婚同居关系可以通过补正而成立婚姻关系。

2. 未婚同居关系的处理

未办结婚登记而以夫妻名义同居生活的男女，当事人提起诉讼仅请求解除同居关系的，人民法院不予受理；已经受理的，裁定驳回起诉［《婚姻家庭解释（一）》第3条第1款］。如果男女双方符合结婚实质要件，人民法院应当告知其补办结婚登记。

3. 未婚同居者的地位

在我国，对同居关系，法律既不禁止也不支持。但是，当事人因同居期间财产分割或者子女抚养纠纷提起诉讼的，人民法院应当受理［《婚姻家庭解释（一）》第3条第2款］，即同居者与子女间的关系及相互之间的财产关系，仍属于人民法院受理民事案件的范围。那么，对于子女抚养和财产纠纷应如何处理呢？在司法实践中，解除同居关系时，双方所生子女为非婚生子女，由哪一方抚养，双方协商；协商不成时，人民法院应根据子女的利益和双方的具体情况判决。对同居期间所得的财产，有约定的，按照约定处理；没有约定且协商不成的，应当按照以下情形分别处理：(1) 各自所得的工资、奖金、劳务报酬、知识产权收益，各自继承或者受赠的财产以及单独生产、经营、投资的收益等，归各自所有；(2) 共同出资购置的财产或者共同生产、经营、投资的收益以及其他无法区分的财产，以各自出资比例为基础，综合考虑共同生活情况、有无共同子女、对财产的贡献大小等因素进行分割［《婚姻家庭解释（二）》第4条］。关于财产继承问题，依据《婚姻家庭解释（一）》第8条的规定，男女双方未依据《民法典》第1049条的规定办理结婚登记而以夫妻名义共同生活的，一方死亡，另一方以配偶身份主张享有继承权的，应当依据《婚姻家庭解释（一）》第7条的原则处理，即构成事实婚姻的，另一方有权以配偶身份享有继承权。

事例3-17 甲女18周岁生日时，与乙男（23周岁）举行婚礼，开始以夫妻名义共同生活。3年后，女儿丙出生，乙父母赞助乙40万元用于购买住宅，乙购置房屋时登记在个人名下。10年后，乙用个人收入所得30万元购置公寓一套，用于投资。其时甲名下有存款10万元。后因感情不和，甲向人民法院提起离婚诉讼，并要求抚养女儿和分割上述财产。

——甲、乙未办理结婚登记手续即以夫妻名义同居生活，也未补办结婚登记，双方的关系为同居关系，甲无权提起离婚诉讼，也无权提起解除同居关系诉讼，只可对同居期间财产分割和子女抚养提起诉讼。丙为非婚生女儿，但享有与婚生子女同等的法律地位，人民法院应当按照有利于子女成长的原则确定丙的抚养归属。至于甲、乙同居期间所得的财产，乙接受父母赞助所购房屋，为乙个人财产；乙用个人收入购置的公寓及甲名下的存款，为甲、乙同居期间劳动所得的收入，为双方共有财产。

（四）有配偶者与他人的同居

有配偶者与他人的同居，为非法同居，为我国法律所禁止。所谓有配偶者与他人同居，是指有配偶者与婚外异性，不以夫妻名义，持续、稳定地共同居住［《婚姻家庭解释（一）》第2条］。在司法实践中，当事人请求解除同居关系的，人民法院不予受理，但当事人请求解除的同居关系属于“有配偶者与他人同居的”，人民法院应当受理并依法予以解除。

（五）补办结婚登记

依据《民法典》第1049条的规定，男女双方以夫妻名义同居生活而未办理结婚登记的，应当补办登记。男女双方补办结婚登记的，婚姻关系的效力从双方均符合《民法典》规定的结婚实质要件时起算［《婚姻家庭解释（一）》第 6 条］。自此时起，原来的违法结合转化为合法婚姻。

事例 3-18 甲、乙举行结婚仪式后，未办理结婚登记即以夫妻名义共同生活。当时双方均符合法律规定的结婚条件。因双方感情破裂，乙向人民法院提起离婚诉讼。人民法院受理案件后，对二人的婚姻状况进行了审查，查明了双方在 1994 年 2 月 1 日以后符合法律规定的结婚条件但未办结婚登记即以夫妻名义共同生活的事实，遂要求两人补办结婚登记手续，但甲不同意。人民法院以双方不存在婚姻关系为由，裁定驳回了乙的起诉。

——人民法院的做法是正确的。1994 年 2 月 1 日《婚姻登记管理条例》公布实施以后，甲、乙未办理结婚登记手续，即以夫妻名义共同生活的，构成同居关系。人民法院告知其补办结婚登记后，双方未补办结婚登记的，因同居关系纠纷不属于人民法院受理的民事案件范围，因此，人民法院驳回乙的起诉是正确的。

思考案例

1. 甲、乙二人登记结婚后不久一个偶然的机会，乙得知甲是其舅舅的儿子，幼年时因为丢失被他人收养。乙对甲隐瞒了这一事实。甲、乙婚后分居两地生活，随着时间的推移，双方感情渐渐疏远，甲提出离婚但乙不同意。甲从此不再回家，与乙分居生活。分居期间，甲与丙产生婚外恋情，并以夫妻名义公开同居生活。乙向人民法院提起诉讼，请求追究甲重婚罪的刑事责任。诉讼中甲获取了与乙具有三代以内旁系血亲关系的证据，遂以与乙的婚姻无效为由对抗乙的诉讼请求。

问：(1) 甲、乙之间的婚姻是否有效？(2) 若甲、乙之间的婚姻无效，该婚姻自何时起无效？(3) 若甲、乙的婚姻无效，甲是否构成重婚？

2. 乙女 18 周岁生日那天，与甲男（24 周岁）开始以夫妻名义公开同居生活。乙满 20 周岁后，女儿丙出生。丙 1 周岁时，双方到婚姻登记机关补办了结婚登记。乙满 20 周岁前，乙名下有存款 5 万元，甲名下有存款 4 万元。乙满 20 周岁后至提起离婚诉讼前，乙名下有存款 7 万元、甲名下有存款 3 万元。因为对女儿的抚养、教育存在分歧，双方经常发生争执，以至于矛盾无法调和。甲向人民法院起诉离婚。人民法院经审理查明，甲、乙的同居生活关系发生在《婚姻登记管理条例》公布实施后。

问：(1) 甲、乙双方补办结婚登记的效力溯及于何时？(2) 乙满 20 周岁前，甲、乙双方同居生活的性质是什么？(3) 乙满 20 周岁前，甲、乙双方同居生活期间所得财产的性质是什么？

3. 甲、乙系表兄妹关系，双方隐瞒三代以内旁系血亲关系，骗取了结婚登记。婚后两人感情较好，但一直没有生育。因承受不了无子的压力，甲离开原籍到外地谋求发展。其间甲又经历了父亲死亡和事业失败的打击，而乙没有给予应有的理解，从此双方感情逐渐淡薄。甲父死亡后，甲继承遗产 20 万元。甲处理完父亲的善后事宜，即向人民法院提起诉讼，请求确认其与乙的婚姻无效。经人民法院主持调解，甲、乙双方就婚姻无效和财产分割均达成一致。

问：(1) 甲、乙对无效婚姻达成的一致，人民法院能否以调解书的形式确认？(2) 甲、乙在无效婚姻存续期间所得的财产，应如何确定其归属？(3) 若甲、乙就甲继承的 20 万元遗产达成平均分割协议，该协议是否有效？

4. 甲（男，22 周岁）为达到与乙（女，19 周岁）结婚的目的，故意隐瞒乙的真实年龄办理了结婚登记。2 年后，因双方经常吵架，乙以办理结婚登记时未达到法定婚龄为由向人民法院起诉，请求宣告婚姻无效。人民法院应如何处理？（　　）

A. 以办理结婚登记时未达到法定婚龄为由宣告婚姻无效

B. 对乙的请求不予支持

C. 宣告婚姻无效，确认为非法同居关系，并予以解除

D. 认定为可撤销婚姻，乙可行使撤销权

5. 网名为“我心飞飞”的 21 岁女子甲与网名为“我行我素”的 25 岁男子乙在网上聊天后产生好感，乙秘密将甲“裸聊”的镜头复制保存。后乙要求与甲结婚，甲不同意。乙威胁要公布其“裸聊”镜头，甲只好同意结婚并办理了登记。下列哪些说法是错误的？（　　）

A. 甲可以自婚姻登记之日起 1 年内请求撤销该婚姻

B. 甲可以在婚姻登记后以没有感情基础为由起诉要求离婚

C. 甲有权主张该婚姻无效

D. 乙侵犯了甲的隐私权

6. 甲男与乙女通过“网聊”恋爱，后乙提出分手，但遭甲威胁。乙无奈，遂与甲办理了结婚登记。婚后乙得知，甲婚前就患有医学上不宜结婚的疾病且久治不愈，便向人民法院起诉离婚。下列哪一说法是正确的？（　　）

A. 人民法院应判决撤销该婚姻

B. 人民法院应判决宣告该婚姻无效

C. 人民法院对该案应当进行调解

D. 当事人可以对人民法院的处理结果依法提起上诉

7. 甲与乙登记结婚 3 年后，乙向人民法院诉请确认该婚姻无效。乙提出的下列哪一理由可以成立？（　　）

A. 乙登记结婚的实际年龄与法定婚龄相差 2 年

B. 甲婚前谎称是海归博士且有车有房，乙婚后发现上当受骗

C. 甲与乙是表兄妹关系

D. 甲以揭发乙父受贿胁迫乙结婚

8. 胡某与黄某长期保持同性恋关系，胡某创作同性恋题材的小说发表。后胡某迫于父母压力娶陈某为妻，结婚时陈某父母赠与一套房屋，登记在陈某和胡某名下。婚后，胡某收到出版社支付的小说版税 10 万元。此后，陈某得知胡某在婚前和婚后一直与黄某保持同性恋关系，非常痛苦。下列哪一说法是正确的？（　　）

A. 胡某隐瞒同性恋重大事实，导致陈某结婚的意思表示不真实，陈某可请求撤销该婚姻

B. 陈某受欺诈而登记结婚，导致陈某父母赠与房屋意思表示不真实，陈某父母可撤销赠与

C. 该房屋不属于夫妻共同财产

D. 10 万元版税属于夫妻共同财产

9. 高甲患有精神病，其父高乙为监护人。2021 年高甲与陈小美经人介绍认识，同年 12 月陈小美以其双胞胎妹妹陈小丽的名义与高甲登记结婚，2023 年生育一子高小甲。2024 年高乙得知儿媳的真实姓名为陈小美，遂向人民法院起诉。诉讼期间，陈小美将一直由其抚养的高小甲的户口迁往自己原籍，并将高小甲改名为陈龙。高乙对此提出异议。下列哪一选项是正确的？（　　）

A. 高甲与陈小美的婚姻属无效婚姻

B. 高甲与陈小美的婚姻属可撤销婚姻

C. 陈小美为高小甲改名的行为侵害了高小甲的合法权益

D. 陈小美为高小甲改名的行为未侵害高小甲的合法权益

课后复习

1. 试述结婚的概念和特点。
2. 试述我国结婚的条件。
3. 试述我国结婚的程序。
4. 试述无效婚姻的法定情形及其法律后果。
5. 试述可撤销婚姻的法定情形及其法律后果。
6. 试述事实婚姻和未婚同居关系的认定与处理。

第四章

夫妻关系

提　要

夫妻关系是结婚最主要的法律后果。夫妻在家庭中的地位平等，具体表现在夫妻人身关系和财产关系中的权利、义务平等。夫妻人身关系中平等的权利、义务体现在双方的姓名权、人身自由权和生育权等方面；夫妻财产关系中平等的权利、义务体现在夫妻对共同财产的所有权和处理权、夫妻的扶养义务以及相互继承遗产的权利。夫妻财产制是专门规范和调整夫妻财产关系的法律制度，涉及夫妻财产动态运行的各个方面，具有时代性、民族性和地域性，因而形成了多种模式、多种类型。我国的夫妻财产制是婚后所得共同财产制和特有财产制相结合的法定财产制，以及排除法定财产制适用的约定财产制。夫妻财产制是夫妻身份关系的物化表现和对婚姻、家庭这一身份共同体的财产性法律规制，在现代市场经济条件下具有独特的制度价值和很强的实践意义。

重点问题

1. 夫妻在家庭中的法律地位
2. 夫妻人身关系的内容
3. 夫妻财产制的类型
4. 我国的夫妻财产制

第一节　夫妻关系的概念和立法例

《民法典》在“婚姻家庭编”中用专章（第三章）规定了“家庭关系”，包括夫妻关系、父母子女关系和其他近亲属关系。男女结婚，即产生夫妻关系。这是婚姻效力的最主要体现。婚姻的效力可以分为及于当事人的直接效力和及于第三人的间接效力。婚姻的直接效力是因结婚而产生的夫妻间的权利和义务关系，婚姻的间接效力是因结婚引起的其他亲属间的权利和义务关系。

一、夫妻关系的概念

夫妻关系是指男女因结婚而形成的相互间具有权利义务内容的社会关系。夫妻双方所具有的特定身份决定了夫妻关系与其他两性关系的本质区别，即夫妻关系必须是男女两性合法的结合。男女双方符合法律规定的结婚条件，并履行了法定的结婚手续，才能结为夫妻，形成夫妻关系。男女两性间其他形式的结合，如重婚、同居等，都不产生夫妻关系。

夫妻关系的内容十分广泛，如果仅就法律关系而言，夫妻关系主要是指夫妻双方在人身和财产方面享有的权利与承担的义务。夫妻关系是一切亲属关系的本源，在《民法典》规定的各种家庭关系中，夫妻关系处于核心地位，在家庭中承担着承上启下、养老育幼的特殊作用。因此，法律对夫妻之间的权利和义务必然要加以具体规定。

二、夫妻关系的立法例

（一）夫妻关系立法例的类型

夫妻双方在家庭中的地位，是与男女两性的社会地位相一致的。夫妻关系的性质和内容，归根结底决定于一定的社会经济基础。随着社会经济基础及与之相适应的婚姻家庭制度的变化，夫妻在家庭中的地位也发生了变化。从立法例上说，夫妻关系主要有以下三种类型。

1. 夫妻一体主义

夫妻一体主义又称夫妻同体主义，是指夫妻因婚姻成立而合为一体，双方的人格互相吸收。从表面看，夫妻一体主义中夫妻的地位是平等的。但实际上，夫妻一体只是妻的人格为夫所吸收，妻处于夫权的支配之下，故夫妻一体主义不过是夫权主义的别名。

2. 夫妻别体主义

夫妻别体主义又称夫妻分立主义，是指夫妻婚后仍各是独立的主体，各有独立的人格，夫妻双方虽受婚姻效力的约束，仍各有法律行为能力和财产权利。这种立法主义最早产生于后期罗马法，在“无夫权婚姻”中妻子不需绝对服从丈夫，双方财产分别归各自所有。第二次世界大战以后，随着社会的发展，许多国家对有关夫妻地位的法律作了修改，使夫妻双方的法律地位在形式上逐渐趋于平等。

3. 夫妻共同体主义

目前一些国家的法律规定，婚姻成立的法律效力为婚姻共同体的成立。其中，既有共同体的共同利益的保护，又有夫妻个体独立的人身利益的保护。夫妻双方既不是完全别体的，又不是完全合一的。

（二）《民法典》对夫妻的法律地位的规定

《民法典》第1055条规定：“夫妻在婚姻家庭中地位平等。”这是男女平等原则的具体表现，是对夫妻法律地位的原则性规定。《民法典》对夫妻关系的其他规定，都体现了这一原则的精神。

夫妻在婚姻家庭关系中的地位平等的内容体现为，夫妻在人身关系和财产关系两个方面的权利和义务都是完全平等的。法律不允许夫妻任何一方只享受权利而不承担义务，或者只承担义务而不享有权利。

夫妻在婚姻家庭关系中地位平等，既是确定夫妻间权利和义务的总原则，也是处理夫妻间权利和义务纠纷的基本依据。对于夫妻间的权利和义务纠纷，《民法典》有具体规定的，应按具体规定处理；无具体规定的，应按夫妻在婚姻家庭关系中地位平等原则的精神予以处理。

第二节　夫妻人身关系

夫妻人身关系和其他民事法律规范中的人身关系一样，是与主体不可分离，不以直接的经济利益为内容而以特定的精神利益为内容的社会关系。但夫妻人身关系又不同于其他民事法律规范中的人身关系，它以夫妻身份为前提，只能存在于具有配偶身份的男女之间。《民法典》规定了夫妻人身关系，明确了夫妻之间基于配偶身份所产生的特定权利和义务关系。

一、夫妻独立姓名权和婚姻姓氏权

《民法典》第1012条规定，自然人享有姓名权，有权依法决定、使用、变更或者许可他人使用自己的姓名。姓名权是人格权的重要组成部分，是一项重要的人身权利。虽然姓名只是用来表示个人的特定符号，但有无姓名权是有无独立人格的重要标志。自然人的姓名权表现为人格权，但大多数国家都将婚姻姓氏作为配偶身份权的基本内容。

自1950年《婚姻法》以来，我国法律始终承认夫妻各自有使用自己姓名的权利。《民法典》第1056条规定："夫妻双方都有各自使用自己姓名的权利。"这意味着，夫妻双方作为独立的民事主体，不管民族、信仰、年龄、职业、财产状况如何，都有各用自己姓名的权利，不因婚姻成立而发生变化。

随着男女平等在法律上的实现，夫妻独立姓名权得到确认。在这一前提下，子女的姓氏也由随父姓转变为可以选择父姓或母姓。《民法典》第1015条规定："自然人应当随父姓或者母姓，但是有下列情形之一的，可以在父姓和母姓之外选取姓氏：（一）选取其他直系长辈血亲的姓氏；（二）因由法定扶养人以外的人扶养而选取扶养人姓氏；（三）有不违背公序良俗的其他正当理由。""少数民族自然人的姓氏可以遵从本民族的文化传统和风俗习惯。"

事例4-1　市民吕某给女儿起了一个既不随父姓也不随母姓的名字——"北雁云依"。他去某派出所报户口时，派出所以姓名"北雁云依"不符合办理户口登记的条件为由，拒绝为其办理户口登记。随后，吕某又相继去了市公安局，得到了同样的答复。吕某认为，某派出所拒绝以"北雁云依"为姓名为其女儿办理户口登记的具体行政行为侵犯了其女儿的合法权益，遂以被监护人"北雁云依"的名义向人民法院提起行政诉讼，请求人民法院判令确认某派出所拒绝以"北雁云依"为姓名办理户口登记的行为违法。人民法院对该姓名权行政诉讼案作出一审判决，驳回原告吕某的诉讼请求。也就是说，某派出所拒绝以"北雁云依"为姓名办理户口登记行为不违法。

——人民法院的判决是正确的。依据《民法典》第1015条第1款的规定，自然人应当随父姓或者母姓，但有下列情形之一的，可以在父姓和母姓之外选取姓氏：（1）选取其他直系长辈血亲的姓氏；（2）因由法定扶养人以外的人扶养而选取扶养人姓氏；（3）有不违反公序良俗的其他正当理由。在本案中，“北雁云依”的父母自创姓氏的做法，不符合公序良俗对姓名的规制要求。“北雁云依”的父母自创“北雁”为姓氏、选取“北雁云依”为姓名给女儿办理户口登记的理由是“我女儿姓名‘北雁云依’四字，取自四首著名的中国古典诗词，寓意父母对女儿的美好祝愿”。吕某仅凭个人喜好愿望并创设姓氏，具有明显的随意性，不符合《民法典》所规定的不违反公序良俗的其他正当理由，不应给予支持。

二、夫妻人身自由权

人身自由权本是自然人的人格权，但反映在夫妻关系上的夫妻人身自由权是夫妻家庭地位平等的重要标志，是夫妻身份地位的象征，因此，我国立法将其作为夫妻身份权的内容。在中华人民共和国成立前，妇女受“男女有别”“男外女内”“三从四德”等封建礼教的束缚，只能从事家务劳动，没有参加工作和社会活动的权利，完全丧失了人身自由，成为家庭奴隶。这不仅摧残了妇女本身，也阻碍了社会经济的发展。

在中华人民共和国成立后，1950年《婚姻法》第9条规定：“夫妻双方均有选择职业、参加工作和参加社会活动的自由。”1980年《婚姻法》第11条进一步规定：“夫妻双方都有参加生产、工作、学习和社会活动的自由，一方不得对他方加以限制或干涉。”2001年修改后的《婚姻法》第15条和《民法典》第1057条，仍坚持这一规定。这些规定，既是夫妻地位平等的标志，又为夫妻平等地行使权利和承担义务提供了法律保障。

1. 夫妻双方都有参加生产、工作的自由

这里的生产、工作泛指一切合法的社会性劳动。它既包括获得报酬的社会性劳动，也包括义务性的社会性劳动，如义工等。我国宪法、劳动法等法律中都有保障公民劳动就业的规定，公民享有劳动就业的合法权益，这一权利不能因婚姻的建立而被剥夺。

2. 夫妻双方都有参加学习的自由

学习泛指为提高个人能力和素质而接受各种方式的教育、训练和通过各种渠道进行自我提高。它既包括正规的在校学习，也包括业余学习；既包括接受系统的教育，也包括接受职业或者技能培训；既包括集体性、系统性的学习，也包括个人自学。公民整体素质的提高，有赖于公民的受教育程度；而夫妻受教育程度，尤其是母亲受教育的程度，直接影响着对子女的教育水平。因此，夫妻双方参加学习的自由应当得到法律和对方的尊重。

3. 夫妻双方都有参加社会活动的自由

所谓社会活动，是指参政、议政活动，科学、技术、文化、艺术等文化活动，各种群众组织、社会团体的活动，以及多种形式的公益活动等。参加社会活动是我国公民依法享有的民主权利。这一规定同等地适用于夫妻双方，但就其针对性来说，主要是为了保障已婚妇女享有参加社会活动的自由权利。妇女的权利在法律上被确认之后，必须得到丈夫的尊重和协助才能具体实现。

应当注意的是，夫妻双方都必须正当行使上述人身自由权，不得滥用权利损害他方和家庭的利益。任何一方在行使该项权利时，都必须同时履行法律规定的自己对婚姻、家庭承担的义务。如果夫妻任何一方不当行使该项权利，对方有权提出意见，进行必要的劝阻。但由于我国法律对于限制或者干涉已婚妇女自由的行为并未规定相应的责任和制裁，因而缺乏强制性保障措施和法律救济手段。

三、夫妻同居的权利、义务

同居是指夫妻共同居住、共同生活。同居权是指夫妻一方要求与另一方共同生活的权利，同居义务是指夫妻任何一方都有与对方共同生活的义务。同居是夫妻间的本质义务，外国法中多以明文加以规定。例如，《法国民法典》第 215 条第 1 款规定："夫妻双方相互负有在一起共同生活的义务。"

在我国，《民法典》没有关于夫妻同居的正面规定，但其第 1042 条规定，禁止有配偶者与他人同居；第 1079 条规定，因感情不和分居满 2 年，调解无效或者经人民法院判决不准离婚后又分居满 1 年，可认定夫妻感情确已破裂，婚姻关系准予解除。这些规定，实际上承认了夫妻同居的权利、义务。

从国外立法来看，虽同居为夫妻间基本的权利和义务，但夫妻同居得在一定条件下暂时或者部分中止履行。关于停止同居，可分为两种情形：一是因正常理由暂时中止同居，如一方因处理公私事务的需要在较长的时间内合理离家，一方因生理方面的原因对同居义务部分或者全部不履行等。一般来说，这种中止对夫妻关系不产生实质性的影响，在中止的原因消失后，夫妻同居义务便自然恢复。因此，法律通常对此不作专门的规定。二是因法定事由而停止同居。这些事由包括：一方擅自将住所迁至国外或者在不适当的地点定居，一方的健康、名誉或者经济状况因夫妻共同生活受到严重威胁，一方提起离婚或者分居的诉讼以及婚姻关系已破裂等。

事例 4－2　香港一位八旬的老翁与内地一位 29 岁的离异女子在内地登记结婚。然而结婚 1 年后，妻子突然不再与丈夫同房。于是，丈夫以"索回合法婚姻的同居权"为由向人民法院提起诉讼。人民法院经审理认为，依据《民法典》第 1043 条的规定，原告对被告拥有配偶权，而配偶权的核心内容是夫妻之间的同居权，即丈夫在夫妻关系存续期间对妻子的性要求受法律保护，人民法院支持原告的诉讼主张；但同时又认为，我国法律保护女性的性自由权利，原告在行使自己的婚姻同居权时，不得侵害被告的性权利。在上述原则的基础上，法官促使原告与被告达成和解，被告同意与原告同居。

——本案中，人民法院主持达成的调解协议合法有效。配偶一方对他方享有同居权，对方有同居的义务。但是，同居义务不能强制履行，因为同居权是身份权，性自由权是人格权，当一方的身份权与对方的人格权发生冲突时，人格权优先于身份权。因此，当一方无正当理由不履行同居义务时，他方得提起夫妻同居之诉，请求命为同居的给付判决。但此判决在性质上不得强制执行。对于拒绝履行命为同居的判决义务的，对方可作为离婚的理由。

四、夫妻忠实义务

夫妻忠实义务主要是指贞操义务，即专一的夫妻性生活的义务；广义的解释还包括不得恶意遗弃配偶，以及不得为第三人的利益而损害或者牺牲配偶他方的利益。在外国法上，关于夫妻忠实义务是有相关规定的，如《法国民法典》第 212 条中规定，夫妻双方应相互忠诚。在我国，《民法典》第 1043 条中有"夫妻应当互相忠实"的法律规定，肯定了夫妻间的忠实义务。但是，对于违反忠实义务的行为，当事人仅以《民法典》第 1043 条的规定为依据提起诉讼的，人民法院不予受理；已经受理的，裁定驳回起诉[《婚姻家庭解释（一）》第 4 条]。

五、夫妻婚姻住所决定权

所谓婚姻住所，是指夫妻婚后共同居住和共同生活的场所。婚姻住所决定权，是指选择、决定夫妻婚后共同生活住所的权利。对于夫妻婚后共同生活的住所由谁决定，古今中外立法有所不同。在古代社会，夫妻关系是男尊女卑，夫为妻纲，妻子从属于丈夫，因此，婚姻住所的决定权专属于丈夫，实行"妻从夫居"的婚居方式。在现代社会，法律贯彻夫妻地位平等原则，夫妻双方平等地享有婚姻住所决定权。

《民法典》第 1050 条规定："登记结婚后，按照男女双方约定，女方可以成为男方家庭的成员，男方可以成为女方家庭的成员。"该规定赋予了夫妻双方平等的婚姻住所决定权。但从现实情况看，两人结婚后脱离双方家庭而单独生活的现象十分普遍。在这种情况下，就不存在一方成为另一方家庭成员的问题。因此，法律上有必要对婚姻住所决定权作出明确规定。

事例 4－3 甲与乙登记结婚后，双方约定以甲婚前所有的房屋 A 作为婚姻住所。婚姻关系存续期间，甲未征得乙同意，将该房屋出卖给丙，并办理了产权变更登记。乙向人民法院提起诉讼，以甲侵害其婚姻住所决定权为由，请求确认甲与丙之间的房屋买卖合同无效，要求丙归还房屋。

——甲、乙对婚姻住所享有决定权。甲、乙商定以甲个人所有的房屋作为婚姻住所后，乙取得了对甲所有房屋的居住权利。只要乙与甲的婚姻关系存续，乙对婚姻住所的居住权利就一直存在，任何人包括甲不得侵害。甲、乙的婚姻住所，为甲个人所有的房屋，依照《民法典》的规定，甲对该特有财产享有自由的处分权，不受配偶和其他共同居住人的限制，因此，甲将房屋处分给丙的行为合法有效，乙不得以其对房屋的居住权利对抗丙对房屋的所有权。

六、互相尊重、互相协助的义务

关于夫妻相互尊重、相互协助的义务，现代许多国家的法律都有规定，例如，《法国民法典》第 212 条中规定："夫妻应相互救助与扶助。"《葡萄牙民法典》第 1672 条规定："配偶之间受尊重、忠实、合作和帮助义务之相互拘束。"《墨西哥民法典》第 162 条规定："配偶各方相互负有为结婚对象出力和相互帮助的义务。"在我国，《民法典》第 1043 条第 2 款明确规定："夫妻应当互相忠实，互相尊重，互相关爱；家庭成员应当敬老爱幼，互相帮助……"这肯定了夫妻间互相尊重、互相协助、互相救援的义务，有利于指导公民处理夫妻关系，以减少现实中夫妻一方遇难时另一方见死不救等行为的发生。

事例 4-4　某日凌晨，结婚仅 2 个月的新婚夫妻小龚与小佳因故发生激烈争吵，年仅 23 岁的妻子小佳跳楼自杀身亡。小佳的父母为此向人民法院提起诉讼，请求小龚赔偿死亡赔偿金和精神损害赔偿金 20 万元。人民法院经审理认为：小龚本应对小佳的言行予以注意和警觉，及时采取行动。然而，小龚并未采取理所当然和力所能及的救助行为，其不作为与小佳的死亡存在一定的因果关系，故其应当承担相应的民事赔偿责任。

另外，作为完全民事行为能力人的小佳，与小龚争吵后随意轻生，自身亦负有相应责任。为此，人民法院判决小龚赔偿小佳的父母 8 万元死亡赔偿金和 2 万元精神抚慰金。

——人民法院的判决是正确的。《民法典》规定，夫妻应当互相忠实，互相尊重，家庭成员间应当做到敬老爱幼，互相帮助，维护平等、和睦、文明的婚姻家庭关系。这里，夫妻之间的互相帮助，是夫妻之间扶养义务的内容之一，即夫妻之间的扶养义务，除扶养费支付、生活照料和精神慰藉外，还包括危难时的救助。小龚对小佳有危难时的救助义务，却无动于衷。其不作为与小佳的死亡存在一定的因果关系，其应当承担相应的民事赔偿责任。

七、夫妻日常家事代理权

夫妻日常家事代理权又称夫妻相互代理权，是指夫或者妻因日常家庭事务与第三人为一定法律行为时互为代理人、互有代理权，被代理方须对代理方从事日常家事行为所产生的债务承担连带责任，如《日本民法典》第761条规定："夫妻一方就日常家事同第三人实施了法律行为时，他方对由此而产生的债务负有连带责任。但是，对第三方先告知不负责任的，不在此限。"在我国，《民法典》第1060条规定："夫妻一方因家庭日常生活需要而实施的民事法律行为，对夫妻双方发生效力，但是夫妻一方与相对人另有约定的除外。""夫妻之间对一方可以实施的民事法律行为范围的限制，不得对抗善意相对人。"该规定明确了夫妻一方的日常家事代理权。

事例 4－5 甲妻乙之弟丙准备结婚。因为父母早年去世，乙、丙相依为命，姐弟情深，乙决定将婚姻关系存续期间购买的登记在自己名下的大众轿车送给丙作为结婚礼物。但甲认为乙承担了丙大学期间的费用和买房的首付，结婚礼物随俗就好。夫妻双方意见不一，乙坚持将轿车过户到丙的名下。丙因为筹备婚礼急需资金，将该轿车出卖给丁。甲以乙、丙为被告，以丁为第三人向人民法院提起诉讼，请求确认乙、丙之间的赠与合同无效，丙将轿车出卖给丁为无权处分；要求丁返还轿车。

——甲的请求不能成立。一般认为，日常生活需要包括通常必要的一切事项，诸如一家之食物、衣着等之购买，医疗、子女教育的支出，家具、日常用品之购置，家政、家庭教师之雇佣，亲友的馈赠，报纸杂志之订购等。乙将轿车赠与丙作为结婚礼物，显然超出日常家事代理权的范围，构成对甲之共有财产权利的侵犯，为无权处分行为，甲可以主张无效，但不得对抗善意第三人。丙受赠该轿车后，已将轿车出卖给丁，丁基于丙占有并登记为车辆所有人的事实而购买该轿车，符合善意取得的条件，取得轿车所有权，故甲无权要求丁返还轿车。

第三节　夫妻财产关系

一、夫妻财产制的概念和类型

夫妻财产制又称婚姻财产制，是指规定夫妻财产关系的法律制度。夫妻财产制的内容包括各种夫妻财产制的设立、变更与废止，夫妻婚前财产和婚后所得财产的归属、管理、使用、收益、处分，婚姻终止时夫妻财产的清算和分割等问题。夫妻财产制的核心是夫妻婚前财产和婚后所得财产的所有权归属问题。

夫妻财产制具有一定的地域性和时代性，可以从不同的角度进行不同的分类。

（一）按其发生根据，夫妻财产制可以分为法定财产制与约定财产制

法定财产制是指夫妻婚前或者婚后均未就夫妻财产关系作出约定，或者所作约定无效时，依法律规定而直接适用的夫妻财产制。由于各国政治、经济、文化及民族传统习惯不同，不同时代、不同国家规定的直接适用的法定财产制形式也不尽相同。目前，各国采用的法定财产制主要有分别财产制、共同财产制、剩余共同财产制等形式。

约定财产制是指由婚姻当事人以约定的方式，选择决定夫妻财产制形式的法律制度。许多国家的立法都规定了约定财产制，它具有优先于法定财产制适用的效力。在允许约定财产制的国家，立法内容不尽相同，有详略之分和宽严之别。从立法限制的程度看，大体可以分为两种情况：一种是立法限制较少的，即对婚姻当事人约定财产关系的范围和内容不予严格限制，立法既未设立几种财产制形式供当事人选择，也未在程序上作特别要求。英国、日本等国家的立法即属此类。另一种是立法限制较多的，即在约定财产制的范围上，明定约定时可供选择的财产制，在约定的内容上列明不得相抵触的事由，在程序上还要求夫妻订立要式契约。法国、德国、瑞士等国家的立法即属此类。

（二）按其适用情况，夫妻财产制可以分为普通财产制与非常财产制

普通财产制是指在通常情况下，依婚姻当事人双方的约定或者依法律的直接规定而适用的财产制，包括约定财产制和法定财产制。

非常财产制（包括瑞士法中的特别财产制，法国、德国法中的共同财产制之撤销制度）是指在特殊情况下，出现法定事由时，依据法律的规定或者经夫妻一方（或夫妻之债权人）的申请由法院宣告，撤销原依法定或者约定设立的共同财产制，改设为分别财产制。非常财产制依产生的程序不同，分为当然的非常财产制和宣告的非常财产制。

当然的非常财产制是指夫妻一方受破产宣告或者已有持清偿不足证书的债权人时，基于法律的规定，其夫妻财产制当然设定为分别财产制；宣告的非常财产制是指依据法定事由，经夫妻一方或者债权人申请，由法院裁决宣告撤销原共同财产制，改为分别财产制。从各国的规定看，法定事由一般有：夫妻一方无能力管理共同财产或者滥用管理共同财产的权利；夫妻分居；夫妻不履行扶养家庭的义务；夫或者妻的财产不足以清偿其债务或者夫妻财产不足以清偿其总债务；夫妻一方无正当理由，拒绝对共同财产的通常管理予以应有的协作或拒绝他方为财产上之处分；配偶一方受禁治产宣告等。①

（三）按其所涉及的夫妻财产的范围，夫妻财产制可以分为特有财产制与共同财产制

夫妻特有财产，即夫妻保留财产。特有财产制是指在夫妻婚后实行共同财产制时，基于法律规定或者夫妻约定，由夫妻各自保留一定个人所有财产的制度。夫妻个人特有财产制，是对共同财产范围的缩小与限制。德国、意大利、瑞士、日本等都规定了夫妻特有财产制。

从各国规定看，夫妻特有财产可以分为法定的特有财产和约定的特有财产两种。

法定的特有财产是指依照法律规定所确认的婚后夫妻双方各自保留的个人财产。在外国立法中，其范围大体如下：（1）夫妻个人日常生活用品和职业需要用品；（2）具有人身性质的财产和财产权，包括人身损害赔偿和精神损害的赔偿金、补助金、不可让与的物及债权等；（3）夫妻一方因指定继承或者受赠而无偿取得的财产；（4）由特有财产所生的孳息及代位物等。此外，在实行一般共同制时，夫妻特有财产的范围包括夫妻婚前个人财产；在实行婚后所得共同制时，夫妻特有财产的范围不包括夫妻婚前个人财产。

约定的特有财产是指夫妻双方以契约形式约定一定的财产为夫妻一方个人所有的财产。

---

① 参见杨大文、龙翼飞主编：《婚姻家庭法》，8版，114页，北京，中国人民大学出版社，2020。

总之，特有财产为夫妻婚后分别保留的个人财产，独立于夫妻共同财产之外、属于部分的分别财产，故其效力适用分别财产制的规定，即夫妻各方对其特有财产享有独立的占有、使用、收益及处分等权利，他人不得干涉。但对家庭生活费用之负担，在夫妻共同财产不足以负担时，夫妻得以各自的特有财产分担。

二、夫妻财产制的具体类型

在各国（地区）有关夫妻财产制的立法中，根据夫妻财产制的内容，夫妻财产制主要有共同财产制、分别财产制、剩余共同财产制、统一财产制和联合财产制五种类型。它们有的被作为法定财产制直接使用，有的被作为约定财产制供当事人选择使用。

（一）共同财产制

共同财产制是指婚后除特有财产外，夫妻的全部财产或者部分财产归双方共同所有。依共有的范围不同，共同财产制又分为一般共同制、动产及所得共同制、所得共同制、劳动所得共同制等形式。一般共同制是指夫妻婚前、婚后的一切财产（包括动产和不动产）均为夫妻共有的财产制；动产及所得共同制是指夫妻婚前的动产及婚后所得的财产为夫妻共有的财产制；所得共同制是指夫妻在婚姻关系存续期间所得的财产为夫妻共有的财产制；劳动所得共同制是指夫妻婚后的劳动所得为夫妻共同共有，非劳动所得的财产，如继承、受赠所得等，则归各自所有的财产制。

上述不同共有范围的共同财产制，被世界上不少国家分别采用。有的被采为法定财产制，如巴西、荷兰、法国等；有的被采为约定财产制的形式之一，如德国、瑞士等。

（二）分别财产制

分别财产制是指夫妻婚前、婚后所得的财产均归各自所有，各自独立行使管理、使用、收益和处分权。英美法系的多数国家及大陆法系的个别国家（如日本）以分别财产制为法定财产制，也有部分国家以分别财产制为约定财产制的形式之一。

分别财产制使夫妻婚前和婚后各自所得的财产均为各自所有，不因结婚而发生财产上的共有，各自保持经济独立。它尊重夫妻个人意愿，便于夫妻一方独立行使财产权，在一定意义上是有利于社会经济发展的。但也要看到，在当代社会中，男女两性的经济地位事实上仍存在差距，妇女的就业机会和经济收入大多不如男子。同时，女方承担的家庭义务往往多于男子，这也往往影响其经济收入。在此情况下，以分别财产制作为法定财产制，往往会形成事实上的夫妻不平等。

（三）剩余共同财产制

剩余共同财产制是指夫妻对于自己的婚前财产及婚后所得财产，各自保留其所有权、管理权、使用收益权及有限制的处分权，夫妻财产制终止时，以夫妻双方增值财产（夫妻各自最终财产多于原有财产的增值部分）的差额为剩余财产，由夫妻双方分享。大陆法系的德国以剩余共同财产制作为法定财产制，法国则以剩余共同财产制为约定财产制的形式之一。[①] 这种财产制在一定程度上兼有共同财产制和分别财产制的优点，在

① 参见《德国民法典》第1363条至第1390条，《法国民法典》第1569条至第1581条。

保障夫妻地位平等、维护婚姻共同生活和谐的同时，亦有利于维护第三人的利益和交易安全。

（四）统一财产制

统一财产制是指婚后除特有财产外，将妻的婚前财产估定价额，转归丈夫所有，妻则保留在婚姻关系终止时对此项财产原物或者价金的返还请求权。这种财产制为早期资本主义国家的法律所采用。因其将对婚前财产的所有权转变为婚姻终止时对夫的债权，使妻处于不利地位，有悖男女平等原则，故现代国家已少有采用。

（五）联合财产制

联合财产制又称管理共同制，是指婚后夫妻的婚前财产和婚后所得财产仍归各自所有，但除特有财产外，将夫妻财产联合在一起，由夫管理。夫对妻的原有财产有占有、使用、管理、收益权，必要时有处分权，而以负担婚姻生活费用为代偿；婚姻关系终止时，妻的财产由其本人收回或者其继承人继承。这种财产制源于中世纪日耳曼法，为近现代一些资本主义国家所沿用并发展。虽其较统一财产制有明显进步，但夫妻在财产关系中仍处于不平等地位，有悖男女平等原则，故现代社会原采这种财产制的一些国家如德国、日本、瑞士等，已废止此制，改行新制。

三、我国现行的夫妻财产制

《民法典》对夫妻财产法律关系规定了三方面的内容，即夫妻财产制、夫妻扶养义务、夫妻继承权。我国现行夫妻财产制在总体上是法定财产制与约定财产制相结合，在法定财产制中是共同财产制与个人特有财产制相结合。

（一）夫妻法定财产制

《民法典》规定的法定财产制是夫妻共同财产制与夫妻个人特有财产制相结合的形式。这两种制度分别从不同的角度规定了夫妻共同财产和个人特有财产的范围。在夫妻对其财产没有约定或约定不明、约定无效时，当然适用法定财产制。

1. 夫妻共同财产制

依据《民法典》第 1062 条的规定，夫妻在婚姻关系存续期间所得的下列财产，归夫妻共同所有：工资、奖金、劳务报酬，生产、经营、投资的收益，知识产权的收益，继承或者受赠的财产（但《民法典》第 1063 条第 3 项规定的除外），其他应当归共同所有的财产。结合《民法典》第 1063 条的规定可知，我国实行的是除特有财产外的婚后所得共同财产制。

（1）夫妻共同财产的概念和范围。

夫妻共同财产是指夫妻在婚姻关系存续期间所得的财产，除特有财产外，均属夫妻共同所有。“婚姻关系存续期间”，是指婚姻关系的效力发生期间，即从完成结婚登记时起到离婚法律文书生效之日或者一方死亡之日止。“所得的财产”是指在婚姻关系存续期间取得所有权的财产。这里的“所得”应是权利的所得，而非占有的所得。

依据《民法典》第 1062 条第 1 款的规定，在婚姻关系存续期间所得的财产主要包括以下几类。

一是工资、奖金、劳务报酬。工资、奖金是我国普遍实行的劳动报酬形式，主要是指夫妻一方或者双方的劳动报酬所得。除工资、奖金外，其他形式的补贴、福利或者一定范围内的实物分配等劳务报酬，也应属夫妻共同所有。

事例 4－6 国家队运动员甲与妻子乙登记结婚后，多次参加各类各级比赛，共得奖金若干。因离多聚少，甲、乙感情不和，双方自愿离婚。想到与乙十几年的夫妻关系就要结束，甲不免有些伤感，信步走在街道上，看到一福利彩票站，就随手购买了一张 5 注共计 10 元的福利彩票，三日后开奖中奖 80 万元。乙要求分割甲所得奖金，被甲拒绝，于是乙向人民法院提起离婚诉讼。

——乙无权分割甲比赛所得奖金。一般认为，工资是指按照国家统计局规定应统计在职工工资总额中的各种劳动报酬，包括标准工资、有规定标准的各种奖金、津贴和补助。具有严格人身性质的奖金如自然科学奖、社会科学奖、体育竞赛奖等，完全是因为个人在某些方面作出突出贡献而获得的奖励，是获奖者个人的荣誉象征，具有特定的人身性质，应被视为个人所有的财产，不应属于夫妻共同财产，因此，乙对甲比赛获得的奖金，无权请求分割。但甲购买福利彩票所获得的 80 万元，属于夫妻共同财产，乙有权请求分割。“彩票中奖”所得，既不是奖金，也不是劳动所得，且带有很大的偶然性，因此，购买彩票的行为应为一种投资行为，依据《民法典》第 1062 条的规定，不论是一方以个人财产购买，还是以夫妻共同财产购买，均属于投资收益，属于夫妻共同财产。

二是生产、经营、投资的收益。这里的“生产、经营、投资的收益”，既包括农民的生产劳动收入，也包括工业、服务业、信息业等行业的生产、经营、投资收益。凡是在婚后从事生产、经营、投资活动的收益，无论是一方个人财产所产生的还是夫妻共同财产所产生的，都应作为生产、经营、投资的收益归夫妻共同所有。

事例 4－7 甲婚前投资设立了 A 公司，并担任 A 公司的董事长参与经营活动。与妻子乙结婚 5 年间，甲自 A 公司共取得分红 300 万元。另，甲婚前购买 B 公司的股票 1 万股，婚后该股票卖出获利 80 万元；婚前购买 5 套小户型住宅用房用于出租经营，婚后共获租金收入 20 万元。乙对以上收益主张共有权，但甲认为上述财产为个人财产，遂拒绝了乙的共有请求。

——甲自 A 公司所得分红款 300 万元，虽为个人财产投资获得的收益，但该收益的性质为生产收益，且发生在婚姻关系存续期间，依据《民法典》第 1062 条的规定，属于夫妻共有财产。甲婚前购买股票所得收益 80 万元，为甲个人财产在婚后的自然增值，为甲个人财产；所得租金收益 20 万元，为甲婚前个人财产产生的收益，但该收益为经营收益，而非传统民法上的孳息，应当属于夫妻共有财产。

三是知识产权的收益。知识产权是人们对其智力成果依法所享有的专有权利，主要包括著作权、专利权、商标权、发明权、发现权、商业秘密权等。“知识产权的收益”是指婚姻关系存续期间，实际取得或者已经明确可以取得的财产性收益［《婚姻家庭解释（一）》第24条］。①

事例4-8 甲为某企业工程师，婚后获发明专利一项。在甲与妻乙离婚诉讼期间，丙看到了甲专利产品的市场前景，决定购买甲的专利技术。于是甲与丙签订了专利权转让合同，合同约定：专利转让费人民币20万元，专利转让登记手续办理后10日内由丙支付到甲指定的账户。在甲与乙的离婚判决生效后，丙依约将20万元支付给甲。乙得知后请求将该20万元作为夫妻共同财产重新分割。

——甲、乙离婚诉讼期间，仍为双方婚姻关系存续期间。甲与丙签订专利权转让合同，明确专利转让费的数额及支付方式，属于已经明确可以取得的知识产权的财产性收益，属于夫妻共同财产。该知识产权收益在离婚时未予分割，离婚后作为夫妻共同财产，乙有权请求重新分割。

四是继承或者受赠的财产。继承的财产是指依照《民法典》的规定所继承的积极财产，即以遗产清偿被继承人所欠的税款和债务后所剩余的财产。受赠的财产是指基于赠与合同或者遗赠而取得的财产。但是，并非所有继承或者受赠的财产都是共同财产，遗嘱或者赠与合同中确定只归一方所有的财产属于该方所有。依据《婚姻家庭解释（一）》第29条第2款的规定，当事人结婚后，父母为双方购置房屋出资的，依照约定处理；没有约定或者约定不明确的，应认定为夫妻共同财产。

事例4-9 在甲与妻乙的婚姻关系存续期间，甲父丙与甲签订了赠与合同，合同约定：丙将其所有的房屋A赠与甲。甲取得房屋所有权后，该房屋仍由丙居住使用，直至丙死亡为止。甲、乙因夫妻感情纠葛，分居生活。分居期间，乙母死亡。乙母生前留有遗嘱，明确其存款120万元由乙继承，并明确该120万元的遗产所有权只归乙。因感情破裂，甲向人民法院提起离婚诉讼，乙同意离婚，但双方对上述财产分割存在争议。

——丙与甲签订赠与合同，受赠人为甲，但丙没有在赠与合同中明确该受赠

① 关于知识产权的收益，值得思考的问题是：（1）婚前知识产权、婚后实际取得或者已经明确可以取得的财产性收益，是否应被认定为夫妻共同财产。我们认为，婚前知识产权、婚后实际取得或者已经明确可以取得的财产性收益不应认定为夫妻共同财产。如果无特别约定，应当认定为婚前个人财产。（2）知识产权预期经济收益是否属于夫妻共同财产。对于婚后取得知识产权的预期经济收益归属问题，理论上存在两种对立的观点。我们认为，该预期收益应属于夫妻共同财产。知识产权一般都具有人身权和财产权双重属性。基于知识产权的人身性，婚后一方所得知识产权归该方个人所有，但该知识产权利益包括既得利益和期待利益，依照我国法定财产制的规定，则应属于夫妻共同财产。至于分割问题，因知识产权中的人身权与权利人不能分开，并且知识产权与载体不能分开，离婚时可以估价分割，也可以待其今后实现经济利益后再行分割。

财产只归甲所有，因此，甲根据赠与合同取得的财产，为婚姻关系存续期间一方接受赠与所得的财产，属于夫妻共有财产；乙继承所得的120万元财产，乙母在遗嘱中明确遗产所有权只归乙，排除了甲基于配偶身份对该遗产的共有权，为遗嘱中确定只归一方所有的财产，属于乙的个人财产。

五是其他应当归共同所有的财产。依据《婚姻家庭解释（一）》第25条的规定，婚姻关系存续期间，下列财产属于“其他应当归共同所有的财产”：1）一方以个人财产投资取得的收益；2）男女双方实际取得或者应当取得的住房补贴、住房公积金；3）男女双方实际取得或者应当取得的养老保险金、破产安置补偿费。此外，夫妻一方个人财产在婚后产生的收益，除孳息和自然增值外，应被认定为夫妻共同财产；由一方婚前承租、婚后用共同财产购买的房屋，登记在一方名下的，应当被认定为夫妻共同财产［《婚姻家庭解释（一）》第26、27条］。

（2）夫妻共同财产权的行使。

夫妻共同财产权在权利性质上属于共同共有权，因而夫妻对全部共同财产，应不分份额、平等地享有权利和承担义务。在共有关系存续期间，各共有人不得请求分割共有物；部分共有人未经全体共有人一致同意而擅自处分共有物的，一般应认定无效。《民法典》第1062条第2款特别规定：“夫妻对共同财产，有平等的处理权。”对这一条应当作如下理解：第一，夫或者妻在处理夫妻共同财产上的权利是平等的，因家庭日常生活需要而处理夫妻共同财产的，任何一方均有权决定，但是夫妻一方与相对人另有约定的除外；夫妻之间对于一方可以实施的财产处分行为范围的限制，不得对抗善意第三人（《民法典》第1060条）。第二，夫或者妻非因日常生活需要对夫妻共同财产作重要处理决定，夫妻双方应当平等协商，取得一致意见。他人有理由相信其为夫妻双方共同意思表示的，另一方不得以不同意或者不知道为由对抗善意第三人。由此给配偶造成的损失，应由擅自处分财产的配偶一方予以赔偿。一方未经另一方同意出售夫妻共同共有的房屋，第三人善意购买、支付合理对价并已办理产权登记手续，另一方主张追回该房屋的，人民法院不予支持；夫妻一方擅自处分共同共有的房屋造成另一方损失，离婚时另一方请求赔偿损失的，人民法院应予支持［《婚姻家庭解释（一）》第28条］。

依据《婚姻家庭解释（二）》第9条的规定，夫妻一方转让用夫妻共同财产出资但登记在自己名下的有限责任公司股权，另一方以未经其同意侵害夫妻共同财产利益为由请求确认股权转让合同无效的，人民法院不予支持，但有证据证明转让人与受让人恶意串通损害另一方合法权益的除外。

夫妻对共同财产平等地享有权利，平等地承担义务。夫妻共同生活费用应以夫妻共同财产负担，共同财产不足负担时，由夫妻双方以个人财产负担。夫妻为共同生活所负债务，为夫妻共同债务，应当以夫妻共同财产清偿。

事例4-10 甲与妻乙以夫妻共同财产购买深圳某小区房屋一套，产权登记在甲的名下。因乙不同意卖房，甲便利用乙到外地培训之机，将房屋以每平方米5.5

万元的市场价格出卖给丙。甲收到丙支付的房款后，将房屋产权过户到丙的名下。乙培训结束回到深圳，在房屋价格升至每平方米 6 万元时，乙向甲提出将房屋卖出，甲告知房屋已出卖于丙。乙以甲未经其同意擅自处分共有财产为由，向人民法院提起诉讼，请求确认甲与丙之间的房屋买卖合同无效。

——甲对夫妻共有房屋的处分，属于非因日常生活需要处分夫妻共同财产的行为，应当征得乙的同意。甲未经乙同意擅自出卖夫妻共有房屋，其行为性质为无权处分行为，该处分行为对乙不产生法律效力。但丙作为第三人，对甲处分的房屋善意购买，支付合理对价并办理了产权登记手续，故其取得的甲无权处分房屋的所有权，受善意取得制度的保护。乙以未经其同意为由，请求确认甲与丙之间的买卖合同无效，人民法院应不予支持。至于甲擅自处分共有房屋给乙造成的损失，乙在离婚时可以请求甲赔偿。

（3）夫妻共同财产制的终止。

夫妻共同财产制因夫妻一方死亡而终止，也可因离婚或者其他原因如改采用其他夫妻财产制而终止。夫妻共同财产制终止意味着夫妻共同财产关系消灭，从而发生夫妻共同财产的分割。关于一方死亡而终止夫妻共同财产制时夫妻共同财产的分割，《民法典》第 1153 条第 1 款规定：“夫妻共同所有的财产，除有约定的外，遗产分割时，应当先将共同所有的财产的一半分出为配偶所有，其余的为被继承人的遗产。”因离婚而终止夫妻共同财产制时，夫妻共同财产的分割，依照《民法典》的规定处理。

婚姻关系存续期间，夫妻一方请求分割共同财产的，人民法院一般不予支持，但依据《民法典》第 1066 条的规定，有下列情形之一的，夫妻一方可以向人民法院请求分割共同财产：1）一方有隐藏、转移、变卖、毁损、挥霍夫妻共同财产或者伪造夫妻共同债务等严重损害夫妻共同财产利益的行为。例如，夫妻一方未经另一方同意，在网络直播平台用夫妻共同财产打赏，数额明显超出其家庭一般消费水平，严重损害夫妻共同财产利益的，可以认定为“挥霍”；另一方请求在婚姻关系存续期间分割夫妻共同财产，或者在离婚分割夫妻共同财产时请求对打赏一方少分或者不分的，人民法院应予支持［《婚姻家庭解释（二）》第 6 条］。再如，夫妻一方为重婚、与他人同居以及其他违反夫妻忠实义务等目的，将夫妻共同财产赠与他人或者以明显不合理的价格处分夫妻共同财产，另一方主张该民事法律行为违背公序良俗无效的，人民法院应予支持并依据《民法典》第 157 条有关民事法律行为无效后果的规定处理。夫妻一方存在上述行为，另一方以该方存在转移、变卖夫妻共同财产行为，严重损害夫妻共同财产利益为由，请求在婚姻关系存续期间分割夫妻共同财产的，人民法院应予支持［《婚姻家庭解释（二）》第 7 条］。2）一方负有法定扶养义务的人患重大疾病需要医治，另一方不同意支付相关医疗费用。除上述情形外，夫妻一方请求分割共同财产的，人民法院不予支持［《婚姻家庭解释（一）》第 38 条］。

2. 夫妻个人特有财产制

夫妻个人特有财产是指夫妻在婚后实行共同财产制时，依据法律的规定或者夫妻双方的约定，夫妻保有个人财产的所有权。依据《民法典》第 1063 条的规定，有下列情形之一的，为夫妻一方的个人财产：（1）一方的婚前财产；（2）一方因受到人身损害获得的赔偿和补偿；（3）遗嘱或者赠与合同中确定只归一方的财产；（4）一方专用的生活用品；（5）其他应当归一方的财产。可见，《民法典》第1063条中的“夫妻一方的个人财产”是指法定的夫妻特有财产。

法定的夫妻特有财产是指夫妻一方婚前个人享有所有权的财产和婚姻关系存续期间取得的并依法应当归夫妻一方所有的财产。法定的夫妻特有财产属于公民个人财产的范畴，依法受法律保护。

（1）法定夫妻特有财产的范围。

依据《民法典》第1063条的规定，夫妻特有财产由以下财产组成。

其一，一方的婚前财产。这是指结婚以前夫妻一方就已经享有所有权的财产，既包括夫妻单独享有所有权的财产，也包括夫妻一方与他人共同享有所有权的财产；既包括婚前个人劳动所得的财产，也包括通过继承、接受遗赠和赠与以及通过其他合法途径获得的财产；既包括现金、有价证券，也包括购置的物品等；既包括夫妻一方个人财产在婚前产生的孳息和自然增值，也包括夫妻一方个人财产在婚后产生的孳息和自然增值[《婚姻家庭解释（一）》第26条]。

其二，一方因受到人身损害获得的赔偿和补偿。《民法典》第1179条规定：“侵害他人造成人身损害的，应当赔偿医疗费、护理费、交通费、营养费、住院伙食补助费等为治疗和康复支出的合理费用，以及因误工减少的收入。造成残疾的，还应当赔偿辅助器具费和残疾赔偿金；造成死亡的，还应当赔偿丧葬费和死亡赔偿金。”自然人的生命权、健康权属于人格权，与自然人个人的人身密不可分，因此，一旦自然人的人身受到损害，受害者本人有权要求侵权行为人承担民事赔偿责任，依法获得相应的医疗费、残疾赔偿金等费用。同时，在法律规定的特殊情况下，自然人受到人身损害的，也有权获得补偿。这类费用是自然人因个人生命权、健康权受到损害所依法获得的赔偿或补偿，当然归受到伤害的自然人个人所享有。在婚姻关系存续期间，夫妻一方受到人身损害的，依法获得的赔偿或补偿的费用，同样只能归受到损害的人所有。

事例4-11 甲在与妻乙之婚姻关系存续期间，在勇救落水儿童丙的过程中身体受到伤害，丙的父母向甲支付了20万元的人身损害补偿费。甲与乙签订协议，约定甲获得的20万元人身损害补偿费，归甲、乙双方共有。后甲与乙关系恶化，乙向人民法院提起离婚诉讼，同时要求分割包括20万元在内的夫妻共有财产。甲同意离婚，但不认可协议的效力。

——《民法典》第1063条关于个人特有财产的规定为任意性规范而非强制性规范，当事人可以通过约定加以排除。在婚姻关系存续期间，甲、乙签订协议，甲将其个人所有的人身损害补偿费20万元约定为双方共有，该协议性质为夫妻财产制约定。甲、乙在签订协议时意思表示真实，不违反法律和行政法规的强制性规定，合法有效，故乙按照协议取得该20万元的共有权，对该共有财产有权请求分割。

其三，遗嘱或者赠与合同中确定只归一方的财产。《民法典》第 1133 条第 2、3 款规定：自然人可以立遗嘱将个人财产指定由法定继承人中的一人或者数人继承；自然人可以立遗嘱将个人财产赠与国家、集体或者法定继承人以外的组织、个人。按照这一规定，作为被继承人的自然人在生前可以按照其个人意愿依法以遗嘱方式处分其个人财产，指定遗嘱继承人或者受遗赠人。如果被继承人在遗嘱中指明了其遗产只归已婚的夫或者妻一方继承或者受遗赠，这种指定是合法有效的。基于此遗嘱内容的法律效力，夫或者妻一方便享有所继承或受遗赠的财产的所有权。

《民法典》第 657 条规定："赠与合同是赠与人将自己的财产无偿给予受赠人，受赠人表示接受赠与的合同。"由于赠与合同是赠与人与特定的受赠人之间达成的协议，所赠与财产的所有权只能转移给特定的受赠人，因此，如果赠与人在赠与合同中明确表示赠与已婚的夫或者妻一方的某项财产所有权仅归该受赠人，则所赠与的财产就应属于夫或者妻一方的个人财产。应当指出，依据《婚姻家庭解释（一）》第 29 条第 1 款的规定，当事人结婚前，父母为双方购置房屋出资的，该出资应当被认定为对自己子女个人的赠与，但父母明确表示赠与双方的除外。

事例 4－12　甲与妻乙结婚后，甲的父母出资为甲、乙购买房屋一套，产权登记在甲的名下。乙要求在产权证上将自己作为共有人进行登记，甲不同意，双方产生矛盾，乙赌气搬回父母家居住。乙在娘家居住期间，乙的父母出全资为乙购买轿车一部，车主登记为乙。因为双方都坚持己见，互不妥协，乙提出离婚，并要求分割甲名下的房屋。甲认为自己名下房屋是其个人财产，乙无权分割；乙名下的轿车为夫妻共同财产，要求分割。

——甲的父母出资为甲、乙购买的房屋，虽登记在甲的名下，但其所有权归属应按照约定处理；在没有约定或者约定不明确的情况下，应被认定为夫妻共同财产。因此，甲的父母购买的房屋应被认定为夫妻共同财产，乙有权分割。乙的父母出全资为乙购买的轿车虽登记在乙名下，在乙的父母没有指明该轿车归乙个人所有时，轿车作为乙在婚姻关系存续期间接受赠与所得的财产，属于夫妻共同财产，甲有权分割。

其四，一方专用的生活用品。一方专用的生活用品是指婚后以夫妻共同财产购置的供夫或者妻个人使用的生活消费品，如衣物、饰物等。由于这类财产在使用价值方面具有特殊性，不是夫妻双方通用或者共用的生活用品，所以应属于夫或者妻一方个人所有。婚后购置的图书资料以及摩托车、拖拉机、汽车等生活、生产资料，虽属个人使用，但不属一方专用的生活用品。

事例 4－13　甲妻乙对名牌服饰情有独钟，婚后其工资除必要的生活用度外，几乎全部用于购买服饰，房贷压力全部落在甲的肩上。甲不堪重负，乙的购买热情却有增无减。甲无奈提出离婚，并主张乙所购买服饰为共同财产，乙应对其进行价值补偿。

——夫妻一方在婚姻关系存续期间购置的专用生活用品，不论其价值大小，依据《民法典》第1063条的规定，均应当被认定为使用者的个人财产，对方无权分割。乙在婚姻关系存续期间以夫妻共同财产购买的服饰，非夫妻双方通用或者共用的生活用品，属于乙专用的生活用品，为乙个人所有财产，甲无权要求分割。

其五，其他应当归一方的财产。“其他应当归一方的财产”是指依照其他有关规定而由特定行为人本人享有所有权的财产。这类财产主要包括：军人的伤亡保险金、伤残补助金、医药生活补助费［《婚姻家庭解释（一）》第30条］；军人复员费、自主择业费中夫妻共同所有之外的部分；夫妻一方因参与体育竞赛活动取得优胜而荣获的奖杯、奖牌（这类物品承载着优胜者的荣誉权，其财产所有权应当归享有该项荣誉权的夫妻一方）。

在认定夫妻个人特有财产时，应注意以下问题：第一，《民法典》第1063条规定为夫妻一方所有的财产，不因婚姻关系的延续而转化为夫妻共同财产，但当事人另有约定的除外［《婚姻家庭解释（一）》第31条］。第二，夫妻一方将婚前个人财产投入婚姻家庭生活之用，并已被消耗完或毁损、灭失的，不得主张用夫妻共同财产加以补偿或者抵偿。

（2）夫妻对特有财产的权利、义务。

夫妻特有财产是夫妻婚后依法或者依约定保留的个人所有财产，故夫妻一方的特有财产，其效力等同于婚前个人财产，夫妻一方可依自己的意愿独立行使占有、使用、收益和处分的权利，无须征得对方的同意；同时，对于婚姻关系存续期间夫妻一方所负的个人债务以及特有财产所生债务等，均应由其特有财产负担清偿责任。

（二）夫妻约定财产制

约定财产制是指婚姻当事人以约定的方式，选择决定夫妻财产制形式的法律制度。《民法典》第1065条规定：“男女双方可以约定婚姻关系存续期间所得的财产以及婚前财产归各自所有、共同所有或者部分各自所有、部分共同所有。约定应当采用书面形式。没有约定或者约定不明确的，适用本法第一千零六十二条、第一千零六十三条的规定。”“夫妻对婚姻关系存续期间所得的财产以及婚前财产的约定，对双方具有约束力。”“夫妻对婚姻关系存续期间所得的财产约定归各自所有，夫或者妻一方对外所负的债务，相对人知道该约定的，以夫或者妻一方的个人财产清偿。”可见，我国实行法定财产制和约定财产制相结合的夫妻财产制，且约定财产制优先于法定财产制。对于夫妻财产关系，夫妻有约定的，应按约定处理；如无约定或者约定无效，则适用法定财产制。

1. 夫妻约定财产制的适用条件

夫妻对财产的约定为民事法律行为，因此，该约定应当具备《民法典》第143条规定的关于民事法律行为有效的条件。

（1）约定主体必须适格。一方面，当事人在进行夫妻财产约定时应当具有完全民事行为能力；另一方面，夫妻财产约定的双方必须具有合法的夫妻关系。未婚同居、婚外同居者等非夫妻关系的两性对财产关系的约定，不属于夫妻财产约定。

（2）约定时必须夫妻双方完全自愿。如果一方以胁迫、欺诈手段，使另一方作出违背自己真实意愿的约定，另一方有权请求撤销。

（3）约定的内容必须合法。夫妻对财产的约定不能损害国家、集体和他人的利益，不能将国家财产、集体财产或者家庭其他成员的财产约定为夫妻共同所有或者一方所有，不能借夫妻财产约定逃避对第三人的债务，不能通过财产约定免除法定的抚养、扶养、赡养义务。

2. 夫妻约定财产制的内容

依据《民法典》第 1065 条的规定，夫妻约定财产的范围，既包括夫或者妻一方的婚前个人财产，也包括夫妻双方在婚姻关系存续期间所得的财产。关于约定的类型，我国法律允许当事人在一般共同制、部分共同制和分别财产制三种方式中选择一种类型作为双方约定的夫妻财产制。一般共同制即婚前财产和婚姻关系存续期间所得的财产，均归夫妻双方共同所有；部分共同制即婚前财产和婚姻关系存续期间所得的财产中，只将部分财产设为夫妻共同所有，由双方约定属共同所有的财产和一方个人所有的财产的范围；分别财产制即婚前财产和婚姻关系存续期间所得的财产，归各自所有。

另外，婚前或者婚姻关系存续期间，当事人约定将一方所有的房产赠与另一方的，不属于夫妻约定财产制的内容，不适用《民法典》第 1065 条关于夫妻约定财产制的规定。赠与方在赠与房产变更登记之前撤销赠与，另一方请求判令继续履行的，人民法院应当依据《民法典》第 658 条的规定处理 [《婚姻家庭解释（一）》第 32 条]。

事例 4－14 甲婚前购置房屋 A、B，并办理了产权登记手续。甲与妻子乙再婚后，与乙签订夫妻财产协议，约定房屋 A 归乙所有、房屋 B 归双方共有，但均未办理过户登记手续。后因甲与前妻所生子女的抚养问题，双方产生矛盾，乙提起离婚诉讼，并要求甲按照协议履行房屋 A、B 的过户义务。甲同意离婚，但拒绝办理过户手续，要求撤销赠与。

——甲婚前购置的房屋 A、B，为甲婚前取得所有权的财产。在婚姻关系存续期间，甲与乙签订协议，约定甲所有的房屋 A 归乙所有，B 房屋归甲、乙共有，依据《婚姻家庭解释（一）》第 32 条的规定，该协议为赠与合同，应适用《民法典》第 658 条的规定，在赠与物所有权转移之前，赠与人甲有权撤销赠与。

3. 夫妻约定财产制的时间和方式

《民法典》没有规定夫妻约定财产制协议应在何时订立，根据立法精神可以理解为当事人可以选择婚前订立，也可以选择婚后订立，但婚前订立的协议只能在婚姻关系成立时生效。关于夫妻约定财产制的约定方式，《民法典》第 1065 条要求采用书面形式。

4. 夫妻约定财产制的效力

夫妻之间有关夫妻财产制的约定，对双方当事人具有约束力，非经双方同意，任何一方不得擅自变更或者解除。夫妻约定财产制协议订立后，双方均应如约履行。夫妻离婚时，对夫妻共同财产的认定和分割发生争议，有夫妻约定财产制协议的，应当按照协议的约定内容进行处理。

夫妻在共同生活过程中，难免与第三人发生债权债务关系。为了维护交易的安全，防止婚姻当事人利用夫妻约定财产制规避法律和损害第三人的合法利益，《民法典》第1065条第3款特别规定："夫妻对婚姻关系存续期间所得的财产约定归各自所有，夫或者妻一方对外所负的债务，相对人知道该约定的，以夫或者妻一方的个人财产清偿。"按照反面解释原则，如果相对人不知道夫妻财产约定，则该约定不能对抗相对人。"相对人知道该约定的"，夫妻一方对此负有举证责任［《婚姻家庭解释（一）》第37条］。

第四节　夫妻的扶养义务和遗产继承权

一、夫妻的扶养义务

（一）扶养的性质和类型

扶养是一定亲属间成立的私法上的法定义务，与国家的扶助和社会的扶助有本质的区别，是以一定的亲属关系为前提的。非亲属之间依据合同而负担供养义务属于一般债权债务关系，而不属于亲属之间的扶养。亲属之间互相负担扶养义务，对于保障未成年人、老年人的合法权益具有重要的意义。在一方需要扶养时，另一方应自觉地履行扶养义务。《民法典》依据亲属的辈分不同，将扶养分为长辈对晚辈的抚养、晚辈对长辈的赡养、配偶之间和兄弟姐妹之间的扶养三种。

依据是否需要扶养义务人付出代价为标准，亲属之间的扶养义务分为两种立法主义。其一是将扶养义务分为要求扶养义务人作出较大自我牺牲的生活保持义务和不要求作出较大自我牺牲的生活扶助义务两类。两者的区别在于，生活保持义务是无条件的义务，履行生活保持义务时要求作出自我牺牲，使父母子女、夫妻之间的生活质量相等，形象地说就是"即使是最后的一片肉、一粒米也要分而食之"[①]。而生活扶助义务是偶然的、例外的义务，在履行生活扶助义务时，是在不牺牲自己的与地位相当的生活的限度内，给予必要的生活费。[②] 其二是法律未作明文区别的立法主义，即未区分生活保持义务和生活扶助义务。《民法典》规定的夫妻之间的扶养义务、父母子女之间的扶养义务是无条件的，扶养义务人要履行的是作出较大自我牺牲的生活保持义务；祖父母（外祖父母）与孙子女（外孙子女）之间、兄弟姐妹之间的扶养义务是有条件的，扶养人要履行的是不要求作出较大的自我牺牲的生活扶助义务。可见，我国立法上采纳了第一种立法主义。

---

① 杨大文主编：《亲属法》，5版，293页，北京，法律出版社，2012。

② 参见史尚宽：《亲属法论》，753页。

依据扶养义务主体的不同，亲属之间的扶养分为狭义的扶养和广义的扶养。《民法典》对“扶养”一词采狭义的解释，是指夫妻之间和兄弟姐妹之间在生活上相互供养的责任。父母对子女，祖父母、外祖父母对孙子女、外孙子女的供养责任，称为“抚养”。子女对父母、孙子女和外孙子女对祖父母、外祖父母的供养责任，称为“赡养”。与《民法典》不同，《刑法》中的扶养一词采广义的解释，《刑法》第261条中所说的“负有扶养义务而拒绝扶养”，泛指夫妻、父母子女、祖孙、兄弟姐妹间的扶养、抚养和赡养义务。

（二）夫妻有相互扶养的义务

《民法典》第1059条规定：“夫妻有互相扶养的义务。”“需要扶养的一方，在另一方不履行扶养义务时，有要求其给付扶养费的权利。”

在理解夫妻间的扶养义务时，应当注意以下问题：

第一，夫妻之间的扶养权利和义务，是夫妻身份关系所导致的必然结果。夫妻一方向对方所负的扶养义务，从接受者的角度来看，就是接受扶养的权利。夫妻之间的扶养权利和义务是彼此平等的，任何一方不得只强调自己应享有接受扶养的权利而拒绝承担扶养对方的义务。

第二，夫妻之间接受扶养的权利和履行扶养对方的义务是以夫妻合法身份关系的存在为前提条件的，不论婚姻的实际情形如何，无论当事人的情感好坏，这种扶养权利和义务始于婚姻缔结之日，消灭于婚姻终止之时。

第三，夫妻之间的扶养义务的内容包括夫妻之间相互为对方提供经济上的供养和生活上的扶助，以此维系婚姻家庭日常生活的正常进行。

第四，夫妻之间的扶养义务属于民法上的强制性义务，夫妻之间不得以约定形式改变此种法定义务。在夫妻实行分别财产制的情形下，夫妻之间的扶养义务也不得因此而改变。

事例4-15 甲与乙婚前签订分别财产制协议，约定：婚前财产及婚姻关系存续期间所得财产，归各自所有；共同生活费用、子女抚养费用双方分担；医药费、父母赡养费等各自负担。婚姻关系存续期间，妻乙不幸罹患癌症，需要巨额的医药费用支出。乙耗尽个人积蓄后，无力支付后续治疗费用，请求甲履行扶养义务、支付所需医疗费，甲以夫妻财产协议对抗乙的请求。

——夫妻之间的扶养义务，在性质上属于强制性义务，当事人不得以约定的方式加以排除。甲与乙婚前订立分别财产制协议，婚姻成立后该协议关于财产归属、共同生活费用负担的约定生效，但有关扶养费负担义务的约定，虽为双方真实的意思表示，但违反法律的强制性规定，不能作为甲不履行扶养费支付义务的抗辩理由。

（三）违反夫妻间扶养义务的法律后果

当夫妻一方没有固定收入和缺乏生活来源，或者无独立生活能力或者生活困难，或者因患病、年老等原因需要扶养，另一方不履行扶养义务时，需要扶养的一方有权要求对方给付扶养费，以维持其生活。

扶养人拒绝扶养权人的扶养请求的，扶养权人有权向人民法院提起追索扶养费的民事诉讼，通过民事诉讼程序强制扶养人履行扶养义务。

夫妻一方不履行扶养义务，同时又以与扶养权人分居满 2 年、感情破裂为由，提起离婚诉讼的，扶养权人如果同意离婚，则可请求扶养人支付婚姻关系解除前未支付的扶养费，同时请求扶养人提供离婚时的经济帮助；如果扶养权人不同意离婚，则人民法院应驳回扶养人的诉讼请求。如果扶养人坚持离婚，夫妻感情确已破裂，则人民法院不能以不履行扶养义务为由而剥夺其离婚自由的权利，但在判决解除婚姻关系时，应当同时判令其支付离婚前未支付的扶养费，同时对扶养权人提供离婚时的经济帮助。

夫妻一方不履行法定的扶养义务，情节恶劣，后果严重，致使扶养权人陷入生活无着的境地，构成遗弃罪的，扶养人在承担支付扶养费的民事责任的同时，还应当承担刑事责任。

二、夫妻的遗产继承权

夫妻的遗产继承权是婚姻效力的表现之一，是夫妻间之权利、义务不可缺少的内容。所谓夫妻的遗产继承权，是指夫和妻基于配偶身份而依法享有的相互继承对方遗产的权利。对此，《民法典》第 1061 条规定：“夫妻有相互继承遗产的权利。”

思考案例

1. 甲与妻子乙感情不和，双方办理了协议离婚手续。离婚前甲购买了一张 5 注计 10 元的福利彩票。离婚 3 日后开奖，甲中奖 1 万元。乙得知后要求分割该 1 万元奖金，理由是彩票是离婚前所购，属夫妻共同财产。甲则认为奖金是离婚后取得，不属于夫妻共同财产，故不同意分割。

问：甲于离婚前购买彩票所获得的 1 万元奖金是否为夫妻共同财产？

2. 甲和妻乙经人介绍相识后登记结婚。甲婚前首付 10 万元按揭购买房屋 A 一套，作为婚姻住所，婚后双方共同还贷，产权登记在甲的名下；甲婚前投资设立某有限责任公司，婚后分得红利 200 万元。乙婚后购买首饰及名贵衣包等个人专有用品价值近 50 万元；婚姻关系存续期间，乙的父母全资购买房屋 B 一套，产权登记在乙的名下。夫妻两人因感情不和，决定分居，并签订分居协议，协议约定：登记在甲名下的夫妻共有房屋 C 归乙所有。分居期间，乙父死亡，乙根据父亲生前所立遗嘱，继承遗产房屋 D 一套，乙父在遗嘱中明确乙继承的该房屋所有权归乙个人所有。

问：(1) 房屋 A、B、C、D 的所有权归属应当如何确定？(2) 甲以个人财产投资所得 200 万元分红款的归属如何确定？(3) 乙婚后购买的个人专有用品的所有权归属如何确定？

3. 甲、乙自由恋爱 3 年后登记结婚。甲性格内向，在婚后的共同生活中渐渐表现出与性格外向的乙的性格差异，两人经常产生矛盾。后乙因为工作关系和同事丙接触频繁，丙外向幽默的性格吸引了乙，两人关系越来越亲密。乙渴望与丙开始新的生活，而与甲的婚姻成为实现这一目标的障碍，于是，已经怀孕的乙向人民法院提起离婚诉讼。因为甲不同意离婚，人民法院以乙无证据证明夫妻感情确已破裂为由，驳回了乙的起诉。乙为了最终实现离婚目的，在接到一审判决后，擅自做了引产手术，终止了已经四个半月的胎儿的生命。甲得知乙引产的消息后，无法忍受乙带给自己的伤害，向人民法院提起诉讼，要求人民法院判令乙承担侵犯其生育权的民事责任。

问：乙擅自终止妊娠的行为是否侵犯了甲的生育权？

4. 甲、乙系同事，二人经常因琐事发生矛盾。某日，二人又发生争执，甲将乙杀死。案发后，甲被A市中级人民法院以故意杀人罪判处死刑。甲不服一审判决，提起上诉。甲的新婚妻子丙知悉甲被一审判处死刑的消息后，便向A市中级人民法院口头提出申请，要求通过人工授精方式为甲生子，但被A市中级人民法院以无先例为由予以拒绝。在上诉期间，丙向B省高级人民法院提出书面申请，要求通过人工授精方式为甲生子。B省高级人民法院最终以“无法律规定”为由再次拒绝了丙的申请。B省高级人民法院维持了一审死亡判决，甲被执行死刑。

问：(1) 甲被剥夺人身自由后是否还享有生育权？(2) 甲是否有权通过人工授精方式实现生育权？

5. 陈某从部队转业半年后与李某结婚，结婚时李某购置了一套家具。婚姻关系存续期间陈某创作长篇小说《军人》。李某得知与陈某结婚前陈某的姑妈去世时遗留给陈某一套私房，一直由陈某的父母居住。根据以上情况，陈某、李某二人的夫妻共同财产包括哪些？(　　)

A. 陈某的转业费　　　　　　　　B. 李某所购置的家具

C. 出版小说《军人》所得的稿费　　D. 陈某姑妈遗留的房屋

6. 王某与赵某结婚后，王某出版了一本婚前完成的小说，获得20万元的收入。婚姻关系存续期间，王某继承了其母亲的一处房产。赵某在一次车祸中，造成重伤，获得6万元赔偿金。在赵某受伤后，有许多亲朋好友来探望，共收礼1万多元。对此，下列哪些表述是正确的？(　　)

A. 王某出版小说所得的收入归夫妻共有

B. 王某继承的房产归夫妻共有

C. 赵某获得的6万元赔偿金归赵某个人所有

D. 赵某接受的礼品归赵某个人所有

7. 甲、乙是夫妻，甲在婚前发表小说《昨天》，婚后获得稿费。乙在婚姻关系存续期间发表了小说《今天》，离婚第二天获得稿费。甲在婚姻关系存续期间创作小说《明天》，离婚后发表并获得稿费。下列哪一选项是正确的？(　　)

A.《昨天》的稿费属于甲婚前个人财产

B.《今天》的稿费属于夫妻共同财产

C.《明天》的稿费属于夫妻共同财产

D.《昨天》、《今天》和《明天》的稿费都属于夫妻共同财产

8. 甲、乙结婚的第十年，甲父去世，并留下遗嘱，将其拥有的一套房子留给甲，

并声明该房屋只归甲一人所有。下列哪一表述是正确的？（　　）

A. 该房屋经过 8 年婚后生活即变成夫妻共有财产

B. 如甲将该房屋出租，租金为夫妻共同财产

C. 该房屋及租金均属共同财产

D. 甲、乙即使约定将该房屋变为共同财产，其协议也无效

9. 甲与乙离婚，甲、乙的子女均已成年，与乙一起生活。甲与丙再婚后购买了一套房屋，登记在甲的名下。后甲因中风不能自理，常年卧床。丙见状离家出走达 3 年之久。甲、乙的子女和乙想要回房屋，进行法律咨询。下列哪些意见是错误的？（　　）

A. 因房屋登记在甲的名下，故属于甲个人房产

B. 丙在甲中风后未尽妻子的责任和义务，不能主张房产份额

C. 甲、乙的子女可以申请宣告丙失踪

D. 甲本人向法院提交书面意见后，甲、乙的子女可代理甲参与甲与丙的离婚诉讼

10. 甲与乙结婚多年后，乙患重大疾病需要医治，甲保管夫妻共同财产但拒绝向乙提供治疗费，致乙的疾病因得不到及时治疗而恶化。下列哪一说法是错误的？（　　）

A. 乙在婚姻关系存续期间，有权起诉，请求分割夫妻共同财产

B. 乙有权提起离婚诉讼并请求甲赔偿损害

C. 乙在离婚诉讼中有权请求多分夫妻共同财产

D. 乙有权请求公安机关依照《治安管理处罚法》对甲予以行政处罚

11. 甲、乙夫妻的下列哪一项婚后增值或所得，属于夫妻共同财产？（　　）

A. 甲婚前承包果园，婚后果树上结的果实

B. 乙婚前购买的 1 套房屋升值了 50 万元

C. 甲用婚前的 10 万元婚后投资股市，得利 5 万元

D. 乙婚前收藏的玉石升值了 10 万元

12. 甲、乙为夫妻，共有一套房屋登记在甲名下。乙瞒着甲向丙借款 100 万元供个人使用，并将房屋抵押给丙。在签订抵押合同和办理抵押登记时乙冒用甲的名字签字。现甲主张借款和抵押均无效。下列哪一表述是正确的？（　　）

A. 抵押合同无效

B. 借款合同无效

C. 甲对 100 万元借款应负连带还款义务

D. 甲可请求撤销丙的抵押权

13. 甲被人民法院宣告失踪，其妻乙被指定为甲的财产代管人。3 个月后，乙将登记在自己名下的夫妻共有房屋出售给丙，交付并办理了过户登记。在此过程中，乙向丙出示了甲被宣告失踪的判决书，并将房屋属于夫妻二人共有的事实告知丙。1 年后，甲重新出现，并经人民法院撤销了失踪宣告。现甲要求丙返还房屋。对此，下列哪一说法是正确的？（　　）

A. 丙善意取得房屋所有权，甲无权请求返还

B. 丙不能善意取得房屋所有权，甲有权请求返还

C. 乙出售夫妻共有房屋构成家事代理，丙继受取得房屋所有权

D. 乙出售夫妻共有房屋属于有权处分，丙继受取得房屋所有权

14. 刘山峰、王翠花系老夫少妻，刘山峰婚前个人名下拥有别墅一栋。关于婚后该别墅的归属，下列哪一选项是正确的？（　　）

A. 该别墅不可能转化为夫妻共同财产

B. 婚后该别墅自动转化为夫妻共同财产

C. 婚姻持续满 8 年后该别墅即依法转化为夫妻共同财产

D. 刘山峰、王翠花可约定婚姻持续 8 年后该别墅转化为夫妻共同财产

课后复习

1. 婚姻的效力是什么？
2. 配偶之间有哪些身份上的权利义务？
3. 何谓夫妻财产制？其核心是什么？
4. 夫妻财产制有哪些类型？
5. 如何理解我国现行的夫妻财产制？
6. 夫妻对共同财产的平等处理权与市场交易安全的关系如何协调？
7. 夫妻约定财产制的成立应具备什么要件？
8. 夫妻约定财产制的效力如何体现？
9. 夫妻特有财产制与夫妻共同财产制的关系是什么？

第五章

亲子关系

提　要

亲子关系即父母子女关系，包括自然血亲的父母子女关系和拟制血亲的父母子女关系。这两种亲子关系的形成原因尽管不同，但法律地位完全相同，均适用《民法典》关于父母子女间权利和义务的规定。父母子女间的权利和义务主要包括：父母对子女有抚养、教育、保护的权利和义务，子女对父母有赡养、扶助的义务，父母子女之间有相互继承遗产的权利。

重点问题

1. 亲子关系的种类
2. 父母子女间的权利和义务

第一节　亲子关系的概念和种类

一、亲子关系的概念

亲子关系即父母子女关系，亲指父母，子指子女。《民法典》婚姻家庭编在“家庭关系”一章中对父母子女关系作了规定。父母子女在血缘联系上是最近的直系血亲，是核心家庭成员，因此，亲子关系是家庭关系的重要组成部分。

综观亲子关系法演变的历史，大体可以看出亲子关系法经历了古代的“家本位的亲子法”、近代的“亲本位的亲子法”和现代的“子本位的亲子法”的发展进程。在亲子关系法形成初期，亲权具有家长权的实质，罗马法上的父权（Patria Potestas）一词原来就是家长权的意思。在奴隶社会和封建社会，亲子关系以家族为本位，父母子女关系完全从属于宗族制度，表现为父系、父权和父治。亲子关系受家族法的支配，养育子女是为了家族利益，父母子女的利益被淹没在家族利益之中。随着生产力的发展，家族的范围逐渐缩小，宗族制度逐步衰落，父亲成为一家之长。这一时期亲子关系法的主流是维护父权即亲权的权利。社会发展至现代，亲权已从单纯的父权演变为父母与子女之间平等的权利和义务关系，并且亲子关系的内容也越来越重视对子女的尊重、保护和强调对子女的教育，从而发展到子女本位的亲子法。

我国古代奉行家族主义，亲子关系法长期实行“家本位”制度。“父为子纲”是天经地义的，子女受家长和其他尊亲属的支配，对父母必须绝对服从。唐代以后，根据各个朝代法令的规定分析，亲子关系法还兼有“亲本位”的性质。发展至近现代，1930年国民党政府民法亲属编在形式上完成了中国亲属法从古代型向现代型的过渡，有关亲子关系的立法以保护子女权益为原则。

在中华人民共和国成立后，1950 年《婚姻法》对父母子女间的关系设专章规定，以近全法 1/6 的篇幅规定了以保护子女利益为原则的、父母子女之间平等的相互扶养的权利和义务关系。1980 年《婚姻法》又以全法 1/5 的篇幅重申了 1950 年《婚姻法》的有关规定，而且增加了关于子女姓氏问题、抚养请求权及父母对子女的管教、保护方面的规定，确立了新型的、以保护未成年人权益为原则、父母子女间平等、相互扶养和相互继承的权利和义务关系。[①] 2001 年《婚姻法》修改时，关于亲子关系的规定又在原有规定的基础上，增加了禁止家庭暴力和离婚父母中不直接抚养子女方对子女的探望权的规定，使以保护未成年人权益为原则、父母子女间平等的亲子关系在法律上得到了进一步的体现。《民法典》关于亲子关系的规定中增加了亲子关系的确认或者否认制度；在父母离婚后对未成年子女的直接抚养问题上，增加了最有利于未成年子女的原则，使父母子女间平等的亲子关系在法律上得到了更大程度的体现。

二、亲子关系的种类

在《民法典》中，父母子女关系分为两大类：

一是自然血亲的父母子女关系。自然血亲的父母子女关系是基于子女出生这一自然事实而发生的父母子女关系，因此，这种血亲关系是客观存在的，不能人为地解除，只能因一方死亡而消灭。即使在子女被他人收养的情况下，也只是父母子女间的权利和义务关系消除，双方的自然血亲关系不能消除。根据子女出生时父母是否具有合法婚姻关系，自然血亲的父母子女关系又分为父母与婚生子女关系和父母与非婚生子女关系。

二是法律拟制血亲的父母子女关系。法律拟制血亲的父母子女间本无该血亲应具有的血缘关系，但法律上确认其与自然血亲有同等的权利、义务。在我国，此类血亲关系包括养父母与养子女关系、继父或者继母与形成抚养关系的继子女关系。[②] 法律拟制的父母子女关系是依法产生的，因此，在一定条件下，不但双方的权利和义务关系可以解除，而且双方的血亲关系也可以依法解除。

---

① 参见陈明侠：《亲子法基本问题研究》，载梁慧星主编：《民商法论丛》，第 6 卷，2～3 页，北京，法律出版社，1997。

② 也有学者认为，继父或继母与继子女无论是否形成抚养教育关系，只要未成立收养关系，都是姻亲。参见张学军：《〈中国民法典〉“亲属”法律制度研究》，载《政法论坛》，2021（3）。

第二节 父母与婚生子女

一、婚生子女的概念

自从调整婚姻家庭关系的法律制度建立以来，人类社会的两性结合就有了合法与非法的问题。与此相对应，人们的生育行为就产生了婚内生育和婚外生育的区分，所生子女自然就有了婚生和非婚生之别，出现了婚生子女和非婚生子女的概念。

关于婚生子女的含义，各国法虽规定有所不同，但大多认为因婚姻关系受孕或者出生的子女为婚生子女。

在英美法系国家中，英国法所称的婚生子女是指处于婚姻关系中的父母所生子女。普通法要求子女出生或者怀孕时，父母必须处于婚姻状态，而且该婚姻应当是合法有效的。按照英国普通法“曼斯斐尔德君主”（Lord Mansfield's）规则，婚姻关系存续期间出生的子女推定为婚生子女，不论其丈夫是否有生育能力，也不论夫妻是否同居生活。[①] 在美国法上，法律在认定子女出生时，如果其父母有婚姻关系，则该子女为父母的婚生子女。夫妻在子女出生前离婚或者丈夫死亡的，如果该子女在婚姻关系终止后合理的期间（通常是10个月或300天）内出生，其婚生地位不受影响。而且美国大多数州一改普通法不承认无效婚姻中出生子女的婚生地位的传统，承认几乎所有具有婚姻表象的结合中出生的子女都具有婚生子女地位。如《纽约州家庭法》第24条第1款规定：“父母在子女出生前或者出生后，已举行世俗的或者宗教的婚姻仪式，或者已按普通法规定完婚，婚姻被认为有效并经婚姻举行地法律认可的，所生子女为婚生子女，而不论该婚姻现在是无效的、可撤销的，还是已经被撤销的或者以后将被撤销或者判决无效。”

在大陆法系国家中，《法国民法典》第312条规定：“夫妻婚姻期间受孕的子女，夫为其父。”《日本民法典》第772条规定：“妻于婚姻中怀胎的子女，推定为夫的子女；自婚姻成立之日起二百日后，或自婚姻解除或撤销之日三百日内所生子女，推定为于婚姻中怀胎的子女。”

在我国，《民法典》虽然使用了婚生子女的称谓，但未对婚生子女的概念作出规定，对婚生子女的推定制度规定得也不明确。我们认为，对婚生子女可以作以下界定：于婚姻关系存续期间受胎或者出生的子女为婚生子女。

二、婚生子女的推定与否认

（一）婚生子女的推定

婚生子女的推定是指对子女的婚生身份或者丈夫为子女的生父的一种法律上的推定。一般情况下，对于婚生子女可以直接根据生母怀胎、分娩的事实和生父母婚姻关系存在的客观状况加以确认。但是，要证明子女的血缘来自具有合法配偶身份的男女双方

① 参见夏吟兰：《美国现代婚姻家庭制度》，94页，北京，中国政法大学出版社，1999。

比较困难。在何种情况下子女应当被视为婚生子女，就是婚生子女的推定标准。

在设立婚生子女推定制度的国家中，各国关于婚生子女的推定标准的规定差别较大，主要有两种立法例：一种是受胎论，即在婚姻关系存续期间受孕而出生的子女是夫妻双方的子女，被推定为婚生子女。法国、意大利和日本采用受胎论。另一种是出生论，即推定婚姻关系存续期间出生的以及在婚姻关系存续期间受孕而出生的子女是夫妻双方的子女。德国、瑞士、俄罗斯等大陆法系国家和英美法系国家采用出生论。从两者的比较来看，受胎论似乎更加精确，但从子女，尤其是婚前受孕而出生于父母结婚之后的子女的利益考虑，出生论更有利于慎重地处理家庭关系、保护未成年人的利益。[①]

在我国，《民法典》对婚生子女的推定标准没有规定，一般认为，对于有婚姻关系的夫妻双方，在婚姻关系存续期间，妻受胎所生子女或者婚姻关系存续期间受胎在婚姻关系终止后所生子女，推定夫为父。

（二）婚生子女的否认

婚生子女的否认是对婚生子女推定的限制，是指有关当事人依照法律规定否认推定的婚生子女为自己亲生子女的一项制度。

通过婚生子女的推定制度，可以确定子女是婚生子女。但既然是一种推定，就存在推定与事实不符的问题，即推定为婚生子女者实际上并不是真正的婚生子女。在现实生活中，也确实有受婚生推定的子女实际上是婚外性关系所生子女的情况。因此，为了保障当事人的合法权益，体现法律的公平性，各国法律在规定婚生子女推定制度的同时，还规定了婚生子女的否认制度。

1. 国外婚生子女否认制度概况

考察各国婚生子女的否认制度，尽管具体内容不尽相同，但均涉及以下几个方面的问题。

（1）婚生子女否认的原因。关于婚生子女否认的原因，多数国家采取概括主义，凡提供的证据能够推翻子女为婚生的即可。一般可分为两种情况：一是夫妻在妻受胎期间没有同居的事实；二是夫有生理缺陷或者没有生育能力，包括时间不能、空间不能、生理不能等。

（2）婚生子女否认权的主体。关于婚生子女否认权的主体，各国民法规定不尽一致。有的规定为单一主体，即否认权的享有者只能是夫一人，如日本民法等；有的规定为二元主体，即否认权的享有者是夫或者子女，如德国民法等。

（3）婚生子女否认权的时效和限制。在外国法律中，婚生子女否认的请求权是有时效限制的，其目的在于促使当事人及时行使权利，尽快确定子女的法律地位。但是，各国（地区）规定的时效期限长短不一。有的规定为 1 个月，如美国路易斯安那州；有的规定为 90 天，如比利时；有的规定为 6 个月，如法国；有的规定为 1 年，如日本；还有的规定请求撤销父亲身份的期限为 2 年，如德国。至于时效从何时起算，各国（地区）的规定也不尽相同。多数国家（地区）规定从夫知悉需要行使权利时开始，也有个别国家（地区）规定如子女出生时夫在出生地则以子女出生之日为起算时间，如子女出生时夫不在出

---

① 参见陈苇主编：《外国婚姻家庭法比较研究》，322 页。

生地则从其返回出生地之日开始计算等。[①]

2. 我国《民法典》对婚生子女否认的规定

在我国，《民法典》第 1073 条第 1 款对婚生子女的否认作出了规定："对亲子关系有异议且有正当理由的，父或者母可以向人民法院提起诉讼，请求确认或者否认亲子关系。"依照该规定，丈夫如否认子女为婚生子女，可以向人民法院提起确认之诉。依据《婚姻家庭解释（一）》第 39 条的规定，父或者母向人民法院起诉请求否认亲子关系，并已提供必要证据予以证明，另一方没有相反证据又拒绝做亲子鉴定的，人民法院可以认定否认亲子关系一方的主张成立；父或者母以及成年子女起诉请求确认亲子关系，并提供必要证据予以证明，另一方没有相反证据又拒绝做亲子鉴定的，人民法院可以认定确认亲子关系一方的主张成立。

对于受欺诈人支出的抚养费应如何处理，《民法典》未作出规定。我们认为，对于欺诈性抚养关系，应当认为给付目的嗣后不存在[②]，受欺诈人可行使不当得利请求权，既可以请求返还离婚前婚姻关系存续期间支出的抚养费用，也可以请求返还离婚后支出的抚养费用。

事例 5-1 甲与妻乙登记结婚后，生一女丙。丙 2 周岁时，甲与乙感情不和而离婚，丙由乙抚养，甲每月支付抚养费 1 000 元。后甲无意中发现丙非亲生女儿，乙不承认。于是，甲向人民法院提起诉讼，请求确认丙非其婚生子女，并要求乙及丙之生父赔偿其支付的抚养费共计人民币 10 万元。庭审中，乙否认丙非甲亲生，但拒绝做亲子鉴定。

——甲向人民法院提起诉讼，请求否认与丙的亲子关系，并已提供必要证据予以证明，乙没有相反证据又拒绝做亲子鉴定的，人民法院可以推定甲请求否认亲子关系的主张成立。甲与丙的亲子身份被否定后，甲对丙的抚养属于欺诈性抚养，甲为丙支出的抚养费用是丙的生父母应当减少而没有减少的损失，属于不当得利的范围，应当返还给甲。但返还的抚养费用数额，仅限于甲与乙离婚后甲支付的费用。

第三节　父母与非婚生子女

一、非婚生子女的法律地位

非婚生子女是指没有婚姻关系的男女所生的子女。非婚生子女包括：未婚男女所生子女、已婚男女与第三人所生子女、无效婚姻和被撤销婚姻当事人所生子女、妇女被强

① 参见李志敏主编：《比较家庭法》，212～214 页，北京，北京大学出版社，1988。

② 参见王泽鉴：《不当得利》，增订版，45 页，北京，北京大学出版社，2009。

奸后所生的子女等。

在各国历史上，非婚生子女，无论在法律上还是在实际生活中，均遭受歧视。中国封建法律亦对“婢生子”“奸生子”倍加歧视。清末颁行的《大清现行刑律》中还规定“奸生子”“婢生子”不得继承宗祧，继承财产时，“奸生子、婢生子依子量予半分”。近代社会对非婚生子女的态度已有了很大转变，但即使如此，早期资本主义国家的立法仍然对非婚生子女加以歧视。例如，英国普通法规定，非婚生子女不属于任何人的子女，其父不负有抚养义务；1804 年《法国民法典》还规定：非婚生子女不得请求其父认领、非婚生子女不得主张婚生子女的权利、非婚生子女的应继份只为婚生子女的 1/3。自 20 世纪开始，特别是第二次世界大战以后，在人权思想、人道思想和平等思想的作用下，非婚生子女的法律地位有了很大的改善，特别是 1918 年《苏俄婚姻家庭法典》明确规定非婚生子女与婚生子女享有同等权利，从而在法律上根除了对非婚生子女的歧视。但就世界范围看，非婚生子女法律地位改善的时间先后及程度，各国的情况很不相同。例如，直到 1926 年英国才颁布《准正法》，承认非婚生子女因事后父母结婚而准正，取得婚生子女的地位。在我国，非婚生子女与婚生子女具有同等法律地位。《民法典》第 1071 条规定：“非婚生子女享有与婚生子女同等的权利，任何组织或者个人不得加以危害和歧视。”“不直接抚养非婚生子女的生父或者生母，应当负担未成年子女或者不能独立生活的成年子女的抚养费。”

二、非婚生子女的准正和认领

非婚生子女的法律地位如何，或者说非婚生子女与事实上的父母间关系如何，是世界各国法律上和社会实践中不可回避的一个重要问题。为了确定非婚生子女的法律地位，保护其合法权益，当代世界绝大多数国家都建立了确认非婚生子女法律地位的制度即认领制度，有些国家还设立了准正制度。

（一）非婚生子女的准正

非婚生子女的准正是指非婚生子女因生父母结婚而取得婚生子女资格的制度。准正制度始于罗马法。在罗马法上，为了保护非婚生子女的利益，法律规定父对于结婚前所生子女，因与其母结婚而取得家父权，对子女视为婚生。寺院法、日耳曼法也都设有准正制度，以维护非婚生子女的利益。1926 年英国始有《准正法》，美国大部分州皆采用英制。大陆法系诸国如法国、瑞士、日本等国家均继受罗马法原则，设有非婚生子女的准正制度（但各国规定的准正要件和方式略有不同）。尤为突出的是，《德国民法典》已在法律条文上废除了婚生子女和非婚生子女的称谓，没有了婚生子女和非婚生子女的区分，原来的对非婚生子女的认领和准正制度也就不再存在了。现行法通过生父身份的确认制度来保障不能通过母亲的婚姻确认生父的子女的利益。在我国，《民法典》中无非婚生子女的准正制度。在现实生活中，若非婚生子女的生父母结婚，该子女一般被视为婚生子女。

（二）非婚生子女的认领

非婚生子女的认领是指非婚生子女的生父承认非婚生子女是自己的子女。非婚生子女的认领，一般是在无法准正的情况下发生的。认领分为两种形式：一是自愿认领，二是强制认领。

1. 自愿认领

自愿认领又称任意认领，是指生父承认非婚生子女是自己所生并自愿承担抚养责任，无须他人或法律强制。自愿认领按其成立的条件，又可以分为单独行为的自愿认领和以同意为条件的自愿认领。[①] 前者是指自愿认领乃生父的单方民事法律行为，无须得到非婚生子女或者生母的同意。这种认领把非婚生子女的法律地位仅仅建立在生父是否认领的意愿之上，父权主义色彩浓厚，因此不被世界大多数国家采用；后者则是目前大陆法系国家普遍实行的认领制度，生母或者非婚生子女的同意是生父自愿认领的前提。对于生父或者生母的认领，子女及其利害关系人可以否认。

在自愿认领中，非婚生子女的生父为非婚生子女的认领人，被认领人一般是指非婚生子女。关于自愿认领的方式，各国规定有所不同，主要有公证认领、登记认领、事实认领等。其中，事实认领是指生父已经抚养非婚生子女并且有认为该子女是自己的子女的意思表示。

为防止他人冒认子女，发生欺诈，损害非婚生子女及其生母的名誉，造成生父认领困难和障碍，法律设立认领的否认与撤销制度，即在认领发生后，如发现认领人非子女之父，法律给有关当事人以否认权，可向法院提出申请撤销认领。

2. 强制认领

强制认领是指非婚生子女对于应认领而不为认领之生父，向法院请求确定生父子关系存在的行为。强制认领的原因主要有二：一是未婚所生子女，经生母指认的生父不承认该子女与其有血缘关系；二是已婚所生子女，生母指认该子女的生父为其丈夫以外的第三人而遭否认时，生母可向法院提起确认生父之诉。

三、我国非婚生子女的认领及法律地位

为保护非婚生子女的利益，《民法典》规定，非婚生子女与婚生子女的地位完全相同，法律有关父母子女间的权利和义务，同样适用于非婚生父母子女之间。

《民法典》未建立非婚生子女认领制度。在现行的法律制度下，关于非婚生子女地位婚生化的做法是：基于分娩的事实，非婚生子女与生母之间的关系一般无须加以特别的证明，非婚生子女按生母的婚生子女对待。至于非婚生子女与生父之间的关系，一般有两种情况：一是由生父自愿表示认领，二是强制认领。生母指认该子女的生父为其丈夫以外的第三人而遭否认时，生母可向人民法院提起确认生父之诉。依据《民法典》第1073条的规定，对亲子关系有异议且有正当理由的，父或者母以及成年子女可以向人民法院提起诉讼，请求确认亲子关系。人民法院根据当事人提供的证据加以确认；在必要时，可以委托有关部门进行亲子鉴定。当事人一方起诉请求确认亲子关系，并提供必要证据予以证明，另一方没有相反证据又拒绝做亲子鉴定的，人民法院可以推定请求确认亲子关系一方的主张成立。

生父的身份通过认领被确认后，生父即和生母一样负有对非婚生子女的抚养义务。

① 参见胡平主编：《婚姻家庭继承法论》，318页，重庆，重庆大学出版社，2000。

对于不履行抚养义务的生父母，非婚生子女有要求给付抚养费的权利。关于非婚生子女的抚养归属，不满 2 周岁的非婚生子女一般由生母抚养；已满 2 周岁的非婚生子女，如生父要求领回自行抚养，可由生父母双方协商解决，协商不成的，可以请求人民法院作出判决。未与非婚生子女共同生活的父母一方，享有探望非婚生子女的权利，另一方有协助的义务。

事例 5－2 甲与乙非婚同居，同居期间乙怀孕，甲要求乙人工流产，乙不同意。女儿丙出生后，甲提出与乙结婚，被乙拒绝。乙带丙离开甲独自生活，甲要求认领丙，承担对丙的抚养义务，也被乙拒绝。甲向人民法院提起诉讼，请求确认其与丙的父女关系。乙否认甲为丙之生父，但拒绝做亲子鉴定。

——甲自愿认领丙被乙拒绝时，有权提起非婚生子女认领之诉。甲起诉请求确认与丙的亲子关系，并提供与乙同居生活的证据予以证明后，乙否认甲为丙生父的事实，但没有相反证据又拒绝做亲子鉴定，据此，人民法院可以推定甲确认亲子关系的主张成立。甲的生父身份被确认后，甲对非婚生子女丙有抚养的权利和义务。

第四节 继父母与继子女

一、继子女的概念

继子女是指夫与前妻或者妻与前夫所生的子女；继父母是指父之后妻或者母之后夫。继父母与继子女关系产生的情形有二：一是由于父母一方死亡，他方再行结婚；二是由于父母离婚，父或者母再行结婚。子女对父母的再婚配偶称为继父母，夫或者妻对其再婚配偶的子女称为继子女。可见，继父母子女关系是由于父或者母再婚而形成的亲属关系。

继父母子女关系可分为三种情形：第一，父或者母再婚时，继子女成年并已独立生活；第二，父或者母再婚后，未成年的或者未独立生活的继子女未与继父母共同生活或者未受其抚养、教育；第三，父或者母再婚后，未成年的或者未独立生活的继子女与继父母长期共同生活，继父或者继母对其进行了抚养、教育。

二、继父母与继子女的法律地位

《民法典》第 1072 条规定："继父母与继子女间，不得虐待或者歧视。""继父或者继母和受其抚养教育的继子女间的权利义务关系，适用本法关于父母子女关系的规定。"

（一）未形成抚养关系的继父母与继子女

未形成抚养关系的继父母与继子女之间属于姻亲，他们之间只是一种亲属称谓上的父母子女关系。因继父母未对继子女进行抚养或者抚养未达一定期限，继子女不享有受继父或者继母抚养的权利；因继子女未受继父母的抚养，继父或者继母不享有受继子女赡养的权利。

（二）形成抚养关系的继父母与继子女

形成抚养关系的继父母与继子女之间属于法律上的拟制血亲，他们之间具有与自然血亲的父母子女间相同的权利和义务。与此同时，该继子女与没有和他共同生活的生父或者生母的关系仍然存在，他们之间自然血亲的父母子女关系并不因未在一起共同生活而消除。这样，此类继子女就具有双重法律地位：一方面，与生父母保持着父母子女间的权利和义务关系；另一方面，与抚养自己的继父或者继母又形成拟制血亲的父母子女间的权利和义务关系。所以，此类继子女享有双重权利，负有双重义务。

（三）形成收养关系的继父母与继子女

继父或者继母经继子女的生父母同意，可以收养继子女。通过收养行为，继父或者继母与继子女间的关系转化为养父母子女关系。继子女被继父或者继母收养后，对于双方的关系适用《民法典》有关养父母子女关系的规定。该子女与生父或者生母间的权利和义务关系消灭，与收养自己的养父或者养母的权利和义务关系形成。

三、继父母子女间形成抚养关系的认定

从国外的立法通例来看，继父母与继子女属于姻亲。继父母是继子女的血亲的配偶，继子女是继父母的配偶的血亲，其相互之间没有法律上的权利和义务关系。在继父母没有收养继子女的情况下，继父或者继母对继子女的抚养，只是基于一定亲属关系而发生的债的关系，民法未将它规定于债法中，而规定在婚姻法中，纯粹是基于立法技术上的方便。①

《民法典》对于继父母与继子女之间形成抚养关系的认定标准未予规定，理论上关于继父母子女之间是否已经形成抚养关系的判断标准有不同的认识。一种观点认为，应以继父母是否负担了继子女全部或部分的抚养费为准；另一种观点认为，继父母与未成年继子女共同生活，对继子女进行了教育和生活上的照料，即使未负担抚养费用，也应认为形成了抚养关系；还有一种观点认为，只要继父母子女共同生活，即可认定他们之间形成了事实上的抚养关系。司法实践中一般将继父母是否负担了继子女全部或者部分的抚养费、是否对其进行了生活上的照料作为继父母子女之间是否已经形成抚养关系的认定标准。对此，《婚姻家庭解释（二）》第 18 条规定，继子女受继父或者继母抚养教育的事实，应当以共同生活时间长短为基础，综合考虑共同生活期间继父母是否实际进行生活照料、是否履行家庭教育职责、是否承担抚养费等因素予以认定。

事例 5－3 甲与前妻离婚后，与丧夫的乙再婚。其时，乙的女儿丙和甲的儿子丁均未成年。甲、乙再婚后，丙随母与继父甲共同生活，丁随父与继母乙共同

① 参见王泽鉴：《民法学说与判例研究》，第 6 册，206 页，北京，北京大学出版社，2009。

生活。丙的抚养费由甲承担，丁的抚养费由甲与前妻共同承担，但乙对其进行了生活上的照料。一家人其乐融融，和睦相处近 10 年。然天有不测风云，一日甲与乙在外出途中遭遇车祸，双双死亡，丙与丁均未成年。关于对甲、乙之遗产的继承，丙和丁发生纠纷。

——甲与乙登记结婚后，确立配偶关系。丙与甲、丁与乙形成血亲配偶类型的姻亲关系。甲对丙履行抚养费的支付义务长达近 10 年，形成抚养关系；乙对丁长期进行生活上的照料，也应当认定形成抚养关系。抚养关系形成后，甲与丙、乙与丁相互间的亲属关系由姻亲关系转化为拟制血亲关系，适用《民法典》关于父母子女关系的法律规定。因此，丙对生母乙、继父甲的遗产享有继承权，丁对生父甲、继母乙的遗产享有继承权。

四、继父母子女关系的解除

继父或者继母与继子女之间关系的基础是姻亲关系。在姻亲关系之下，如果继子女的生父与继母或者生母与继父的婚姻关系终止，继父或者继母与继子女之间的姻亲关系解除。但在继父或者继母与继子女形成抚养关系的情况下，继父或者继母与继子女关系转化为拟制血亲关系，与自然血亲的父母子女关系相同。在生父与继母或者生母与继父离婚、生父或者生母死亡时，继父或者继母与继子女之拟制血亲关系继续存在，不因婚姻的终止而自然解除。因此，在生父与继母或者生母与继父离婚、生父或者生母死亡时，继父或者继母对形成抚养关系的未成年继子女仍有抚养、教育的权利和义务；受继父或者继母抚养长大的继子女，对无劳动能力、生活困难的继父母有赡养的义务。

但是，继父或者继母与继子女关系间权利义务产生的亲属基础毕竟是姻亲关系，因此，在姻亲关系因为离婚或者一方死亡而解除的情况下，对于已经转化为拟制血亲的继父或者继母与继子女间的关系，允许基于一定的特殊原因解除：(1) 生父与继母或者生母与继父离婚，继子女未成年，继母或者继父拒绝继续抚养的，继母或者继父与继子女间的拟制血亲关系解除；(2) 生父与继母或者生母与继父离婚，继子女成年，继父或者继母与成年继子女关系恶化，可以协议或者诉讼解除。形成抚养关系的继父母子女关系解除后，他们之间父母子女的权利和义务不复存在。依据《婚姻家庭解释（二）》第 19 条的规定，生父与继母或者生母与继父离婚后，当事人主张继父或者继母和曾受其抚养教育的继子女之间的权利义务关系不再适用《民法典》关于父母子女关系规定的，人民法院应予支持，但继父或者继母与继子女存在依法成立的收养关系或者继子女仍与继父或者继母共同生活的除外。继父母子女关系解除后，缺乏劳动能力又缺乏生活来源的继父或者继母请求曾受其抚养教育的成年继子女给付生活费的，人民法院可以综合考虑抚养教育情况、成年继子女负担能力等因素，依法予以支持，但是继父或者继母曾存在虐待、遗弃继子女等情况的除外。

事例 5-4 甲与乙再婚时，甲的儿子丙尚未成年，乙对丙履行了抚养、教育义务。丙成年工作后，经常回家探望甲、乙。甲死亡后，因甲的遗产继承问题，乙与丙产生矛盾，丙断绝了与乙的往来。乙向人民法院提起诉讼，要求丙支付赡养费，丙则以与乙之间的继母子关系已因甲的死亡而自然解除为由，拒绝乙的赡养请求。

——丙对乙有赡养的义务。乙与甲结婚时丙尚未成年，乙对丙履行了抚养、教育义务，双方形成抚养关系，与自然血亲的父母子女关系相同。在甲死亡时，丙与乙已经形成的拟制血亲关系继续存在，不因甲、乙婚姻的终止而自然解除。因此，受继母乙抚养长大的丙，对无劳动能力、生活困难的继母乙有赡养的义务。

第五节　父母与人工生育的子女

一、人工生育子女的概念

人工生育子女是指根据生物遗传工程理论，采用人工方法取出精子或卵子，然后用人工方法将精子或者受精卵、胚胎注入妇女子宫内，使其受孕所生育的子女。

在现代科学技术条件下，人工生育主要有以下几种。

1. 同质人工授精

同质人工授精是指采用不同形式使丈夫的精子和妻子的卵子经医疗技术手段，实施人工授精，由妻子怀孕分娩生育子女。

2. 异质人工授精

异质人工授精是指用丈夫以外的第三人提供的精子（供精）与妻子的卵子，或者用丈夫的精子与妻子以外的第三人提供的卵子（供卵），或者同时使用供精和供卵实施人工授精，由妻子怀孕分娩生育子女。在异质人工授精的情况下，对子女而言，实际上有两个父亲或者母亲：一是供精者或者供卵者，为子女生物学上的父亲或者母亲；一是生母之夫或者生父之妻，为社会学意义上的父亲或者母亲。

3. 代理母亲

代理母亲即代理怀孕或代替怀孕，俗称“借腹生子”，是指用现代医疗技术将丈夫的精子注入自愿代理妻子怀孕者的体内受精，或者将人工培养成功的受精卵或者胚胎植入自愿代理妻子怀孕者的体内怀孕，等生育后由妻子以亲生母亲的身份抚养子女。代理母亲生育的子女也有同质和异质之分，但共同特点是由妻子以外的妇女代理怀孕、分娩。另外，采用代理母亲生育子女时，应由委托方与代理母亲事先签订委托协议，委托方应支付代理母亲一定的费用，代理母亲应在子女出生后将其交给委托方。

二、人工生育子女的法律地位

目前，世界上大多数国家对人工生育子女尚无明确的法律规定，少数已立法的国家，其规定的内容也不尽相同。但是，对于在婚姻关系存续期间，因夫妻双方同意而进行人工生育的子女与该夫妻形成亲子关系，由接受人工生育的夫妇承担法律责任的规定，已基本形成共识。如《俄罗斯联邦家庭法典》第 51 条第 4 款规定：“处于婚姻状态的并且自己以书面形式同意采用人工授精或者胚胎植入方式的男女双方，在因此而出生的子女的出生登记簿上登记为婴儿的父母。依该规定登记为父亲的夫妻中的一方提出生父身份异议的，法院不支持其请求。”1990 年英国颁布的《人工授精与胚胎技术法案》（Human Fertilization and Embryology Act 1990）第 27 条、第 28 条规定：孕育子女的妇女是子女的母亲；对父亲身份确定的主要规则如下：当妻子接受异质人工授精或者胚胎移植，丈夫应被确定为孩子的父亲，除非其丈夫明确反对妻子所接受的人工授精或者胚胎移植者。当妇女接受人工授精或者胚胎移植，与该妇女一起但并非提供精子的男子申请了实施人工授精或者胚胎移植的治疗，那么该男子被视为子女的父亲。[①]

在我国，《民法典》对于人工生育子女的法律地位问题没有作出规定。依据《婚姻家庭解释（一）》第 40 条的规定，婚姻关系存续期间，夫妻双方一致同意进行人工授精，所生子女应视为婚生子女，父母子女间的权利义务关系适用《民法典》的有关规定。据此，只要夫妻双方一致同意进行人工授精的，不论所生子女是否与父母具有血缘关系，均应视之为夫妻双方的婚生子女。另外，卫生部颁发的《人类辅助生殖技术管理办法》（自 2001 年 8 月 1 日起实施）第 3 条中规定，“医疗机构和医务人员不得实施任何形式的代孕技术”。这意味着我国立法对有偿代孕和无偿代孕一律持否定态度。

事例 5－5　在甲与乙婚姻关系存续期间，因甲有生育障碍，甲、乙一致同意采用人工授精的方式。乙异质体外受精怀孕生子丙。乙怀孕 3 个多月时，患有癌症的丈夫甲去世了。甲生前立下遗嘱，不承认丙为其子，明确乙和丙对其遗产无继承权，所有房产转到其父母名下。

——甲以遗嘱剥夺丙之继承权的行为无效。依据《婚姻家庭解释（一）》第 40 条的规定，婚姻关系存续期间，夫妻双方一致同意进行人工授精的，不论所生子女是否与父母具有血缘关系，所生子女应视为婚生子女，父母子女间的权利义务关系适用《民法典》的有关规定。甲、乙一致同意乙异质人工授精，乙怀孕后所生儿子丙，虽与甲没有血缘关系，但应被视为甲的婚生子女，对甲的遗产有继承权。丙没有劳动能力，也没有生活来源，甲在遗嘱中没有为丙保留必留份，剥夺丙的遗产继承权，故遗嘱部分无效。

---

① 参见陈苇主编：《外国婚姻家庭法比较研究》，304 页。

第六节　父母与子女间的权利和义务

《民法典》关于父母子女间权利和义务的规定，不仅适用于父母与婚生子女之间，同时也适用于父母与非婚生子女之间、养父母与养子女之间，以及形成抚养关系的继父母与继子女之间。

一、父母对子女的义务

依据《民法典》第 26 条第 1 款的规定，父母对未成年子女负有抚养、教育和保护的义务。据此，父母对子女的义务主要包括如下几个方面。

（一）父母对子女有抚养的义务

《民法典》第 1067 条第 1 款规定："父母不履行抚养义务的，未成年子女或者不能独立生活的成年子女，有要求父母给付抚养费的权利。"所谓抚养，是指父母对子女经济上的供养和生活上的照料。父母对未成年子女的抚养义务是法定义务，不因离婚而免除。在一般情况下，父母承担抚养义务到子女成年时为止。未成年子女一般是指不满 18 周岁的自然人，但已满 16 周岁而未满 18 周岁的自然人能够以自己的劳动收入为主要生活来源的除外。依据《婚姻家庭解释（一）》第 41 条的规定，尚在校接受高中及其以下学历教育，或者丧失、部分丧失劳动能力等非因主观原因而无法维持正常生活的成年子女，被认定为"不能独立生活的成年子女"。

父母不履行抚养义务时，未成年的或者不能独立生活的子女有要求父母付给抚养费的权利。这里的"抚养费"，包括子女生活费、教育费、医疗费等费用［《婚姻家庭解释（一）》第 42 条］。依据《婚姻家庭解释（一）》第 43 条的规定，婚姻关系存续期间，父母双方或者一方拒不履行抚养子女义务，未成年子女或者不能独立生活的成年子女请求支付抚养费的，人民法院应予支持。追索抚养费的要求，可以向抚养义务人的所在单位或者有关部门提出，也可以直接向人民法院提起诉讼。拒不履行抚养义务、恶意遗弃未成年子女，情节严重，构成犯罪的，应当依法追究刑事责任。应当指出，父母不得因子女变更姓氏而拒付子女抚养费。父或者母擅自将子女姓氏改为继母或继父姓氏而引起纠纷的，应当责令恢复原姓氏［《婚姻家庭解释（一）》第 59 条］。

事例 5－6　甲与妻乙协议离婚，双方约定子丙由乙抚养，甲每月支付 2 000 元的抚养费。乙离婚后与丁再婚，丁对丙视如己出、疼爱有加，乙十分感动。征得丙的同意后，乙将丙的父姓改为继父姓，并到户籍登记机关办理了变更登记。甲得知后，非常生气，拒绝支付丙的抚养费。丙向人民法院提起诉讼，要求甲支付抚养费，甲则要求丙改回原姓氏。

——甲作为父亲对丙有抚养的权利和义务，丙有要求甲付给抚养费的权利，这一权利不因父母离婚而发生变化。姓名权法律关系与抚养权法律关系是两个不同的法律关系，甲不能将乙擅自变更丙的姓氏作为不履行抚养费支付义务的理由。但是，丙之姓氏的确定，是甲、乙双方共同的意思表示，乙未征得甲的同意单方变更丙的姓氏的，甲有权请求乙改回原姓氏。

（二）父母对子女有教育的权利和义务

《民法典》第 1068 条中规定，父母有教育未成年子女的权利和义务。教育是指父母在思想品德上对子女的关怀和培养。父母对子女的教育包括两个方面的内容：一是父母应当尊重未成年人受教育的权利，必须使适龄的未成年人按照规定接受义务教育，不得使在校接受义务教育的未成年人失学、辍学；二是父母应当以健康的思想、品行和适当的方法教育未成年人，引导未成年人进行有益身心健康的活动，预防和制止未成年人吸烟、饮酒、赌博、流浪乞讨或者欺凌他人。

父母对子女有教育的义务，父母不履行对子女的教育义务，使在校接受义务教育的未成年人辍学，侵害未成年子女的合法权益的，任何组织和个人都有权予以劝阻、制止或者向有关部门提出检举或者控告。

事例 5－7　甲初中一年级开始逃学，与社会不良少年纠缠在一起，欺凌低年级同学。班主任通知其父母乙、丙后，乙、丙在对甲说服教育的同时，采取了每天护送上学和放学的措施，但收效不大，甲仍寻找各种机会摆脱父母看管。父亲乙见说服教育无效，便施以棍棒教育，甲仍屡教不改，祸事不断。乙、丙恼怒之下，将甲赶出家门。甲辍学后浪迹社会。甲所在学校向人民法院提起诉讼，请求乙、丙履行教育义务，将甲送学校接受义务教育。

——使适龄的未成年人按照规定接受义务教育，不得使在校接受义务教育的未成年人辍学，是父母和其他监护人的家庭义务，也是父母对子女的教育义务的内容。乙、丙作为父母不履行对丙的教育义务，使在校接受义务教育的未成年人丙辍学，任何组织和个人都有权予以劝阻、制止或者向有关部门提出检举或者控告。因此，甲所在学校有权作为原告向人民法院提起诉讼，请求判令乙、丙履行教育义务。

（三）父母对子女有保护的权利和义务

《民法典》第 1068 条中规定，父母有保护未成年子女的权利和义务。保护是指父母应保护未成年子女的人身安全和合法权益，防止和排除来自自然的损害以及来自他人的非法侵害。依据《婚姻家庭解释（二）》第 12 条的规定，父母一方或者其近亲属等抢夺、藏匿未成年子女，另一方向人民法院申请人身安全保护令或者参照适用《民法典》第 997 条规定申请人格权侵害禁令的，人民法院依法予以支持（第 1 款）。抢夺、藏匿未成年子女一方以另一方存在赌博、吸毒、家庭暴力等严重侵害未成年子女合法权益情形，主张其抢夺、藏匿行为有合理事由的，人民法院应当告知其依法通过撤销监护人资格、中止探望或者变更抚养关系等途径解决。当事人对其上述主张未提供证据证明且未在合理期限内提出相关请求的，人民法院依照前款规定处理（第 2 款）。夫妻分居期间，一方或者其近亲属等抢夺、藏匿未成年子女，致使另一方无法履行监护职责，另一方请求行为人承担民事责任的，人民法院可以参照适用《民法典》第 1084 条关于离婚后子女抚养的有关规定，暂时确定未成年子女的抚养事宜，并明确暂时直接抚养未成年子女一方有协助另一方履行监护职责的义务［《婚姻家庭解释（二）》第 13 条］。

父母是未成年子女的法定监护人和法定代理人，当未成年子女的人身或者财产遭受他人侵害时，父母有权以法定代理人的身份提起诉讼，请求排除侵害、赔偿损失；当未成年子女脱离家庭或者监护人时，父母有权要求归还子女；在发生拐骗子女的行为时，父母有权请求司法机关追究拐骗者的刑事责任。

事例 5-8 甲为高中二年级学生，沉溺于网络，导致学习成绩严重下降，被父母乙、丙严厉批评，没收了电脑。甲摆脱了网络，专心投入紧张的学习中，学习成绩开始回升。然禁不住网友的诱惑，甲又开始偷偷到网吧玩网络游戏，后来发展到通宵不归。乙、丙得知后，对甲进行了严厉责骂，但仍不见效，便将甲锁在家里。某日，甲打破玻璃又到网吧玩网络游戏，因与他人发生争执而被打伤。

——甲的父母为阻止甲逃学到网吧玩网络游戏，在说服教育、责骂均无效的情况下，采用限制其人身自由的方法，迫使其改恶从善。但父母教育子女的方式应当与未成年人的承受力相适应，同时也必须符合未成年人利益最大化原则。限制未成年人自由的教育方式，突破了父母行使教育权的适当性界限，与《民法典》第 1068 条的立法精神相悖。在甲受到他人伤害后，甲的父母作为法定代理人，有权要求侵害人承担赔偿责任。

二、子女对父母的义务

《宪法》中规定，成年子女有赡养、扶助父母的义务，禁止虐待老人。《民法典》第 26 条第 2 款规定，成年子女对父母负有赡养、扶助和保护的义务。成年子女不履行赡养义务的，缺乏劳动能力或者生活困难的父母，有要求成年子女给付赡养费的权利（《民法典》第 1067 条第 2 款）。

赡养是指子女对父母的供养，即在物质上和经济上为父母提供必要的生活条件；扶助是指子女对父母在精神上和生活上的关心、帮助和照料。赡养人不得以放弃继承权或者其他理由，拒绝履行赡养义务。根据法律有关规定，子女对父母赡养、扶助的具体内容为：（1）赡养人应当履行对老年人经济上供养、生活上照顾和精神上慰藉的义务，照顾老年人的特殊需要；（2）赡养人对患病的老年人应当提供医疗费用和护理；（3）赡养人应当妥善安排老年人住房，不得强迫老年人迁居条件低劣的房屋；（4）赡养人有义务耕种老年人承包的田地，照管老年人的林木和牲畜等，收益归老年人所有。

赡养费包括基本生活费用、医疗费用、生活不能自理时的护理费用。在父母有劳动能力、经济生活也不困难的情况下，父母是否有要求子女付给赡养费的权利？这涉及对《民法典》第1067条第2款规定的“成年子女不履行赡养义务的，缺乏劳动能力或者生活困难的父母，有要求成年子女给付赡养费的权利”的理解问题。根据对该规定的文义解释，赡养费的请求权主体是缺乏劳动能力或者生活困难的父母；根据对该规定的反面解释，父母如果不缺乏劳动能力或者生活不困难，则不具备请求子女给付赡养费的权利主体资格。司法实践中，对于有生活来源的父母提出的给付赡养费的诉讼请求，人民法院往往以不具备生活困难的条件为由不予支持。但是，赡养费的支付是子女对父母之赡养义务的一项内容，而不是全部内容，也不是唯一内容。在父母有劳动能力、经济生活依靠自身的力量就可得到满足的情况下，子女虽不承担赡养费的支付义务，但要承担精神赡养义务，应经常性地到父母住处探视或者与父母进行远程交流。

另外，《民法典》第1069条还强调，“子女应当尊重父母的婚姻权利，不得干涉父母离婚、再婚以及婚后的生活。子女对父母的赡养义务，不因父母的婚姻关系变化而终止”。同时，依照《民法典》的规定，法律规定的成年子女对父母的赡养义务，只以父母缺乏劳动能力或者生活困难为条件。如果父母具备缺乏劳动能力或者生活困难的条件，即使父母对成年子女有过严重的遗弃、虐待行为，也不能剥夺父母要求成年子女赡养的权利。

事例5-9　甲父乙在甲幼小时即抛妻弃子，与丙私奔。甲成年后，丙见乙年老体衰，便离开乙与自己女儿共同生活。乙要求甲履行赡养义务，甲以乙未对其履行抚养义务为由，拒绝赡养乙。后乙与丁再婚，因丁没有收入来源，乙本来就不多的退休金维持夫妻双方生活更加困难。乙再次要求甲支付赡养费，甲以其对丁没有赡养义务为由拒绝。乙向人民法院提起诉讼，要求甲支付赡养费。

——乙对甲有遗弃行为，但该行为并不能导致乙丧失请求子女支付赡养费的权利，因此，甲应当承担对乙赡养的义务。乙有再婚的权利，其再婚权利与再婚者的经济状况无关。乙再婚后，对妻子丁有扶养义务。乙因履行对丁的扶养义务导致生活更加困难，虽加重了甲的赡养负担，但乙具备《民法典》规定的“缺乏劳动能力或者生活困难”的条件，有要求甲付给赡养费的权利。

三、父母子女之间有相互继承遗产的权利

《民法典》规定，父母和子女有相互继承遗产的权利（第1070条），且父母、子女为第一顺序的法定继承人（第1127条）。

思考案例

1. 甲10周岁时父母离婚，父亲乙与继母丙结婚。乙、丙结婚后，甲随乙与丙共同生活，丙承担了对甲的抚养、教育义务。甲成年后，乙与丙离婚，丙要求甲履行赡养义务，但遭到拒绝。

问：(1) 甲、丙之间是否形成抚养关系？(2) 乙、丙离婚后，丙是否有权要求甲承担赡养义务？

2. 甲35周岁时与乙结婚。乙系再婚，并带一子丙（6岁）与甲共同生活。二人婚后未再生育，甲因无亲生子女，所以视丙为己出、倍加疼爱，虽然婚后收入状况一般，但还是坚持承担丙的教育费用直至丙本科毕业。丙大学毕业时，其生母乙去世，甲与丙仍一起共同生活。丙结婚后独立生活，甲因感觉生活孤独，便欲再娶，丙坚决反对。为此，二人发生激烈争吵。甲执意再婚后，二人的争吵不断升级，丙经常打骂甲，甲不堪忍受，遂起诉到人民法院，要求解除与丙的父子关系。

问：(1) 甲、丙之间的继父子关系能解除吗？(2) 甲有权要求丙继续给付生活费吗？(3) 甲能否请求丙偿付已支出的抚养费？

3. 甲在婚姻关系存续期间与第三者乙同居生活，同居期间乙生育一子丙。丙3周岁时甲因心脏病突发死亡，乙得知甲死讯时甲已被火化埋葬。乙便以丙法定代理人的身份向甲妻丁和甲父戊提出遗产继承请求，但丁和戊拒绝承认丙为甲之子。乙以丙的名义向人民法院提起遗产继承诉讼，同时向人民法院申请隔代亲子鉴定，但戊拒绝提供血样进行亲子鉴定。

问：戊拒绝亲子鉴定的法律后果是什么？

4. 甲、乙系再婚，婚后乙带着与前夫所生女儿丙（时年5周岁）与甲共同生活，甲承担了丙的抚养费的一部分。共同生活几年后，甲与乙产生矛盾，夫妻关系日趋紧张，乙向人民法院提起离婚诉讼，请求解除与甲的婚姻关系，并要求甲每月支付丙抚养费1 300元。甲同意离婚，但拒绝继续负担丙的抚养费。

问：(1) 甲、乙离婚时，甲是否有权请求丙归其抚养？(2) 甲、乙离婚时，甲是否有拒绝负担丙抚养费的权利？

5. 甲、乙结婚多年，一直未生育子女，后来到医院检查，诊断甲没有生育能力。夫妻经过协商，一致同意利用人工辅助生殖技术生育。1年后，乙通过异体授精生育一女丙，夫妻二人视若珍宝。后甲因难以承受舆论的压力，为排解难言之隐，与他人产生婚外恋情，导致夫妻感情破裂，最终二人协议离婚，但对丙的抚养达不成协议，甲拒绝负担丙的抚养费。

问：(1) 丙与甲、乙是否产生亲子关系？(2) 甲是否有抚养丙的权利和义务？

6. 甲、乙结婚2年后，乙生一男孩丙。婚姻关系存续期间甲发现乙与丁有不正当关系，经协商，双方协议离婚，约定夫妻共同财产归乙所有，丙由乙抚养，甲每月给付1 500元抚养费。后双方为探望丙发生纠纷，乙以甲不是丙生父为由，拒绝甲探望丙。甲以丙不是其亲生子、其对丙无抚养义务为由，向人民法院起诉，要求乙返还其为丙所支付的抚养费。

问：(1) 丙与甲之间的亲属关系的性质是什么？(2) 甲为丙所支付的抚养费是否有权请求返还？(3) 甲请求返还为丙支出的抚养费的法理基础是什么？

7. 甲、乙登记结婚后，乙得知甲与自己结婚时尚未与配偶解除婚姻关系，遂以甲重婚为由，请求确认其与甲的婚姻无效。人民法院判决宣告甲与乙的婚姻无效。判决生效后，乙发现自己怀孕，生子丙。甲得知丙为其儿子后，即向乙表示认领，并愿意承担抚养费用，但遭到乙的拒绝。

问：(1) 乙否认甲为丙之生父，甲与丙的亲子关系如何确定？(2) 乙拒绝接受甲的抚养费用，甲对丙的抚养权利如何行使？

8. 甲考入北京某大学，入校时已满 16 周岁。按照学校规定，甲每年需交纳 5 000 元的学费，加上每年 5 000 多元的生活等费用，甲的父母每年需为其承担 10 000 余元的费用。甲入校后不思进取、经常旷课，父母规劝无效，于是在甲年满 18 周岁后不再负担其抚养费用。甲以自己尚未独立生活为由，向人民法院提起诉讼，请求父母履行抚养费的支付义务。

问：(1) 接受高等教育期间的甲，是否属于“尚未独立生活”的子女？(2) 甲成年后接受高等教育期间，父母有无抚养费的支付义务？

9. 甲、乙夫妇现年 62 岁，退休后与长子共同生活。两人的退休金总额每月 5 000 元，在人均月收入 2 000 元的城市里，物质条件相当不错。唯一的烦恼是次子丙因为婚姻问题断绝了与父母的联系，如今孙子都 5 岁了，老人还没见过孙子。其间老人曾试图改善关系，请求去看望孙子，但遭到丙的断然拒绝。丙的绝情激起了老人的愤怒，甲、乙向人民法院提起诉讼，要求丙履行精神赡养义务，每月探望父母一次、每周打电话一次、每月支付赡养费 100 元。

问：(1) 甲、乙是否有要求丙探望和打电话的权利？(2) 甲、乙是否有要求丙支付赡养费的权利？(3) 丙不履行生效判决确定的探望义务时，人民法院能否强制丙探望父母？

10. 甲的儿子乙（8 岁）因遗嘱继承了祖父的遗产 10 万元。某日，乙玩耍时将另一小朋友丙的眼睛划伤。丙的监护人要求甲承担赔偿责任 2 万元。后人民法院查明，甲已尽到监护职责。下列哪一说法是正确的？（　　）

A. 因乙的财产足以赔偿丙，故不需用甲的财产赔偿

B. 甲已尽到监护职责，无须承担侵权责任

C. 用乙的财产向丙赔偿，乙赔偿后可在甲应承担的份额内向甲追偿

D. 应由甲直接赔偿，否则会损害被监护人乙的利益

课后复习

1. 亲子关系的种类有哪些？
2. 父母与婚生子女关系的产生条件是什么？
3. 生父与非婚生子女的关系如何确认？
4. 继父或继母与继子女之抚养关系的形成条件是什么？
5. 我国法律规定的父母子女间的权利和义务有哪些？

第六章
祖孙和兄弟姐妹关系

提 要

《民法典》规定的“家庭关系”，除夫妻关系和父母子女关系外，还包括祖孙关系和兄弟姐妹关系。祖孙关系是祖父母（外祖父母）与孙子女（外孙子女）间的权利和义务关系，兄弟姐妹关系是兄弟姐妹间的权利和义务关系。祖孙和兄弟姐妹互为第二顺序的扶养人，相互间的权利和义务是有条件的。

重点问题

1. 祖孙间履行抚养与赡养义务的条件
2. 兄弟姐妹间履行扶养义务的条件

第一节　祖孙关系

一、祖孙关系的确立

依照《民法典》和《婚姻家庭解释（一）》的规定，在祖孙关系中，相关亲属的范围包括以下内容：

孙子女、外孙子女包括：祖父母、外祖父母的生子女的生子女、养子女，祖父母、外祖父母的养子女的生子女、养子女，与祖父母、外祖父母已形成抚养关系的继子女的生子女、养子女。

祖父母、外祖父母包括孙子女、外孙子女的生父母的生父母、养父母，孙子女、外孙子女的养父母的生父母、养父母，与祖父母、外祖父母已形成抚养关系的继父母的生父母、养父母。

二、祖孙间的权利和义务

（一）祖父母、外祖父母对孙子女、外孙子女有抚养的权利和义务

依据《民法典》第1074条第1款的规定：有负担能力的祖父母、外祖父母，对于

父母已经死亡或者父母无力抚养的未成年孙子女、外孙子女，有抚养的义务。可见，祖父母、外祖父母对孙子女、外孙子女履行抚养义务是有条件的，具体包括以下内容。

第一，祖父母、外祖父母有负担能力。有负担能力的祖父母和外祖父母，是指以自己的劳动收入和其他收入满足其第一顺序扶养权人（需要扶养的配偶、子女和父母）的合理生活、教育、医疗的需要后仍有剩余的祖父母和外祖父母。如果祖父母或者外祖父母中数人均有负担能力，则应根据他们的经济情况共同负担。

第二，孙子女和外孙子女的父母已经死亡或父母无力抚养。这里的死亡包括自然死亡和宣告死亡，父母无力抚养是指不能以自己的收入满足子女的合理的生活、教育、医疗等需要。

第三，孙子女和外孙子女为未成年人。如果孙子女和外孙子女已满 18 周岁而不能独立生活，即使在父母死亡或者无抚养能力的情况下，有负担能力的祖父母、外祖父母也没有抚养的义务。

事例 6-1　甲父意外死亡后，甲母因受刺激精神失常，生活不能自理，也无生活来源。甲的祖母乙常年患病，身体不好，日常生活依靠女儿。乙没有其他经济来源，但租金月收入万元，经济上比较宽裕。甲的外祖父丙身体健康，但经济困难。甲虽成年，但因智力障碍，没有通过劳动获得收入的能力。祖母和外祖父各有困难，不能对其进行抚养，甲陷入困境。

——甲的祖母和外祖父对甲均无抚养的义务。依据《民法典》第 1074 条第 1 款的规定，祖父母、外祖父母对孙子女、外孙子女承担抚养义务是有条件的，包括抚养义务人有经济负担能力和被抚养人为未成年人。甲已经成年，无论其是否有独立生活能力，已不属于祖父母、外祖父母承担抚养义务的对象。

（二）孙子女、外孙子女对祖父母、外祖父母有赡养义务

依据《民法典》第 1074 条第 2 款的规定，有负担能力的孙子女、外孙子女，对于子女已经死亡或者子女无力赡养的祖父母、外祖父母，有赡养的义务。可见，孙子女、外孙子女只有在一定条件下才产生对祖父母、外祖父母的赡养义务，这些条件包括以下内容。

第一，孙子女和外孙子女有负担能力。有负担能力是指孙子女和外孙子女以自己的收入满足自己和第一顺序扶养权人（配偶、子女和父母）合理的生活、教育、医疗等需求后仍有剩余。如果孙子女、外孙子女中数人均有负担能力，应根据他们经济情况共同负担。在判断孙子女、外孙子女的负担能力时，如果孙子女、外孙子女已经结婚，则应将其配偶的收入综合考虑在内。因为孙子女和外孙子女配偶的收入属于夫妻共同财产（除非另有约定），夫妻对共有财产有平等的所有权和处理权，孙子女、外孙子女当然有以共同财产履行赡养义务的权利。即使实行夫妻约定财产制，生活费用的负担也不得违反有关抚养和赡养的规定。

第二，祖父母、外祖父母的子女已经死亡或者子女无力赡养。这里的死亡亦包括自然死亡和宣告死亡，无力赡养是指祖父母、外祖父母的子女不能以自己的收入满足其合

理的生活、教育、医疗等需要。

事例 6-2 甲与妻子结婚后，有婚生子乙和养女丙（未办理收养登记）。甲父丁没有生活来源，日常生活费用依靠甲与甲的弟弟戊供给。甲去世后，丁身体每况愈下，经常住院，赡养费用骤增。戊因赡养负担加重，要求乙、丙与其共同负担丁的赡养费用，被乙、丙拒绝。

——甲与丙因未办理收养登记，双方之间收养关系不成立，甲、丙之间没有形成拟制血亲的亲属关系，因此，丙与甲父丁之间也无拟制血亲的亲属关系，丙对丁没有赡养义务。戊为丁的子女，对丁有赡养的义务。《民法典》规定子女对父母履行赡养义务的条件是有负担能力，戊有负担能力，即使负担能力加重，仍应承担对丁的赡养义务。乙作为丁的孙子，虽对丁有赡养义务，但其赡养义务处于第二顺序，在第一顺序赡养义务人戊具备赡养能力的情况下，作为第二顺序的赡养义务人乙对丁不承担赡养义务。

（三）祖孙间的继承权

依据《民法典》第 1127 条的规定，祖父母、外祖父母是第二顺序法定继承人，没有第一顺序法定继承人或者第一顺序法定继承人均放弃或者丧失继承权时，祖父母、外祖父母有权继承孙子女、外孙子女的遗产。

孙子女、外孙子女在其父母先于祖父母、外祖父母死亡时，可以代位继承祖父母、外祖父母的遗产。

第二节 兄弟姐妹关系

一、兄弟姐妹关系的确立

依照《民法典》和《婚姻家庭解释（一）》的规定，在兄弟姐妹关系中，相关亲属的范围包括以下内容：

兄弟姐妹包括自然血亲的兄弟姐妹和拟制血亲的兄弟姐妹，具体包括同胞兄弟姐妹、同父异母兄弟姐妹、同母异父兄弟姐妹、养兄弟姐妹和形成扶养关系的继兄弟姐妹。

应当注意的是，继父或继母与其继子女之间因抚养关系形成而产生了父母子女的权利、义务，并不意味着继兄弟姐妹之间同时因此产生了兄弟姐妹之间的权利、义务。只有在继子女与继父母的扶养关系形成后，继兄弟姐妹间实际进行了扶养，双方的扶养关系形成的，其相互间的关系才适用《民法典》中有关兄弟姐妹关系的规定。

二、兄弟姐妹间的权利、义务

（一）兄、姐对弟、妹有扶养义务

《民法典》第 1075 条第 1 款规定：有负担能力的兄、姐，对于父母已经死亡或者父母无力抚养的未成年弟、妹，有扶养的义务。可见，兄、姐对弟、妹在下列条件下负担扶养义务：

第一，兄、姐有负担能力。有负担能力是指以自己的收入和配偶的收入满足自己和第一顺序扶养权人（配偶、子女和父母）合理的生活、教育、医疗等需要后仍有剩余。如果兄、姐中数人均有负担能力，则应根据他们的经济情况共同负担。

第二，父母已经死亡或者无力抚养。这里的死亡包括自然死亡和宣告死亡，父母无力抚养是指父母不能以自己的收入满足其子女合理的生活、教育、医疗等需要。

第三，弟、妹未成年。如果弟、妹已满 18 周岁而不能独立生活，即使在父母死亡或者无抚养能力的情况下，有负担能力的兄、姐也没有扶养的义务。

如果某一未成年人既有有负担能力的祖父母、外祖父母，又有有负担能力的兄、姐，则他们处于同等的地位，应由他们根据自己的经济情况共同负担抚养的义务。

事例 6-3　甲的父母离婚后，甲父与乙再婚。乙之女丙随乙与甲父、甲共同生活，甲父对丙进行了抚养、教育，双方形成了抚养关系。甲父在与乙的婚姻关系存续期间，依法收养孤儿丁为养子。因所在单位经营状况不好，甲父与乙双双失业，没有了收入，只好打零工维持生活，无能力承担丁的初中学习费用，丁面临失学。甲、丙此时均已工作，且收入不菲。丁渴望上学，便向甲、丙提出支付学费的要求，甲、丙均予以拒绝。

——甲父收养丁之后，双方之间形成拟制血亲关系，该拟制血亲关系的效力及于甲父的近亲属，因此，丁与甲之间产生养兄弟姐妹的权利和义务关系，甲对丁有扶养的义务。甲父与丙形成了抚养关系，具有拟制血亲关系，但该拟制效力仅在甲父与丙之间发生，不能及于甲和丁。但丙是乙的亲生女儿，丁是乙的养子，因此，乙与丁之间形成拟制血亲关系，该拟制血亲关系的效力及于乙的近亲属，故丙与丁之间产生养兄弟姐妹的权利和义务关系，丙对丁有扶养的义务。

（二）弟、妹对兄、姐有扶养义务

《民法典》第 1075 条第 2 款规定：由兄、姐扶养长大的有负担能力的弟、妹，对于缺乏劳动能力又缺乏生活来源的兄、姐，有扶养的义务。可见，弟、妹对兄、姐在下列条件下负担扶养的义务。

第一，弟、妹由兄、姐扶养长大。由兄、姐扶养长大的弟、妹是指长期依靠兄、姐提供全部或主要扶养费用，直到以自己的收入作为主要生活来源的弟、妹。

第二，弟、妹有负担能力。有负担能力是指以自己的和配偶的收入满足自己和第一顺序扶养权人（配偶、子女和父母）合理的生活、教育、医疗等需要后仍有剩余。

第三，兄、姐缺乏劳动能力又缺乏生活来源。缺乏劳动能力是指劳动能力不足，包括丧失劳动能力；缺乏生活来源是指维持生存所必需的生活费用和用品不足，包括丧失生活来源。只有兄、姐同时具备缺乏劳动能力和缺乏生活来源两个条件，弟、妹对其才有可能有扶养义务。

事例 6-4 甲、乙系同父异母的姐弟关系。甲出嫁后，乙出生。乙 5 岁时，其父母相继去世，甲担负起对乙的扶养责任。甲含辛茹苦将乙带大，并供其读完大学。乙大学毕业参加工作后，甲的丈夫和儿子相继去世，甲一人寡居农村，靠种地为生，生活相当艰难。为感念甲的扶养之恩，乙按月向甲支付生活费。但乙娶妻生子后，生活开销陡增，加上妻子阻挠，乙便不再向甲支付生活费。甲失去种地维持生活的能力后，再无其他的生活来源。万般无奈之下，甲向人民法院提起诉讼，要求乙继续给付生活费。

——甲有扶养乙的义务。甲、乙为自然血亲的兄弟姐妹，属于《民法典》规定的有扶养权利和义务关系的兄弟姐妹范围。当乙父母死亡，不能对乙履行抚养义务时，甲作为成年并有负担能力的姐姐，对未成年的乙有扶养的义务。乙接受甲的扶养长大。在乙有负担能力后，甲丧夫失子，年事渐高，劳动能力丧失，生活陷于困难，依照《民法典》的有关规定，乙对甲有支付扶养费的义务。乙妻对甲没有扶养的义务，但作为扶养义务人乙的配偶，有辅助乙履行扶养义务的义务。

（三）兄弟姐妹间的继承权

依据《民法典》第 1127 条的规定，兄弟姐妹是第二顺序法定继承人。没有第一顺序继承人或者第一顺序继承人均放弃或者丧失继承权时，被继承人的兄弟姐妹得继承遗产。

思考案例

1. 甲、乙在各自的配偶去世后再婚。婚后双方各带一子共同生活，甲与乙子丙、乙与甲子丁均形成了抚养关系。当时，丙 2 岁、丁 4 岁。甲父戊因反对甲与乙结婚，在甲与乙结婚后便搬出另住，双方不再来往。戊离休后每月收入 1 万多元。甲因车祸死亡后，乙以无力独自抚养丙和丁为由，请求戊承担丙和丁的部分抚养费用，遭到戊的拒绝。丙和丁向人民法院提起诉讼，请求戊履行抚养费的支付义务。

问：(1) 丙、甲因抚养关系而形成拟制血亲后，该拟制效力是否及于戊？(2) 甲死亡后，乙是否有抚养丁的义务？(3) 戊是否有抚养丙和丁的义务？

2. 甲 15 岁时，其父因车祸死亡，其母乙受刺激精神失常。甲有一同母异父的姐姐丙，随乙与甲父共同生活，与甲父形成了抚养关系。乙患精神病后，没有收入，无力承担甲、丙的抚养费用，甲、丙面临辍学。甲父与前妻有一子丁，父母离婚后与母亲共同生活，现为某外企职员，年收入 10 万元左右。甲、丙向丁提出扶养要求，遭到丁的拒绝。甲、丙向人民法院提起诉讼，要求丁履行扶养义务。

问：(1) 丁对甲是否有扶养的义务？(2) 丁对丙是否有扶养的义务？

3. 甲 4 岁时父母离婚，甲由生母乙抚养。1 年后，乙再嫁于丙，甲随乙与丙、丙的成年儿子丁共同生活。婚后，一家人和睦相处。不幸的是，乙、丙在一次外出途中遇车祸双双身亡，年幼的甲便在丁的扶养下长大。甲现为某私营企业主，收入丰厚。丁夫妇已丧失劳动能力，没有生活来源，靠低保费用维持生活。丁的儿子有经济能力，但不履行赡养义务。

问：(1) 甲、丁之间的亲属关系的性质是什么？(2) 丁在其子不履行赡养义务导致其生活困难时，能否要求甲履行扶养义务？

4. 甲在丈夫去世后带着10周岁的儿子乙改嫁到邻村，与该村的丙共同生活。丙因前妻去世而与女儿丁共同生活。丙与甲再婚时丁已满16周岁，在某高职就读。在丙与甲的婚姻关系存续期间，丙收养了乙，并办理了收养登记手续。2年后，甲、丙相继去世，此时丁已高职毕业，在某医院做护士，月收入五千余元。甲、丙去世后，乙失去了生活来源，面临辍学，便要求丁履行扶养义务。

问：(1) 乙、丁之间是继兄弟姐妹关系还是养兄弟姐妹关系？(2) 丁对乙有无扶养的义务？

课后复习

1. 祖孙在什么条件下产生权利和义务关系？
2. 兄弟姐妹在什么条件下产生权利和义务关系？

第七章 离婚制度

提 要

婚姻因结婚而成立，亦因一定法律事实而终止。引起婚姻关系终止的原因有两种：一种是配偶一方的死亡，包括自然死亡和宣告死亡。另一种是离婚。离婚作为夫妻双方生存期间解除婚姻关系的民事法律行为，必须符合法律规定的条件和程序才能产生夫妻关系终止的效力。当事人通过行政程序自愿解除婚姻关系的，应当遵守法律规定的条件和程序；当事人通过诉讼程序解除婚姻关系的，诉讼中的调解是人民法院审理离婚案件的必经程序。在诉讼离婚程序中，人民法院应当贯彻“保障离婚自由，反对轻率离婚”的指导思想，以夫妻感情是否确已破裂作为是否准予离婚的原则界限；在离婚时，应当注意掌握两项特殊的保护性规定：一是对现役军人的特殊保护；二是在女方怀孕期间、分娩后 1 年内或者终止妊娠后 6 个月内，对女方的特殊保护。离婚直接导致夫妻人身关系的消灭，同时还会引起夫妻共同财产分割、夫妻对外债务承担、夫妻一方对困难方的经济帮助以及子女的抚养归属和抚养费的负担等一系列法律后果。人民法院在解除当事人的婚姻关系时，必须同时处理好离婚后的其他法律后果，全面解决当事人间的纠纷。

重点问题

1. 婚姻终止的原因
2. 协议离婚的条件和程序
3. 诉讼离婚的条件和程序
4. 离婚时的财产分割和子女抚养

第一节 婚姻终止的原因

婚姻终止，是指合法有效的婚姻关系因发生一定的法律事实而归于消灭。引起婚姻关系终止的法律事实，称为婚姻的终止原因。婚姻终止的原因有二：一是婚姻当事人一方死亡（包括自然死亡和宣告死亡），二是离婚。婚姻终止的原因不同，其法律后果也不尽相同。

一、婚姻因配偶死亡而终止

配偶死亡有两种情况：一是配偶一方自然死亡，二是配偶一方被宣告死亡。配偶关系作为一种身份法律关系，以配偶双方的存在为前提，配偶一方死亡，双方的共同生活关系不复存在，必然引起婚姻关系终止的法律后果。配偶死亡方式不同，婚姻终止的法律后果也有所不同。

（一）婚姻因配偶一方自然死亡而终止

配偶一方自然死亡，夫妻之间的权利、义务消灭，婚姻关系自然终止。因配偶一方死亡而终止婚姻的效力，只限于对夫妻双方的内部效力，即夫妻之间人身关系和财产关系上的权利和义务不复存在，但夫妻以外的婚姻效力并不当然消灭。在实际生活中，配偶一方死亡之后，生存配偶一方往往继续保持与死亡配偶一方亲属的关系，有的还继续留在原家庭内生活，姻亲关系仍继续存在，不因配偶一方的死亡而终止。

（二）婚姻因配偶一方被宣告死亡而终止

宣告死亡是指经利害关系人的申请，由人民法院依审判程序宣告下落不明达一定期间的公民死亡的法律制度。依照《民法典》的规定，宣告死亡与自然死亡具有同等的法律效力。

（1）配偶一方被宣告死亡，双方的婚姻关系是否自动解除？对此，各个国家的立法有两种不同主张：一种主张是宣告死亡导致婚姻关系当然消灭，即从宣告死亡之日起婚姻关系即行终止，法国、意大利、日本采取这种立法例。如《法国民法典》第 128 条第 3 款规定，“失踪者的配偶得缔结新的婚姻”①。另一种主张是婚姻关系自生存配偶再婚时消灭，即配偶被宣告死亡后，直至他方再婚之时，才视作婚姻关系终止。德国、瑞士等采取这种立法例。如《德国民法典》第 1319 条第 2 项规定：“宣告死亡后，新婚姻缔结时，前婚姻被解除。”在我国，《民法典》第 51 条中规定：“被宣告死亡的人的婚姻关系，自死亡宣告之日起消除。”可见，我国采取宣告死亡导致婚姻关系当然消灭的立法主义。

（2）关于撤销死亡宣告对新婚姻关系的影响，各国也有两种不同的立法：一种为新缔结的婚姻无效，恢复原婚姻。如《意大利民法典》第 68 条规定：“被宣告推定死亡之人重现或者有证据证明该人尚生存的，则根据第 65 条缔结的婚姻无效。”另一种为新缔结的婚姻有效。如《德国民法典》第 1319 条第 1 项规定：“如果配偶一方在婚姻另一方被宣告死亡后重新结婚，则在被宣告死亡的配偶仍生存的情形，仅以婚姻双方在结婚时知道被宣告死亡的配偶在死亡宣告之时仍生存为限，该新的婚姻得因违反本法第 1306 条（关于禁止重婚的规定——作者注）而被撤销。”而就生存配偶未缔结新婚姻时的处理，自然也有两种做法：一是如果未缔结新婚姻，原婚姻自始有效，如《德国民法典》第 1319 条第 2 项规定，“新婚姻缔结时，前婚姻被解除”。依该规定的反面解释，未缔结新婚姻，原婚姻自始有效。二是即使未缔结新婚姻，原婚姻也绝对消灭而不能复活。如《法国民法典》第 132 条规定：“即使宣告失踪的判决已被撤销，失踪人的婚姻仍然

① 在法国民法中，宣告失踪与宣告死亡分别被称为“推定失踪”与“宣告失踪”，因此，法国民法上的宣告失踪即为我国民法上的宣告死亡。参见《法国民法典》第 112 条至第 132 条。

解除。”在前述方案中，对生存配偶之新婚姻给予保护，为多数国家及地区所采。

在我国，《民法典》第51条中规定：“死亡宣告被撤销的，婚姻关系自撤销死亡宣告之日起自行恢复。但是，其配偶再婚或者向婚姻登记机关书面声明不愿意恢复的除外。”根据这一规定，撤销死亡宣告对婚姻关系的影响，有两种效力：其一，被宣告死亡者的配偶未再婚并愿意恢复婚姻关系时的效力。失踪人被宣告死亡后，其配偶未缔结新的婚姻关系又愿意恢复原婚姻关系的，死亡宣告被撤销后原婚姻关系自动恢复。其二，被宣告死亡者的配偶再婚时的效力。失踪人被宣告死亡后，其配偶缔结新的婚姻关系的，原婚姻关系随新的婚姻的缔结而绝对消灭。死亡宣告被撤销后，即使其配偶缔结的新的婚姻关系已消灭，原婚姻关系也不能自动恢复。

（三）配偶一方被宣告失踪，只能通过诉讼离婚而终止婚姻关系

被宣告失踪人与其配偶并不因失踪宣告而终止婚姻关系，宣告失踪期间双方均不得再婚。如果宣告失踪之后，又被宣告死亡，则其婚姻关系自宣告死亡之日起终止。

事例7-1 甲与妻子乙在婚姻关系存续期间，因家庭纠纷发生争吵，乙留下不满周岁的儿子离家出走，杳无音信。4年后，甲向人民法院申请宣告乙死亡。人民法院依照特别程序审理后，作出宣告乙死亡的判决。判决生效后，甲未再婚。1年后，乙重新出现，甲未向婚姻登记机关书面声明不愿恢复婚姻关系。得知自己被人民法院宣告死亡后，乙向人民法院申请撤销宣告其死亡的判决。人民法院撤销宣告乙死亡的判决后，乙又离家出走，杳无音信。

——人民法院宣告乙死亡的判决生效后，甲与乙的婚姻关系消灭，甲的再婚自由恢复。甲在乙被宣告死亡后没有再婚，在乙重新出现后也没有向婚姻登记机关书面声明不愿恢复婚姻关系，依据《民法典》第51条的规定，乙的死亡宣告被撤销的，乙与甲的婚姻关系自撤销死亡宣告之日起自行恢复。在婚姻关系存续期间，乙再次失踪，甲要消除乙失踪带来的困扰，可以通过以下途径解决：一是乙失踪满4年时，向人民法院申请宣告乙死亡。人民法院宣告乙死亡的判决生效后，甲再行结婚，彻底消灭与乙的婚姻关系。二是乙失踪满2年时，向人民法院申请宣告乙失踪。人民法院宣告乙失踪的判决生效后，甲可向人民法院提起离婚诉讼。

二、婚姻因离婚而终止

（一）离婚的概念和特点

《民法典》在“婚姻家庭编”中用专章（第四章）规定了“离婚”。所谓离婚，是在夫妻双方生存期间，依照法定的条件和程序解除婚姻关系。配偶一方死亡，婚姻关系自动解除。离婚则为人为解除婚姻关系。离婚作为终止婚姻的法律事实，具有以下特点。

（1）离婚的主体只能是具有合法夫妻身份关系的男女。离婚只能由具有合法夫妻身份关系的男女双方本人提出。其他任何人都无权代替夫妻一方提出离婚，也不能对他人的婚姻提出离婚请求。

(2) 离婚只能在夫妻双方生存期间办理，如夫妻一方自然死亡或者被宣告死亡，则婚姻关系已经终止，不必进行离婚。

(3) 离婚的前提是男女双方存在合法的婚姻关系。离婚是对合法有效婚姻关系的解除，因此，凡属违法婚姻（被认定为事实婚姻关系的除外），即使领取了结婚证，也只能宣告婚姻关系无效或者撤销，收回结婚证，不得按离婚办理。

(4) 离婚必须符合法定的条件，并经过必经的程序。离婚必须具备法定的条件，并履行法定的程序，才能发生法律效力。双方当事人自行订立的离婚协议或者基层组织主持调解所达成的离婚协议，都不能发生法律效力。

(5) 离婚的后果是导致婚姻关系的解除，并引起夫妻财产关系、子女抚养关系、对外债务清偿等一系列法律后果，所以，离婚不仅关系到双方当事人的利益，同时也会影响到子女的利益和社会的利益。

（二）离婚的种类

从不同的角度，可对离婚作不同的分类，主要有：(1) 根据当事人对离婚的态度，可分为双方自愿的离婚和一方要求的离婚；(2) 根据离婚的程序，可分为行政程序的离婚和诉讼程序的离婚；(3) 根据人民法院结案的方式，可分为调解离婚和判决离婚。

（三）离婚与婚姻无效及婚姻撤销的区别

离婚与婚姻的无效和撤销，从形式上看都是婚姻关系的解除，但实质上它们是不同的法律制度。离婚是解除合法有效婚姻关系的法律手段，而婚姻的无效与撤销是违法婚姻的法律后果，故它们有严格的区别。

(1) 形成原因不同。婚姻无效与撤销的原因在婚姻成立之前或者成立之时就存在，而离婚的原因发生在婚姻成立之后。

(2) 请求权主体不同。离婚请求权只能由当事人本人行使，其他任何第三人无权代理；而无效婚姻的请求权除可以由当事人双方或者一方本人行使外，还可以由利害关系人行使。

(3) 请求权行使时间不同。离婚请求权只能在双方当事人生存期间行使，如当事人一方死亡，另一方不能提出离婚请求；而婚姻无效的请求权既可以在当事人双方生存期间行使，也可以在当事人双方或者一方死亡后行使。

(4) 适用程序不同。离婚既可依诉讼程序由人民法院处理，也可依行政程序由婚姻登记机关办理；而婚姻的无效和撤销只能依诉讼程序由人民法院处理。

(5) 法律后果不同。离婚发生一系列的法律后果，如夫妻财产分割等；而婚姻的无效与撤销是对违法婚姻的解除，不产生离婚的法律后果，对双方的财产不按夫妻共同共有财产分割，违法婚姻所生子女应为非婚生子女。

事例 7－2 甲与乙为三代以内的表兄妹关系，双方隐瞒该亲属关系骗取了结婚登记。婚姻关系存续期间，因双方感情破裂，乙向人民法院提起离婚诉讼，同时要求分割甲婚后继承其父的 100 万元遗产。甲同意离婚，但以该遗产为个人继承所得为由，拒绝了乙的分割请求。

——乙的分割请求不能成立。甲与乙的婚姻，因违反法律关于禁婚亲的规定，为无效婚姻。人民法院受理乙的起诉后，应当将婚姻无效的情形告知当事人，并依法作出宣告甲、乙婚姻无效的判决。甲、乙的婚姻关系被确认无效后，双方不具有夫妻关系，对无效婚姻关系存续期间所得财产不适用夫妻共同财产推定规则。甲在无效婚姻关系存续期间继承所得财产，为甲的个人财产，乙无权分割。

第二节　协议离婚

一、协议离婚的概念和特点

协议离婚又称两愿离婚、自愿离婚，是指夫妻双方自愿离婚并对子女和财产问题达成协议，经过婚姻登记机关认可解除婚姻关系。在我国，双方自愿离婚的法律程序为离婚登记程序，由婚姻登记机关对当事人的离婚申请进行审查、登记。婚姻登记机关完成离婚登记，双方的婚姻关系终止。协议离婚虽是夫妻双方在生存期间自愿终止婚姻关系，但协议离婚行为和结婚行为一样，在行为性质上属于民事法律行为而不是事实行为。当事人达成离婚合意，必须经过婚姻登记机关审查批准，二者的结合才构成协议离婚制度。如果仅有当事人的合意而法律并不加以认可，仍然不是制度意义上的协议离婚。因此，在充分尊重当事人双方意愿的基础上，采用婚姻登记机关对当事人申请进行审查并确认的程序使婚姻关系得到解除，是协议离婚的基本特点。对此，《民法典》第1076条规定："夫妻双方自愿离婚的，应当签订书面离婚协议，并亲自到婚姻登记机关申请离婚登记。""离婚协议应当载明双方自愿离婚的意思表示和对子女抚养、财产以及债务处理等事项协商一致的意见。"

二、协议离婚的条件

依照《婚姻登记条例》的规定，协议离婚应当符合下列条件。

1. 双方当事人必须具有完全民事行为能力

《婚姻登记条例》第14条第2项规定，申请离婚登记的当事人属于无民事行为能力人或者限制民事行为能力人的，婚姻登记机关不予受理。离婚登记是解除夫妻身份关系的民事法律行为，为维护夫妻双方的合法权益，在实施该民事法律行为时双方均应当具有完全民事行为能力。对于夫妻一方为无民事行为能力人或者限制民事行为能力人的离婚，只能依诉讼程序进行。

2. 双方当事人必须有离婚的合意

《婚姻登记条例》第14条第1项规定，办理离婚登记的当事人未达成离婚协议的，婚姻登记机关不予受理。离婚的双方当事人不仅须达成离婚的合意，而且离婚的意思表示必须真实。凡欺诈、胁迫或者双方恶意串通的"假离婚"，都不符合协议离婚的条件。

3. 双方当事人必须对离婚后子女抚养、财产、债务等问题达成一致

《婚姻登记条例》第 13 条第 3 款和《民法典》第 1076 条第 2 款的规定，离婚协议应当载明双方当事人自愿离婚的意思表示以及对子女抚养、财产、债务处理等事项协商一致的意见。离婚不仅仅是夫妻身份关系的解除，还涉及夫妻财产关系、子女等方面的后果，所以，法律要求夫妻在办理离婚登记时，必须对子女的抚养、财产及债务等问题达成一致，以维护当事人和第三人的合法权益。

在协议离婚中，当事人达成的以协议离婚或者到人民法院调解离婚为条件的财产以及债务处理协议，如果双方离婚未成，一方在离婚诉讼中反悔的，人民法院应当认定该财产以及债务处理协议没有生效，并根据实际情况依照《民法典》第 1087 条和第 1089 条的规定判决。当事人依照《民法典》第 1076 条签订的离婚协议中关于财产以及债务处理的条款，对男女双方具有法律约束力。登记离婚后当事人因履行上述协议发生纠纷提起诉讼的，人民法院应当受理［《婚姻家庭解释（一）》第 69 条］。

夫妻双方协议离婚后就财产分割问题反悔，请求撤销财产分割协议的，人民法院应当受理。人民法院审理后，未发现订立财产分割协议时存在欺诈、胁迫等情形的，应当依法驳回当事人的诉讼请求［《婚姻家庭解释（一）》第 70 条］。

依据《婚姻家庭解释（二）》第 20 条的规定，在离婚协议中，双方约定将部分或者全部夫妻共同财产给予子女，离婚后，一方在财产权利转移之前请求撤销该约定的，人民法院不予支持，但另一方同意的除外；一方不履行离婚协议约定的义务，另一方有权请求其承担继续履行或者因无法履行而赔偿损失等民事责任。双方在离婚协议中明确约定子女可以就给予的相关财产直接主张权利，一方不履行离婚协议约定的义务，子女有权请求参照适用《民法典》第 522 条第 2 款的规定，由该方承担继续履行或者因无法履行而赔偿损失等民事责任。离婚协议约定将部分或者全部夫妻共同财产给予子女，离婚后，一方有证据证明签订离婚协议时存在欺诈、胁迫等情形，有权请求撤销该约定；当事人同时请求分割该部分夫妻共同财产的，应当依据《民法典》第 1087 条的规定处理。

三、协议离婚的程序

当事人协议离婚的，必须到婚姻登记机关办理离婚登记手续。依照《婚姻登记条例》及民政部调整离婚登记程序[①]的规定的精神，离婚登记在程序上必须经过申请、受理、冷静期、审查、登记五个步骤。

（一）申请

依据《婚姻登记条例》第 13 条第 1 款的规定，内地居民自愿离婚的，男女双方应当亲自到婚姻登记机关申请离婚登记。申请离婚的内地居民应提供以下证件：（1）本人的居民身份证；（2）本人的结婚证。

（二）受理

婚姻登记员应当对当事人提交的上述材料进行初审。申请离婚登记的当事人有一本

① 参见《民政部关于贯彻落实〈中华人民共和国民法典〉中有关婚姻登记规定的通知》（民发〔2020〕116 号）。

结婚证丢失的，当事人应当书面声明遗失，婚姻登记员可以根据另一本结婚证受理离婚登记申请；申请离婚登记的当事人两本结婚证都丢失的，当事人应当书面声明结婚证遗失并提供加盖查档专用章的结婚登记档案复印件，婚姻登记员可根据当事人提供的上述材料受理离婚登记申请。婚姻登记员对当事人提交的证件初审无误后，发给“离婚登记申请受理回执单”；不符合离婚登记申请条件的，不予受理。

（三）冷静期

《民法典》第 1077 条确立了离婚冷静期制度，以防止轻率离婚。离婚冷静期制度的具体内容为：自婚姻登记机关收到离婚登记申请并向当事人发放“离婚登记申请受理回执单”之日起 30 内，任何一方不愿意离婚的，可以持本人有效身份证件和“离婚登记申请受理回执单”，向受理离婚登记申请的婚姻登记机关撤回离婚登记申请，并亲自填写“撤回离婚登记申请书”。婚姻登记机关经核实无误后，发给“撤回离婚登记申请确认单”。在离婚冷静期届满后 30 日内，双方未共同到婚姻登记机关申请发给离婚证的，视为撤回离婚登记申请。

（四）审查

在离婚冷静期届满后 30 日内，双方当事人应当持有关证件和书面材料，共同到婚姻登记机关申请发给离婚证。婚姻登记机关按照规定的程序和条件进行审查。婚姻登记机关对于不符合离婚登记条件的，不予办理。审查的过程，也就是对当事人进行引导和说服的过程。另外，在审查过程中，婚姻登记机关还必须对协议的内容作全面了解，如当事人是否具有夫妻身份，离婚是否真实、自愿，有无欺诈、胁迫、弄虚作假等违法现象，对子女的安排和财产分割是否合理等。

事例 7－3 甲与妻子乙未办理结婚登记即以夫妻名义共同生活，共同生活期间因感情不和，决定离婚。签署离婚协议书后，双方共同到甲常住户口所在地的婚姻登记机关申请离婚登记。婚姻登记机关对甲、乙出示的证件、证明材料进行审查并询问相关情况后，发现双方没有领取结婚证，便对其离婚申请不予受理。

——甲、乙申请离婚登记时，应当提交包括结婚证在内的证件和证明材料，证明双方之间存在婚姻关系，对离婚确属自愿，并已对子女抚养、财产、债务等问题达成一致处理意见。但甲、乙不能提供结婚证以证明自己与对方的夫妻身份，而婚姻登记机关对当事人之间的关系是通过证件和证明材料的形式审查予以确认的，因此，在甲、乙未提供结婚证证明其夫妻身份的情况下，婚姻登记机关对其离婚申请不予受理是正确的。

（五）登记（发证）

婚姻登记机关审查后，对于符合《民法典》和《婚姻登记条例》的离婚申请准予登记。《民法典》第 1078 条规定：“婚姻登记机关查明双方确实是自愿离婚，并已经对子女抚养、财产以及债务处理等事项协商一致的，予以登记，发给离婚证。”离婚证是婚姻登记机关出具的证明婚姻关系解除的法律文书，与人民法院的离婚判决书、离婚调解书具有同等的法律效力。完成离婚登记，即解除婚姻关系（《民法典》第1080条）。

事例 7－4 甲与乙对离婚问题达成一致，双方签署了离婚协议书，协议中约定：产权登记在甲名下的双方共有房屋赠与给儿子丙。甲、乙领取离婚证后，丙要求甲将房屋所有权过户到自己名下，遭到甲的拒绝，甲表示撤销赠与。

——甲与乙在离婚协议书中将夫妻共有房屋赠与丙，系双方对夫妻共同财产的处分行为，合法有效。依照《民法典》的有关规定，赠与人在赠与物所有权转移之前有权撤销赠与，但甲与乙为共同赠与人，撤销权应当共同行使。甲、乙就撤销权的行使不能达成一致时，甲单方撤销赠与的行为无效。因此，甲应当履行离婚协议书中约定的义务，将赠与物的所有权转移到丙的名下。

四、协议离婚的几个具体问题

（一）关于离婚登记完成后，一方反悔，要求人民法院重新处理的，人民法院是否受理的问题

关于离婚登记完成后，一方反悔，要求人民法院重新处理的，人民法院是否受理的问题，《民法典》未作规定。

在司法实践中，当事人协议解除婚姻关系后，离婚协议书中关于财产分割的条款或者当事人因离婚就财产分割达成的协议，对双方具有法律约束力。夫妻双方协议离婚后就财产分割问题反悔，请求撤销财产分割协议的，人民法院应当受理。人民法院受理后，未发现订立财产分割协议时存在欺诈、胁迫等情形的，应当依法驳回当事人的诉讼请求［《婚姻家庭解释（一）》第70条］。

（二）关于假离婚问题

假离婚是指婚姻当事人双方为了共同的或者各自的目的，约定暂时离婚，待既定目的达到后再复婚的行为。

关于假离婚问题的处理，《民法典》和《婚姻家庭解释（一）》没有明确规定。我们认为，对于假离婚的问题，因当事人在离婚当时都是具有完全民事行为能力的自然人，双方依法办理了离婚登记手续，并已发生法律效力，从法律上讲，自离婚登记完成时起，他们之间的婚姻关系在法律上已经消灭。因此，依照《民法典》和《婚姻登记条例》的规定的精神，当事人对假离婚不享有请求撤销的权利。对此，《婚姻家庭解释（二）》第2条明确规定，夫妻登记离婚后，一方以双方意思表示虚假为由请求确认离婚无效的，人民法院不予支持。可见，夫妻以虚假意思表示所为的离婚不适用《民法典》第146条有关虚假民事法律行为无效的规定。

（三）关于离婚协议中财产分割条款影响债权人的债权实现时能否撤销问题

在夫妻离婚协议中，如果财产分割条款影响债权人的债权实现，债权人能否行使撤销权在理论上与实践中都有不同看法。对此，《婚姻家庭解释（二）》第3条作出了肯定

性规定，即夫妻一方的债权人有证据证明离婚协议中财产分割条款影响其债权实现，请求参照适用《民法典》第 538 条或者第 539 条规定撤销相关条款的，人民法院应当综合考虑夫妻共同财产整体分割及履行情况、子女抚养费负担、离婚过错等因素，依法予以支持。

第三节　诉讼离婚

一、诉讼离婚的概念

诉讼离婚又称判决离婚、裁判离婚，是指对于夫妻一方提出的离婚诉讼请求，经人民法院审理，解除婚姻关系的一种离婚制度。诉讼离婚体现了国家对婚姻问题进行干预、对离婚行为进行司法控制这一基本特点。

《民法典》第 1079 条第 1、2 款规定："夫妻一方要求离婚的，可以由有关组织进行调解或者直接向人民法院提起离婚诉讼。""人民法院审理离婚案件，应当进行调解；如果感情确已破裂，调解无效的，应当准予离婚。"这一规定说明，诉讼离婚的适用条件是男女一方要求离婚并且夫妻感情确已破裂；如果一方坚持要求离婚，但夫妻感情并未破裂，则人民法院不能判决离婚。如果双方对离婚达成合意并且对子女抚养、财产分割等问题协商一致，则应协议离婚。

事例 7－5　甲男与乙女婚后生有一子一女，夫妻感情较好。某日，甲在进货途中发生车祸，经医院全力抢救，虽保住性命，但成了植物人。乙照顾了甲 2 年之后，几十万元的积蓄所剩无几，便以每月 3 000 元的工资为甲请一护工，自己又开始经营商店。因既经营商店，又要照顾子女和丈夫，乙感觉心力交瘁，想再婚减轻压力。于是，乙向人民法院提起离婚诉讼，请求解除与甲的婚姻关系，并承诺离婚后继续承担甲每月 3 000 元的护工费用。

——甲为植物人，乙有权提起离婚诉讼。甲成为植物人后无民事诉讼行为能力，但这并不影响其作为诉讼当事人的地位。甲为植物人，不再有感情交流能力，在乙坚持离婚的情况下，可认为夫妻感情已经破裂。但乙是甲第一顺序的监护人，在其与甲的离婚诉讼中，倘若再由乙做监护人代理进行诉讼，便成了一个人的诉讼，于法不符。鉴于此，人民法院应当为甲另行指定监护人，代理其进行离婚诉讼。离婚为身份行为，离婚的意思表示只能由本人作出，代理人无权作出。甲的法定代理人只能就子女抚养和财产分割问题与乙进行协商，不得代甲作出同意离婚的意思表示，离婚问题应由人民法院采取判决的形式结案，不能用调解的形式结案。对于财产分割、子女抚养教育等问题可由甲的法定代理人与乙协商达成调解协议，将调解的内容写入判决书，以判决形式表达。甲丧失劳动能力又没有生活来源，因此，离婚时可以请求经济帮助。乙承诺承担的护工费用，可以计入经济帮助金中，在判决书中予以确认。

二、诉讼离婚的程序

（一）调解

调解具体可分为两种：一种是诉讼外调解，另一种是诉讼内调解。如调解不成，夫妻感情确已破裂，则由人民法院判决离婚。

1. 诉讼外调解

诉讼外调解，是指当事人所在单位、群众团体、居民委员会或者村民委员会、婚姻登记机关等主持的调解。

对离婚纠纷进行诉讼外调解，符合我国人民群众中关于家庭纠纷通过调停解决的传统习惯和“非讼”心理，易于为当事人所接受。通过诉讼外调解，可能出现三种结果：一是调解和好，双方继续保持婚姻关系；二是对离婚及子女抚养、财产分割达成协议，双方按照离婚登记程序办理离婚登记；三是调解不成，由当事人一方向人民法院提起离婚诉讼。

诉讼外调解并不是诉讼离婚的必经程序，是否由有关部门进行调解由当事人双方自己决定。当事人可以不经这一阶段而直接向人民法院起诉，请求判决离婚，人民法院不得以未经有关部门调解而拒绝受理。有关部门的调解结果也无法律约束力，当事人不得请求强制执行。

2. 诉讼内调解

《民法典》第 1079 条第 2 款中规定，人民法院审理离婚案件，应当进行调解。这表明，调解是人民法院审理离婚案件的必经程序。当事人如果因特殊情况无法出庭参加调解，除本人不能表达意志的以外，应当出具书面意见。通过调解达成协议，必须双方自愿，不得强迫；协议的内容不得违反法律规定。

通过诉讼内调解，也会出现三种结果：第一种是双方和好。在这种情况下，人民法院应将和好协议的内容记入笔录，由双方当事人、审判人员、书记员签名或者盖章。第二种是双方达成离婚协议。在这种情况下，人民法院应当制作调解书。调解书应写明诉讼请求、案件的事实和调解的结果，并由审判人员、书记员署名，加盖人民法院印章。离婚调解书经双方当事人签收后即具有法律效力。但无民事行为能力人的法定代理人与对方不能就离婚达成协议，只能就财产分割和子女抚养达成协议。第三种是调解无效，包括调解和好不成、调解离婚无效及经过调解双方在其他离婚后果方面达不成协议。在这种情况下，离婚诉讼继续进行。

（二）法院判决

对于调解无效的离婚案件，如双方感情确已破裂，人民法院应判决准予离婚，不能久调不决。一审判决离婚的，人民法院在宣告判决时必须告知当事人在判决发生法律效力前不得另行结婚。当事人不服一审判决的，有权依法提起上诉。第二审人民法院审理上诉案件可以进行调解。经调解双方达成协议的，自调解书送达时起原审判决即被视为撤销；第二审人民法院作出的判决是终审判决。依据《民法典》第 1080 条的规定，离婚判决书、调解书生效，即解除婚姻关系。

（三）诉讼离婚程序的两项特别规定

1. 现役军人的配偶要求离婚的问题

《民法典》第1081条规定："现役军人的配偶要求离婚，应当征得军人同意，但是军人一方有重大过错的除外。"这一规定旨在保护现役军人的婚姻关系，有利于巩固人民军队，提高人民解放军的战斗力。关于这一规定，应明确以下几点：

（1）该条规定的现役军人，是指正在中国人民解放军和中国人民武装警察部队服役、具有军籍的人员，不包括退役军人、复员军人、转业军人和军事单位中不具有军籍的职工。

（2）该条规定的现役军人的配偶，是指现役军人的非军人配偶。双方都是现役军人的，不适用这一规定。

（3）该条规定只限制现役军人的配偶的离婚请求权，现役军人本人提出离婚的，不在此限。

（4）该条规定只适用于一方提出离婚，不适用于双方合意的离婚。

（5）法律在保护现役军人的婚姻权利的同时，也注重对非军人的婚姻权利的保护。当现役军人一方存在重大过错且导致夫妻感情破裂时，其配偶要求离婚的，可以不必征得军人的同意。现役军人一方的重大过错，一般是指军人一方的重大违法行为或者其他严重破坏夫妻感情的行为，导致了夫妻感情的破裂。在司法实践中，现役军人有以下情形的，可以视为军人有重大过错：1）重婚或者与他人同居；2）实施家庭暴力或者虐待、遗弃家庭成员；3）有赌博、吸毒等恶习，屡教不改；4）现役军人有其他重大过错导致夫妻感情破裂［《婚姻家庭解释（一）》第64条］。

事例7-6 甲在中国人民解放军某部服现役期间，与妻子乙登记结婚。婚前双方了解不够，婚后又聚少离多，尤其是儿子出生后，家务负担全部由乙承担，乙难以承受，要求甲转业，回到乙所在地工作，遭到甲拒绝。为此，双方产生矛盾，争吵成为常态。分居2年后，乙向人民法院提起离婚诉讼，甲不同意。离婚诉讼期间，甲转业到乙所在地工作。

——甲与乙婚前缺乏了解，婚后感情一般，分居已满2年，乙提出离婚，应当认定夫妻感情确已破裂。但甲是现役军人，不存在离婚的重大过错，因此，甲不同意离婚时，人民法院应通过现役军人所在部队做好甲的思想工作。如果甲仍不同意离婚，人民法院应判决不准离婚。在离婚诉讼期间，甲转业到地方，其现役军人身份已不存在，虽甲不同意离婚，但人民法院可以依据夫妻感情已经破裂的事实，作出准予离婚的判决。

2. 对男方离婚请求权的限制问题

《民法典》第1082条规定："女方在怀孕期间、分娩后一年内或者终止妊娠后六个月内，男方不得提出离婚；但是，女方提出离婚或者人民法院认为确有必要受理男方离婚请求的除外。"这一规定旨在充分保护孕妇、产妇和终止妊娠术后妇女的身心健康，并有利于胎儿、婴儿的发育成长。关于这一规定，应明确以下几点。

（1）该条规定对男方诉权所设定的限制仅是一种暂时性的限制，既不是对男方离婚诉权的剥夺，也不涉及离婚的实质要件，期间届满之后其离婚诉权自然恢复。

（2）该条规定旨在保护女方及胎儿、婴儿的身心健康。女方认为离婚对其本人及胎儿、婴儿更为有益而作为原告诉请离婚时当然不受限制。在此期间，双方一致同意离婚且对其他问题均有适当安排的，应允许办理离婚登记。

（3）男方离婚请求权限制的例外。人民法院认为确有必要受理男方离婚请求的，不受特定期限不得起诉的限制。所谓“确有必要”主要指两种情况：一是在此期间双方确实存在不能继续共同生活的重大而紧迫的理由，女方对男方有危及生命、人身安全的可能；二是女方怀孕系与他人通奸所致，女方也不否认。

此外还应注意：第一，女方分娩后1年内，婴儿死亡的，原则上仍应适用上述规定；第二，一审人民法院判决离婚后，在上诉期内或在二审诉讼期间，发现女方怀孕的，应撤销一审判决，裁定驳回男方的离婚请求。

事例7-7　甲与妻子乙结婚后，生育一子丙。甲娶娇妻得贵子，觉得自己是天下最幸福的人。但随着丙一天天长大，甲却开始不安，觉得丙越来越像乙的婚前男友丁。甲便偷偷剪取丙的毛发到医院进行DNA比对，鉴定意见是：甲不是丙的生物学父亲。甲如五雷轰顶，提出与乙离婚。乙承认与丁通奸生子的事实，但认为自己分娩后不满1年，甲无权提出离婚。

——甲提出离婚时，虽乙分娩不满1年，但乙怀孕是与第三人丁通奸所致，属于《民法典》第1082条规定的“人民法院认为确有必要受理男方离婚请求的”情形，不适用对男方离婚诉权限制的规定，因此，甲仍有权提起离婚诉讼。

三、诉讼离婚的条件

《民法典》第1079条第2款中规定，夫妻“如果感情确已破裂，调解无效的，应当准予离婚”。根据这一规定，“夫妻感情确已破裂”是判决准予离婚的法定条件。这一规定包含两层意思：一是如夫妻感情确已破裂，调解无效，应准予离婚；二是如夫妻感情没有破裂或者尚未完全破裂，虽然调解无效，也不应准予离婚。

（一）夫妻感情确已破裂的认定

感情是指对人、对事物关切、喜爱的心情。夫妻感情是指夫妻双方相互关切、敬重、忠诚、喜爱之情。夫妻感情确已破裂，在理论上是指夫妻感情破裂的程度已发展成真实的、完全的、长久的和无可挽回的破裂。判断夫妻感情是否确已破裂，司法实践经验归纳为“五看”。

1. 看婚姻基础

婚姻基础是指男女双方建立婚姻关系时的思想感情状况和相互了解的程度。它是婚姻得以缔结的根本和起点，对于婚姻关系的维持起着重要的奠基作用。

看婚姻基础是看双方缔结婚姻关系时是自主自愿的，还是父母或者他人包办强迫的；是以爱情为基础的，还是以金钱、地位和财产为目的而结合的；是双方通过充分了解而结合的，还是一见钟情的草率结婚；是出于真心相爱，还是为了其他目的的权宜之计；等等。这些因素对婚后感情和离婚纠纷产生的原因都会有直接或者间接的影响。

一般说来，婚姻基础好的夫妻，婚后感情也较好，一旦发生夫妻纠纷，甚至感情一度破裂，通过调解比较容易和好。相反，如果婚姻基础较差，婚后又未建立起真正的夫妻感情，有了新的矛盾，以至于发生离婚纠纷，重新和好的条件就差一些，和好的可能性就小一些。

2. 看婚后感情

婚后感情是指男女双方结婚以后的相互关切、忠诚、敬重、喜爱之情。看婚后感情是看夫妻双方婚后共同生活的感情状况，主要是看夫妻双方婚后共同生活中是否做到互敬互爱、互相帮助、互相体贴、互相关心，共同抚育后代；看双方本人及家庭状况，如男女各方面的思想品质、生活作风、性格爱好，以及家庭关系、婆媳关系、经济状况等。

3. 看离婚原因

离婚原因是指引起离婚的最根本的因素，亦即引起夫妻纠纷的主要矛盾或者夫妻双方争执的焦点与核心问题。离婚原因可能是单一的，也可能是多种因素交错在一起；有的是主观上的，有的是客观上的；有真实的，也有虚假的；有直接的，也有间接的。因此，一定要查明产生离婚纠纷的真正的、主要的、起决定作用的原因。只有这样，才能有针对性地做好调解工作，才能正确地估计离婚原因与夫妻感情破裂之间的内在联系，以及是否具有和好可能等问题。

4. 看婚姻现状

婚姻关系的现状是指夫妻现实感情状况的外在表现，对于判断夫妻感情是否确已破裂具有重要意义。有的夫妻共同生活，有的夫妻分居两地；有的夫妻相敬如宾，有的夫妻长期争吵；有的夫妻之间存在“热暴力”，有的夫妻之间存在“冷暴力”；有的夫妻双方同意离婚，有的夫妻一方坚决不同意离婚。可以说，夫妻关系的现状千差万别，难以进行类型化的条理分析。对夫妻婚姻关系现状的考察，有利于推测夫妻和好的可能性以及夫妻感情破裂的具体程度。

5. 看有无和好的可能

看有无和好的可能是指把握有无争取夫妻和好的条件，即在上述“四看”的基础上进一步把握夫妻关系现状的各种有利于和好的因素，对婚姻的发展前途进行估计和预测，如夫妻双方对立情绪的大小、是否分居、夫妻间权利义务是否停止、对子女是否牵挂、坚持不离的一方有无和好的行动、有过错一方有无悔改表现等，这些情况对于判断夫妻关系的发展前途、有无和好的可能都是很重要的。只要双方还有和好的可能，就要多做工作，尽量帮助当事人把这种可能性变成现实；反之，对于那些感情确已破裂、和好无望的夫妻，应依法准予离婚。

以上五个方面相互联系、相互影响，可以从这五个方面全面分析研究、判断夫妻感情是否确已破裂。在这个问题上，不仅要看夫妻感情的过去与现在，而且要对夫妻关系的前途有所分析、有所预见。只要双方还有和好的可能，就应当努力帮助他们改善夫妻关系，把和好的可能变成现实。如果没有和好的可能，夫妻感情确已破裂，就应该依法准予离婚。

（二）关于判决准予离婚理由的例示性规定

《民法典》第 1079 条第 3 款规定，有下列情形之一，调解无效的，应当准予离婚。

1. 重婚或者与他人同居

这里的重婚包括法律上的重婚和事实上的重婚；“与他人同居”是指有配偶者与婚外异性，不以夫妻名义，持续、稳定地共同生活。重婚或与他人同居的行为严重违反了夫妻应当互相尊重、互相忠实的婚姻宗旨，对方不能原谅的，自应准予离婚。

2. 实施家庭暴力或者虐待、遗弃家庭成员

家庭暴力和虐待、遗弃家庭成员的行为，都是对家庭成员的人身权利的严重侵害。实施家庭暴力或者虐待、遗弃家庭成员，严重伤害了夫妻感情，违反了婚姻义务，不能取得对方谅解的，应视为感情确已破裂，准予离婚。

3. 有赌博、吸毒等恶习，屡教不改

“人非圣贤，孰能无过”，每一个人都会有缺点和不足，因此，作为共同生活伴侣的夫妻之间一般是可以相互谅解的。但是，一方有赌博、吸毒等恶习而且屡教不改，则是所在家庭的莫大不幸。有这些恶习的一方甚至不惜倾家荡产来从事这些行为，根本谈不上履行家庭义务，同时也会严重伤害夫妻感情。因此，一方有此类恶习而屡教不改，对方提出离婚，调解无效的，应准予离婚。

4. 因感情不和分居满 2 年

男女双方结婚后共同生活是基于感情的必然要求，也是婚姻关系的重要内容。如果因为感情不和，双方分居已达 2 年之久，足以认定夫妻感情确已破裂，这种情况下，应准予离婚。

5. 其他导致夫妻感情破裂的情形

上述所列可以视为夫妻感情破裂应准予离婚的情形，并非包括了全部夫妻感情确已破裂的类型，也并非只有上述四种情况，才能认定为夫妻感情确已破裂。因此，《民法典》在例示性规定的同时，概括规定了“其他导致夫妻感情破裂的情形”。具有其他导致夫妻感情破裂的情形，在调解无效的情况下，法律同样规定应准予离婚。例如，《民法典》第 1079 条第 4 款规定：“一方被宣告失踪，另一方提起离婚诉讼的，应当准予离婚。”法律在一方向被宣告失踪的人提起离婚诉讼时准予离婚，是为了尽早结束已经名存实亡达 2 年以上的婚姻关系，使当事人能够开始新的生活。人民法院受理了原告对被宣告失踪的人提起的离婚诉讼后，对下落不明一方可用公告的方式送达诉讼文书。

需要特别指出的是，人民法院审理离婚案件时，对于符合《民法典》第 1079 条第 3 款规定的“应当准予离婚”情形的，不应因当事人有过错而判决不准离婚［《婚姻家庭解释（一）》第 63 条］。

第四节　离婚的法律后果

一、离婚的法律后果的含义

离婚将在婚姻当事人之间、婚姻当事人与子女及其他第三人之间引起一系列相应的法律后果，此即离婚的法律效力。

离婚不仅解除了夫妻之间的人身关系，而且终止了夫妻之间的财产关系。离婚在夫妻人身关系方面的效力，表现为当事人之间的夫妻身份关系终止、姻亲关系终止等。

离婚在夫妻财产关系方面的效力，包括以下方面：（1）夫妻相互扶养的权利、义务终止。离婚解除了夫妻身份关系，由此派生的夫妻扶养义务也随之终止。（2）夫妻的遗产继承权丧失。离婚解除了夫妻之间的婚姻关系，配偶身份不存在，配偶继承权随之丧失。（3）夫妻财产关系终止，包括夫妻共同财产分割、夫妻债务清偿和对生活困难一方的经济帮助等内容，这就是离婚时夫妻财产的清算问题。

二、离婚后的子女抚养

（一）离婚后父母与子女的关系

《民法典》第1084条第1款规定："父母与子女间的关系，不因父母离婚而消除。离婚后，子女无论由父或者母直接抚养，仍是父母双方的子女。"依据这一规定，父母离婚只能消除夫妻关系，而不能消除父母子女之间的权利和义务关系。离婚后，子女无论随父母何方生活，仍然是父母双方的子女。

养父母离婚，也不消除养父母与养子女之间的权利和义务关系。《民法典》第1111条规定，自收养关系成立之日起，养父母与养子女间的权利和义务关系，适用该法关于父母子女关系的规定，因此，养父母离婚后，养子女无论是由养父还是由养母抚养，仍是养父母双方的养子女。在特殊情况下，如养父母离婚时经生父母及有识别能力的未成年养子女同意，双方自愿达成协议，可以依法解除收养关系，由生父母抚养。

生父与继母或者生母与继父离婚时，对于已形成抚养关系的继父母与继子女而言，继子女未成年并随生父或者生母生活，继母或者继父拒绝继续抚养继子女的，该继子女与继父母的权利和义务关系随之自然解除。如受继父母长期抚养的继子女已成年，则继父母与继子女已形成的身份关系和权利义务不能因离婚而解除。只有在继父母或者继子女一方或双方提出解除继父母子女关系并符合法律要求的条件下，才可以解除。

（二）离婚后父母对未成年子女的抚养

父母离婚不能消除其父母子女之间的权利和义务关系，但子女抚养方式要发生变化，即由父母双方与子女共同生活、共同抚养变为由父母一方与子女共同生活、承担直接抚养责任。《民法典》第1084条第2、3款规定："离婚后，父母对于子女仍有抚养、教育、保护的权利和义务。""离婚后，不满两周岁的子女，以由母亲直接抚养为原则。已满两周岁的子女，父母双方对抚养问题协议不成的，由人民法院根据双方的具体情况，按照最有利于未成年子女的原则判决。子女已满八周岁的，应当尊重其真实意愿。”可见，确定未成年子女由哪方直接抚养，应以其是否满 2 周岁来决定。

1. 不满 2 周岁子女的直接抚养

不满 2 周岁的子女，原则上由母亲直接抚养。但是，依据《婚姻家庭解释（一）》第 44 条的规定，母亲有下列情形之一，父亲请求直接抚养的，人民法院应予支持：（1）患有久治不愈的传染性疾病或者其他严重疾病，子女不宜与其共同生活；（2）有抚养条件不尽抚养义务，而父亲要求子女随其生活；（3）因其他原因，子女确实不宜随母亲生活。同时，父母双方协议不满 2 周岁子女由父亲直接抚养，并对子女健康成长无不利影响的，人民法院应予支持［《婚姻家庭解释（一）》第 45 条］。

2. 已满 2 周岁子女的直接抚养

已满 2 周岁的未成年子女随哪一方生活，一般由双方协商确定，达成抚养协议。在有利于保护子女利益的前提下，父母双方协议轮流直接抚养子女的，人民法院应予支持［《婚姻家庭解释（一）》第 48 条］。父母双方可以协议子女随一方生活；如果父母双方关于子女抚养不能达成协议，由人民法院根据双方情况和子女的利益予以判决。依据《婚姻家庭解释（一）》第 46 条的规定，对已满 2 周岁的未成年子女，父母均要求直接抚养，一方有下列情形之一的，可予优先考虑：（1）已做绝育手术或者因其他原因丧失生育能力；（2）子女随其生活时间较长，改变生活环境对子女健康成长明显不利；（3）无其他子女，而另一方有其他子女；（4）子女随其生活，对子女成长有利，而另一方患有久治不愈的传染性疾病或者其他严重疾病，或者有其他不利于子女身心健康的情形，不宜与子女共同生活。同时，按照最有利于未成年子女的原则，父母均要求直接抚养已满 2 周岁的未成年子女，一方有下列情形之一的，优先考虑由另一方直接抚养：（1）实施家庭暴力或者虐待、遗弃家庭成员；（2）有赌博、吸毒等恶习；（3）重婚、与他人同居或者其他严重违反夫妻忠实义务情形；（4）抢夺、藏匿未成年子女且另一方不存在实施家庭暴力或者虐待、遗弃家庭成员，或者有赌博、吸毒等恶习等严重侵害未成年子女合法权益情形；（5）其他不利于未成年子女身心健康的情形［《婚姻家庭解释（二）》第 14 条］。此外，父母抚养子女的条件基本相同，双方均要求直接抚养子女，但子女单独随祖父母或者外祖父母共同生活多年，且祖父母或者外祖父母要求并且有能力帮助照顾孙子女或者外孙子女的，可以作为父或者母直接抚养子女的优先条件予以考虑［《婚姻家庭解释（一）》第 47 条］。

父母双方对于已满 8 周岁的未成年子女随父或随母生活发生争执的，如子女作出愿随一方生活的表示，应尊重其意见，作为优先考虑的情节。

3. 抚养关系的变更

依据《婚姻家庭解释（一）》第 55 条的规定，离婚后，父母一方要求变更子女抚养关系的，应当另行提起诉讼。具有下列情形之一，父母一方要求变更子女抚养关系的，人民法院应予支持：（1）与子女共同生活的一方因患严重疾病或者因伤残无力继续抚养子女；（2）与子女共同生活的一方不尽抚养义务或者有虐待子女行为，或者其与子女共同生活对子女身心健康确有不利影响；（3）已满 8 周岁的子女，愿随另一方生活，该方又有抚养能力；（4）有其他正当理由需要变更［《婚姻家庭解释（一）》第 56 条］。此外，父母双方协议变更子女抚养关系的，人民法院应予支持［《婚姻家庭解释（一）》第57条］。离婚后，直接抚养子女一方经济状况发生变化导致原生活水平显著降低或者子女生活、教育、医疗等必要合理费用确有显著增加的，另一方以直接抚养子女一方无抚养能力为由请求变更抚养关系的，应当依据《民法典》第1084条的规定处理［《婚姻家庭解释（二）》第16条］。

（三）离婚后子女抚养费的分担和变更

《民法典》第1085条规定："离婚后，子女由一方直接抚养的，另一方应当负担部分或者全部抚养费。负担费用的多少和期限的长短，由双方协议；协议不成的，由人民法院判决。""前款规定的协议或者判决，不妨碍子女在必要时向父母任何一方提出超过协议或者判决原定数额的合理要求。"这一规定主要包含以下三个方面的内容。

1. 父母双方离婚后仍负有平等支付子女抚养费的义务

抚养费是生活费、教育费、医疗费的总称。父母对未成年子女的抚养费负担义务是强制性的义务。父母离婚后，不直接抚养子女的一方，应负担必要的抚养费的一部分或者全部。父母双方协议由抚养方负担子女全部抚养费的，如抚养方的抚养能力明显不能保障子女所需费用，影响子女健康成长，则该协议内容无效。在离婚诉讼期间，双方均拒绝抚养子女的，可以先行裁定暂由一方抚养［《婚姻家庭解释（一）》第60条］。

2. 子女抚养费的数额、期限和给付办法

抚养费用的多少和期限的长短，由父母双方协议；协议不成时，由人民法院判决。

依据《婚姻家庭解释（一）》第49条的规定，子女抚养费的数额，可以根据子女的实际需要、父母双方的负担能力和当地的实际生活水平确定。有固定收入的，抚养费可以按其月总收入的20%至30%的比例给付。负担两个以上子女抚养费的，比例可以适当提高，但一般不得超过月总收入的50%；无固定收入的，抚养费的数额可以依据当年总收入或者同行业平均收入，参照以上比例确定。有特殊情况的，可以适当提高或降低以上比例。

抚养费应当定期给付，有条件的可以一次性给付。父母一方无经济收入或者下落不明的，可以用其财物折抵抚养费。父母双方可以协议由一方直接抚养子女并由直接抚养方负担子女全部抚养费。但是，直接抚养方的抚养能力明显不能保障子女所需费用，影响子女健康成长的，该协议不发生效力［《婚姻家庭解释（一）》第50、51、52条］。

子女抚养费的给付，一般至子女18周岁为止。16周岁以上不满18周岁的子女，以其劳动收入为主要生活来源，并能维持当地一般生活水平的，父母可以停止给付抚养费［《婚姻家庭解释（一）》第53条］。子女虽满18周岁但不能独立生活的，父母仍应负担必要的抚养费。这里的"不能独立生活"，一般是指尚在校接受高中及其以下学历教育，或者因丧失劳动能力等非因主观原因而无法维持正常生活［《婚姻家庭解释（一）》第44条］。

依据《婚姻家庭解释（二）》第17条的规定，离婚后，不直接抚养子女一方未按照离婚协议约定或者以其他方式作出的承诺给付抚养费，未成年子女或者不能独立生活的成年子女有权请求其支付欠付的抚养费。如果子女已经成年并能够独立生活，直接抚养子女一方有权请求另一方支付欠付的费用。

3. 子女有权要求增加抚养费

依据《婚姻家庭解释（一）》第58条的规定，具有下列情形之一，子女要求有负担能力的父或者母增加抚养费的，应予支持：（1）原定抚养费不足以维持当地实际生活水平；（2）因子女患病、上学，实际需要已超过原定数额；（3）有其他正当理由应当增加，如物价上涨、生活地域发生变化、有给付义务的父方或者母方经济收入明显增加等。依据《婚姻家庭解释（二）》第16条的规定，离婚协议中关于一方直接抚养未成年子女或者不能独立生活的成年子女、另一方不负担抚养费的约定，对双方具有法律约束力。但是，离婚后，直接抚养子女一方经济状况发生变化导致原生活水平显著降低或者子女生活、教育、医疗等必要合理费用确有显著增加，未成年子女或者不能独立生活的成年子女请求另一方支付抚养费的，人民法院依法予以支持，并综合考虑离婚协议整体约定、子女实际需要、另一方的负担能力、当地生活水平等因素，确定抚养费的数额。

事例7-8 甲与妻子乙协议离婚时，关于儿子丙的抚养问题，双方在离婚协议书中约定，丙由乙抚养，抚养费也由乙独自承担。离婚后，乙和丙到另外一个城市生活，与甲没有往来。丙13岁时不幸患上白血病，乙个人无力承担丙的高额医药费用，无奈之下请求甲分担丙的医药费用。甲以离婚协议书约定由乙独自承担为由，拒绝承担丙的医药费用。

——父母对未成年子女有抚养费即生活费、教育费和医疗费的支付义务。父母对未成年子女的抚养费支付义务，是强制性义务。父母双方协议由抚养方负担子女全部抚养费的，如抚养方的抚养能力明显不能保障子女所需费用，影响子女健康成长，则该协议内容无效。因此，虽然甲、乙约定由乙独自承担丙的抚养费，但在乙无力独自承担时，甲对丙有医药费的支付义务。

（四）离婚后对子女的探望权

《民法典》第1086条规定：“离婚后，不直接抚养子女的父或者母，有探望子女的权利，另一方有协助的义务。”“行使探望权利的方式、时间由当事人协议；协议不成时，由人民法院判决。”“父或者母探望子女，不利于子女身心健康的，由人民法院依法中止探望；中止的事由消失后，应当恢复探望。”可见，探望权是指夫妻离婚后不直接抚养子女的父或母对子女探望的权利。人民法院作出的生效的离婚判决中未涉及探望权，当事人就探望权问题单独提起诉讼的，人民法院应予受理。

1. 探望权的行使

探望权的行使主体为不直接抚养子女的父或者母。离婚后，不直接抚养子女的父或者母有探望子女的权利，另一方有协助的义务。不直接抚养子女的父或者母是指不随子女共同生活的一方。探望不以负担费用为前提，不直接抚养方即使因某种原因而未支付抚养费，仍有探望的权利；也不以随子女共同生活的父母一方未再婚为前提，即使直接抚养方已经再婚，不直接抚养方仍有探望的权利；也不以非轮流抚养为限，在父母轮流抚养子女的情况下，未与子女共同生活的一方仍有探望权。

探望权的主要内容是会面和交往，也包括通信、通话等。无论采取何种方式，都要以不影响子女的学习、生活为前提。

事例 7-9 甲、乙夫妇为“失独”夫妇，儿媳丙改嫁后，拒绝让甲、乙探望随丙与继父共同生活的孙子丁，甲、乙向人民法院提起诉讼，请求人民法院判令丙履行协助其探望丁的义务。

——依据《民法典》第 1086 条的规定，探望权的主体被限定为“父母”。按照文义解释，祖父母、外祖父母当然不能被解释成“父母”，因此其并非探望权的主体，对孙子女和外孙子女不享有探望权，人民法院应当判决驳回其诉讼请求。但否认祖父母、外祖父母的探望权虽然合法，却不符合人伦，很难从情理上说服民众，社会效果不能令人满意。在司法实践中，面对祖父母、外祖父母频繁提出的诉讼请求，也有人民法院确认祖父母、外祖父母对孙子女、外孙子女享有探望权。由此凸显法律规定与社会伦理之间的冲突，暴露了祖父母、外祖父母的探望权主体地位在法律上的困扰。

2. 拒不协助行使探望权的强制执行

当事人对探望权问题协议不成的，由人民法院判决。对于人民法院的判决，义务人有履行的义务。对于拒不执行有关探望子女的判决或者裁定的，人民法院应当强制执行。但“由人民法院依法强制执行”是指对于拒不协助另一方行使探望权的有关个人或者组织依法采取拘留、罚款等强制措施，但不能对子女的人身、探望行为进行强制执行［《婚姻家庭解释(一)》第 68 条］。

事例 7-10 甲婚内出轨，其妻子乙向人民法院提起离婚诉讼。人民法院经过审理，作出判决：准予离婚；婚生女儿丙由乙抚养，甲每月支付抚养费 2 000 元；甲每月探望丙一次，时间为 3 小时，可在乙的住处，也可将丙领出乙的住处。判决生效后，甲到乙住处探望丙，但丙对甲出轨一事耿耿于怀，拒绝甲的探望，乙劝说无济于事。甲请求人民法院强制执行，人民法院启动执行程序后，要求乙履行判决义务，协助甲实现探望权。但丙仍坚持己见，乙的劝说仍无效果，于是人民法院中止执行程序。

——探望权的强制执行是对拒不协助另一方行使探望权的有关个人和组织依法采取拘留、罚款等强制措施，但不能对子女的人身、探望行为进行强制执行。乙作为丙的直接抚养人，有协助甲行使探望权的义务。甲行使探望权时，乙积极履行协助义务，但是丙拒绝被甲探望。在这种情况下，人民法院启动强制执行程序是错误的。在强制执行过程中，鉴于丙拒绝被甲探望的事实，人民法院及时中止执行程序是正确的。

3. 探望权的中止和恢复

（1）探望权中止的情形。当探望的一方有不利于子女身心健康的情形，如患传染病、精神病，有吸毒等恶习，对子女有暴力倾向或者教唆子女实施犯罪行为时，应中止其行使探望权。

（2）探望权中止的请求权人。未成年子女、直接抚养子女的父或者母及其他对未成年子女负担抚养、教育、保护义务的法定监护人，有权向人民法院提出中止探望权的请求［《婚姻家庭解释（一）》第67条］。

（3）探望权中止的程序。当事人在履行生效判决、裁定或者调解书的过程中，一方请求中止探望的，人民法院在征询双方当事人意见后，认为需要中止探望的，依法作出裁定［《婚姻家庭解释（一）》第66条］。

（4）探望权的恢复。中止探望只是探望权的暂时停止行使，而不是探望权的消灭。中止探望的情形消失后，人民法院应当根据当事人的请求书面通知其恢复探望。

三、离婚时的财产清算

（一）夫妻共同财产的分割

《民法典》第1087条规定："离婚时，夫妻的共同财产由双方协议处理；协议不成的，由人民法院根据财产的具体情况，按照照顾子女、女方和无过错方权益的原则判决。""对夫或者妻在家庭土地承包经营中享有的权益等，应当依法予以保护。"这是关于离婚时分割夫妻共同财产的原则性规定。

1. 财产分割的范围

夫妻离婚时分割的财产，仅是双方共同共有的财产。双方在婚姻关系存续期间实行法定财产制的，分割的是婚后所得财产，但属于一方特有财产的除外；双方约定实行一般共同制的，分割的是双方婚前财产和婚后所得财产；双方约定实行分别财产制的，分割的是约定为共同共有的财产。对于是个人财产还是夫妻共同财产难以确定的，主张权利的一方有责任举证。当事人举不出有力证据又无法查实的，按夫妻共同财产处理。凡属于夫妻一方所有的财产，不因婚姻关系的延续而转化为夫妻共同财产，除非双方另有约定。

夫妻离婚分割财产时，必须区分夫妻共同财产与其他家庭成员的财产和家庭成员共有的财产。未成年子女通过继承、受赠及其他合法途径获得的财产，属于未成年子女本人所有，不能列入夫妻财产分割范围；属于共同生活的其他家庭成员个人所有的财产，也不能作为夫妻共同财产加以分割；对于家庭成员共有的财产，在离婚时应将属于配偶双方所有的财产分离出来依法加以分割。

2. 财产分割的原则

离婚时，夫妻的共同财产由双方协议处理；协议不成，由人民法院判决。人民法院处理夫妻共同财产分割问题时，应当坚持如下原则：

第一，男女平等。离婚分割的财产是夫妻共同财产，双方对共同财产有平等的权利，对共同债务有平等的清偿义务，因此，夫妻共同财产原则上应当均等分割。

第二，照顾子女、女方的权益和无过错方的权益的原则。这一原则意味着，一方面，分割夫妻共同财产不得侵害子女和女方的合法权益；另一方面，应视女方的经济状况及子女的实际需要给予必需的照顾。此外，分割夫妻共同财产时，要体现对无过错方的照顾。

第三，有利于生产，方便生活。一方面，对于夫妻共同财产中的生产资料，分割时不应损害其效用和价值，以保证生产活动和财产流通的正常进行；另一方面，对于夫妻共同财产中的生活资料，分割时也应视各自的实际需要，从而做到方便生活、物尽其用。

第四，不得损害国家、集体和他人的利益。离婚时，不能把属于国家、集体和他人所有的财产当作夫妻共同财产加以分割。对于贪污、受贿、盗窃等非法所得，必须依法追缴。夫妻因从事生产、经营等与他人有财产共有关系的，离婚时应先分出属于夫妻的份额，然后再分割夫妻共同财产。

3. 财产分割的方法

依据《婚姻家庭解释（一）》《婚姻家庭解释（二）》的规定，人民法院在对夫妻共同财产具体分割时，应当特别注意如下问题。

（1）涉及分割发放到军人名下的复员费、自主择业费等一次性费用的，以夫妻婚姻关系存续年限乘以年平均值，所得数额为夫妻共同财产。所谓“年平均值”，是指将发放到军人名下的上述费用总额按具体年限均分得出的数额。其具体年限为人均寿命 70 岁与军人入伍时实际年龄的差额［《婚姻家庭解释（一）》第 71 条］。

（2）夫妻双方分割共同财产中的股票、债券、投资基金份额等有价证券以及未上市股份有限公司股份时，协商不成或者按市价分配有困难的，人民法院可以根据数量按比例分配［《婚姻家庭解释（一）》第 72 条］。

（3）涉及分割夫妻共同财产中以一方名义在有限责任公司的出资额，另一方不是该公司股东的，按以下情形分别处理：1）夫妻双方协商一致将出资额部分或者全部转让给该股东的配偶，其他股东过半数同意，并且其他股东均明确表示放弃优先购买权的，该股东的配偶可以成为该公司股东。2）夫妻双方就出资额转让份额和转让价格等事项协商一致后，其他股东半数以上不同意转让，但愿意以同等条件购买该出资额的，人民法院可以对转让出资所得财产进行分割。其他股东半数以上不同意转让，也不愿意以同等条件购买该出资额的，视为其同意转让，该股东的配偶可以成为该公司股东［《婚姻家庭解释（一）》第 73 条］。依据《婚姻家庭解释（二）》第 10 条的规定，夫妻以共同财产投资有限责任公司，并均登记为股东，双方对相应股权的归属没有约定或者约定不明确，离婚时，一方请求按照股东名册或者公司章程记载的各自出资额确定股权分割比例的，人民法院不予支持；对当事人分割夫妻共同财产的请求，人民法院依据《民法典》第 1087 条的规定处理。

（4）涉及分割夫妻共同财产中以一方名义在合伙企业中的出资，另一方不是该企业合伙人的，当夫妻双方协商一致，将其合伙企业中的财产份额全部或者部分转让给对方时，按以下情形分别处理：1）其他合伙人一致同意的，该配偶依法取得合伙人地位；2）其他合伙人不同意转让，在同等条件下行使优先购买权的，可以对转让所得的财产进行分割；3）其他合伙人不同意转让，也不行使优先购买权，但同意该合伙人退伙或者削减部分财产份额的，可以对结算后的财产进行分割；4）其他合伙人既不同意转让，也不行使优先购买权，又不同意该合伙人退伙或者削减部分财产份额的，视为全体合伙人同意转让，该配偶依法取得合伙人地位［《婚姻家庭解释（一）》第 74 条］。

（5）夫妻以一方名义投资设立个人独资企业的，分割夫妻在该个人独资企业中的共同财产时，应当按照以下情形分别处理：1）一方主张经营该企业的，对企业资产进行评估后，由取得企业资产所有权一方给予另一方相应的补偿；2）双方均主张经营该企业的，在双方竞价基础上，由取得企业资产所有权的一方给予另一方相应的补偿；3）双方均不愿意经营该企业的，按照《中华人民共和国个人独资企业法》等有关规定办理［《婚姻家庭解释（一）》第 75 条］。

（6）双方对夫妻共同财产中的房屋价值及归属无法达成协议时，人民法院按以下情形分别处理：1）双方均主张房屋所有权并且同意竞价取得的，应当准许；2）一方主张房屋所有权的，由评估机构按市场价格对房屋作出评估，取得房屋所有权的一方应当给予另一方相应的补偿；3）双方均不主张房屋所有权的，根据当事人的申请拍卖、变卖房屋，就所得价款进行分割［《婚姻家庭解释（一）》第 76 条］。

（7）离婚时双方对尚未取得所有权或者尚未取得完全所有权的房屋有争议且协商不成的，人民法院不宜判决房屋所有权的归属，应当根据实际情况判决由当事人使用；当事人取得房屋完全所有权后，有争议的，可以另行向人民法院提起诉讼［《婚姻家庭解释（一）》第 77 条］。

（8）夫妻一方婚前签订不动产买卖合同，以个人财产支付首付款并在银行贷款，婚后用夫妻共同财产还贷，不动产登记于首付款支付方名下的，离婚时该不动产由双方协议处理；不能达成协议的，人民法院可以判决该不动产归登记一方，尚未归还的贷款为不动产登记一方的个人债务。双方婚后共同还贷支付的款项及其相对应财产增值部分，离婚时应依据《民法典》第 1087 条第 1 款规定的原则，由不动产登记一方对另一方进行补偿［《婚姻家庭解释（一）》第 78 条］。

（9）婚姻关系存续期间，双方用夫妻共同财产出资购买以一方父母名义参加房改的房屋，登记在一方父母名下，离婚时另一方主张按照夫妻共同财产对该房屋进行分割的，人民法院不予支持。购买该房屋时的出资，可以作为债权处理［《婚姻家庭解释（一）》第 79 条］。

（10）离婚时夫妻一方尚未退休、不符合领取养老保险金条件，另一方请求按照夫妻共同财产分割基本养老金的，人民法院不予支持；婚后以夫妻共同财产缴纳基本养老保险费，离婚时一方主张将养老金账户中婚姻关系存续期间个人实际缴纳部分及利息作为夫妻共同财产分割的，人民法院应予支持［《婚姻家庭解释（一）》第 80 条］。

（11）婚姻关系存续期间，夫妻一方作为继承人依法可以继承的遗产，在继承人之间尚未实际分割，起诉离婚时另一方请求分割的，人民法院应当告知当事人在继承人之间实际分割遗产后另行起诉［《婚姻家庭解释（一）》第 81 条］。

（12）夫妻之间订立借款协议，以夫妻共同财产出借给一方从事个人经营活动或者用于其他个人事务的，应视为双方约定处分夫妻共同财产的行为，离婚时可以按照借款协议的约定处理［《婚姻家庭解释（一）》第 82 条］。

（13）离婚后，一方以尚有夫妻共同财产未处理为由向人民法院起诉请求分割的，经审查该财产确属离婚时未涉及的夫妻共同财产，人民法院应当依法予以分割［《婚姻家庭解释（一）》第83条］。

（14）婚前或者婚姻关系存续期间，当事人约定将一方所有的房屋转移登记至另一方或者双方名下，离婚诉讼时房屋所有权尚未转移登记，双方对房屋归属或者分割有争议且协商不成的，人民法院可以根据当事人诉讼请求，结合给予目的，综合考虑婚姻关系存续时间、共同生活及孕育共同子女情况、离婚过错、对家庭的贡献大小以及离婚时房屋市场价格等因素，判决房屋归其中一方所有，并确定是否由获得房屋一方对另一方予以补偿以及补偿的具体数额；婚前或者婚姻关系存续期间，一方将其所有的房屋转移登记至另一方或者双方名下，离婚诉讼中，双方对房屋归属或者分割有争议且协商不成的，如果婚姻关系存续时间较短且给予方无重大过错，人民法院可以根据当事人诉讼请求，判决该房屋归给予方所有，并结合给予目的，综合考虑共同生活及孕育共同子女情况、离婚过错、对家庭的贡献大小以及离婚时房屋市场价格等因素，确定是否由获得房屋一方对另一方予以补偿以及补偿的具体数额。给予方有证据证明另一方存在欺诈、胁迫、严重侵害给予方或者其近亲属合法权益、对给予方有扶养义务而不履行等情形的，有权请求人民法院予以撤销。［《婚姻家庭解释（二）》第5条］

（15）婚姻关系存续期间，夫妻购置房屋由一方父母全额出资，如果赠与合同明确约定只赠与自己子女一方，按照约定处理；没有约定或者约定不明确的，离婚分割夫妻共同财产时，人民法院可以判决该房屋归出资人子女一方所有，并综合考虑共同生活及孕育共同子女情况、离婚过错、对家庭的贡献大小以及离婚时房屋市场价格等因素，确定是否由获得房屋一方对另一方予以补偿以及补偿的具体数额。婚姻关系存续期间，夫妻购置房屋由一方父母部分出资或者双方父母出资，如果赠与合同明确约定相应出资只赠与自己子女一方的，按照约定处理；没有约定或者约定不明确的，离婚分割夫妻共同财产时，人民法院可以根据当事人诉讼请求，以出资来源及比例为基础，综合考虑共同生活及孕育共同子女情况、离婚过错、对家庭的贡献大小以及离婚时房屋市场价格等因素，判决房屋归其中一方所有，并由获得房屋一方对另一方予以合理补偿［《婚姻家庭解释（二）》第8条］。

（二）债务的清偿

1. 夫妻共同债务的清偿

《民法典》第1089条规定：“离婚时，夫妻共同债务应当共同偿还。共同财产不足清偿或者财产归各自所有的，由双方协议清偿；协议不成的，由人民法院判决。”

夫妻共同债务是指夫妻在婚姻关系存续期间因婚姻共同生活等所负的债务。依据《民法典》第1064条的规定，夫妻共同债务包括：（1）夫妻双方共同签名或者夫妻一方事后追认等共同意思表示所负的债务；（2）夫妻一方在婚姻关系存续期间以个人名义为家庭日常生活需要所负的债务；（3）夫妻一方在婚姻关系存续期间以个人名义超出家庭日常生活需要所负、用于夫妻共同生活、共同生产经营或者基于夫妻双方共同意思表示的债务。

夫妻对共同债务应当共同承担清偿责任，具体清偿顺序为：首先，夫妻共同债务应用夫妻共同财产清偿；其次，夫妻共同财产不足或者财产各自所有、无夫妻共同财产的，由双方协议各自清偿的数额；最后，夫妻双方协商不成的，由人民法院判决。人民法院可以根据双方的财产状况、收入水平、财产分割情况等综合情况确定各自应承担的清偿份额。应当指出，夫妻关于债务清偿份额的协议和人民法院关于债务清偿份额的判决，对债权人无法律约束力，债权人仍有权就夫妻共同债务向双方主张权利。

关于夫妻共同债务的清偿，应当注意如下两个问题：(1) 当事人的离婚协议或者人民法院的生效判决、裁定、调解书已经对夫妻财产分割问题作出处理的，债权人仍有权就夫妻共同债务向男女双方主张权利。一方就夫妻共同债务承担清偿责任后，主张由另一方按照离婚协议或者人民法院的法律文书承担相应债务的，人民法院应予支持［《婚姻家庭解释（一）》第 35 条］。(2) 夫或者妻一方死亡的，生存一方应当对婚姻关系存续期间的夫妻共同债务承担清偿责任［《婚姻家庭解释（一）》第 36 条］。

事例 7-11　甲与妻子乙结婚后实行分别财产制，双方约定收入归各自所有，以个人名义所负债务由个人承担，共同生活需要的生活费和子女抚养费等由双方分担。婚姻关系存续期间，甲不幸罹患肝癌，先后向丙借款人民币 10 万元，用于支付医药费。债务到期后，甲无力偿还，丙向人民法院提起诉讼，要求甲、乙偿还借款。乙以与甲实行分别财产制为由，对抗丙的请求。经查，丙对甲、乙之间实行的分别财产制并不知情。

——甲、乙为夫妻，甲为治疗自身疾病所负债务，具备《民法典》第 1064 条规定的夫妻共同债务的特征，应当由夫妻双方共同偿还。甲、乙婚后实行分别财产制，约定个人所得财产归各自所有，但依据《民法典》第 1065 条的规定，相对人丙并不知道甲、乙的该约定，因此，乙不得以分别财产制约定对抗丙的清偿请求。同时，乙也不得以该夫妻财产制约定对抗甲的医疗费支付请求。依据《民法典》第 1059 条的规定，夫妻有相互扶养的义务。该义务为强制性义务，夫妻通过约定免除一方对另一方的扶养义务的，该约定无效。因此，如果甲需要乙支付后续治疗费用，乙应当履行该医疗费的支付义务。

2. 夫妻个人债务的清偿

夫妻个人债务是指夫妻以个人名义所负的与夫妻共同生活无关的债务。夫或者妻个人债务一般包括：婚前购置财产所负的债务及其他婚前个人债务；婚后一方履行个人应当承担的法定抚养、赡养义务及道德义务所负的债务；擅自资助亲友所负的债务；一方未经对方同意，独自筹资从事经营活动，其收入未用于共同生活所负的债务；发生于夫妻共同生活中但双方约定由个人负担的债务等。夫妻一方与第三人串通，虚构债务，第三人主张该债务为夫妻共同债务的，人民法院不予支持；夫妻一方在从事赌博、吸毒等违法犯罪活动中所负债务，第三人主张该债务为夫妻共同债务的，人民法院不予支持［《婚姻家庭解释（一）》第 34 条］。

夫或者妻婚前个人债务，以债务人的个人财产清偿，债务人的配偶无清偿责任并可以对抗债权人。依据《婚姻家庭解释（一）》第33条的规定，债权人就一方婚前所负个人债务向债务人的配偶主张权利的，人民法院不予支持，但债权人能够证明所负债务用于婚后家庭共同生活的除外。

事例7-12 甲与妻子乙均在事业单位工作，有稳定收入。婚后两人与甲的父母共同生活，日常生活开销均由甲的父母承担。不知从何时起，乙在多家银行办理信用卡并大额透支，又以资金周转为由，以个人名义向丙等人借取大额债务，累积债务超过2 000万元。债权人陆续向甲及其父母追债，甲及其父母才知道乙在外欠下大量债务。甲追问乙，乙提出离婚，甲表示同意，双方办理了离婚登记。因乙不能偿还到期债务，丙以乙所欠债务为婚姻关系存续期间的夫妻共同债务为由起诉至人民法院，要求乙、甲共同偿还。甲则以该债务为乙个人债务为由拒绝承担清偿责任。

——《民法典》第1064条第2款规定："夫妻一方在婚姻关系存续期间以个人名义超出家庭日常生活需要所负的债务，不属于夫妻共同债务；但是，债权人能够证明该债务用于夫妻共同生活、共同生产经营或者基于夫妻双方共同意思表示的除外。"对于乙在婚姻关系存续期间以个人名义所负的债务，债权人主张该债务属于夫妻共同债务的，应当举证证明该债务用于夫妻共同生活、共同生产经营或者基于夫妻双方共同意思表示，否则应承担举证不能的后果。乙以个人名义借款2 000万元，丙未能就该债务属于夫妻共同债务提供证据，人民法院应当依法驳回丙要求甲承担连带清偿责任的诉讼请求。

四、离婚时的救济措施

（一）经济补偿请求权

《民法典》第1088条规定："夫妻一方因抚育子女、照料老年人、协助另一方工作等负担较多义务的，离婚时有权向另一方请求补偿，另一方应当给予补偿。具体办法由双方协议；协议不成的，由人民法院判决。"这是《民法典》关于离婚中夫妻经济补偿请求权的具体规定。所谓经济补偿请求权，是指在夫妻离婚时，对家庭生活付出较多义务的一方请求另一方给付补偿的权利。

1. 经济补偿请求权的成立条件

（1）经济补偿请求权，既可以发生在双方约定在婚姻关系存续期间实行分别财产制的情况下，也可以发生在双方约定在婚姻关系存续期间实行法定财产制的情况下。

（2）夫妻一方因抚养子女、照料老人、协助另一方工作等付出了较多义务。经济补偿是一种劳务补偿，它的产生是因为夫妻在共同生活中在劳务付出上存在差异。较多的义务是指一方从事的抚养子女、照料老人等家务劳动，无论是从数量上还是所花费的时间上，都比对方的多，或一方对另一方工作的协助比自己在工作方面从对方得到的协助多。

2. 经济补偿请求权的行使

依据《民法典》第1088条的规定，经济补偿请求权的行使时间是“离婚时”，即由请求权人在离婚诉讼中向对方一并提出。当事人符合条件而未提出时，人民法院应行使释明权。

关于补偿的数额和给付方式，应当首先由双方协商。双方在人民法院主持下达成调解协议的，人民法院应在调解书中予以记载。调解不成时，人民法院可以综合考虑负担相应义务投入的时间、精力和对双方的影响以及给付方负担能力、当地居民人均可支配收入等因素，确定补偿数额[《婚姻家庭解释（二）》第21条]。

事例7-13 甲与乙登记结婚后，分居两地。孩子出生后，为兼顾孩子和老人，妻子乙与甲的父母共同生活。甲在外地工作期间，难耐寂寞，与丙产生婚外恋情，以夫妻名义共同生活。乙和甲的父母多方规劝，甲仍不思悔改，继续与丙保持同居关系。乙向人民法院提起离婚诉讼，并要求甲进行经济补偿。

——甲、乙分居两地生活，照顾甲的父母和抚养子女的重任均由乙承担，乙付出义务较多，依据《民法典》第1088条的规定，具备行使经济补偿请求权的条件，应当得到支持。甲有配偶而与他人同居生活，乙在提起离婚诉讼时，还可以请求离婚损害赔偿。

（二）经济帮助请求权

《民法典》第1090条规定：“离婚时，如果一方生活困难，有负担能力的另一方应当给予适当帮助。具体办法由双方协议；协议不成的，由人民法院判决。”这是《民法典》关于离婚中夫妻经济帮助请求权的具体规定。依据《婚姻家庭解释（二）》第22条的规定，在离婚诉讼中，一方存在年老、残疾、重病等生活困难情形，依据《民法典》第1090条规定请求有负担能力的另一方给予适当帮助的，人民法院可以根据当事人请求，结合另一方财产状况，依法予以支持。可见，所谓经济帮助请求权，是指在夫妻离婚时，生活困难的一方请求有负担能力的一方提供帮助的权利。

1. 经济帮助的性质

离婚时对生活困难的一方提供经济帮助，不同于婚姻关系存续期间的扶养义务。它不是夫妻扶养义务的延续，而是婚姻关系解除的法律后果。

离婚时生活困难一方的经济帮助请求权与离婚时尽义务较多的一方享有补偿请求权不同。离婚时给予生活困难一方适当的经济帮助是对受助方的有条件的帮助，而离婚时尽义务较多的一方请求另一方给予补偿是权利、义务相一致的体现，是当事人应当得到的回报，而不是对方的帮助。

2. 经济帮助的条件

离婚时一方对另一方的经济帮助请求权的行使应具有以下三个条件：第一，时间上的条件。一方的生活困难必须是在离婚时已经存在的困难，而不是离婚后任何时间所发生的困难。第二，受助方确有生活困难。生活困难是指夫妻一方取回的个人财产、分得的共同财产、获得的补偿金、有合理预期的劳动收入和其他收入等金钱或者生活用品无法维持当地基本生活水平。第三，帮助方应有负担能力。帮助方，是指在满足自己的合理生活需要后有剩余的原配偶一方。帮助不限于金钱，可以是生活用品，还可以是房屋的居住权利或者房屋的所有权。

3. 经济帮助的具体办法

《民法典》第 1090 条中规定，离婚时一方对他方经济帮助的“具体办法由双方协议；协议不成的，由人民法院判决”。在实践中，这种帮助除了考虑帮助方的经济条件，还应着重考虑受助方的具体情况和实际需要。受助方年龄较小且有劳动能力，只是存在暂时性困难的，采用一次性支付帮助费的办法；受助方年老体弱，失去劳动能力而又没有生活来源的，应作较长期的妥善安排。在执行帮助期间受助方再婚的，帮助方可停止支付，应由受助方再婚的配偶依法承担婚姻关系存续期间的扶养义务；原定帮助计划执行完毕后，受助方要求继续得到对方帮助的，一般不予支持。

事例 7-14 甲、乙结婚后，乙即辞去工作，做专职太太。随着两个子女相继长大进入幼儿园，乙的空闲时间多了，开始出入棋牌室打麻将。在此过程中，乙结识牌友丙，双方关系逐渐暧昧，最终发展到通奸。甲不能容忍乙的背叛，提起离婚诉讼。乙同意离婚，但以缺乏工作技能、短时间难以找到工作为由，请求甲给予经济帮助，每月支付其生活费 5 000 元。甲则以是乙的过错导致离婚为由，拒绝对其进行经济帮助。

——乙在婚姻关系存续期间做专职太太，甲支付的扶养费是其唯一收入来源。离婚后乙短期内难以找到工作，没有收入，失去生活来源，生活困难；甲的收入丰厚，具备对乙提供经济帮助的条件。虽然甲、乙婚姻关系解除是乙的过错所致，但该过错只能作为甲请求离婚的理由，不能作为拒绝对乙提供经济帮助的理由。

（三）离婚损害赔偿

《民法典》第 1091 条规定：“有下列情形之一，导致离婚的，无过错方有权请求损害赔偿：（一）重婚；（二）与他人同居；（三）实施家庭暴力；（四）虐待、遗弃家庭成员；（五）有其他重大过错。”根据这一规定，离婚损害赔偿责任的承担条件是：（1）离婚是由行为人特定的违法行为所导致的；（2）离婚是出于行为人一方的过错，即具有《民法典》第 1091 条规定的过错；（3）无过错方因离婚而蒙受损害。

依据《婚姻家庭解释（一）》第 86～90 条的规定，处理离婚时的损害赔偿应当注意如下问题。

（1）这里的“损害赔偿”，包括物质损害赔偿和精神损害赔偿。涉及精神损害赔偿的，适用《最高人民法院关于确定民事侵权精神损害赔偿责任若干问题的解释》的有关规定。

（2）承担损害赔偿责任的主体，为离婚诉讼当事人中无过错方的配偶；人民法院判决不准离婚的案件，对于当事人基于《民法典》第1091条提出的损害赔偿请求，不予支持；在婚姻关系存续期间，当事人不起诉离婚而单独依据《民法典》第1091条提出损害赔偿请求的，人民法院不予受理。

（3）人民法院受理离婚案件时，应当将《民法典》第1091条等规定中当事人的有关权利、义务，书面告知当事人。在适用《民法典》第1091条时，应当区分以下不同情况：1）符合《民法典》第1091条规定的无过错方作为原告基于该条规定向人民法院提出损害赔偿请求的，必须在离婚诉讼的同时提出。2）符合《民法典》第1091条规定的无过错方作为被告的离婚诉讼案件，被告不同意离婚，也不基于该条规定提出损害赔偿请求的，可以就此单独提起诉讼。3）无过错方作为被告的离婚诉讼案件，一审时被告未基于《民法典》第1091条规定提出损害赔偿请求，二审期间提出的，人民法院应当进行调解；调解不成的，告知当事人另行起诉。双方当事人同意由第二审人民法院一并审理的，第二审人民法院可以一并裁判。

（4）当事人在婚姻登记机关办理离婚登记手续后，以《民法典》第1091条规定为由向人民法院提出损害赔偿请求的，人民法院应当受理。但当事人在协议离婚时已经明确表示放弃该项请求的，人民法院不予支持。

（5）夫妻双方均有《民法典》第1091条规定的过错情形，一方或者双方向对方提出离婚损害赔偿请求的，人民法院不予支持。

事例7-15　甲因频遭妻子乙的家庭暴力而离家出走，外出务工，常年不敢回家。甲在务工期间与丙同病相怜，相互体恤，日久生情，遂以夫妻名义同居生活。甲在提出与乙离婚的同时，向乙提出离婚损害赔偿请求。乙同意离婚，但认为甲也存在过错，于是提起反诉，请求甲承担离婚损害赔偿责任。

——甲、乙均无权提出离婚损害赔偿请求。乙对甲实施家庭暴力，甲可以此为由提出离婚并请求离婚损害赔偿。但甲有配偶而与他人以夫妻名义同居生活，具备承担离婚损害赔偿责任的法定事由。甲是家庭暴力的无过错方，又是有配偶又是有配偶而与他人同居的过错方；乙是家庭暴力的过错方，又是有配偶而与他人同居的无过错方。依据《民法典》第1091条关于“无过错方有权请求损害赔偿”的规定，甲、乙均不能以对方有过错为由提出损害赔偿请求。

事例7-16　甲与妻子乙再婚后，甲与前妻所生女儿丙随甲与乙共同生活。结婚之初，乙还能做到善待继女丙。然而，在儿子丁出生后，乙便经常趁甲不在家时，支使刚上小学的丙做家务、看孩子，稍不满意即对丙实施辱骂、饥饿等侵害行为。甲知道后，警告乙不得再对丙实施侵害行为，但乙置若罔闻。甲忍无可忍，向人民法院提起离婚诉讼，并请求乙承担离婚损害赔偿责任。

——乙虽未对丈夫甲实施家庭暴力，但对继女丙实施了家庭暴力，并导致离婚。依据《民法典》第1091条的规定，配偶一方实施虐待家庭成员等过错行为导致离婚的，无过错方可以对方存在过错为由请求离婚损害赔偿。乙虽未对甲实施虐待行为，但对作为家庭成员的丙实施了虐待行为并导致乙与甲的婚姻关系破裂，造成甲精神上的损害，对此损害结果乙应当承担赔偿责任。

（四）离婚时侵害夫妻共同财产的民事责任

《民法典》第1092条规定："夫妻一方隐藏、转移、变卖、毁损、挥霍夫妻共同财产，或者伪造夫妻共同债务企图侵占另一方财产的，在离婚分割夫妻共同财产时，对该方可以少分或者不分。离婚后，另一方发现有上述行为的，可以向人民法院提起诉讼，请求再次分割夫妻共同财产。"这里的"挥霍"，包括夫妻一方未经另一方同意，在网络直播平台用夫妻共同财产打赏，数额明显超出其家庭一般消费水平，严重损害夫妻共同财产利益的行为［《婚姻家庭解释（二）》第6条］。夫妻一方为重婚、与他人同居以及其他违反夫妻忠实义务等目的，将夫妻共同财产赠与他人或者以明显不合理的价格处分夫妻共同财产，另一方以该方存在转移、变卖夫妻共同财产行为，严重损害夫妻共同财产利益为由，请求在婚姻关系存续期间分割夫妻共同财产的，人民法院应予支持［《婚姻家庭解释（二）》第7条］。

夫妻离婚后，一方发现另一方有侵占夫妻共同财产行为的，可以另行起诉，请求再次分割。这是一种保护夫妻一方财产权的有效补救措施。请求再次分割夫妻共同财产的诉讼时效期间为3年，从当事人发现之日起计算［《婚姻家庭解释（一）》第84条］。

事例7-17 甲与妻子乙系再婚。再婚后，甲继续经营婚前投资设立的公司，把控家中财政大权。乙除每月甲交给她的固定的生活费用外，不知道家庭收入状况。乙对甲的做法表示不能接受，要求掌管家中财务，但被拒绝，加上双方关于子女问题产生矛盾，于是乙提出离婚，并要求分割婚姻关系存续期间甲的公司经营所得收益。甲提供虚假账目，称与乙结婚后公司一直亏损，隐瞒了其经营所得收益300万元的事实。

——甲婚前投资设立的公司在婚后取得的收益，属于夫妻共同财产，乙有权请求分割。甲在离婚时提供虚假账目，隐瞒了其经营所得收益300万元的事实，侵害了乙对夫妻共同财产的共有权。分割夫妻共同财产时，甲对隐瞒的夫妻共同财产，应当承担少分或者不分的民事责任。

思考案例

1. 甲、乙结婚不到1年，因性格原因，二人经常发生激烈争吵。甲性格较弱，乙生性强悍、脾气暴躁，经常对甲非打即骂，并扬言要置甲于死地。甲不堪忍受，起诉到人民法院，要求与乙离婚。在审理过程中，人民法院经调查查明，乙已怀孕半年，于是人民法院裁定驳回了甲的起诉。

问：(1) 人民法院为什么驳回了甲的离婚起诉？(2) 就本案的具体情况而言，人民法院裁定驳回甲的起诉是否正确？

2. 甲与妻子乙因感情破裂，决定离婚。双方签署了离婚协议书，对财产处理和子女抚养问题作出如下约定：甲婚前所有房产A和甲、乙共有房产B均归乙所有；夫妻共同债务50万元，由甲负责清偿；儿子丙由乙抚养，甲每月支付生活费1 000元，每年支付教育费10 000元，直到丙大学毕业。领取离婚证后，甲对财产处理和子女抚养问题反悔，向人民法院提起诉讼，请求重新处理。

问：(1) 甲、乙签订的离婚协议书何时生效？(2) 离婚协议中关于夫妻共同债务由甲负责清偿的约定，能否对抗债权人？(3) 丙考取大学时已满18周岁，离婚协议中关于丙的抚养费支付条款是否有效？(4) 甲对离婚财产处理和子女抚养问题反悔，是否有权请求人民法院重新处理？

3. 甲、乙婚后共同经营一家企业，乙负责企业的财务工作。在婚姻关系存续期间，因夫妻感情破裂，甲向人民法院提起离婚诉讼。诉讼中乙将100万元现金转入他人的账户，并将婚姻关系存续期间所购股票全部抛出，所得款项50万元用于偿还债务。人民法院经审理查明，甲、乙双方婚后感情一般，分居已满2年。100万元存款为婚姻关系存续期间的夫妻共同财产，乙用股票款偿还的债务系伪造的债务。离婚后，甲得知乙在离婚时还隐匿了50万元的财产，并用这50万元投资入股，现已增值到200万元。1年后，甲向人民法院提起诉讼，请求对200万元的夫妻共同财产重新分割。

问：(1) 乙在离婚诉讼中实施的财产处分行为的性质是什么？(2) 乙对于处分夫妻共同财产的行为是否应承担法律责任？(3) 甲有权请求重新分割的夫妻共同财产的范围如何确定？

4. 甲、乙结婚1年后生一子丙。甲在婚前与他人同居，婚后仍继续保持同居关系。乙得知丙不是其亲生儿子，经亲子鉴定确认了这一事实。自此，乙与甲经常发生激烈冲突，夫妻感情破裂。其间，乙经常得到丁的安慰，双方逐渐产生感情并同居生活。乙向人民法院提起诉讼，要求与甲离婚，并请求离婚损害赔偿。甲同意离婚，但以乙与丁同居为由，也提出了离婚损害赔偿的请求。人民法院经过审理查明，甲婚后与他人同居并生子的事实成立，乙与丁的同居也构成有配偶者与他人的同居。

问：(1) 甲是否因婚后与他人同居生子的行为而应当承担离婚损害赔偿责任？(2) 乙是否因婚后与他人同居的行为而应当承担离婚损害赔偿责任？(3) 甲、乙相互间应承担的离婚损害赔偿责任能否适用过失相抵？

5. 甲与乙离婚并达成协议：婚生男孩丙（3岁）由乙（女方）抚养，如双方中一方再婚，丙则由另一方抚养。后乙在丙6岁时再婚，甲去乙家接丙回去抚养，乙不允。甲即从幼儿园将丙接回，并电话告知乙。为此，双方发生争执，诉至法院。下列有关论述正确的有哪些？(　　)

A. 甲、乙均为丙的监护人

B. 乙的行为是违约行为，受合同法调整

C. 甲欲行使对丙的抚养权，应通过诉讼程序解决

D. 甲、乙的协议违反了法律

6. 甲被宣告死亡后，其妻乙改嫁于丙，其后丙死亡。1年后乙确知甲仍然在世，遂向人民法院申请撤销对甲的死亡宣告。依我国法律，该死亡宣告撤销后，甲与乙原有的婚姻关系如何？（　　）

A. 自行恢复　　B. 不得自行恢复

C. 经乙同意后恢复　　D. 经甲同意后恢复

7. 王某与周某结婚时签订书面协议，约定婚后所得财产归各自所有。周某婚后即辞去工作在家奉养公婆，照顾小孩。王某长期在外地工作，后与李某同居，周某得知后向人民法院起诉要求离婚。周某的下列哪些请求可以得到人民法院的支持？（　　）

A. 由于自己为家庭生活付出较多义务，请求王某予以补偿

B. 由于自己专门为家庭生活操持，未参加工作，请求法院判决确认双方约定婚后所得归各自所有的协议显失公平，归于无效

C. 由于离婚后生活困难，请求王某给予适当帮助

D. 由于王某与他人同居导致双方离婚，请求王某给予损害赔偿

8. 甲与乙结婚后，以个人名义向其弟借款50万元购买商品房一套，夫妻共同居住。后甲、乙离婚。甲向其弟的借款，离婚时应如何处理？（　　）

A. 由甲偿还　　B. 由乙偿还

C. 以夫妻共同财产偿还　　D. 主要由甲偿还

9. 甲以夫妻共有的写字楼作为出资设立个人独资企业。企业设立后，其妻乙购买体育彩票中奖100万元，后提出与甲离婚。离婚诉讼期间，甲的独资企业宣告解散，尚欠银行债务120万元。该项债务的清偿责任应如何确定？（　　）

A. 甲以其在家庭共有财产中应占的份额对银行承担无限责任

B. 甲以家庭共有财产承担无限责任，但乙中奖的100万元除外

C. 甲以全部家庭共有财产承担无限责任，包括乙中奖的100万元在内

D. 甲仅以写字楼对银行承担责任

10. 甲与乙结婚后因无房居住，甲以个人名义向丙借50万元购房，约定5年后归还，未约定是否计算利息。后甲外出打工与人同居。人民法院判决甲与乙离婚，家庭财产全部归乙。下列哪些说法是错误的？（　　）

A. 借期届满后，丙有权要求乙偿还50万元及利息

B. 借期届满后，丙只能要求甲偿还50万元

C. 借期届满后，丙只能要求甲和乙分别偿还25万元

D. 借期届满后，丙有权要求甲和乙连带清偿50万元及利息

11. 张某和柳某婚后开了一家美发店，由柳某经营。二人分居半年后，张某向当地人民法院起诉离婚。人民法院在审理中查明，柳某曾于婚姻关系存续期间向他人借款20万元用于美发店的经营。下列哪些选项是正确的？（　　）

A. 该美发店属于夫妻共同财产

B. 该债务是夫妻共同债务，应以共同财产清偿

C. 该债务是夫妻共同债务，张某应承担一半的清偿责任

D. 该债务系二人分居之后所负，不是用于夫妻共同生活，应由柳某独自承担清偿

责任

12. 周某与妻子庞某发生争执，周某一记耳光导致庞某右耳失聪。庞某起诉周某赔偿医药费 5 000 元、精神损害赔偿费 20 000 元，但未提出离婚请求。下列哪一选项是正确的？（　　）

A. 周某应当赔偿医疗费和精神损害

B. 周某应当赔偿医疗费而不应赔偿精神损害

C. 周某应当赔偿精神损害而不应赔偿医疗费

D. 法院应当不予受理

13. 甲、乙结婚多年，因甲沉迷于网络游戏，双方协议离婚，甲同意家庭的主要财产由乙取得。离婚后不久，乙发现甲曾在婚姻关系存续期间私自购买了两处房产并登记在自己名下，于是起诉甲，要求再次分割房产并要求甲承担损害赔偿责任。下列哪些选项是正确的？（　　）

A. 乙无权要求甲承担损害赔偿责任

B. 人民法院应当将两处房产都判给乙

C. 请求分割房产的诉讼时效，为乙发现或者应当发现甲的隐藏财产行为之次日起 3 年

D. 若人民法院判决乙分得房产，则乙在判决生效之日即取得房屋所有权

14. 王某以个人名义向张某独资设立的飞跃百货有限公司借款 80 万元，借期为 1 年。不久，王某与李某登记结婚，将上述借款全部用于婚房的装修。婚后半年，王某与李某协议离婚，未对债务的偿还作出约定。下列哪一选项是正确的？（　　）

A. 由张某向王某请求偿还

B. 由张某向王某和李某请求偿还

C. 飞跃公司只能向王某请求偿还

D. 由飞跃公司向王某和李某请求偿还

15. 王某（男）与赵某结婚后，双方书面约定婚后各自收入归个人所有。共同生活期间，王某用自己的收入购置一套房屋。后，赵某失业，负责照料女儿及王某的生活。王某提出离婚，赵某方得知王某与张某已同居多年。人民法院应支持赵某的下列哪些主张？（　　）

A. 赵某因抚养女儿、照顾王某生活付出较多义务，王某应予以补偿

B. 离婚后赵某没有住房，应根据公平原则判决王某购买的住房属于夫妻共同财产

C. 王某与张某同居导致离婚，应对赵某进行赔偿

D. 张某与王某同居破坏其家庭，应向赵某赔礼道歉

16. 鲁天（男）与谢威（女）结婚后二人感情不和，常为琐事争吵。谢威多次与鲁天协商离婚，均因财产处理问题无法达成一致而未成。后谢威向人民法院提起诉讼，要求解除与鲁天的婚姻关系。

请回答以下问题：

（1）如果鲁天在谢威向人民法院起诉前 2 年已离家出走，人民法院应如何处理？（　　）

A. 人民法院不能受理该案，应当告知谢威先按特别程序申请宣告鲁天为失踪人

B. 人民法院可以受理该案并且应在审理过程中同时宣告鲁天为失踪人

C. 人民法院不能受理该案，因为被告在起诉时下落不明

D. 人民法院可以受理该案并应用公告方式向鲁天送达起诉文书

(2) 如果人民法院审理该案的过程中发现谢威怀孕已3个月，人民法院应当如何处理？（　　）

A. 作出驳回起诉裁定

B. 应当判决不准许离婚

C. 中止诉讼，待谢威分娩1年后再继续审理

D. 可以继续审理

(3) 如果人民法院在审理后认为原告与被告的感情确已破裂，因而判决离婚并就财产分割问题一并作出处理，判决生效后谢威认为人民法院判决不公正，她可以就哪些方面问题申请再审？（　　）

A. 就判决涉及的财产分割问题可以申请再审

B. 对判决准许离婚可以申请再审

C. 就判决书中的笔误可以申请再审

D. 就子女的抚养权问题可以申请再审

(4) 如果人民法院的离婚判决生效后1年，谢威听说鲁天在婚姻关系存续期间曾因设计了一个办公软件而被公司奖励了50万元，鲁天用这50万元为自己购买了一套商品房，原判决中没有涉及该房子的处理。谢威向原审法院申请再审，人民法院应如何处理？（　　）

A. 接受申请并进行再审

B. 可以组织双方当事人对房子的分割进行调解，调解不成驳回申请

C. 应当不予受理

D. 应当告知谢威另行起诉

17. 甲、乙因离婚诉至人民法院，要求分割实为共同财产而以甲的名义对丙合伙企业的投资。诉讼中，经协商，甲同意将其在丙合伙企业中的财产份额转让给乙。人民法院对此作出处理。下列哪一选项是正确的？（　　）

A. 其他2/3以上合伙人同意转让的，乙取得合伙人地位

B. 其他合伙人不同意转让，在同等条件下行使优先受让权的，可对转让所得的财产进行分割

C. 其他合伙人不同意转让，也不行使优先受让权，但同意甲退伙或退还其财产份额的，可对退伙财产进行分割

D. 其他合伙人对转让、退伙、退还财产均不同意，也不行使优先受让权的，视为全体合伙人同意转让，乙依法取得合伙人地位

18. 黄某与唐某自愿达成离婚协议并约定财产平均分配，婚姻关系存续期间的债务全部由唐某偿还。经查，黄某以个人名义在婚姻存续期间向刘某借款70万元用于购买婚房。下列哪一表述是正确的？（　　）

A. 刘某只能要求唐某偿还 70 万元

B. 刘某只能要求黄某偿还 70 万元

C. 如黄某偿还了 70 万元，则有权向唐某追偿 70 万元

D. 如唐某偿还了 70 万元，则有权向黄某追偿 35 万元

19. 甲（男）、乙（女）结婚后，甲承诺，在子女出生后，将其婚前所有的一间门面房，变更登记为夫妻共同财产。后女儿丙出生，但甲不愿兑现承诺，导致夫妻感情破裂而离婚，女儿丙随乙一起生活。后甲又与丁（女）结婚。后未成年的丙因生重病住院急需医疗费 20 万元，甲与丁签订借款协议，从夫妻共同财产中支取该 20 万元。下列哪一表述是错误的？（　　）

A. 甲与乙离婚时，乙无权请求将门面房作为夫妻共同财产分割

B. 甲与丁的协议应被视为双方约定处分共同财产

C. 如甲、丁离婚，有关医疗费按借款协议约定处理

D. 如丁不同意甲支付医疗费，甲无权要求分割共有财产

20. 董楠（男）和申蓓（女）是美术学院同学，共同创作一幅油画作品《爱你一千年》。毕业后二人结婚育有一女。董楠染上吸毒恶习，未经申蓓同意变卖了《爱你一千年》，所得款项用于吸毒。因董楠恶习不改，申蓓在女儿不满 1 周岁时提起离婚诉讼。下列哪些说法是正确的？（　　）

A. 申蓓虽在分娩后 1 年内提出离婚，法院应予受理

B. 如调解无效，应准予离婚

C. 董楠出售《爱你一千年》侵犯了申蓓的物权和著作权

D. 对董楠吸毒恶习，申蓓有权请求离婚损害赔偿

21. 屈赞与曲玲协议离婚并约定婚生子屈曲由屈赞抚养，另口头约定曲玲按其能力给付抚养费并可随时探望屈曲。对此，下列哪些选项是正确的？（　　）

A. 曲玲有探望权，屈赞应履行必要的协助义务

B. 曲玲连续几年对屈曲不闻不问，违背了法定的探望义务

C. 屈赞拒不履行协助曲玲探望的义务，经由裁判可依法对屈赞采取拘留、罚款等强制措施

D. 屈赞拒不履行协助曲玲探望的义务，经由裁判可依法强制从屈赞处接领屈曲与曲玲会面

22. 甲出境经商下落不明，经其妻乙请求被 K 县人民法院宣告死亡，其后乙再婚，乙是甲唯一的继承人。甲被宣告死亡后，乙将家里的一辆轿车赠送给了弟弟丙，交付并办理了过户登记。后经商失败的甲返回 K 县，为还债将登记于自己名下的一套夫妻共有住房私自卖给知情的丁。同年 12 月，甲的死亡宣告被撤销。下列哪一选项是错误的？（　　）

A. 甲、乙的婚姻关系自撤销死亡宣告之日起自行恢复

B. 乙有权赠与该轿车

C. 丙可不返还该轿车

D. 乙有权要求丁返还房屋

23. 甲欠乙30万元到期后，乙多次催要未果。甲与丙结婚数日后即办理离婚手续，在“离婚协议书”中约定将甲婚前的一处住房赠与知悉甲欠乙债务的丙，并办理了所有权变更登记。乙认为甲侵害了自己的权益，聘请律师向人民法院起诉，请求撤销甲的赠与行为，为此向律师支付代理费2万元。下列哪些选项是正确的？（　　）

A. “离婚协议书”因恶意串通损害第三人利益而无效

B. 如甲证明自己有稳定工资收入及汽车等财产可供还债，人民法院应驳回乙的诉讼请求

C. 如乙仅以甲为被告，人民法院应追加丙为被告

D. 如法院认定乙的撤销权成立，应一并支持乙提出的由甲承担律师代理费的请求

24. 乙起诉离婚时，才得知丈夫甲此前已着手隐匿并转移财产。关于甲、乙离婚的财产分割，下列哪一选项是错误的？（　　）

A. 甲隐匿转移财产，分割财产时可少分或不分

B. 就履行离婚财产分割协议事宜发生纠纷，乙可再起诉

C. 离婚后发现甲还隐匿其他共同财产，乙可另诉再次分割财产

D. 离婚后因发现甲还隐匿其他共同财产，乙再行起诉不受诉讼时效限制

25. 钟某性情暴躁，常殴打妻子柳某，柳某经常找同村未婚男青年杜某诉苦排遣，日久生情。现柳某起诉离婚。关于钟某、柳某二人的离婚财产处理事宜，下列哪一选项是正确的？（　　）

A. 针对钟某家庭暴力，柳某不能向其主张损害赔偿

B. 针对钟某家庭暴力，柳某不能向其主张精神损害赔偿

C. 如柳某婚内与杜某同居，则柳某不能向钟某主张损害赔偿

D. 如柳某婚内与杜某同居，则钟某可以向柳某主张损害赔偿

26. 乙女与甲男婚后多年未生育，后甲男发现乙女因不愿生育曾数次擅自终止妊娠，为此甲男多次殴打乙女。乙女在被打住院后诉至人民法院，要求离婚并请求损害赔偿。甲男以生育权被侵害为由提起反诉，请求乙女赔偿其精神损害。人民法院经调解无效，拟判决双方离婚。下列哪些选项是正确的？（　　）

A. 人民法院应支持乙女的赔偿请求

B. 乙女侵害了甲男的生育权

C. 乙女侵害了甲男的人格尊严

D. 人民法院不应支持甲男的赔偿请求

课后复习

1. 婚姻终止的原因有哪些？
2. 宣告死亡人重新出现后对原婚姻关系有何影响？
3. 协议离婚的条件和程序是什么？
4. 离婚与婚姻的无效和撤销有何区别？
5. 诉讼离婚的条件和程序是什么？
6. 怎样判断夫妻感情确已破裂？

7. 离婚对当事人的人身关系产生哪些后果?
8. 离婚后未成年子女的抚养问题如何解决?
9. 离婚时夫妻财产如何分割?
10. 离婚时夫妻共同债务和个人债务如何区分?债务如何清偿?
11. 离婚时的经济补偿请求权与经济帮助请求权如何行使?
12. 离婚损害赔偿请求权如何行使?

第八章 收养制度

提 要

收养是指自然人依照法律规定的条件和程序，将他人的子女作为自己的子女，从而使没有父母子女关系的当事人之间产生法律拟制的父母子女关系的民事法律行为。《民法典》第 1044 条明确规定了收养行为应当遵循的基本原则，即收养应当遵循最有利于被收养人的原则，保障被收养人和收养人的合法权益。收养行为作为民事法律行为的一种，必须符合《民法典》规定的收养关系的成立条件，同时办理收养登记，收养关系自登记之日起成立。收养关系成立后，便在收养关系当事人之间产生一定的法律后果，表现为拟制效力和解消效力。收养关系存续期间，当事人可以依法律规定的条件和程序协议或者诉讼解除收养关系。收养关系解除后，被收养人与收养人以及收养人的近亲属之间的亲属法律关系消除，但与生父母及生父母的近亲属间的权利和义务关系是否恢复，则根据收养关系解除时被收养人是否成年来决定。

重点问题

1. 收养的基本原则
2. 收养关系成立的法定条件
3. 收养关系成立的法定程序
4. 收养关系的法律效力
5. 收养关系的解除

第一节 收养的概念和原则

一、收养的概念和特点

（一）收养的概念

“收养”一词，通常可以在两种不同的意义上使用：一是指收养行为，二是指收养关系。前者是就拟制血亲的亲子关系借以发生的法律事实而言的，后者是就拟制血亲的亲子关系本身而言的。

在婚姻家庭法中，一般是从行为即法律事实的角度表述收养概念的。从这个角度讲，收养是指自然人依照法律规定的条件和程序，将他人的子女作为自己的子女，从而使没有父母子女关系的当事人之间产生法律拟制的父母子女关系的民事法律行为。

收养关系是基于收养行为的法律效力而发生的民事法律关系。在收养关系中，当事人是收养人和被收养人。前者为养父、养母，后者为养子、养女。作为收养关系的主体，双方之间具有法定的权利和义务。送养人虽然以其行为促成了收养关系的发生，但并非收养关系中的一方主体。

（二）收养的特点

收养既然是一种民事法律行为，当然具有民事法律行为的共同特点。同时，收养还具有自身的、不同于其他民事法律行为的特点。

第一，收养是一种身份法上的行为，是用来创设特定的身份关系的。收养关系只能发生在自然人之间，而且是非直系血亲的自然人之间。

第二，收养是一种变更亲属关系及其权利、义务的行为。一方面，通过收养，收养人和被收养人之间发生法律拟制的亲子关系，双方具有与自然血亲的父母子女间相同的权利和义务。另一方面，养子女和生父母之间的权利和义务，则因收养的成立而消除。收养既是养父母、养子女间权利、义务借以发生的法律事实，又是生父母、生子女间权利、义务借以终止的法律事实。不仅如此，收养变更亲属关系及其权利、义务的效力依法及于父母子女以外的其他亲属。

第三，收养行为创设的是拟制血亲的亲子关系，是可以依法解除的。基于收养的效力而发生的亲子关系，既可以在符合法定条件时依照法定程序而成立，亦可以在出现法定事由时通过法定方式而解除。这一特点是由收养行为的性质决定的，也是拟制血亲的父母子女关系与自然血亲的父母子女关系相区别的重要特点。

（三）收养与国家收留抚养未成年人的区别

收养是一种特定的民事法律行为，须经有关当事人协议，依法成立；而国家收留抚养未成年人是一种行政法上的行为，是由有关机构（在我国，这些机构由各地民政部门主管）依法实施的。收养变更亲属身份，收养人和被收养人之间发生父母子女间的权利、义务；而国家收留抚养未成年人不变更亲属身份，收留抚养机构和被收留抚养人间不发生父母子女间的权利义务。

（四）收养与寄养的区别

所谓寄养，是指父母因某些特殊情形，不能与子女共同生活，无法直接履行抚养义务，因而委托他人代其抚养子女。受托人和被寄养的子女间并无法律拟制的父母子女关系，子女仍是其父母的子女。在寄养的情形下，抚养子女的具体形式虽有变化，但亲属身份并未变更，权利、义务并未转移。《民法典》第 1107 条规定，孤儿或者生父母无力抚养的子女，可以由生父母的亲属、朋友抚养，但抚养人与被抚养人的关系不适用《民法典》关于收养的规定。

二、收养的原则

《民法典》第 1044 条第 1 款规定：“收养应当遵循最有利于被收养人的原则，保障被收养人和收养人的合法权益。”第 2 款规定：“禁止借收养名义买卖未成年人。”依照这些规定，收养的原则可以概括为如下几项。

1. 最有利于被收养人的原则

我国建立收养制度的首要目的就是贯彻保护未成年人合法权益的原则，保护被收养人的健康成长。《民法典》中关于收养人、被收养人条件的规定和收养关系解除的规定等，都体现了这一原则的要求。

2. 保障被收养人和收养人之合法权益的原则

一旦收养关系成立，便在收养人和被收养人之间形成了拟制血亲的父母子女关系，产生法律规定的父母子女间的权利和义务。在收养关系存续期间，双方都应当依照法律的规定，正当地行使权利和履行义务。养父母对养子女有抚养、教育的权利和义务，同时在养子女成年后，享有受养子女赡养的权利；养子女享有受养父母抚养、教育的权利，同时对缺乏劳动能力、没有生活来源的养父母有赡养的义务。

3. 平等自愿的原则

收养关系是民事法律关系，应当遵循平等自愿的原则。这里的平等，是指收养关系双方的法律地位平等，权利、义务平等；这里的自愿，是指收养关系的成立或者解除，必须有双方当事人的合意，且意思表示真实；这里的双方，主要是指具有完全民事行为能力的送养人和收养人。但是，如果被收养人年满 8 周岁，无论是收养关系的成立还是其解除，除送养人和收养人合意外，还必须征得被收养人本人的同意。

4. 不得违背社会公德的原则

确立收养不得违背社会公德的原则，是收养关系本身的必然要求。收养人和被收养人之间一般并无血缘的联系，收养关系的直接效力就是通过法律的拟制，在他们之间形成血亲关系、权利和义务关系。因此，收养关系不论是建立还是解除，都必须符合社会主义基本道德规范的要求。《民法典》规定的禁止借收养名义买卖未成年人，无配偶者收养异性，收养人与被收养人的年龄应当相差 40 周岁的规定，收养孤儿、残疾未成年人或者儿童福利机构抚养的查找不到生父母的未成年人，可以不受收养人无子女或者只有 1 名子女的限制等，都反映了伦理和社会主义道德风尚的需要。

第二节　收养关系的成立

一、收养关系成立的实质要件

收养关系成立的实质要件，是指收养关系中关系人的自身条件及相互关系条件应当符合法律的规定。关于收养关系成立的实质要件，《民法典》对被收养人、送养人、收养人的条件和收养合意等问题都作了若干特别规定。

（一）被收养人的条件

被收养人是指通过收养与收养人建立拟制血亲父母子女关系的自然人。依据《民法典》第 1093 条的规定，下列未成年人可以被收养。

1. 丧失父母的孤儿

按照民政部《关于在办理收养登记中严格区分孤儿与查找不到生父母的弃婴的通知》(1992 年 8 月 11 日）所作的解释，孤儿是指其父母死亡或者人民法院宣告其父母死亡的不满 14 周岁的未成年人。

2. 查找不到生父母的未成年人

这里所说的“查找不到生父母的未成年人”，是指被父母遗弃的新生儿和其他未成年人。遗弃未成年人的一般为生父母，也可能是养父母。未成年人作为被收养人的，应以其生父母查找不到为必要条件。

3. 生父母有特殊困难、无力抚养的子女

生父母是否有特殊困难、无力抚养子女，应根据当事人的具体情况来认定。一般说来，如父母由于经济负担能力低、患有严重疾病、丧失民事行为能力等原因，无法或者不宜抚养子女的，均可以视为有特殊困难、无力抚养。

（二）送养人的条件

送养人是将自己子女或者抚养的未成年人依法送给他人为子女的自然人或社会组织。依据《民法典》第 1094 条的规定，下列个人、组织可以作为送养人。

1. 孤儿的监护人

孤儿已丧失父母，处于他人监护之下。以监护人为送养人是出于保护孤儿的需要。在我国，孤儿的监护人的选定，应适用《民法典》第 27 条的规定。具体来说，对于孤儿，以具有监护能力的祖父母、外祖父母、兄、姐或其他愿意担任监护人的个人或组织（须经孤儿的住所地的居民委员会、村民委员会或民政部门的同意）为监护人。

监护人送养受其监护的孤儿，须受《民法典》第 1096 条规定的限制。依照该条规定，监护人送养孤儿的，应当征得有抚养义务的人同意。此处所说的有抚养义务的人，系指《民法典》第 1074 条、第 1075 条中所说的有负担能力的祖父母、外祖父母和兄、姐。

事例 8-1　甲未成年时父母双亡，甲的祖父母因年事已高且经济困难，便确定由甲的外祖父母担任其监护人。甲的舅舅因其儿子溺水身亡，便想收养甲为子，甲的外祖父母表示同意。甲被舅舅依法收养后，甲的祖父母以未征得其同意为由，请求确认收养无效。

——甲的祖父母收养无效的请求，不能成立。依照《民法典》的规定，监护人送养孤儿的，须征得有抚养义务的人同意。这里的有抚养义务的人，系指《民法典》第 1074 条中所说的有负担能力的祖父母、外祖父母。甲的祖父母年事已高且经济困难，没有承担抚养义务的能力，自然不属于有抚养义务的人，对监护人的送养没有同意权。

2. 儿童福利机构

我国的儿童福利机构主要是各地民政部门主管的抚养孤儿和查找不到生父母的未成

年人的社会福利院。这些机构事实上也在履行监护孤儿和查找不到生父母的未成年人的职责，以其为送养人是理所当然的。

3. 有特殊困难、无力抚养子女的生父母

以有特殊困难、无力抚养子女的生父母为送养人，是同以生父母有特殊困难、无力抚养的子女为被收养人的规定相一致的。在这种情况下，通过送养、收养变更亲属关系对子女的健康成长是有利的。

关于以生父母为送养人的问题，《民法典》中还有下列相关规定。

(1)《民法典》第 1097 条规定："生父母送养子女，应当双方共同送养。生父母一方不明或者查找不到的，可以单方送养。"子女是父母双方的子女，变更亲子法律关系事关重大，自应取得父母双方同意。只有在客观上无法共同送养时，始得单方送养。在现实生活中，单方送养主要出于非婚生子女的生父不明或者生父母一方已失踪等原因。基于同样的理由，生父母一方已死亡的，另一方自可为单方送养，但须受《民法典》第 1108 条之规定的限制。

(2)《民法典》第 1108 条规定："配偶一方死亡，另一方送养未成年子女的，死亡一方的父母有优先抚养的权利。"这里所说的"死亡一方的父母"，是生存的另一方的公婆或者岳父母，即被送养人的祖父母或者外祖父母。依据《民法典》第 1074 条的规定，祖父母、外祖父母是第二顺序的抚养义务人。如果祖父母、外祖父母确有抚养孙子女或者外孙子女的意愿和能力，自应赋予其优先抚养权。这一权利的行使，是生存的父或者母送养子女的法定障碍。

事例 8-2 甲与妻子乙离婚后，儿子丙由甲直接抚养，丙随甲与祖父母丁、戊共同生活。甲因车祸不幸死亡后，乙将丙领回自己抚养，但乙的再婚丈夫不能接纳丙，双方产生矛盾。为消除夫妻矛盾，乙承诺将丙送养他人。丙被送养后，丁、戊以乙侵害其优先抚养权为由，请求确认收养无效，将丙交由其抚养。

——丁、戊的诉讼请求应当得到支持。甲与乙离婚时，由甲直接抚养丙。甲死亡后，乙作为丙的母亲，是丙的第一顺序抚养人，其地位优先于丙的祖父母丁、戊。乙欲放弃对丙的抚养权，将丙送养他人时，依据《民法典》第 1108 条的规定，甲的父母有优先于收养人抚养的权利。因此，丁、戊的诉讼请求依法成立。

(3)《民法典》第 1095 条规定："未成年人的父母均不具备完全民事行为能力且可能严重危害该未成年人的，该未成年人的监护人可以将其送养。"这是对监护人送养所作的限制，是出于保护父母和子女之权益的需要。在一般情形下，父母丧失民事行为能力时，变更亲子关系对父母是不利的（如子女被他人收养后，便失去了可期待的受赡养、扶助的义务等）。但是，出于保护子女之权益的需要，当父母对其未成年子女有严重危害可能时，为了避免未成年子女受到严重危害，监护人可以将其送养。

（三）收养人的条件

收养人是指收养他人子女为自己子女，与被收养人建立拟制血亲父母子女关系的自然人。依据《民法典》第 1098 条的规定，收养人应当同时具备下列条件。

1. 无子女或者只有一名子女

这里所说的无子女，包括未婚者无子女、已婚者尚无子女以及因欠缺生育能力而不可能有子女等各种情形。在解释上，子女既包括婚生子女，也包括非婚生子女和养子女。这里所说的只有一名子女，包括非婚生子女、婚生子女、养子女和形成抚养关系的继子女。

2. 有抚养、教育和保护被收养人的能力

这里所说的能力，是就其总体而言的，而不是就其某一方面而言的。衡量是否具有抚养、教育、保护被收养人的能力，不能仅考虑收养人的经济负担能力，还要考虑收养人在思想品德、健康状况等方面有无抚养、教育和保护被收养人的能力。例如，收养人具有品德恶劣、行为不端等不利于被收养人健康成长的情形的，均应认为其抚养、教育和保护能力欠缺。

3. 未患有在医学上认为不应当收养子女的疾病

这既是为了保障养子女的身体健康，也是收养人抚育养子女的前提条件。收养人如果身患传染病，极易将疾病传染给被收养人，危害被收养人的身体健康。收养人如果患有严重疾病，生活不能自理，也不能履行抚养子女的义务。

4. 无不利于被收养人健康成长的违法犯罪记录

收养应当有利于被收养人的健康成长，如果收养人曾经因为实施寻衅滋事、故意杀人、故意伤害、强奸、猥亵儿童、盗抢等违法犯罪行为被行政处罚或者被追究过刑事责任，有此类违法犯罪记录人的品行不利于被收养人的健康成长，故此类人不具备作为收养人的资格。

5. 年满 30 周岁

法律对收养人的最低年龄作出限制规定，是出于对收养关系的性质和生育时间的考虑。不满 30 周岁的人，生育子女的机会尚多，收养他人的子女作为自己的子女不具有急迫性。到达相当年龄后再收养子女，能够更好地承担父母的职责。

关于收养人方面的条件，《民法典》中还有下列几项特殊规定。

（1）《民法典》第 1101 条规定："有配偶者收养子女，应当夫妻共同收养。"被收养人是收养人的家庭成员，与收养人共同生活。如果有配偶者置其配偶的意愿于不顾，单方收养子女，另一方不予承认，势必对家庭关系带来种种不利的影响。这是有悖于收养制度的宗旨的。

（2）《民法典》第 1102 条规定："无配偶者收养异性子女的，收养人与被收养人的年龄应当相差四十周岁以上。"这一规定是出于伦理道德上的考虑和保护被收养人的需要。

此外，《民法典》第 1100 条还对收养人收养子女的数量作了规定，即：无子女的收养人可以收养 2 名子女；有子女的收养人只能收养 1 名子女。但是，收养孤儿、残疾未成年人或者儿童福利机构抚养的查找不到生父母的未成年人，可以不受上述收养数量的限制。

（四）当事人的收养合意

收养关系的成立，以有关当事人的意思表示一致为必要条件。依据《民法典》第1104条的规定，收养合意须满足下列两个方面的要求：一是收养人收养与送养人送养应当双方自愿。收养人和送养人须在平等、自愿的基础上，达成有关成立收养的协议。有配偶者送养或收养子女，须夫妻共同送养或共同收养。收养儿童福利机构抚养的孤儿和未成年人的，应当征得儿童福利机构的同意。二是收养年满8周岁的未成年人应征得被收养人的同意。8周岁以上的未成年人已具有部分民事行为能力，被收养是有关变更其亲子法律关系的重大问题，征得其本人同意是完全必要的。

（五）关于收养条件的特殊规定

作为收养条件一般规定的例外，《民法典》规定在若干具体情形下可以适当放宽收养的条件。

1. 关于收养三代以内旁系同辈血亲的子女的规定

《民法典》第1099条第1款规定："收养三代以内旁系同辈血亲的子女，可以不受本法第一千零九十三条第三项、第一千零九十四条第三项和第一千一百零二条规定的限制。"《民法典》第1099条第2款还规定："华侨收养三代以内旁系同辈血亲的子女，还可以不受本法第一千零九十八条第一项规定的限制。"按此规定，在收养同胞兄弟姐妹的子女、堂兄弟姐妹的子女、表兄弟姐妹的子女时，条件放宽之处有四：（1）生父母无特殊困难、有抚养能力的子女，亦可为被收养人；（2）无特殊困难、有抚养能力的生父母，亦可为送养人；（3）无配偶者收养异性，不受收养人和被收养人之间须有40周岁以上年龄差的限制；（4）收养人如为华侨，回国收养三代以内旁系同辈血亲的子女，不受收养人无子女或者只有1名子女的限制，其他收养条件与国内公民收养三代以内旁系同辈血亲的子女相同。

2. 关于收养孤儿、残疾的未成年人或者儿童福利机构抚养的查找不到生父母的未成年人的规定

《民法典》第1100条第1款规定，"无子女的收养人可以收养两名子女；有子女的收养人只能收养一名子女"。第2款规定，"收养孤儿、残疾未成年人或者儿童福利机构抚养的查找不到生父母的未成年人，可以不受前款和本法第一千零九十八条第一项规定的限制"。按此规定，有子女者亦可收养孤儿、残疾的未成年人或者儿童福利机构抚养的查找不到生父母的未成年人，且收养数量不受限制。

3. 关于继父母收养继子女的规定

《民法典》第1103条规定："继父或者继母经继子女的生父母同意，可以收养继子女，并可以不受本法第一千零九十三条第三项、第一千零九十四条第三项、第一千零九十八条和第一千一百条第一款规定的限制。"按此规定，继子女的生父母即使无特殊困难、有抚养能力，继父或者继母即使已有子女、欠缺抚养教育和保护的能力，继父或者继母即使患有在医学上认为不应当收养子女的疾病，继父或者继母即使有不利于被收养人健康成长的违法犯罪记录，继父或者继母即使不满30周岁，仍得成立此种收养关系，而且可以收养2名以上的子女。继父或者继母在抚养、教育和保护能力不足的情形下，作为收养人可以与其配偶（子女的生父或者生母）共同努力，承担抚养、教育和保护的责任。

二、收养关系成立的形式要件

收养是拟制血亲关系借以建立的重要途径。变更亲子法律关系事关重大，故各国的法律均规定收养为要式民事法律行为，只有符合法定形式，收养关系才能产生法律效力。在我国，《民法典》规定成立收养关系的法定程序是收养登记，同时以收养协议及收养公证为补充。

（一）收养登记的程序

《民法典》第1105条第1款规定："收养应当向县级以上人民政府民政部门登记。收养关系自登记之日起成立。"

1. 办理收养登记的机关

办理收养登记的法定机关是县级人民政府的民政部门。收养登记的管辖因被收养人的情况不同而有区别：（1）收养社会福利机构抚养的查找不到生父母的弃婴、儿童和孤儿的，在社会福利机构所在地的收养登记机关办理登记；（2）收养非社会福利机构抚养的查找不到生父母的弃婴和儿童的，在弃婴和儿童发现地的收养登记机关办理登记；（3）收养生父母有特殊困难无力抚养的子女或者由监护人监护的孤儿的，在被收养人生父母或者监护人常住户口所在地（组织作监护人的，在该组织所在地）的收养登记机关办理登记；（4）收养三代以内旁系同辈血亲的子女，以及继父或者继母收养继子女的，在被收养人生父或者生母常住户口所在地的收养登记机关办理登记。

2. 收养登记的具体程序

（1）申请。

依据《中国公民收养子女登记办法》（2023年修订）的规定，收养登记的具体程序包括：

收养关系当事人应当亲自到收养登记机关办理成立收养关系的登记手续。夫妻共同收养子女的，应当共同到收养登记机关办理登记手续；一方因故不能亲自前往的，应当书面委托另一方办理登记手续，委托书应经过村民委员会或者居民委员会证明或者经过公证。

申请收养登记时，收养人应当向收养登记机关提交收养登记申请书和下列证件、证明材料：1）收养人的居民户口簿和居民身份证；2）由收养人所在单位或者村民委员会、居民委员会出具的本人婚姻状况和抚养教育被收养人的能力等情况的证明，以及收养人出具的子女情况声明；3）县级以上医疗机构出具的未患有在医学上认为不应当收养子女的疾病的身体健康检查证明。收养查找不到生父母的弃婴、儿童的，应当一并提交收养人经常居住地卫生健康主管部门出具的收养人生育情况证明；其中，收养非社会福利机构抚养的查找不到生父母的弃婴、儿童的，收养人还应当提交下列证明材料：收养人经常居住地卫生健康主管部门出具的收养人无子女的证明以及公安机关出具的捡拾弃婴、儿童报案的证明。

送养人应提交如下证件和证明材料：1）送养人的居民户口簿和居民身份证（组织作监护人的，提交其负责人的身份证件）；2）《民法典》规定，应当征得其他有抚养义务的人同意的，并提交其他有抚养义务的人同意送养的书面意见。社会福利机构为送养人的，还应当提交弃婴、儿童进入社会福利机构的原始记录，公安机关出具的捡拾弃婴、儿童报案的证明，或者孤儿的生父母死亡或者宣告死亡的证明。监护人为送养人的，并应当提交实际承担监护责任的证明，孤儿的父母死亡或者宣告死亡的证明，或者被收养人的生父母无完全民事行为能力并对收养人有严重危害的证明。生父母为送养人，有特殊困难无力抚养子女的，还应当提交送养人有特殊困难的证明；因丧偶或者一方下落不明而单方送养的，还应当提交配偶死亡或者下落不明的证明；子女由三代以内旁系同辈血亲收养的，还应当提交公安机关出具的或者经公证的与收养人有亲属关系的证明。被收养人是残疾的儿童的，并应当提交县级以上医疗机构出具的该儿童的残疾证明。

（2）审查。

收养登记机关收到收养登记申请书及有关材料后，应当自次日起 30 日内进行审查。审查的主要内容包括：收养申请人是否符合法律所规定的收养人条件以及其收养的目的是否正当；被收养人是否符合法律所规定的被收养人条件；送养人是否符合法律所规定的送养人条件；证明材料是否真实有效；当事人申请收养的意思表示是否真实等。

（3）公告。

收养查找不到生父母的弃婴、儿童的，收养登记机关应当在登记前公告查找其生父母，自公告之日起满 60 日，弃婴、儿童的生父母或者其他监护人未认领的，视为查找不到生父母的弃婴、儿童，才可以办理收养登记。

（4）登记。

经审查，收养登记机关对于申请人的证件和证明材料齐全有效、符合《民法典》规定的收养条件的，应为其办理收养登记，发给收养证，收养关系自登记之日起成立；对于不符合《民法典》规定条件的，不予登记，并对当事人说明理由。

（二）收养协议和收养公证

《民法典》第 1105 条第 3 款规定：“收养关系当事人愿意签订收养协议的，可以签订收养协议。”第 4 款规定：“收养关系当事人各方或者一方要求办理收养公证的，应当办理收养公证。”可见，收养协议和收养公证并不是收养的法定形式要件，而是由当事人自主选择的。

1. 收养协议

收养协议是指收养关系当事人之间依照法律规定的条件订立的关于同意成立收养关系的协议。订立收养协议应当符合如下法律要求：（1）订立收养协议的当事人，即收养人、被收养人与送养人均须符合《民法典》规定的收养成立的条件；（2）收养协议的主要条款，应当包括收养人、送养人和被收养人的基本情况，收养的目的，收养人不虐待、不遗弃被收养人和抚养被收养人健康成长的保证，以及双方要求订入的其他内容；（3）收养协议应当采书面形式。

收养协议自收养关系当事人正式签订之日起生效，但当事人约定收养关系自协议生效之日起成立而未办理收养登记的，收养关系不成立。

事例 8-3 甲在丈夫去世后独自抚养儿子乙。乙幼年之时，甲患重病。自知将不久于人世的甲放心不下乙，但又无其他近亲属可以托付，便将自己的好友丙夫妇叫到病床前，临终托孤，请求丙夫妇在其死后抚养自己5岁的儿子，丙夫妇含泪应允。于是三人签署了协议书，协议内容为：甲去世后5岁的儿子由丙夫妇抚养，甲的遗产由其儿子一人继承，在乙成年前，该遗产由丙夫妇管理。丙夫妇抚养乙所需费用，自乙继承的遗产中支取。丙夫妇也有一子需要照顾，但对乙尽心尽力。乙入学前，丙夫妇想收养乙为养子，但不知如何办理收养手续。

——甲与丙夫妇签订的协议是寄养协议，不是收养协议。收养协议是当事人之间依照法律规定的条件订立的关于同意成立收养关系的协议。收养协议的主要条款应明确收养的目的，但甲与丙夫妇签订的协议中并没有收养的意思表示，只是约定丙夫妇代甲完成抚养丙的任务，因此，双方的协议属于寄养协议。丙夫妇要收养乙作为养子，首先要确定送养人。丙为孤儿，应当首先为其确定监护人。监护人确定后，由监护人作为送养人、丙夫妇作为收养人，按照收养孤儿的程序，向监护人常住户口所在地（组织作监护人的，在该组织所在地）的收养登记机关办理登记。

2. 收养公证

收养公证是指根据收养关系当事人各方或者一方的要求，由公证机关对其订立的收养协议依法作出的公证证明。关于收养公证的办理，应当明确如下问题。

（1）办理收养公证并不是成立收养关系的必经法律程序。只有在收养关系当事人要求办理收养公证的情况下，才依法予以办理。

（2）办理收养公证时，公证机关应当对申请收养公证的当事人的条件和收养协议的内容的合法性进行审查，经过审查后，认为收养人、送养人和被收养人符合法律规定的相关条件，收养协议的内容合法有效的，才能给予办理公证证明。但办理收养公证后未办理收养登记的，收养关系不成立。

事例 8-4 甲的父母因长期从事地质勘探工作，无力抚养甲，决定将其送给乙夫妇抚养。收养人与送养人签订了收养协议，协议中约定：收养协议自办理公证之日起生效。协议签订后，双方到公证机关办理了收养协议公证手续。甲与乙夫妇生活在一起，乙夫妇将甲视为己出，甲享受着养父母的关爱，幸福快乐地生活着。甲的父母对于甲被送养一事一直无法释怀，多方争取调到机关工作后，与乙夫妇协商解除收养关系，将甲领回自己抚养，但乙夫妇不同意，已满10周岁的甲也不同意回到生父母身边。于是，甲的父母向人民法院提起诉讼，请求解除收养关系。

——依照《民法典》的规定，收养关系当事人愿意订立收养协议的，可以订立收养协议；收养关系当事人各方或者一方要求办理收养公证的，应当办理收养公证。收养关系自登记之日起成立。由此可见，收养登记是收养关系成立的法定形式要件，至于当事人之间是否订立收养协议、收养协议是否公证，对收养关系成立并不起决定作用。因此，甲的父母与乙夫妇之间的收养协议自公证之日起生效，但甲与乙夫妇的收养关系并未成立，甲的生父母请求解除收养关系并不恰当，人民法院可基于双方未办理收养登记的事实，确认收养不成立。

三、关于保守收养秘密的问题

《民法典》第 1110 条规定："收养人、送养人要求保守收养秘密的，其他人应当尊重其意愿，不得泄露。"这一规定是基于我国法律关于保护自然人隐私权的法律准则而提出的法律要求，有利于稳定收养关系，保障收养人与被收养人家庭生活的和睦。依照该条的规定，收养人、送养人有权要求保守收养秘密，其他任何人有不得泄露该收养秘密的义务。

第三节　收养关系的效力

收养关系一经成立，便引起一系列的法律后果。收养关系的效力，就是收养成立引起的法律后果的总称。依据《民法典》第 1111 条的规定，可以将收养关系的效力分为拟制效力和解消效力两个方面。另外，《民法典》还对无效收养及其法律后果作了明确的规定。

一、收养关系的拟制效力

收养关系的拟制效力是指收养依法创设新的亲属关系以及权利、义务的效力。在当代各国收养法中，对收养关系的拟制效力有不同的立法例。有的国家规定，收养关系的拟制效力仅及于养父母与养子女及收养关系存续期间养子女所生的直系晚辈血亲，而不及于养父母的血亲，如德国、瑞士、法国、奥地利等。这种收养为不完全收养。有的国家则规定，收养关系的拟制效力同时及于养父母的血亲，如日本、韩国等。这种收养为完全收养。在我国，依照《民法典》的规定，收养的拟制效力不仅及于养父母与养子女，也及于养子女与养父母的近亲属。因此，我国法上的收养为完全收养。

（一）养父母与养子女间形成法律拟制的父母子女关系

依据《民法典》第 1111 条第 1 款的规定，自收养关系成立之日起，养父母与养子女间的权利义务关系，适用《民法典》关于父母子女关系的规定。按此规定，基于收养关系的拟制效力，养父母子女关系与自然血亲的父母子女关系具有同等的法律地位，两者在亲子间的权利、义务上是完全相同的。《民法典》中有关父母对未成年子女的抚养、教育、保护，成年子女对父母的赡养等规定，有关父母与子女互为第一顺序继承人的规定，均适用于养父母与养子女。

收养关系的拟制效力同样表现在养子女的姓氏问题上。养子女的姓随养亲，这是当代各国亲属法的通例。在我国，《民法典》第1112条规定："养子女可以随养父或者养母的姓氏，经当事人协商一致，也可以保留原姓氏。"养子女的姓既可以随养父，也可以随养母。这同《民法典》第1015条关于子女姓氏问题的规定是完全一致的。

（二）养子女与养父母的近亲属间形成相应的拟制血亲关系

依据《民法典》第1111条第1款的规定，养子女与养父母的近亲属间的权利义务关系，适用《民法典》关于子女与父母的近亲属关系的规定。养子女与养父母的近亲属间的权利和义务关系，是养亲子关系在法律上的延伸。具体来说，养子女与养父母的父母间，有祖孙间的权利和义务；养子女与养父母的子女间，有兄弟姐妹间的权利和义务。上述近亲属间的抚养和赡养适用《民法典》第1074条、第1075条的规定，法定继承适用《民法典》第1127条及其相关规定——养兄弟姐妹、养祖父母、养外祖父母为第二顺序法定继承人，养孙子女、养外孙子女可以代位继承其养祖父母、养外祖父母的遗产。

事例8-5　甲与妻子乙婚后不能生育，甲母丙希望甲、乙收养甲妹妹的女儿作为养女，而乙却要收养其表弟的儿子作为养子。甲、乙最终收养乙表弟的儿子丁为养子，办理了收养登记手续后丁即随甲、乙共同生活。丙对此极为不满，从此断绝与甲一家的往来。后甲、乙双双失去工作，没有稳定收入，生活陷于困境，无力抚养丁，便请求丙负担丁的抚养费，丙则以不同意收养丁为由拒绝承担抚养费支付义务。

——基于收养关系的拟制效力，丙对丁有抚养的义务。依据《民法典》第1111条第1款的规定，养子女与养父母的近亲属间的权利和义务关系，适用法律关于子女与父母的近亲属间的权利和义务关系的规定。依据《民法典》第1074条的规定，有负担能力的祖父母对子女无力抚养的未成年的孙子女，有抚养的义务。

二、收养关系的解消效力

收养关系的解消效力是指收养依法终止原有的亲属关系及其权利、义务的效力。[1]在当代各国的收养法中，关于收养关系的解消效力的规定因完全收养和不完全收养而异。在完全收养情形下，养子女与生父母及其他近亲属间的权利和义务关系基于收养关系的效力而消除；在不完全收养的情形下，养子女与生父母及其他近亲属间仍保有法定的权利和义务关系。在我国，依照《民法典》的规定，收养属于完全收养，收养关系的解消效力不仅及于养子女与生父母的权利和义务关系，也及于养子女与生父母的近亲属

① 许多学者将收养的这种效力称为解销效力。我们认为，收养的这种效力表现为解除和消除养子女与生父母、养子女与生父母以外的其他近亲属之间的权利和义务关系，因此，应称为解消效力，而不称为解销效力。

间的权利和义务关系。

（一）养子女与生父母间的权利和义务关系消除

《民法典》第1111条第2款中规定，养子女与生父母间的权利和义务关系，因收养关系的成立而消除。可见，收养关系的解消效力所消除的，仅为法律意义上的父母子女关系，即相互间父母子女的权利、义务，而非自然意义上的父母子女关系。养子女与生父母间基于出生而具有的直接血缘联系是客观存在的，不能通过法律手段加以改变。因此，《民法典》中有关禁止直系血亲结婚的规定，对于养子女与生父母仍然适用。

（二）养子女与生父母的近亲属间的权利和义务关系消除

《民法典》第1111条第2款中规定，养子女与生父母的近亲属间的权利和义务关系，亦因收养关系的成立而消除。因此，子女被他人收养后，其与生父母的父母不再具有祖孙间的权利和义务关系，与生父母的其他子女间不再具有兄弟姐妹间的权利和义务关系。当然，这里所消除的也仅是他们之间的权利和义务关系，而非自然血亲关系。因此，《民法典》中有关禁止直系血亲和三代以内旁系血亲结婚的规定，对养子女与生父母的近亲属仍然是适用的。

事例8-6 甲与妻子乙再婚后，未成年的丙随乙与继父甲共同生活，甲对丙长期进行抚养教育，双方形成抚养关系。乙与甲的儿子丁出生后，乙与甲协商，由甲收养丙，这样，丙、丁同姓，兄弟俩容易和谐相处。征得丙的生父同意后，甲收养了丙，并办理了收养登记手续。丙的生父因病死亡，留下大宗遗产，丙要求继承，被其他继承人拒绝。

——丙被甲收养后，双方的关系由抚养关系的继父子关系变更为收养关系的继父子关系，相互间的权利、义务的内容不发生变化，但丙与生父母及生父母的近亲属之间的权利和义务关系则发生变化。丙被甲收养后，丙与生父之间的权利、义务终止，丙继承生父的遗产的权利消灭。

三、无效收养

（一）无效收养的原因

无效收养是指欠缺收养成立的法定有效条件，不能产生收养法律效力的收养行为。判断收养是有效的还是无效的，应以《民法典》有关民事法律行为有效要件的规定和有关收养关系成立要件的规定为依据。具体说来，收养无效的原因包括：（1）收养人、送养人不具有完全的民事行为能力；（2）当事人的意思表示不真实，即收养人同意收养、送养人同意送养及年满8周岁的被收养人同意被收养并非出于本人的真实意愿；（3）违反法律规定的收养条件；（4）违反社会公共利益。

（二）确认收养无效的程序

《民法典》对于确认收养无效的程序并没有加以规定，但对于一般民事法律行为和婚姻的无效均要求通过诉讼程序加以确认。基于此，对收养无效的确认也应通过诉讼程序进行。

在审判实践中，以诉讼程序确认收养无效有以下两种情形：一是当事人或利害关系人提出请求确认收养无效之诉，由人民法院依法判决收养无效；二是人民法院在审理有关案件的过程中发现无效收养，在有关的判决中确认收养无效。拟制血亲的亲子关系和自然血亲的亲子关系一样，是赡养、抚养、监护、法定继承等得以发生的基础法律关系，认定收养是否有效是正确处理有关案件的必要前提。

依据《中国公民收养子女登记办法》（2023 年修订）第 13 条的规定，收养关系当事人弄虚作假，骗取收养登记的，收养关系无效，由收养登记机关撤销登记，收缴收养登记证。依照这一规定，收养无效也可以通过行政程序予以确认。但是，这里所称的无效与收养行为的无效并不相同，后者是指不具有法律规定的收养条件而导致的无效。

（三）收养无效的法律后果

《民法典》第 1113 条第 2 款规定：无效的收养行为自始没有法律约束力。收养无效具有溯及既往的效力，这是确认收养无效和收养关系解除的重要区别。

无效收养不发生收养的法律后果，当事人预期的目的不能实现。但无效收养并非不发生其他法律后果。根据不同情形，无效收养会发生当事人意思之外的后果，即无效民事法律行为后果、行政法上的后果和刑法上的后果，当事人应相应地承担无效收养的民事责任、行政责任和刑事责任。

事例 8－7　甲夫妇婚后育有两女，其弟乙育有两子。甲母重男轻女思想严重，认为甲无子嗣，无人承继香火，即要求乙将其二子丙过继给甲，以将来为甲夫妇养老送终、接管其家产。丙被过继给甲后，即随甲夫妇共同生活，一家人相处融洽、和谐安乐。丙成年后，甲夫妇的两个女儿均远嫁他乡，甲夫妇的生活由丙照料。甲夫妇去世后，甲夫妇的两个女儿与丙因遗产继承发生纠纷，丙认为作为养子，甲夫妇的遗产应由其一人继承。

——丙以过继子身份与甲夫妇共同生活，按照民间习俗建立收养关系，但不符合法律规定的收养条件和程序，因此，甲夫妇与丙之间的收养关系不成立，双方不具有养父母子女身份，丙对甲夫妇的遗产没有继承权。但丙在甲夫妇生前对其扶养较多，可作为酌情分得遗产人适当分得甲夫妇的遗产。

第四节　收养关系的解除

一、收养关系解除的原因

收养关系因一定法律事实而成立，亦可因一定法律事实而终止。收养关系终止的原因有二：一是收养人或者被收养人死亡，因主体缺位而自然终止；二是收养关系存续期间，通过法律手段解除而终止。就法理而言，收养关系因死亡而终止的，以收养关系为中介的其他亲属关系并不终止；因依法解除而终止的，以该收养关系为中介的其他亲属关系亦随之终止。

依照《民法典》的规定，根据当事人对解除收养所持的态度，收养关系的解除有两种不同的方式：一是收养关系依当事人的协议而解除，二是收养关系依当事人一方的要求而解除。

（一）收养关系依当事人的协议而解除

《民法典》第 1114 条第 1 款规定："收养人在被收养人成年以前，不得解除收养关系，但是收养人、送养人双方协议解除的除外。养子女八周岁以上的，应当征得本人同意。"第 1115 条规定："养父母与成年养子女关系恶化、无法共同生活的，可以协议解除收养关系。不能达成协议的，可以向人民法院提起诉讼。"依照以上规定，在被收养人成年以前，收养人和送养人双方自愿达成解除收养的协议的，应依法准许。在被收养人成年以后，养父母与成年养子女协议解除收养的，法律应尊重双方的共同意愿。

1. 协议解除收养关系的条件

（1）在养子女成年以前，解除收养关系须征得收养人和送养人的同意。双方在解除收养的问题上，意思表示须完全一致。养子女年满 8 周岁的，还应征得本人同意。

（2）在养子女成年以后，解除收养关系须得到收养人和被收养人的同意。双方在解除收养问题上，意思表示亦须完全一致。

（3）当事人就收养关系解除后的财产和生活问题一并达成协议。

2. 协议解除收养关系的程序

《民法典》第 1116 条规定："当事人协议解除收养关系的，应当到民政部门办理解除收养关系登记。"当事人办理解除收养关系的登记时，应当持居民户口簿、居民身份证、收养登记证和解除收养关系的书面协议，共同到被收养人常住户口所在地的收养登记机关办理解除收养关系登记。

依据《中国公民收养子女登记办法》（2023 年修订）第 11 条的规定，收养登记机关收到解除收养关系登记申请书及有关材料后，应当自次日起 30 日内进行审查。对于符合《民法典》之规定的，为当事人办理解除收养关系的登记，收回收养登记证，发给解除收养关系证明。

事例 8－8　甲夫妇婚后无子女，生活富裕。乙夫妇有两女一子，生活困难。乙夫妇的二女儿丙，乖巧懂事，备受甲夫妇喜爱。甲夫妇与乙夫妇协商收养丙，乙夫妇表示同意。办理收养登记手续后，丙即与甲夫妇共同生活。丙考取大学后，党的农村政策也使乙夫妇发家致富，乙夫妇对丙的思念日益强烈，设法与丙取得联系后开始频繁来往，于是丙对甲夫妇的感情逐渐冷淡。甲夫妇无奈与丙协议解除了收养关系，但未办理解除收养关系登记手续。丙成年后，甲夫妇生活困难，要求丙赡养。丙以收养关系已解除为由，拒绝向甲夫妇支付赡养费。

——丙被甲夫妇合法收养，双方之间养父母子女关系成立。收养关系存续期间，丙成年后，甲夫妇与丙协议解除收养关系，符合法律规定，协议合法有效，但因未办理收养关系解除登记，不发生收养关系解除的效力，故丙对养父母甲夫妇仍有赡养的义务。

（二）收养关系依当事人一方的要求而解除

当事人不能达成解除收养关系协议的，一方可向人民法院提起诉讼，通过诉讼程序解除收养关系。《民法典》第1114条第2款规定："收养人不履行抚养义务，有虐待、遗弃等侵害未成年养子女合法权益行为的，送养人有权要求解除养父母与养子女间的收养关系。送养人、收养人不能达成解除收养关系协议的，可以向人民法院提起诉讼。"第1115条中规定，在养父母与成年养子女关系恶化，无法共同生活而又不能协议解除收养关系时，双方可以向人民法院起诉。

1. 一方要求解除收养关系的条件

在养子女成年前，收养人不履行抚养义务，有虐待、遗弃等侵害未成年养子女的合法权益的行为，送养人要求解除收养关系，但不能与收养人达成解除协议的，送养人可以向人民法院提起诉讼。

在养子女成年后，养父母与成年养子女关系恶化，无法共同生活，但养父母与成年养子女不能达成解除收养关系协议的，双方均可向人民法院起诉解除收养关系。

2. 一方要求解除收养关系的程序

当事人一方要求解除收养关系的，应当依诉讼程序办理。人民法院审理要求解除收养关系的案件时，应当查明有关事实，依照《民法典》的有关规定，做好调解工作，保护未成年养子女和成年养子女的养父母的合法权益。在调解无效的情况下，依法作出准予或者不准予解除收养关系的判决。

二、解除收养关系的法律后果

（一）养子女与养父母及其他近亲属之间的后果

《民法典》第1117条中规定，收养关系解除后，养子女与养父母以及其他近亲属间的权利和义务关系即行消除。可见，解除收养关系的直接后果是养父母子女关系的终止，双方不再具有父母子女间的权利、义务。养子女与养父母的近亲属之间因收养关系的成立而形成的近亲属身份和权利、义务也随之而终止。

（二）养子女与生父母及其他近亲属之间的后果

《民法典》第1117条中同时规定，收养关系解除后，养子女与生父母以及其他近亲属间的权利和义务关系自行恢复，但是，成年养子女与生父母以及其他近亲属间的权利和义务关系是否恢复，可以协商确定。如果成年养子女与生父母协商确定恢复父母子女间的权利和义务关系，该子女与生父母的近亲属间的权利和义务关系即随之恢复。

事例8-9 甲与妻子乙婚后无子，收养甲弟的儿子丙为养子。丙成年后养母乙去世，甲再婚。因与继母关系紧张、无法相处，丙与甲协议解除收养关系。办理解除收养关系登记手续后，丙从甲家中搬出，独立生活。丙独立生活后，与生父母之间往来增多，丙对生活困难的生父母多有接济。后丙的生父患病住院治疗，丙的弟弟要求丙分担医药费，遭到丙的拒绝，于是其生父向人民法院提起诉讼。

——丙成年后与甲解除养父子关系，双方的权利、义务终止。但丙与生父母间的权利和义务关系是否恢复，应当由双方协商确定，不能采用默示形式。丙在与甲的收养关系解除后，虽与生父母恢复来往并在生活上接济，但双方对生父母子女关系的恢复问题并没有进行协商，因此，双方的关系仍处于因收养关系成立而终止的效力状态，丙对生父没有医药费的负担义务。

（三）成年养子女的生活费给付义务

依据《民法典》第 1118 条第 1 款的规定，收养关系解除后，经养父母抚养的成年养子女，对于缺乏劳动能力又缺乏生活来源的养父母，应当给付生活费。关于生活费的数额，应视养父母的实际生活需要和成年养子女的负担能力而定。一般来说，应不低于当地居民普通的生活费用标准。收养关系解除后养子女的生活费给付义务，并不是收养关系效力之下养子女对养父母的赡养义务，而是收养关系解除后养子女对养父母履行抚养义务的回报，是权利、义务一致原则的体现。

事例 8－10　甲与妻子乙收养丙为养子。丙成年后因婚姻问题与甲、乙产生矛盾，双方各不相让，最终关系破裂，甲、乙决定与丙解除收养关系，丙表示同意。办理了解除收养关系登记手续后，丙从甲家中搬出，独立生活，自此结婚生子，与甲、乙再无往来。后乙因患病住院治疗，医疗费花费巨大，甲、乙生活出现困难，遂要求丙给付生活费，但丙以收养关系已解除为由，拒绝给付。

——丙成年后与甲、乙解除收养关系，丙对甲、乙的赡养义务消灭。但丙与甲、乙解除收养关系时，丙已在甲、乙的抚养、教育下长大成人，本该履行赡养义务，但甲、乙享有的受丙赡养的权利因为收养关系的解除而消灭，这不符合权利、义务一致的原则。因此，《民法典》第 1118 条第 1 款中规定，收养关系解除后，经养父母抚养的成年养子女，对缺乏劳动能力又缺乏生活来源的养父母，应当给付生活费。

（四）养父母的抚养费补偿请求权

《民法典》第 1118 条第 1 款中规定：因养子女成年后虐待、遗弃养父母而解除收养关系的，养父母可以要求养子女补偿收养期间支出的抚养费。第 2 款规定：生父母要求解除收养关系的，养父母可以要求生父母适当补偿收养期间支出的抚养费；但是，因养父母虐待、遗弃养子女而解除收养关系的除外。依照这一规定，养父母的抚养费补偿请求权得区分不同情形，向成年养子女主张或者向其生父母主张，但养父母对养子女的虐待、遗弃构成其向养子女的生父母行使补偿请求权的法定障碍。

事例 8-11　甲与妻子乙婚后有女无子，收养丙为养子。甲、乙将丙视为己出、娇生惯养，丙逐渐形成任性霸道的性格。丙成年后，游手好闲、不务正业，隔三岔五伸手向甲、乙要钱，不给就非打即骂。甲、乙不堪忍受，与丙协商解除收养关系，丙不同意。甲、乙向人民法院提起诉讼，请求人民法院解除与丙的收养关系，丙补偿收养期间支出的抚养费共计 10 万元，并要求丙在收养关系解除后向其支付生活费。

——因丙成年后虐待甲、乙，甲、乙提起诉讼，要求解除收养关系。甲、乙提出的解除与丙的收养关系和丙补偿收养期间支出的抚养费的诉讼请求，符合法律规定，人民法院应当予以支持。但对于甲、乙提出的丙应支付生活费的请求，人民法院不应当支持。收养关系解除后，养子女向养父母支付的生活费，或者补偿的抚养费，均是对养父母在收养期间的付出的回报，是权利、义务一致的体现，二者只能选择其一，不能同时存在。

思考案例

1. 甲系某大学教师，35 周岁，未婚。某日，甲兄乙与其 15 岁的女儿丙在外出游玩途中发生车祸，乙当场死亡。丙母丁有再婚的愿望，但因对方不接受丙而未能如愿。经征得丙和丁的同意，甲决定收养丙。丁再婚后将丙交由甲抚养。自此甲、丙开始以父女名义共同生活。

问：(1) 甲是否具备收养丙的资格？(2) 丙是否具备被甲收养的资格？(3) 甲收养丙的行为是否具有法律效力？

2. 甲骑摩托车载着怀孕 9 个月的妻子乙前往医院进行产前检查途中，不幸与一辆卡车相撞。乙腹中的胎儿受到撞击后出生，安然无恙。甲、乙因车祸身亡。婴儿的祖父母承担起了对孙子的抚养责任，为其取名丙。转眼几年过去了，祖父母因年老体弱，便有意将丙送养给丁夫妇。丙的外祖父母得知后，不同意将丙送养他人，但其本身属“五保户”，没有抚养丙的能力。丙的祖父母坚持送养丙，并与丁夫妇到收养登记机关办理了收养登记手续。丙的外祖父母向人民法院提起诉讼，请求确认收养关系无效。

问：(1) 丙的外祖父母是否为“其他有抚养义务的人”？(2) 丙的祖父母未经其外祖父母同意送养丙的行为是否具有法律效力？

3. 甲、乙夫妇年过 40 尚无子嗣，遂收养了邻居 13 岁男孩丙为养子，但未办理收养登记手续。此后丙与甲、乙共同生活，甲、乙承担起对丙的抚养和教育责任。丙的姐姐意外死亡后，丙的生父母欲解除甲、乙与丙之间的收养关系，遭到了甲、乙和丙的拒绝。丙的生父母向人民法院提起诉讼，请求确认甲、乙与丙间的收养关系无效。

问：(1) 甲、乙与丙之间的收养关系是否成立？(2) 丙拒绝与生父母恢复父母子女关系的意思表示是否具有法律效力？

4. 甲、乙结婚后，因甲无生育能力，夫妇二人决定收养12岁男孩丙，并依法办理了收养登记。1年后，甲、乙因煤气中毒双亡，甲的父母丁、戊希望丙由生父母领回抚养，但丙的生父母不同意。丙要求丁、戊抚养，丁、戊以丙与其没有血缘关系为由拒绝抚养。丙向人民法院提起诉讼，要求丁、戊履行抚养义务。

问：(1) 甲、乙死亡后，丙与生父母间的权利和义务关系是否自行恢复？(2) 甲、乙死亡后，丙的养祖父母丁、戊是否有抚养丙的义务？

5. 甲、乙夫妇依法收养了7周岁的丙，一直将其抚养至大学毕业。丙成年后经常虐待甲、乙。因对丙的虐待不满，甲、乙便与丙协商要求解除收养关系，丙表示同意，双方办理了解除收养关系登记手续。收养关系解除后。养父甲被确诊为肝癌晚期，巨额的医药费支出，使甲、乙的生活陷入困境，甲、乙向丙提出了给付生活费的要求，丙则以收养关系解除为由，拒绝了甲、乙的请求。甲、乙向人民法院提起诉讼，请求丙每月向其支付生活费1 500元，并补偿抚养丙期间支出的抚养费10万元。

问：(1) 收养关系解除后，丙是否有向甲、乙支付生活费的义务？(2) 丙是否有补偿甲、乙支出的抚养费的义务？(3) 甲、乙对丙的生活费支付和抚养费等补偿请求权能否同时行使？

6. 甲由养父母抚养成年。甲结婚生子后，由于妻子与养父母关系不和，家庭矛盾重重，甲与养父母协商解除了收养关系，甲每月给付养父母生活费300元。甲的生父母在甲与养父母的收养关系解除时已丧失劳动能力，此前经常得到甲的接济。收养关系解除后，甲一如既往地在生活上照顾生父母，在经济上帮助生父母。生父母得知甲与养父母解除收养关系的消息后，要求甲承担赡养义务，但甲不同意。

问：(1) 收养关系解除后，甲与生父母之间的权利和义务关系是否自行恢复？(2) 甲对生父母生活上的照料和经济上的帮助是道德义务还是法律义务？

7. 甲为乙之兄，年过半百，膝下无子女。乙有一子一女，其女丙已满15周岁，就读某中学。为承膝下之欢，也为了丙能取得北京考生身份，经与乙夫妇协商，甲决定收养丙。征得丙的同意后，甲与乙夫妇、丙签订了收养协议，丙跟随甲共同生活。

问：(1) 丙为年满15周岁的未成年人能否被收养？(2) 甲未经其妻同意能否单方收养丙？(3) 甲夫妇与丙的收养关系何时成立？(4) 若丙未成年时甲夫妇因意外事故同时死亡，丙与乙夫妇的权利和义务关系是否自然恢复？

8. 吴某（女）16岁，父母去世后无其他近亲，吴某的舅舅孙某（50岁，离异，有一个19岁的儿子）提出愿将吴某收养。孙某咨询律师收养是否合法，律师的下列哪一项答复是正确的？（　　）

A. 吴某已满16岁，不能再被收养

B. 孙某与吴某年龄相差未超过40岁，不能收养吴某

C. 孙某已有子女，不能收养吴某

D. 孙某可以收养吴某

9. 小强现年9周岁，生父谭某已故，生母徐某虽有抚养能力，但因准备再婚决定将其送养。徐某的姐姐要求收养，其系华侨富商，除已育有一子外符合收养人的其他条件；谭某父母为退休教师，也要求抚养。下列哪些选项是正确的？（　　）

A. 徐某因有抚养能力不能将小强送其姐姐收养
B. 徐某的姐姐因有子女不能收养小强
C. 谭某父母有优先抚养的权利
D. 收养应征得小强同意

课后复习

1. 收养的特点有哪些?
2. 收养与寄养有何异同?
3. 收养应遵循哪些基本原则?
4. 收养关系的成立应当具备哪些条件?
5. 收养关系成立的法定程序是什么?
6. 收养关系的成立有何法律效力?
7. 收养关系解除的条件和程序是什么?
8. 收养关系解除引起的法律后果有哪些?

第九章

特殊婚姻家庭关系

提　要

特殊婚姻家庭关系包括涉外婚姻家庭关系，大陆（内地）居民同华侨、港澳台同胞的婚姻家庭关系。涉外婚姻家庭关系，是指在中国境内，中国公民与外国人、无国籍人按照我国法律进行的结婚、离婚以及外国人收养中国公民而产生的关系；大陆（内地）居民同华侨、港澳台同胞的婚姻家庭关系，是指侨居在外国或者居住在中国香港、澳门、台湾地区的中国同胞与大陆（内地）居民之间依照中国法在中国境内缔结或者解除婚姻关系以及相应的家庭关系。

重点问题

1. 涉外婚姻家庭关系
2. 涉侨婚姻关系
3. 涉港澳台婚姻家庭关系

第一节　涉外婚姻家庭关系的法律适用

一、涉外婚姻家庭关系法律适用的一般原则

涉外婚姻家庭关系具有涉外因素，因而在适用法律时需要解决不同国家（地区）的婚姻家庭法的冲突问题。《最高人民法院关于适用〈中华人民共和国涉外民事关系法律适用法〉若干问题的解释（一）》第 1 条规定，民事关系具有下列情形之一的，可以认定为涉外民事关系：(1) 当事人一方或者双方是外国公民、外国法人或者其他组织、无国籍人；(2) 当事人一方或者双方的经常居所地在中国领域外；(3) 标的物在中国领域外；(4) 产生、变更或者消灭民事关系的法律事实发生在中国领域外；(5) 可以认定为涉外民事关系的其他情形。婚姻家庭关系符合上述任何一种情形的，都构成涉外婚姻家庭关系。

《中华人民共和国涉外民事关系法律适用法》（以下简称《涉外民事关系法律适用法》）第 2 条规定：涉外民事关系适用的法律，依照该法确定；其他法律对涉外民事

关系法律适用另有特别规定的，依照其规定。如果《涉外民事关系法律适用法》和其他法律对涉外民事关系法律适用没有规定的，适用与该涉外民事关系有最密切联系的法律。如果我国法律对涉外民事关系有强制性规定的，直接适用该强制性规定；外国法律的适用将损害我国社会公共利益的，适用我国法律。这些规定是涉外民事关系法律适用的一般规则，涉外婚姻家庭关系当然也受其约束。

二、涉外婚姻关系的法律适用

（一）涉外结婚

我国涉外结婚关系中，结婚条件和结婚手续的准据法的确定采用区别制。《涉外民事关系法律适用法》第 21 条规定：结婚条件，适用当事人共同经常居所地法律；没有共同经常居所地的，适用共同国籍国法律；没有共同国籍，在一方当事人经常居所地或者国籍国缔结婚姻的，适用婚姻缔结地法律。可见，结婚条件的准据法包括当事人共同经常居所地法律、共同国籍国法律、婚姻缔结地法律，且在适用上有先后顺序的限制。《涉外民事关系法律适用法》第 22 条规定：结婚手续，符合婚姻缔结地法律、一方当事人经常居所地法律或者国籍国法律的，均为有效。可见，结婚手续的准据法包括婚姻缔结地法律、一方当事人经常居所地法律或者国籍国法律，在适用上没有先后顺序的限制。

事例 9-1　甲男系某外企工作人员，英国人。甲与同事乙女建立恋爱关系，决定在中国结婚，并按照中国的习俗举行婚礼。

——中国公民乙与英国公民甲结婚，双方共同经常居住地在中国，关于结婚条件和结婚手续均可适用我国法律。双方可按照《民法典》和《婚姻登记条例》规定的结婚条件和结婚程序，持办理结婚登记所需的证件和证明材料，共同到乙户籍所在地的省级人民政府民政部门申请办理结婚登记。

（二）涉外离婚

我国涉外离婚关系中，离婚方式的准据法的确定采用区别制。《涉外民事关系法律适用法》第 26 条规定：协议离婚，当事人可以协议选择适用一方当事人经常居所地法律或者国籍国法律。当事人没有选择的，适用共同经常居所地法律；没有共同经常居所地的，适用共同国籍国法律；没有共同国籍的，适用办理离婚手续机构所在地法律。可见，协议离婚的准据法按如下顺序适用：首先，由当事人选择适用一方当事人经常居所地法律或者国籍国法律。其次，当事人没有选择时，适用共同经常居所地法律；没有共同经常居所地的，适用共同国籍国法律；没有共同国籍的，适用办理离婚手续机构所在地法律。《涉外民事关系法律适用法》第 27 条规定：诉讼离婚，适用法院地法律。可见，诉讼离婚的准据法为单一法律，即法院地法律。

事例 9－2 中国公民甲与奥地利公民乙在日本相识，在我国结婚后在某国定居生活。10 年后甲在定居国起诉离婚，但该国法院以当事人均不具有本国国籍为由拒绝受理该案。甲遂向自己在中国的最后住所地法院起诉，人民法院受理了甲的起诉。

——甲与乙的婚姻为涉外婚姻，甲采用诉讼方式离婚，依照《涉外民事关系法律适用法》的规定，应当适用法院地法律。依照《民事诉讼法》的规定，对不在中国领域内居住的人提起的有关身份关系的诉讼，由原告住所地人民法院管辖。因此，对甲的起诉，人民法院有权受理。

三、涉外夫妻关系与涉外亲子关系的法律适用

涉外夫妻关系包括涉外夫妻人身关系和涉外夫妻财产关系。依据《涉外民事关系法律适用法》的规定，涉外夫妻人身关系，适用共同经常居所地法律；没有共同经常居所地的，适用共同国籍国法律（第 23 条）；涉外夫妻财产关系，当事人可以协议选择适用一方当事人经常居所地法律、国籍国法律或者主要财产所在地法律。当事人没有选择的，适用共同经常居所地法律；没有共同经常居所地的，适用共同国籍国法律（第 24 条）。

依据《涉外民事关系法律适用法》第 25 条的规定，父母子女人身、财产关系，适用共同经常居所地法律；没有共同经常居所地的，适用一方当事人经常居所地法律或者国籍国法律中有利于保护弱者权益的法律。

事例 9－3 中国公民甲（女）与英籍华人乙在某国依照某国法律登记结婚，婚后二人定居北京。结婚后，乙要求甲按照英国法律改从其姓氏，甲不同意。甲要求婚姻关系存续期间的财产制按照中国法律，乙不同意。双方产生矛盾。

——甲、乙双方的婚姻为涉外婚姻。关于涉外夫妻人身关系和涉外夫妻财产关系，《涉外民事关系法律适用法》规定，涉外夫妻人身关系适用共同经常居所地法律，涉外夫妻财产关系适用共同经常居所地法律。甲、乙的共同经常居所地是中国，因此应当适用中国法律。

四、涉外扶养的法律适用

《涉外民事关系法律适用法》第 29 条规定：“扶养，适用一方当事人经常居所地法律、国籍国法律或者主要财产所在地法律中有利于保护被扶养人权益的法律。”这里所规定的“扶养”一词，与《民法典》所说的“扶养”具有不同的含义。这里的“扶养”是广义上的，包括扶养、抚养和赡养。

五、涉外收养的法律适用

《涉外民事关系法律适用法》第 28 条规定：收养的条件和手续，适用收养人和被收养人经常居所地法律。收养的效力，适用收养时收养人经常居所地法律。收养关系的解除，适用收养时被收养人经常居所地法律或者法院地法律。《民法典》第 1109 条第 2、3 款规定：外国人在中华人民共和国收养子女，应当经其所在国主管机关依照该国法律审查同意。收养人应当提供由其所在国有权机构出具的有关其年龄、婚姻、职业、财产、健康、有无受过刑事处罚等状况的证明材料，并与送养人签订书面协议，亲自向省、自治区、直辖市人民政府民政部门登记。上述证明材料应当经收养人所在国外交机关或者外交机关授权的机构认证，并经中华人民共和国驻该国使领馆认证，但是国家另有规定的除外。关于涉外收养，民政部于 1999 年 5 月 25 日发布了《外国人在中华人民共和国收养子女登记办法》（2024 年 12 月 6 日修订），对外国人在中国收养子女的登记机关和登记程序作出了具体规定。

（一）收养登记机关

外国人来华收养子女，应当亲自来华办理登记手续。夫妻共同收养的，应当共同来华办理收养手续；一方因故不能来华的，应当书面委托另一方，且委托书应当经所在国公证和认证。我国缔结或者参加的国际条约另有规定的，按照国际条约规定的证明手续办理。

外国人来华收养子女，应当与送养人订立书面协议。收养关系当事人应当共同到被收养人常住户口所在地的省、自治区、直辖市人民政府民政部门办理收养登记。

（二）收养登记的程序

1. 申请

外国人在华收养子女，应当通过所在国政府或者政府委托的收养组织（以下简称“外国收养组织”）向中国政府委托的收养组织（以下简称“中国收养组织”）转交收养申请并提交收养人的家庭情况。

收养人的收养申请、家庭情况报告和证明，是指由其所在国有权机构出具、经其所在国外交机关或外交机关授权的机构认证，并经中国驻该国使馆或者领馆认证的下列文件：跨国收养申请书；出生证明；婚姻状况证明；职业、经济收入和财产状况证明；身体健康证明；有无受过刑事处罚的证明；收养人所在国主管机关同意其跨国收养子女的证明；家庭情况的报告，包括收养人的身份、收养的合格性和适当性、家庭状况和病史、收养动机以及适合照顾被收养人的特点等。

在华工作或者学习连续居住 1 年以上的外国人在华收养子女，应当提交上述除身体健康证明以外的文件，并应当提交在华所在单位或者有关部门出具的婚姻状况证明，职业、经济收入或者财产状况证明，有无受过刑事处罚证明以及县级以上医疗机构出具的身体健康检查证明。

送养人应当向省、自治区、直辖市人民政府民政部门提交本人的居民户口簿和居民身份证（社会福利机构作为送养人的，应当提交其负责人的身份证件）、被收养人的户籍证明等情况证明，并根据不同情况提交下列有关证明材料。

（1）被收养人的生父母（包括已经离婚的）为送养人的，应当提交生父母有特殊困难无力抚养的证明和生父母双方同意送养的书面意见；被收养人的生父或者生母因丧偶或者一方下落不明，由单方送养的，并应当提交配偶死亡或者下落不明的证明以及死亡的或者下落不明的配偶的父母不行使优先抚养权的书面声明。

（2）被收养人的父母均不具备完全民事行为能力，由被收养人的其他监护人作为送养人的，应当提交被收养人的父母不具备完全民事行为能力且对被收养人有严重危害的证明以及监护人有监护权的证明。

（3）被收养人的生父母均已死亡，由被收养人的监护人作为送养人的，应当提交其生父母死亡的证明、监护人实际承担监护责任的证明，以及其他有抚养义务的人同意送养的书面意见。

（4）由社会福利机构作为送养人的，应当提交弃婴、儿童被遗弃和发现的情况证明以及查找其生父母或者其他监护人的情况证明；被收养人是孤儿的，应当提交孤儿的父母死亡或者宣告死亡证明，以及有抚养孤儿义务的其他人同意送养的书面意见。

送养残疾儿童的，还应当提交县级以上医疗机构出具的该儿童的残疾证明。

2. 审查和登记

省、自治区、直辖市人民政府民政部门应当对送养人提交的证件和证明材料进行审查，对于查找不到生父母的弃婴和儿童，应公告查找其生父母。认为被收养人、送养人符合法律规定条件的，将符合法律规定的被收养人、送养人名单通知中国收养组织，同时转交下列证件和证明材料：送养人的居民户口簿和居民身份证（社会福利机构作为送养人的，为其负责人的身份证件）复制件；被收养人是弃婴或者孤儿的证明、户籍证明、成长情况报告和身体健康检查证明的复制件及照片。

省、自治区、直辖市人民政府民政部门查找弃婴或者儿童生父母的公告应当在省级地方报纸上刊登。自公告刊登之日起满 60 日，弃婴和儿童的生父母或者其他监护人未认领的，视为查找不到。

中国收养组织对外国人的收养申请和有关证明进行审查后，应当在省、自治区、直辖市人民政府民政部门报送的符合法律规定条件的被收养人中，参照外国收养人的意愿，选择适当的被收养人，并将该被收养人及其送养人的有关情况通过外国政府或者外国收养组织送交外国收养人。外国收养人同意收养的，中国收养组织向其发出来华收养子女通知书，同时通知有关省、自治区、直辖市人民政府民政部门向送养人发出被收养人已被同意收养的通知。

收养关系当事人办理收养登记时，应当填写外国人来华收养子女登记申请书并提交收养协议，同时分别提供有关材料。收养人应当提供下列材料：中国收养组织发出的来华收养子女通知书、收养人的身份证件和照片。送养人应当提供下列材料：省、自治区、直辖市人民政府民政部门发出的被收养人已被同意收养的通知、送养人的户口簿和居民身份证（社会福利机构作为送养人的，为其负责人的身份证件）、被收养人的照片。

收养登记机关收到外国人来华收养子女登记申请书和收养人、被收养人及其送养人的有关材料后，应当自次日起 7 日内进行审查，对于符合规定的，为当事人办理收养登记，发给收养登记证书。收养关系自登记之日起成立。

3. 自愿办理收养公证

外国人在中国收养子女，收养关系当事人办理收养登记后，各方或者一方要求办理收养公证的，应当到收养登记地的具有办理涉外公证资格的公证机构办理收养公证。

事例 9－4　一对澳大利亚夫妇婚后移居德国，后来华工作。该夫妇在中国工作 2 年后决定收养一名儿童福利机构抚养的中国女童一起回德国生活。该收养关系成立的条件和程序是什么？

——外国人在中国收养子女，依照《涉外民事关系法律适用法》的规定，收养人和被收养人的条件和手续，应当符合经常居所地的法律，即同时符合德国法和中国法的要求。依照《民法典》和《外国人在中华人民共和国收养子女登记办法》的规定，外国人在中国收养子女，应当经其所在国主管机关依照该国法律审查同意；应当提供由其所在国有权机构出具的经其所在国外交机关或者外交机关授权的机构认证并经中国驻该国使领馆认证的证明材料；收养人与送养人订立书面协议后，收养关系当事人应当共同到被收养人常住户口所在地的省、自治区、直辖市人民政府民政部门办理收养登记。

第二节　涉侨、涉港澳台的婚姻和收养

一、涉侨、涉港澳台的婚姻

（一）涉侨、涉港澳台的结婚

华侨同国内居民要求在国内登记结婚，港澳台同胞同大陆（内地）居民要求在大陆（内地）结婚，应当遵守《民法典》和《婚姻登记条例》的规定。

1. 结婚当事人应当出具的证件和书面材料

办理结婚登记的大陆（内地）居民应当出具如下证件和书面材料：（1）本人的居民身份证；（2）本人无配偶以及与对方当事人没有直系血亲和三代以内旁系血亲关系的签字声明。

办理结婚登记的华侨应当出具如下证件和书面材料：（1）本人的有效护照；（2）居住国公证机构或者有权机关出具的、经中国驻该国使（领）馆认证的本人无配偶以及与对方当事人没有直系血亲和三代以内旁系血亲关系的证明，或者中国驻该国使（领）馆出具的本人无配偶以及与对方当事人没有直系血亲和三代以内旁系血亲关系的证明。

办理结婚登记的香港居民、澳门居民、台湾居民应当出具如下证件和书面材料：（1）本人的有效通行证、身份证；（2）经居住地公证机构公证的本人无配偶以及与对方当事人没有直系血亲和三代以内旁系血亲关系的声明。

2. 办理结婚登记的机关和程序

办理涉侨、涉港澳台结婚登记的机关，是省、自治区、直辖市人民政府民政部门或

者省、自治区、直辖市人民政府民政部门确定的机关。男女双方须共同到婚姻登记管理机关申请。婚姻登记机关依法审查后，对于符合规定条件的予以登记，发给结婚证。当事人对婚姻登记管理机关需要了解的情况，必须如实提供；对于不符合条件或者故意隐瞒事实、伪造证件的，婚姻登记管理机关不予登记；违法情节严重的，应提请当地司法机关依法处理。

（二）涉侨、涉港澳台的离婚

华侨、港澳台同胞同大陆（内地）居民在内地离婚，按下列规定办理。

男女双方自愿离婚，应当签订书面离婚协议，亲自到省、自治区、直辖市人民政府民政部门或者省、自治区、直辖市人民政府民政部门确定的机关申请离婚登记。

男女一方要求离婚或者一方不能到婚姻登记管理机关申请离婚的，可以直接向大陆（内地）一方常住户口所在地的中级人民法院提出离婚诉讼。

事例 9－5 甲男为我国台湾地区居民，乙女为大陆居民，双方在美国注册结婚。婚后因为工作关系，双方分别回到各自的居住地，开始分居生活。后甲在香港连续停留 8 个月后来到内地，请求与乙解除婚姻关系，乙表示同意，双方签署了离婚协议书。随后双方持离婚协议书和所需证件与证明材料，到乙常住户口所在地的某市婚姻登记机关申请离婚登记。

——甲在香港连续停留 8 个月，并未取得香港居民身份，因此其身份仍是台湾地区居民。依据《婚姻登记条例》第 10 条第 2 款的规定，大陆居民同台湾地区居民在大陆离婚的，男女双方应共同到大陆居民常住户口所在地的婚姻登记机关办理离婚登记。该规定对离婚登记的当事人结婚登记地没有限制性规定，因此，甲、乙可在大陆申请离婚登记。依据《婚姻登记条例》第 2 条第 2 款的规定，甲、乙自愿离婚，对子女抚养和财产等问题已作出妥善处理的，可以共同到大陆一方常住户口所在地的省、自治区、直辖市人民政府民政部门或者省、自治区、直辖市人民政府民政部门确定的机关办理离婚登记。根据该规定，乙常住户口所在地的某市婚姻登记机关无权受理甲、乙的离婚申请。

二、涉侨、涉港澳台的收养

依照《华侨以及居住在香港、澳门、台湾地区的中国公民办理收养登记的管辖以及所需要出具的证件和证明材料的规定》，居住在外国的华侨在国内收养子女的，应当提供：（1）护照；（2）收养人居住国有权机构出具的收养人的年龄、婚姻、有无子女、职业、财产、健康、有无受过刑事处罚等状况的证明材料，该证明材料应当经其居住国外交机关或者外交机关授权的机构认证，并经中国驻该国使领馆认证（居住在未与中国建立外交关系国家的华侨，该证明材料要经已与中国建立外交关系的国家驻该国使领馆认证）。

香港、澳门居民中的中国公民在内地收养子女的，应当提供：（1）香港、澳门居民身份证，来往内地通行证或者回乡证；（2）经国家主管机关委托的香港委托公证人证明的（澳门地区有权机构出具的）收养人的年龄、婚姻、有无子女、职业、财产、健康、有无受过刑事处罚等状况的证明材料。

台湾地区居民在祖国大陆收养子女的，应当提供：（1）在台湾地区居住的有效证明；（2）大陆主管机关签发或者签注的在有效期内的旅行证件；（3）经台湾地区公证机构公证的收养人的年龄、婚姻、有无子女、职业、财产、健康、有无受过刑事处罚等状况的证明材料。

华侨以及居住在香港、澳门、台湾地区的中国公民在大陆（内地）收养子女的，应当到被收养人户籍所在地的直辖市、设区的市、自治州人民政府民政部门或者地区（盟）行政公署民政部门申请办理收养登记。

思考案例

1. 甲男系加拿大某跨国公司在华机构的工作人员，加拿大人。在华工作期间，甲在与中国朋友的聚会中，认识了某市公安局城关派出所户籍民警乙女。双方一见钟情，决定在中国结婚，并按照中国的习俗举行婚礼。

问：乙是否具备和外国人结婚的主体条件？

2. 甲女系某大学英语系毕业生，乙男是该大学法籍教师，双方在中国登记结婚。1年后，婚生子丙出生。由于婚前缺乏充分了解，加上中西方文化的差异，婚后的生活没有了恋爱时的甜蜜与浪漫，代之以无休止的矛盾与争吵。甲渐渐厌倦了现在的跨国婚姻生活，遂与乙协商离婚。乙同意离婚，双方签署了离婚协议书，共同到婚姻登记机关申请离婚登记。

问：甲、乙双方缔结的涉外婚姻，能否通过行政程序解除？

3. 甲、乙夫妇系英国驻华工作的专家。在一次参观福利院时，甲、乙夫妇喜欢上了一名3岁的孤儿丙。经过几次接触，甲、乙夫妇决定收养丙。另外，甲、乙夫妇婚后已生育有3个子女。

问：（1）甲、乙夫妇是否具备收养丙的条件？（2）甲、乙夫妇收养丙应当履行什么程序？

4. 美国人马丁和英国人安娜夫妇是来华工作的外国专家。来华之前，两人长期在印度工作，并在那里有惯常居所。在中国工作期间，马丁向我国人民法院提起离婚的诉讼请求。对于马丁和安娜的离婚纠纷，我国法院应该适用下列哪一国法律加以解决？（　　）

A. 美国法　　B. 英国法　　C. 中国法　　D. 印度法

5. 中国公民甲得知A国法院正在审理其配偶中国公民乙提起的离婚诉讼，便在自己住所地的中国法院对乙也提起离婚之诉。依我国司法实践，人民法院对于甲的起诉应如何处理？（　　）

A. 受理此案

B. 以“一事不两诉”原则为依据不予受理

C. 与A国法院协调管辖权的冲突

D. 告知甲在A国法院应诉

6. 依我国法律规定，在人民法院受理的涉外离婚案件审理过程中，认定婚姻是否有效应当以下列哪一项为准据法？（　　）

A. 婚姻缔结地法　　B. 当事人本国法

C. 当事人住所地法　　D. 法院地法

7. 中国籍公民张某与华侨李某在某国相识后结婚并定居该国。10年后，张某在定居国起诉离婚，但该国法院以当事人双方均具有中国国籍为由拒绝受理该案。张某遂向自己在中国的最后居住地法院起诉。依我国法律及相关司法解释，下列哪一个选项是正确的？（　　）

A. 因双方在定居国结婚，不应受理

B. 因双方已定居国外10年，不应受理

C. 该中国法院有权受理

D. 告知双方先订立选择中国法院管辖的书面协议

8. 中国人甲与法国人乙在瑞士结婚并定居在瑞士。婚后因感情不和，甲回到中国提起离婚诉讼。关于该案涉及的离婚以及因离婚而引起的财产分割的法律适用问题，下列哪一选项是正确的？（　　）

A. 该婚姻的有效性应适用法国法律

B. 该案涉及的离婚条件适用中国法律

C. 财产分割动产适用瑞士法，不动产适用不动产所在地法

D. 涉及该案的财产分割应适用中国法律

9. 一对英国夫妇婚后移居意大利，后来华工作。该夫妇于今年收养1名中国儿童并决定一起回意大利生活。根据我国法律，有关该夫妇收养中国儿童所应适用的法律，下列哪一选项是正确的？（　　）

A. 应适用中国法和意大利法　　B. 应适用中国法和英国法

C. 只需适用中国的有关法律规定　　D. 只需适用意大利的有关法律规定

10. 定居甲国的华侨王某与李某在甲国结婚，后王某在甲国起诉与李某离婚时被该国法院以当事人均具有中国国籍为由拒绝受理。王某转而在我国法院诉请离婚。有关此案的管辖与适用法律，下列哪些选项是正确的？（　　）

A. 王某原住所地法院有管辖权

B. 因两人定居国外且在国外结婚，我国法院不应受理

C. 李某在国内的最后住所地法院有管辖权

D. 如中国法院管辖，认定其婚姻是否有效应适用甲国法律

11. 根据我国关于外国人在华收养子女的法律规定，下列哪一选项是错误的？（　　）

A. 外国人在华收养子女，应经其所在国主管机关依照该国法律审查同意

B. 外国收养人应提供由其所在国有权机构出具的有关收养人的年龄、婚姻、职业、财产、健康、有无受过刑事处罚等状况的证明材料

C. 前项证明材料须经该外国人所在国的外交机关或该外交机关授权的机构认证

D. 前项证明材料须经中国驻该外国使馆认证

12. 甲国公民A经常居住地在甲国，在中国收养了长期居住于北京的中国儿童，并

将其带回甲国生活。根据中国关于收养关系法律适用的规定，下列哪一选项是正确的？（　　）

A. 收养的条件和手续应同时符合甲国法和中国法

B. 收养的条件和手续符合中国法即可

C. 收养效力纠纷诉至中国法院的，应适用中国法

D. 收养关系解除的纠纷诉至中国法院的，应适用甲国法

13. 甲国公民玛丽与中国公民王某经常居住地均在中国，二人在乙国结婚。关于双方婚姻关系的法律适用，下列哪些选项是正确的？（　　）

A. 结婚手续只能适用中国法

B. 结婚手续符合甲国法、中国法和乙国法中的任何一个，即为有效

C. 结婚条件应适用乙国法

D. 结婚条件应适用中国法

14. 中国人李某（女）与甲国人金某（男）在乙国依照乙国法律登记结婚，婚后二人定居在北京。依《涉外民事关系法律适用法》，关于其夫妻关系的法律适用，下列哪些表述是正确的？（　　）

A. 婚后李某是否应改从其丈夫姓氏的问题，适用甲国法

B. 双方是否应当同居的问题，适用中国法

C. 婚姻对他们婚前财产的效力问题，适用乙国法

D. 婚姻存续期间双方取得的财产的处分问题，双方可选择适用甲国法

15. 经常居住于英国的法国籍夫妇甲和乙，想来华共同收养某儿童。对此，下列哪一说法是正确的？（　　）

A. 甲、乙必须共同来华办理收养手续

B. 甲、乙应与送养人订立书面收养协议

C. 收养的条件应重叠适用中国法和法国法

D. 若发生收养效力纠纷，应适用中国法

课后复习

1. 涉外婚姻与中国国内公民之间的婚姻相比有何特别要求？

2. 涉侨、涉港澳台婚姻家庭关系问题的处理应遵循何种规则？

下编

继承法

第十章 继承法概述

提 要

现代民法上的继承仅指财产继承，是指因人的死亡而由与其有一定亲属关系的生存人概括取得其财产的法律制度。继承法的立法、司法都要遵循一定的基本原则，如保护私有财产继承权原则，继承权平等原则，养老育幼、照顾无劳动能力又无生活来源者的原则，权利与义务相一致原则。继承人是继承开始时尚生存的人，但胎儿在遗产继承时具有继承能力，应当为胎儿保留继承份额。继承权是一种财产权利，继承开始前的继承权为客观意义上的继承权，是法律保护的一种地位；继承开始后的继承权为主观意义上的继承权，属于既得权。继承人有继承遗产的权利，也有放弃继承权的自由。但是，继承权放弃不得附条件和附期限。出现法定事由时，继承人丧失继承权。继承权被侵害的，继承人可以行使继承回复请求权。遗产是被继承人死亡时遗留下来的合法财产，除了法律明文规定不得继承的财产和性质上不适合作为遗产继承的财产，自然人的一切合法的生产资料和生活资料都为遗产。

重点问题

1. 继承的种类
2. 继承法的基本原则
3. 继承人的继承能力
4. 继承人的范围
5. 继承权的概念和性质
6. 继承权的放弃和丧失
7. 继承回复请求权
8. 遗产的范围
9. 继承的开始

第一节　继承的概念与种类

一、继承的概念

在现代民法上，继承是指因人的死亡而由与其有一定亲属关系的生存人概括取得其财产的法律制度。其中，死亡人为被继承人，生存人为继承人。可见，继承具有以下含义。

（一）继承因被继承人死亡而开始

在现代民法中，继承开始的原因只限于自然人死亡，包括自然死亡和宣告死亡。非因死亡而发生的自然人之间的财产移转，如买卖、夫妻因离婚而分割财产、分家析产等，都不为继承。另外，继承只发生在自然人之间。法人虽也会因各种原因而消灭，其剩余财产归属的确定也不为继承。

除继承外，因死亡发生的财产取得，还包括遗赠、死因赠与以及因死亡而取得的损害赔偿请求权、保险金请求权等。这些财产的取得都是以死亡为条件或者期限的财产的个别取得，与继承是对遗产的概括取得大相径庭，因而不属于继承。①

（二）继承发生于一定亲属关系人之间

何人为继承人，因各国风俗习惯不同，在立法上也颇有不同。在现代继承法中，继承大都限于有特定亲属关系的人之间。不仅法定继承，遗嘱继承同样发生在有一定亲属关系的人之间。亲属包括配偶、血亲和姻亲（《民法典》第1045条），我国例外地承认符合条件的姻亲也可以作为继承人（《民法典》第1129条）。不以一定亲属关系为前提的遗赠和遗赠扶养协议都不属于继承，国家或者集体所有制组织依照法律规定取得无人继承又无人受遗赠的遗产也非继承。

（三）继承是概括承继死亡人之财产的法律制度

这里的财产是指死亡人遗留的全部财产权利和义务的集合。不论是否有财产价值，人身权利不能成为继承的标的；专属于死亡人自身的财产也不得继承。所谓概括承继，是指被继承人的财产被视为一个整体，在被继承人死亡后，当然地由继承人承继，而非单一的权利或者义务的承继。

二、继承的种类

（一）单独继承与共同继承

依照继承人人数的不同，继承可以分为单独继承与共同继承。

单独继承是指继承人仅为一人的继承。继承人为一人是指法律规定的继承人只有一个人，既不包括法律规定的继承人为多人，但实际其他人因放弃或丧失等原因失去继承权而只剩下一个人的继承，也不包括法律规定继承人为多人，但被继承人通过遗嘱只指

① 参见陈棋炎、黄宗乐、郭振恭：《民法继承新论》，修订9版，13页，台北，三民书局，2014。

定一个继承人的继承。

共同继承是指法律规定的继承人为多人的继承。由于各种原因，法律上规定的多数继承人中只剩下一个继承人继承遗产的，也为共同继承。财产继承多采共同继承制。依照继承份额分配是否均等，共同继承又可分为共同平均继承与共同不平均继承。各继承人继承份额均等为共同平均继承，继承份额不均等为共同不平均继承。现代各国（地区）继承法对于同一顺序的血亲几乎都采用共同平均继承，以继承人不论男女、长幼继承份额均等为原则。只有极少数国家如埃及、伊朗等，还存在女子继承份额少于男子继承份额的情形。关于配偶的继承份额，有两种不同立法例：一种是按照配偶参与继承顺序的不同而分别规定不同的继承份额，如英国、美国、加拿大、德国、日本、瑞士、法国；另一种是配偶作为第一顺序，与该顺序的其他继承人继承份额均等。①

（二）法定继承与遗嘱继承

依照是否按照遗嘱人的意思发生继承，继承可以分为法定继承与遗嘱继承。

法定继承是指由法律直接规定继承人的范围、继承顺序、继承人的应继份额、遗产分配原则的一种继承方式。在法定继承中，有关继承的事项都由法律加以具体规定，而且这些规定是强制性规范，除可以依照死者的遗嘱而改变外，在任何情形下都不得变更。

遗嘱继承是指按照被继承人生前所立的有效遗嘱来确定继承人及其继承遗产的范围、种类等的一种继承方式。遗嘱继承制度在罗马法上达到顶峰，它为近代遗嘱继承制度奠定了基础。不过，不同时代承认遗嘱继承的原因各不相同。罗马法承认遗嘱继承是因为遗嘱是使死者的地位得到延续的重要途径②，中世纪认可遗嘱继承“为的是使诚实的德意志人能够毫无阻碍地将自己的遗产遗赠给教会”③，现代社会规定遗嘱继承则纯粹是出于保护个人自由的需要。

（三）本位继承与代位继承

依照继承人参与继承时的地位，继承可以分为本位继承与代位继承。

本位继承是指继承人基于自己的继承地位、顺序和应继份额而继承。例如，子女继承父母的遗产、妻子继承丈夫的遗产。

代位继承是指被继承人的子女或者兄弟姐妹先于被继承人死亡的，由被继承人的子女的直系晚辈血亲或者兄弟姐妹的子女代替继承被继承人遗产的一项法律制度。例如，孙子女、外孙子女代替其已故的父亲或母亲继承祖父母或者外祖父母的遗产。

第二节　继承法的性质与基本原则

一、继承法的性质

继承法是调整继承关系的法律规范的总称，是一个国家的继承制度的法律形式。继

① 参见刘春茂主编：《中国民法学·财产继承》，修订2版，7页，北京，人民法院出版社，2008。

② 参见费安玲：《罗马继承法研究》，105页，北京，中国政法大学出版社，2000。

③ 《马克思恩格斯选集》，3版，第4卷，193页。

承法有形式意义上的继承法与实质意义上的继承法之分。所谓形式意义上的继承法，是指作为单行法的继承法或者民法典中的继承编；所谓实质意义上的继承法，是指与继承有关的全部继承法律规范的总称，不仅包括形式意义上的继承法，也包括其他法律、行政法规中有关继承的规范以及与继承有关的地方性法规、部门规章等规范性文件，还包括最高人民法院有关继承的司法解释。本书所指的继承法，是就实质意义上的继承法而言的。

关于继承法的性质，可以从如下几个方面来理解。

（一）继承法为私法

自罗马法学家乌尔比安提出公法与私法的划分以来，虽然其备受争议，但公法与私法依然是法学上最为基本的分类。尽管公法与私法的划分备受争议，但私法是调整平等主体之间关系的法律这一观点是被认同的。不论认为继承法是财产法还是身份法，不管继承法调整的是财产关系还是人身关系，一个不可否认的事实是继承法调整的是平等主体之间因死亡而发生的法律关系，所以，继承法为私法。

（二）继承法为普通法

财产继承是一种普遍存在的社会关系。继承法适用于一切自然人，而不是只适用于一部分人。任何人都有依法作为继承权主体的资格，都可因一定的法律事实的发生（被继承人死亡）而实际参与继承法律关系，不因性别、年龄、身份、地位的差异而不同；一切财产的继承都适用继承法，我国并没有区别不同财产（通常是动产与不动产）而采取不同的继承法律制度。因此，继承法为普通法。

（三）继承法为强行法

由于继承不仅涉及当事人的利益，而且关系到家庭关系的稳定和社会利益，也关系到被继承人之债权人的利益，与社会的政治、经济、伦理和道德等都有密切的联系①，因而继承法多为强行性规范。如关于遗嘱人的遗嘱能力的规定、关于遗嘱形式的规定、关于继承方式的规定、关于继承人的范围和顺序的规定、关于遗产范围的规定等，当事人都必须遵守，任何人都不得任意改变。当然，继承法毕竟为私法，其中也有一些任意性规范，如继承人可以协商如何处理遗产，可以接受或者放弃继承权，可以选择以何种方式立遗嘱以及通过遗嘱决定财产由何人来继承等。

（四）继承法为财产法

现代继承法不再承认身份继承，只承认财产继承。在身份继承时代，认为继承法为身份法无可厚非，但在财产继承时代，认为继承法依然属于身份法已经不合时宜。继承法只调整财产关系，不调整身份关系，这一点与婚姻家庭法等调整身份关系的法律相比大不相同。当然，继承关系多发生在一定亲属关系人之间，可以说，继承法是以身份关系为基础的，但这不足以说明继承法为身份法。继承法主要是解决遗产归属问题的，虽然遗产通常是在一定亲属关系人中间分配的，但继承法在性质上依然是财产法。

---

① 参见郭明瑞、房绍坤：《继承法》，2版，12～13页，北京，法律出版社，2004。

二、继承法的基本原则

继承法的基本原则是贯穿于继承立法、司法和继承活动的根本准则。依照《民法典》的规定，继承法应当贯彻以下四项基本原则。

（一）保护私有财产继承权原则

《宪法》第 13 条第 2 款规定："国家依照法律规定保护公民的私有财产权和继承权。"《民法典》第 1120 条规定："国家保护自然人的继承权。"可见，保护私有财产的继承权既是继承法的目的和任务，也是继承法的首要原则。

保护私有财产继承权主要具有两个方面的意义：一是保护社会主义市场经济的需要。市场经济是交换经济，交换的前提是个人享有充分的财产权利。保障个人生前对财产权利的支配，保障个人财产权利死后在继承人中分配，是市场经济的内在要求。社会主义市场经济的根本目的是逐步满足人们日益增长的物质文化生活需要。依法保护自然人的继承权，必然会促使自然人以极大的热情从事创造性劳动，为社会、家庭和个人积累财富。二是发挥家庭的养老育幼功能和稳定家庭关系的需要。在社会主义初级阶段，社会成员对老人的赡养、对未成年人的抚养以及夫妻之间的扶养还主要靠家庭来承担，而家庭成员的互相扶养离不开一定的物质基础。在自然人死后，其财产在家庭成员之间分配，不仅有利于发挥家庭的养老育幼功能，而且也会促进家庭关系的和睦团结。

在《民法典》中，保护私有财产继承权原则主要体现在以下几个方面。

（1）凡自然人死亡遗留的合法财产，都可以依法由继承人继承。依据《民法典》第 1122 条的规定，除法律规定或者按照其性质不得继承的财产外，自然人死亡时遗留的个人合法财产都为遗产。

（2）被继承人的遗产一般不收归国有。遗产归属于个人更能发挥其效率，因此，对遗产的处理应是尽量使其归个人所有。对于无人继承又无人受遗赠的遗产，在以下两种情况下也先由个人或者集体取得遗产而不是归国家所有：一是对继承人以外的依靠被继承人扶养的人，或者继承人以外的对被继承人扶养较多的人，可以分配给他们适当的遗产（《民法典》第 1131 条）；二是死者生前是集体所有制组织成员的，归所在集体所有制组织所有，而不收归国有（《民法典》第 1160 条）。

（3）继承人的继承权不得被非法剥夺。除符合《民法典》的规定可以剥夺继承权外，继承权不得因任何其他原因被剥夺。《民法典》第 1125 条明确规定的继承权丧失事由有：故意杀害被继承人；为争夺遗产而杀害其他继承人；遗弃被继承人，或者虐待被继承人情节严重；伪造、篡改、隐匿或者销毁遗嘱，情节严重；以欺诈、胁迫手段迫使或者妨碍被继承人设立、变更或者撤回遗嘱，情节严重。除上述事由外，任何个人和单位都无权非法剥夺继承人的继承权。

（4）保障继承人、受遗赠人的继承权和受遗赠权能够得到充分行使。除具有完全民事行为能力的继承人、受遗赠人本人可以行使继承权和受遗赠权外，如果本人是无民事行为能力人或者限制民事行为能力人，其继承权可以由法定代理人代为行使或者征得法定代理人同意后行使。

（5）继承人在继承权被侵害时，可以通过诉讼程序请求人民法院予以保护。

（二）继承权平等原则

继承权平等不仅仅体现在男女平等上，还体现在其他方面。具体而言，继承权平等原则主要体现在如下几个方面。

（1）继承权男女平等。依据《民法典》第1126条的规定，继承权男女平等。男女是否享有平等的继承权，是社会制度区分的显著标志。不论是东方还是西方，在奴隶社会和封建社会都公开主张男尊女卑，否认或者限制女子的继承权。即使是在以平等、自由自诩的资本主义社会，也没有真正完全实现男女平等。我国继承法真正实现了继承权男女平等，主要表现在：女子与男子有平等的继承权；夫妻在继承上有平等的权利，有相互继承遗产的权利；在继承人范围的确定上，对于父系血亲与母系血亲同等对待；代位继承适用于父系血亲，也适用于母系血亲；在遗嘱继承中，无论男女都有权按照自己的意愿处分自己的财产。

（2）非婚生子女与婚生子女享有平等的继承权。我国早在中华人民共和国成立前的革命根据地时期就已经确立了婚生子女与非婚生子女有平等继承的权利。中华人民共和国成立后1950年的《婚姻法》中明确规定：非婚生子女享受与婚生子女同等的权利，任何人不得加以危害或歧视。1980年的《婚姻法》、2001年修正的《婚姻法》及《民法典》重申了这一规定。

（3）养子女、形成抚养关系的继子女与生子女继承权平等。养子女与养父母是通过合法的收养关系形成拟制血亲关系。在收养关系形成后，养子女与亲生父母脱离父母子女关系，不再有任何法律上的权利和义务关系。养子女与养父母之间形成父母子女关系，产生与自然血亲的父母子女关系一样的法律效力，相互有抚养、赡养的义务，也相互有继承遗产的权利。形成抚养关系的继子女与继父母之间亦形成拟制血亲关系，继子女与生子女享有同等的继承权。

（4）同一顺序继承人继承遗产的权利平等。依据《民法典》第1130条第1款的规定，凡为同一顺序的继承人，不分男女、长幼，也不论职业、政治状况，继承被继承人遗产的权利一律平等。

（三）养老育幼、照顾无劳动能力又无生活来源者的原则

将养老育幼、照顾无劳动能力又无生活来源者作为继承法的基本原则主要有两方面的原因：一是尊老爱幼、照顾弱者是中华民族长期形成的传统美德，这一美德与社会主义精神文明建设的要求相吻合，符合社会主义核心价值观，值得发扬；二是我国还处在社会主义初级阶段，生产力发展水平不高，社会的物质财富不够丰富，社会保障措施不够完善，国家和社会还无力完全负担老年人、未成年人和无劳动能力者的生活供给，扶养这些人的职责还需要由家庭来承担。

在《民法典》中，该原则体现在以下几个方面。

（1）为保护家庭成员的权利，《民法典》第1125条中规定，继承人故意杀害被继承人、为争夺遗产杀害其他继承人、遗弃被继承人或者虐待被继承人情节严重的，丧失继承权。这一规定对于保护老年人、未成年人以及无劳动能力又无生活来源者具有特别的重要意义，因为在家庭生活中，他们可能是被虐待或者被遗弃的主要对象。

（2）为有利于父母已经死亡的孙子女、外孙子女的生活和成长，《民法典》第1128

条第 1 款规定，被继承人的子女先于被继承人死亡的，由被继承人的子女的直系晚辈血亲代位继承。

（3）为有利于子女已经死亡的老年人的生活，我国继承法鼓励丧偶儿媳和女婿赡养公婆和岳父母。《民法典》第 1129 条规定：丧偶儿媳对公婆，丧偶女婿对岳父母，尽了主要赡养义务的，作为第一顺序继承人。

（4）在继承遗产份额的确定上，依据《民法典》第 1130 条第 2 款的规定，对生活有特殊困难又缺乏劳动能力的继承人，分配遗产时，应当予以照顾。为给多尽义务的继承人以奖励，惩罚不尽义务的继承人，该条第 3、4 款还规定：对被继承人尽了主要扶养义务或者与被继承人共同生活的继承人，分配遗产时，可以多分；有扶养能力和有扶养条件的继承人，不尽扶养义务的，分配遗产时，应当不分或者少分。

（5）为保护老年人、未成年人以及无劳动能力又无生活来源者，并对本着互助精神扶养老人、未成年人以及无劳动能力又无生活来源的社会成员的高尚行为予以肯定和支持，《民法典》第 1131 条规定，对继承人以外的依靠被继承人扶养的人，或者继承人以外的对被继承人扶养较多的人，可以分配给适当的遗产。

（6）为保护缺乏劳动能力又没有生活来源者以及胎儿的权益，《民法典》第 1141 条和第 1155 条规定：遗嘱应当为缺乏劳动能力又没有生活来源的继承人保留必要的遗产份额；遗产分割时，应当保留胎儿的继承份额。

（7）《民法典》确立了遗赠扶养协议制度，自然人可以与继承人以外的组织或者个人签订遗赠扶养协议。按照协议，该组织或者个人承担该自然人生养死葬的义务，享有受遗赠的权利（第 1158 条），以使受扶养人的生活能够有切实可靠的保障。

（四）权利与义务相一致原则

权利与义务相一致原则作为一项法律原则，在各个不同的法律领域有着不同的内容和适用范围，因此，不能把继承法与其他法律领域中的权利与义务相一致原则混为一谈。其他法律领域的权利与义务相一致往往是指权利与义务基于同一法律关系发生并具有一一对应性，如：在婚姻家庭法中，父母有抚养子女的义务，子女有要求父母抚养的权利；子女有赡养父母的义务，父母也有要求子女赡养的权利；夫妻之间也有相互扶养的权利和义务。在合同法中，合同权利和义务基于同一法律关系发生，并且其一一对应性更为明显。继承法上权利与义务相一致原则的含义较为宽泛，如在确定继承人的范围时，考虑继承人与被继承人之间是否有法定的扶养义务；在确定遗产份额时，要考虑继承人所尽义务的多寡；在分配遗产时，要考虑继承人是否履行了法定的扶养义务等。

继承法上权利与义务相一致原则主要表现在以下方面：

（1）在继承人的范围以及继承顺序的确定上体现了权利与义务相一致原则，主要表现在：1）《民法典》规定的继承人包括配偶、父母、子女、祖父母、外祖父母、兄弟姐妹。这些人都是与被继承人有相互扶养义务的人。显然，《民法典》并非单纯依照婚姻和血缘关系确定继承人，而是考虑了继承人与被继承人之间的权利和义务关系。2）在继承顺序的确定上，权利与义务相一致原则也有充分体现。依据《民法典》第 1127 条的规定，第一顺序继承人是配偶、子女、父母，第二顺序继承人是兄弟姐妹、祖父母、外祖父母；而在相互扶养关系上，配偶、子女、父母为第一顺序的扶养义务人，兄弟姐妹、祖父母、外祖父母是第二顺序的扶养义务人。3）《民法典》还规定，丧偶儿媳对公婆，丧偶女婿对岳父母，尽了主要赡养义务的，作为第一顺序继承人。

（2）在遗产数额的确定上体现了权利与义务相一致原则。原则上，同一顺序继承人继承遗产的份额一般应当均等，但是，对被继承人尽了主要扶养义务或者与被继承人共同生活的继承人，在分配遗产时，可以多分；有扶养能力和有扶养条件的继承人不尽扶养义务的，在分配遗产时，应当不分或者少分。

（3）无义务而对被继承人扶养较多的人可分得遗产以及遗赠扶养协议制度，都体现了权利与义务相一致原则。对被继承人生前没有扶养义务而对被继承人扶养较多的人，有权取得适当遗产。在订有遗赠扶养协议时，扶养人按照扶养协议履行了扶养义务的，有受遗赠的权利；没有履行扶养义务的，不能享有接受遗赠的权利。

（4）接受遗产的继承人需要偿还被继承人的债务与履行遗赠负担义务，也体现了权利与义务相一致原则。继承人继承被继承人的财产权利，也应当在遗产的实际价值内偿还被继承人生前所欠的债务和应当缴纳的税款；在遗嘱继承或者遗赠附有义务时，继承人或者受遗赠人应当履行该义务，否则无权利接受遗产。

第三节　继承人

一、继承人的概念和特点

继承人是指依照法律的规定在继承中有权继承被继承人遗产的自然人。作为特定的法律概念，继承人具有如下特点。

（1）继承人是自然人。《民法典》第1127条和第1129条规定，配偶、子女、父母、兄弟姐妹、祖父母、外祖父母，对公婆或者岳父母尽了主要赡养义务的丧偶儿媳或者丧偶女婿，可以作为法定继承人；第1133条第2款又规定，自然人可以立遗嘱将个人财产指定由法定继承人中的一人或者数人继承。可见，在我国继承法上，不论是法定继承人还是遗嘱继承人，都只能是自然人。

（2）继承人是法律规定的自然人。不论是法定继承还是遗嘱继承，继承人都必须是法律规定范围内的人，二者的差别只在于，法定继承人的范围及顺序都是法律规定的，遗产一般在同一顺序范围内的继承人之间平均分配；而遗嘱继承人是被继承人在法定继承人范围内指定的一人或数人，遗嘱指定的继承人不受法律规定的继承顺序的限制。任何法律规定继承人范围以外的取得遗产的人都不是继承人，如受遗赠人、酌情分得遗产人等，其虽然可以分得遗产，但都不是继承人。

（3）继承人必须是没有丧失继承权的自然人。继承人因丧失继承权而不再具有继承资格，自然也就不能成为继承人。继承人丧失继承权具有相对性，只对发生特定事由的被继承人丧失继承权，对其他人的继承权依然存在。当然，继承权丧失有绝对丧失和相对丧失，相对丧失继承权的，继承人还有回复继承权的可能。

事例 10－1　甲死亡时有妻乙、长子丙、次子丁。甲有遗产房屋 3 间、存款人民币 20 万元。甲生前立有自书遗嘱，写明：房屋 3 间由甲弟戊继承；存款中的 3 万元赠给所在单位，2 万元赠给朋友己。丁与甲一直关系不睦，一日，双方因家庭琐事发生争吵，丁用刀将甲刺死。

——继承开始时，乙、丙、丁、戊均属于甲的近亲属，应属于继承人的范围。但丁因故意杀害被继承人甲而丧失继承权，不再为甲的继承人。甲所在单位有权根据甲的遗嘱取得甲的遗产，但因其不是自然人，所以不是继承人。己有权根据甲的遗嘱取得甲的财产，但因其不是甲的近亲属，所以也不是继承人。

二、继承能力

（一）继承能力的概念

依据《民法典》第 1124 条第 1 款的规定，继承开始后，继承人没有表示放弃继承的，视为接受继承。从这一规定的精神看，我国继承法采取的是当然继承主义，即在继承开始时，被继承人的遗产当然转移于继承人，不需要继承人主张。这就要求继承人必须是在继承开始时生存的人。在继承开始时已经死亡的人，不能作为权利主体，不能承受财产权利，也就当然无继承资格。这在学理上被称为“同时存在原则”或者“继续原则”，在德国民法上被称为“继承能力”[①]。我国学者也多使用继承能力这一概念，并一致认为，继承能力是指能够享有继承权的法律资格，只有被继承人死亡时尚生存的自然人才有继承能力。[②] 在自然人的继承能力上，胎儿、失踪人是否具有继承能力，是需要明确的两个问题。

（二）胎儿的继承能力

如果严格贯彻“同时存在原则”，则胎儿尚未出生，其利益将得不到有效保护，所以，自罗马法以来，各国都对胎儿特设例外规定，主要有两种立法例：一种是采一般主义，即认为胎儿只要出生，就具有权利能力；另一种是采特别主义，即只在继承、损害赔偿、遗赠等情形下，才视胎儿既已出生，认可胎儿的权利能力。[③] 一般主义与特别主义立法例，都承认胎儿的权利能力，只不过前者认可的是一般的权利能力，而后者认可的是特殊权利能力。

在我国，《民法典》第 16 条规定：“涉及遗产继承、接受赠与等胎儿利益保护的，胎儿视为具有民事权利能力。但是，胎儿娩出时为死体的，其民事权利能力自始不存在。”第 1155 条规定：“遗产分割时，应当保留胎儿的继承份额。胎儿娩出时是死体的，保留的份额按照法定继承办理。”可见，在我国，在涉及遗产继承时，胎儿被视为出生，

---

① 《德国民法典》第 1923 条。

② 参见郭明瑞、房绍坤：《继承法》，2 版，51～52 页；刘春茂主编：《中国民法学·财产继承》，修订 2 版，80 页。学者的观点仅在表述上有所不同，其实质内容是一致的。

③ 对于何谓“既已出生”，学理上有法定停止条件说和法定解除条件说：前者认为，胎儿活产时溯及于继承开始时取得权利能力；后者认为，胎儿本身就有继承能力，胎儿死产时溯及于继承开始时丧失权利能力。

具有继承能力，但以胎儿娩出时为死体作为解除条件。

（三）失踪人的继承能力

自然人长期离开自己的住所，下落不明达到法定期间的，为消除因其长期离开住所下落不明而引起的法律关系上的不确定状态，可以依照法律规定的条件和程序，宣告该自然人为失踪人。《民法典》第40条规定："自然人下落不明满二年的，利害关系人可以向人民法院申请宣告该自然人为失踪人。"自然人被宣告失踪后，其民事权利能力和民事行为能力并不消灭，其继承能力也依然存在，失踪人仍然有权作为继承人取得被继承人的遗产。当然，由于失踪人下落不明，其接受遗产的权利只能由为其财产选定的代管人代为行使，其继承的遗产也由其代管人代管。

事例10-2　一日，甲因故与其父发生争吵而离家出走，后下落不明。2年后，人民法院根据甲兄的申请，依法定程序宣告甲失踪。甲被宣告失踪后1年，其父抑郁而死，留有遗产。甲早年丧母。甲有妻子和一兄一弟。甲被宣告失踪后，甲兄和甲弟平分了其父的遗产，甲妻主张甲的继承份额并代管甲继承所得财产，遭到拒绝。

——甲虽在其父死亡前已被宣告失踪，但未被宣告死亡，因此在其父死亡时应认定甲为生存之人，具有继承能力，有权参与继承法律关系，实现对其父遗产的继承权。但因甲被宣告失踪，不能亲自行使继承权，依据《民法典》第42条的规定，由其妻以财产代管人的身份取得遗产并对该财产进行管理。

三、继承人的范围

继承人的范围是由法律直接规定的，不可任意变更。各个历史时代和各个国家的继承法关于法定继承人的范围的规定，都是根据当时社会统治者的根本利益和意志，以婚姻、血缘和家庭关系等为基本要素，同时参考本国具体的情况（如家庭功能、风俗习惯、伦理道德、社会性质等）而确定的。在我国，法定继承人与遗嘱继承人的范围相同。依照《民法典》的规定，法定继承人包括配偶、子女、父母、兄弟姐妹、祖父母、外祖父母、孙子女、外孙子女，还包括对公婆、岳父母尽了主要赡养义务的丧偶儿媳、丧偶女婿。我国法律确定继承人范围的依据与许多国家的不同，除各国通行的婚姻、血缘关系外，还包括扶养关系。依据确定依据的不同，继承人可以分为三类：一是基于婚姻关系的配偶；二是基于血缘关系和拟制血缘关系的血亲，如子女、父母、兄弟姐妹、祖父母、外祖父母、孙子女、外孙子女；三是基于扶养关系的姻亲，如丧偶儿媳、丧偶女婿。

第四节　继承权

一、继承权的概念

继承权是指自然人依照法律规定或者被继承人生前立下的合法有效遗嘱承受被继承

人遗产的权利。这一概念具有以下三层含义：

（1）继承权是自然人享有的权利。依照《民法典》的规定，继承权的主体只能是自然人，法人、非法人组织和国家、集体不能作为继承权的主体，只能作为受遗赠人。

（2）继承权是依照法律规定或者被继承人的合法有效的遗嘱而享有的权利。在具体的继承法律关系中，享有继承权的根据有两种：一是法律的直接规定。在法定继承中，享有继承权的继承人、继承的份额等事项是法律直接规定的。法律没有规定的自然人不能作为继承人。二是合法有效的遗嘱。在遗嘱继承中，被继承人可以在遗嘱中指定继承人，只有合法有效的遗嘱指定的人才能享有遗嘱继承权。没有被指定的法定继承人，不能享有遗嘱继承权。

（3）继承权是继承被继承人遗产的权利。继承权的客体只能是遗产，而不能是被继承人的身份或者其他人身利益。

二、继承权的性质

继承权有两种不同意义。继承开始前，继承人享有客观意义上的继承权；继承开始后，继承人享有主观意义上的继承权。

（一）客观意义上的继承权

因继承尚未开始，客观意义上的继承权仅仅是一种继承遗产的可能性。对于继承人享有的这种继承遗产的可能性究竟是期待权还是仅仅是一种受法律保护的期待地位，学者间还有不同的看法。我们认为，客观意义上的继承权很难被称为一种权利，即使认为客观意义上的继承权为期待权，其与民法上一般意义上的期待权也并不相同。[①] 确切地说，客观意义上的继承权还仅仅是一种受法律保护的地位。

首先，客观意义上的继承权虽称为权利，但其效力极为薄弱，继承人仅为推定继承人。这表现在：（1）推定继承人的地位并不确定。推定继承人在继承开始前死亡或者有丧失继承权事由时，不能为继承人。（2）推定继承人的应继份也不确定。其应继份可能因为同顺序的继承人的出生、死亡、收养及收养关系的解除、被继承人的遗嘱而有所增减。（3）推定继承人的权利具有非支配性。在继承开始前，继承人不能处分被继承人的财产，其继承权也不能成为处分的标的。（4）推定继承人的继承权无被侵害的可能性。继承开始前，被继承人的财产不论因何种原因减少，继承人都不能主张继承权被侵害，要求返还财产或者损害赔偿。

其次，客观意义上的继承权作为一种地位，也受法律保护。这表现在：符合条件的继承人享有保有必留份的权利。《民法典》第 1141 条规定，遗嘱应当为缺乏劳动能力又没有生活来源的继承人保留必要的遗产份额。[②]

（二）主观意义上的继承权

继承开始后，客观意义上的继承权转为主观意义上的继承权。此时继承人现实取得继承遗产的权利，而非仅仅具有继承遗产的可能性。从这个意义上说，主观意义上的继

---

① 参见郭明瑞、房绍坤、关涛：《继承法研究》，16 页，北京，中国人民大学出版社，2003。

② 大多数国家和地区都规定有法定继承人必留份制度。

承权已经由期待地位转化为继承既得权。

主观意义上的继承权是一种不同于物权、债权、知识产权等特殊的财产权利[①]，这表现在以下方面。

（1）主观意义上的继承权是财产权。继承制度要解决被继承人的财产于其死后如何转归继承人的问题，继承人享有继承权的最终目的是获得遗产。从这个意义上说，继承权属于财产权。

（2）继承权与一定身份相联系，但非身份权。继承权主要发生在因婚姻、血缘而产生的有一定身份关系的亲属之间，可以说，继承权是以一定的身份关系为前提的。但是，由于现代继承仅为财产继承，继承权的客体仅限于被继承人的遗产，并且继承法并不调整亲属关系，继承权也非亲属关系的当然效力，所以，继承权并非身份权。这正如赡养费请求权，虽产生于亲属关系，但并非身份权。

（3）主观意义上的继承权具有社员性。继承人除了享有取得遗产的权利，通常还需要参与对继承事务的决策，如参与遗产的管理、遗嘱的执行等。这些事项不具有直接的财产内容，但不参与这些事项，遗产就无法顺利地由继承人取得。因此，继承权体现了社员性。正如股权，股东除有权获得股份带来的红利以外，还有权参与股东大会、进行大会表决等。

（4）主观意义上的继承权是具有过渡性质的财产权利。由于民事主体资格的丧失，被继承人在死亡后不再是其财产的主体，其财产权利要转移给其他民事主体享有，在这一财产过渡过程中建立起来的法律关系就是继承法律关系，因而，继承权也是一种过渡性质的权利。

（5）主观意义上的继承权是绝对权，具有排他性。继承权的权利主体是特定的，义务主体是不特定的。权利人无须义务人的履行就可实现其权利，权利人以外的一切人都负有不得妨碍继承人行使继承权的义务。一旦继承权被他人侵害，继承人就可以行使继承权回复请求权。因此，主观意义上的继承权是绝对权。

三、继承权的行使

继承权的行使是指继承人实现自己的继承权。由于客观意义上的继承权还仅仅是一种期待地位，所以继承人行使的只能是主观意义上的继承权。

完全民事行为能力人可以独立地行使继承权；无民事行为能力人的继承权，由他的法定代理人代为行使；限制民事行为能力人的继承权，由他的法定代理人代为行使，或者征得法定代理人同意后行使。应当注意的是，法定代理人代为行使继承权时，不能损害被代理人的利益，尤其是对继承权的处分行为，只有为被代理人的利益才可作出。对此，《民法典》第 35 条第 1 款第二句规定，监护人除为维护被监护人的利益外，不得处分被监护人的财产。

原则上，代理人不能代为放弃继承权，但是，当接受继承对继承人来说并没有任何

① 在学说上，关于主观意义上的继承权的性质有不同看法，主要有身份权说、财产权说、折中说，财产权说又包括物权说、债权说和特殊财产说等。参见郭明瑞、房绍坤、关涛：《继承法研究》，19 页。

利益时，如遗产债务超过了遗产的总价值，代理人可以代为放弃继承权。当然，这种放弃继承权的前提是不损害被代理人的利益。

四、继承权的放弃

（一）继承权放弃的概念和性质

继承权的放弃是指继承人放弃自己继承被继承人遗产的权利的意思表示。继承权的放弃是继承人对自己享有的继承权的一种处分，只是继承人放弃的是主观意义上的继承权还是客观意义上的继承权，学者间尚有不同的意见。我们认为，继承人放弃的只能是主观意义上的继承权，理由在于：首先，客观意义上的继承权仅仅是一种期待地位，对这种地位的保护是有限的，只有在保留必留份和提起确认之诉时才有意义，不具有放弃的意义。其次，客观意义上的继承权仅仅是一种资格、一种能力，不具备权利的实质内容，尚不具备放弃的可能性，正如权利能力即享有权利和承担义务的资格，不能放弃一样。

事例 10-3　甲去世后，留有的遗产有价值 30 万元的房屋 5 间、存款人民币 20 万元、债务 10 万元。甲去世时有妻乙、子丙和女丁。甲生前与丙关系不好，丙明确表示放弃对甲的遗产的继承权。甲去世后，丁以书面形式向乙、丙表示放弃对甲的遗产的继承权。

——因甲的死亡产生了继承法律关系，甲为被继承人，甲的继承人包括乙、丙、丁。在甲死亡前，乙、丙、丁享有客观意义上的继承权；在甲死亡后，乙、丙、丁享有主观意义上的继承权。丙在继承开始前表示放弃继承权不产生法律效力，而在继承开始后丙没有作出放弃继承权的表示，应认定为接受继承权。丁在继承开始后向乙、丙表示放弃继承权，故丁不再享有继承权。

关于继承权放弃的性质，可以从如下几个方面理解。

1. 继承权的放弃是单方民事法律行为

继承权的放弃仅需要一方当事人的意思表示就发生法律效力，所以属于单方民事法律行为。依据《民法典》第 1124 条的规定，继承人应当以书面形式作出放弃继承权的表示。至于放弃继承权的相对人，我国法律并没有作出限制。依照《最高人民法院关于适用〈中华人民共和国民法典〉继承编的解释（一）》［以下简称《继承解释（一）》］的规定，继承人放弃继承应当以书面形式向遗产管理人或者其他继承人表示（第 33 条）。

2. 继承权的放弃是拒绝利益取得的行为

《民法典》采取当然继承主义，自继承开始遗产就由各继承人共有。这导致部分学者将继承权放弃理解为继承人处分已经取得的权利，认为它是一种财产处分行为。这一理解是片面的。继承权放弃的目的是回复继承人不为遗产主体的状态，并非对现有财产处分那样简单。前者溯及于继承开始时发生法律效力，而后者不具有溯及效力，就足以说明二者的差别。继承权的放弃和赠与拒绝、第三人的债务承担拒绝等拒绝利益取得的行为，在性质上是相同的，都属于拒绝利益取得的行为。

3. 继承权的放弃是拒绝参加继承法律关系的行为

继承权的放弃不同于遗产的放弃。前者放弃的是主观意义上的继承权，本质上是拒绝参加继承法律关系，因而放弃具有溯及效力；后者放弃的是单纯的财产权利，只向将来发生效力。前者由于具有溯及效力，常常会对其他人造成影响，因而放弃继承权的行使有较多形式上和时间上的限制；后者不具有溯及效力，较少影响到他人，因而在形式上和时间上基本上不受限制。

4. 继承权的放弃是具有身份属性的财产方面的单方民事法律行为

现代继承制度只承认财产继承，继承权的放弃是对被继承人的财产的拒绝接受，其标的为财产，所以它是财产行为。但是，这种行为和一般的财产行为不同，它以行为人具有继承人的身份为前提条件，而这种身份是一种具有相当稳定性的身份，特别是在我国，继承人通常限于和被继承人有血缘关系或者共同生活关系的近亲属。由于继承人和被继承人的这种近亲属关系，继承权的放弃必然带有感情色彩。

（二）继承权放弃的自由与限制

在古代社会，继承权的放弃原则上是被禁止的。因为，古代社会的继承常常是身份、财产、祭祀继承混为一体的，如果允许放弃继承权，则祖宗的祭祀也将中断，所以不允许放弃继承权，如我国古代的宗祧继承和日本旧民法时代的家督继承就禁止放弃继承权。当然，古代社会禁止放弃继承权也非绝对，如古罗马时代，继承人包括必然继承人和任意继承人，任意继承人可以自由选择是否放弃继承权，必然继承人原则上不得放弃继承权，但在裁判官法中有例外，允许必然继承人放弃继承权。[①] 近代社会以来，继承的范围只限于财产，继承权也为财产权的一种，故法律自没有禁止的必要，各国法律莫不承认继承人可以放弃继承权。在我国，《民法典》第 1124 条明确规定，继承人可以放弃继承权。

在近现代民法中，继承权的放弃以自由为原则，但自由是有限度的，继承权的放弃除不得违反法律和公序良俗外，还应受如下限制。

1. 继承权的放弃不得附条件或者期限

从立法例上看，多数国家和地区的立法均明文规定继承权的放弃不得附加条件。例如，《德国民法典》第 1947 条规定，继承的“接受和拒绝不得附条件和期限”；《瑞士民法典》第 570 条第 2 项规定，继承人“抛弃继承权，不能附加任何条件及保留”。即使在法律没有明文规定继承权放弃可否附条件的国家和地区，理论上与实践中也多认为，继承权不得附条件。

对于继承权的放弃可否附条件，我国法律没有规定，学理上一般认为不得附条件或者期限。这是因为：继承权的放弃是单方民事法律行为，且溯及于继承开始时发生效力。如果允许继承权的放弃附条件或者期限，则会使继承关系处于一种不确定的状态，从而影响其他参与继承的继承人、后顺序继承人以及与遗产有关的其他第三人的利益。

---

① 参见费安玲：《罗马继承法研究》，93、94 页。

应特别指出的是，如果继承权的放弃附加了条件或者期限，究竟是视为未附条件或者期限还是视为放弃继承权的意思表示无效？我们认为，应当视为放弃继承权的意思表示无效。因为继承人附条件或者期限地放弃继承权，多为实现一定的目的，而在其附条件或者期限欲实现的目的已经无法实现时，不应再令其有丧失继承的机会，所以应视为放弃继承权的意思表示无效。如此，既满足了保护其他继承人、后顺序继承人和其他第三人之利益的需要，也有效地保护了作出放弃继承权表示的继承人的利益。[①]

2. 继承人不得放弃部分继承

关于继承权可否部分放弃，有两种不同立法例：一种是继承权的放弃具有不可分性，应及于全部继承财产（如《德国民法典》第 1950 条）；另一种是允许放弃部分继承权（如《匈牙利民法典》第 603 条）。我国现行法律没有规定继承权可否部分放弃，学者的见解也不一致。对此问题，我们持否定态度。我国有学者正确地指出，虽然继承权是一种财产权利，但它是接受遗产的权利和承担被继承人债务的统一体，其权利客体不是某项具体的、单一的财产，而是在整个遗产中所占的一定比例的份额，其情况远比一般财产复杂，如允许部分接受和放弃，继承关系将变得更加复杂，并可能损害被继承人之债权人和其他继承人的利益。[②] 另外，继承人如欲实现放弃部分继承权的目的，完全可以通过继承后放弃、转移已经取得的所有权等方式来实现。

3. 继承权的放弃不得损害法定义务

依据《继承解释（一）》第 32 条的规定，继承人因放弃继承权，致其不能履行法定义务的，放弃继承权的行为无效。这里的“法定义务”，通常是指法定的赡养、抚养和扶养义务。依据《婚姻家庭解释（二）》第 11 条的规定，夫妻一方以另一方可继承的财产为夫妻共同财产、放弃继承侵害夫妻共同财产利益为由主张另一方放弃继承无效的，人民法院不予支持，但有证据证明放弃继承导致放弃一方不能履行法定扶养义务的除外。

事例 10－4 在甲死亡前，其子丙与妻子关系不睦，双方一直想离婚。甲死亡时，丙妻已患重病住院，因无钱继续治疗，面临死亡威胁。丙妻得知丙放弃继承权后，即向人民法院提起诉讼，请求确认丙放弃继承权的行为无效。

——继承开始后，丙作为继承人有权作出放弃继承权的意思表示。甲死亡后留有遗产，丙若继承遗产则有能力履行夫妻间的法定扶养义务。但丙放弃了继承权，这直接导致其支付妻子医疗费用的扶养义务不能履行。于此情形下，人民法院应确认丙放弃继承权的行为无效。

（三）继承权放弃的时间

《民法典》第 1124 条第 1 款中规定：继承开始后，继承人放弃继承的，应当在遗产处理前，以书面形式作出放弃继承的表示。依据《继承解释（一）》第 35 条的规定，继

① 另有学者认为，继承人所附条件和保留意见应当视为继承人在接受继承以后对自己的继承份额所作的处分。参见刘春茂主编：《中国民法学·财产继承》，修订 2 版，136 页。

② 参见张玉敏：《继承法律制度研究》，2 版，69 页，武汉，华中科技大学出版社，2016。

承人放弃继承的意思表示，应当在继承开始后、遗产分割前作出。遗产分割后表示放弃的不再是继承权，而是所有权。可见，继承权放弃的时间是继承开始后、遗产分割前。遗产分割后，继承人已经取得遗产所有权，自无继承权的放弃问题。可见，《民法典》并没有将放弃继承权限定在继承开始后的某个时间段。这与域外立法例有所不同。从立法例上看，为稳定继承关系，大部分国家或地区都明确规定了继承权放弃的时间，如《德国民法典》的规定为 6 个月（第 1944 条），《日本民法典》的规定是 3 个月（第 915 条）。这是有一定道理的，因为在遗产分割前，继承人随时可能放弃继承权，遗产的共有关系极为不稳定，甚至可能使遗产成为无主财产，而这对其他继承人以及第三人都极为不利，甚至可能损害交易安全。而且，从继承开始到遗产分割，少则一两个月，多则一两年，甚至一二十年也不足为奇。于相同的继承关系，继承权放弃的期限却不相同，也有失公允。

（四）继承权放弃的方式

继承权放弃的方式，大体可分为明示和默示两种。除极少数国家规定继承权的放弃采默示方式外，世界上绝大多数国家的继承法都规定，继承权的放弃必须以明示的方式作出。

为保护继承人以及与遗产有关的人的利益，大部分国家的法律都对继承权放弃的形式有严格的限制。例如，《德国民法典》第 1945 条规定，继承权的放弃必须以向遗产法院作出意思表示的方式进行，并且该意思表示应以作成遗产法院笔录的方式或者以公证的方式作出；《法国民法典》第 784 条规定，放弃继承权应当得到法官批准；《瑞士民法典》第 570 条规定，抛弃继承权，由继承人以口头或者书面形式向主管官厅作出，主管官厅应当就抛弃的情形作备忘录。

在我国，《民法典》第 1124 条明确规定，继承权的放弃应当采取书面形式。因此，继承人以口头形式表示放弃继承权的，不能发生放弃继承权的效力。即使继承人不参加遗产分割，也不能取消其应当分得的遗产份额。至于继承人在分割遗产后，放弃分得的遗产，则为遗产的放弃，而非继承权的放弃。当然，在诉讼中，继承人向人民法院以口头方式表示放弃继承的，要制作笔录，由放弃继承的人签名［《继承解释（一）》第 34 条］，也可以产生放弃继承的效力。

（五）继承权放弃的效力

继承权放弃的效力溯及于继承开始的时间［《继承解释（一）》第 37 条］，因此，继承权的放弃产生如下法律后果。

1. 放弃继承权的继承人负担返还占有的遗产的义务

放弃继承权的继承人不能取得遗产，如果占有遗产，则应当将遗产交付其他继承人或者遗产管理人。在遗产交付前，放弃继承权的继承人对遗产有保管义务，若其不尽保管义务，造成遗产的损害，应当承担损害赔偿责任。另外，放弃继承权的继承人的财产与遗产也不发生混同，如继承人与被继承人生前互负同种类债务，继承人的债务不因继承权的放弃而消灭。

2. 应继份归属其他继承人或者集体和国家

如果抛弃继承权的人为遗嘱继承人，则其应继承的份额归法定继承人；如果没有遗嘱继承人，法定继承人放弃继承权的，则其应继承的份额归属于同一顺序的其他法定继承人。如果同一顺序只有一个法定继承人或者同一顺序的法定继承人都放弃继承权，则其应继承的份额归属于后一顺序的法定继承人；如果全部法定继承人都放弃继承权，则遗产在完成清算后，应当归属于集体或者国家。

3. 继承权放弃前遗产造成他人损害的，继承人应当承担连带责任

继承权放弃前，遗产造成他人损害的，放弃继承权的继承人是否应当承担连带责任？我国立法和司法实践并不明确。我们认为，放弃继承权的继承人也应对放弃继承权前遗产造成的他人损害承担连带赔偿责任，因为：（1）继承权放弃前，遗产由包括放弃继承权的继承人在内的各继承人共有，共有财产造成他人损害的，共有人当然应当承担连带责任；（2）遗产在分割前，通常也都在继承人的管理和控制之下，遗产造成他人损害的，理应由各继承人承担连带责任；（3）由包括放弃继承权的继承人在内的全体继承人承担连带责任，也可以防止继承人通过放弃继承权的方式逃避遗产在分割前给他人造成损害所应当承担的责任。

4. 继承权放弃的意思表示不得撤销

关于继承权放弃的意思表示能否撤销，有两种立法例：一种是不得撤销，如《日本民法典》第 919 条规定，放弃继承权的意思表示，即使在放弃继承权的期间内，也不得撤销；另一种是可以撤销，如《法国民法典》第 807 条规定，原已经放弃继承权的继承人，只要其接受遗产的权利未因时效而消灭，如该遗产尚未被其他继承人接受，仍有接受该遗产的权利。

在我国，《民法典》没有明确规定继承权放弃的意思表示可否撤销。依据《继承解释（一）》第 36 条的规定，遗产处理前或者在诉讼进行中，继承人对放弃继承反悔的，由人民法院根据其提出的具体理由，决定是否承认；遗产处理后，继承人对放弃继承反悔的，不予承认。我们认为，继承权的放弃常与其他继承人及第三人的利益相联系，继承权的放弃本就会对这些人的权利带来影响，如果继承权放弃后还可以撤销，则会使遗产处于更为不确定的状态，从而给其他继承人和第三人的利益带来损害。因此，继承权放弃的意思表示不得撤销。当然，如果继承人放弃继承权的意思表示有瑕疵（如受欺诈、受胁迫等），则应允许继承人撤销放弃继承权的意思表示。

事例 10－5　甲去世后留有遗产若干，其子乙明确表示放弃对甲之遗产的继承权。于是，甲的另外两个儿子丙、丁对甲的遗产进行了分割。遗产分割后，乙对放弃继承反悔，请求撤销放弃继承的意思表示，要求继承甲的遗产。在遭到丙、丁拒绝后，乙向人民法院提起遗产继承之诉。

——继承权开始后、遗产分割前，乙放弃继承权的行为有效。遗产分割后，遗产已处理完毕，故乙撤销放弃意思表示的请求，依法不应得到支持。即使在遗产处理前，乙的撤销请求一般也不应得到支持。因为继承权的放弃常与其他继承人及第三人的利益相联系，继承权的放弃本就会对这些人的权利带来影响，如果继承权放弃后还可以撤销，则会使遗产处于更为不确定的状态，从而给其他继承人和第三人的利益带来损害。

五、继承权的丧失

（一）继承权丧失的概念和事由

继承权丧失是指在继承人对被继承人或者其他继承人有重大违法或者不道德行为时，依法剥夺其继承资格的法律制度。[①] 在继承人有丧失继承权的事由时，即使其有继承能力，但因其与被继承人或者其他继承人的共同生活关系已经破坏，如果仍然允许其继承被继承人的遗产，就无法维持基本的社会公德，有违继承制度的宗旨，所以，民法上规定了继承权丧失制度。从本质上看，继承权丧失制度具有私法罚的色彩。[②]

由于时代背景、文化传统、风俗习惯等具体国情的不同，不同时代、不同国家规定的继承权丧失事由有很大差别。在我国，依据《民法典》第 1125 条的规定，丧失继承权的法定事由包括以下五种。

1. 故意杀害被继承人

继承人故意杀害被继承人，直接危害到被继承人的人身安全，本身就是一种最严重的犯罪行为，因而无论继承人出于何种动机故意杀害被继承人，也不论是既遂还是未遂[《继承解释（一）》第 7 条]，都应当丧失继承权，不以为谋夺遗产为必要。对于本项事由，有以下问题值得注意。

（1）为了“大义灭亲”而杀害劣迹斑斑的被继承人的，是否丧失继承权？虽然杀害劣迹斑斑的被继承人，道德上会引起同情，但是，“大义灭亲”也是违反法律的行为，因为不经过法定程序，任何人都无权剥夺他人的生命。为“大义灭亲”而杀害被继承人，不但要承担刑事责任，还要承担民事责任。从继承法来看，继承人出于“大义灭亲”而杀害被继承人的，同样应当丧失继承权。

（2）因“防卫过当”而杀害被继承人的，是否丧失继承权？因正当防卫杀害被继承人的，继承人的行为不具有违法性，也不具有可惩罚性，所以继承人不丧失继承权。这是学界的一致看法。但是，当继承人防卫过当，致被继承人死亡时，继承人是否丧失继承权，则需要进行个案分析，看继承人主观上是否具有“杀害故意”：若具有杀害故意，则丧失继承权；反之，则不丧失继承权。

事例 10－6 甲未婚配，收养乙为养子。乙成年后娶妻丙，生子丁。一家人和睦相处。后甲被诊断为喉癌晚期。乙见养父之病已无可救药，家中积蓄也消耗殆尽，认为不如让其安乐死，遂在甲的药中投入大量的安眠药。事后，乙想起甲对

---

① 继承权的丧失有广义和狭义两种解释。广义的继承权丧失包括继承人缺格、继承人废除、必留份剥夺。继承人缺格是指发生一定事由时，继承人基于法律规定丧失继承资格；继承人废除是指发生一定事由时，由被继承人取消享有必留份的继承人的继承资格；必留份剥夺是指发生一定事由时，由被继承人取消继承人继承必留份的权利，被取消必留份的继承人依然享有继承人的资格。狭义的继承权丧失仅指继承人缺格。我国法律上只规定了继承人缺格。本书所称的是狭义的继承权丧失，仅指继承人缺格。有关内容参见史尚宽：《继承法论》，96 页，北京，中国政法大学出版社，2000；戴炎辉、戴东雄、戴瑀如：《继承法》，81～82 页，台北，自版，2013。

② 参见陈棋炎、黄宗乐、郭振恭：《民法继承新论》，修订 9 版，69 页。

他的抚育之恩，不忍甲死去，便呼叫医生抢救。经抢救，甲脱险。后乙被判处刑罚。乙服刑期满后，甲死亡，甲死亡前对乙的行为表示宽恕。经查，甲留下瓦房4间。甲弟认为乙对被继承人甲有杀害行为，应当剥夺其继承权。乙则认为甲生前已原谅了自己，对甲的遗产应当有继承权。

——虽乙的行为未造成甲死亡的犯罪结果，但其行为的目的是剥夺甲的生命，因此，乙故意杀害被继承人甲的行为的性质不受影响。乙对被继承人甲实施了故意杀害的行为，尽管其动机是让被继承人不再承受病痛折磨，但这只是量刑的情节，而不影响其故意杀人罪的成立，因此，乙的行为符合继承权丧失的条件，应当剥夺其继承权。

2. 为争夺遗产而杀害其他继承人

继承人杀害其他继承人而丧失继承权，必须具有争夺遗产的主观目的。被杀害的继承人包括法定继承人和遗嘱继承人，包括第一顺序继承人和第二顺序继承人。只要是出于争夺遗产的目的杀害同顺序的继承人或者前顺序的继承人，都会丧失继承权。即使是由于认识错误，为争夺遗产杀害了后顺序的继承人，也应当丧失继承权，因为法律规定为争夺遗产而杀害其他继承人致丧失继承权的目的，是处罚恶意争夺遗产的人。为争夺遗产错误杀害了后顺序的继承人在主观恶性上与杀害前顺序或者同顺序的继承人没有什么差异，也一样应当剥夺继承权。

值得一提的是，非为争夺遗产杀害其他继承人的，即使客观上可以使其多继承一些遗产，也不丧失继承权。因伤害致其他继承人死亡的，也不丧失继承权。因为在上述两种情形下，剥夺其他继承人生命的继承人主观上没有争夺遗产的故意。

事例 10－7　甲有二子乙、丙，一女丁。乙品行恶劣，影响极坏，虽甲多次教育，但乙不改其恶性，并多次殴打甲，甚至扬言要将其打死。甲遂与丙合谋将乙杀害。甲、丙以故意杀人罪被判处刑罚。甲死亡后留有遗产人民币40万元。丁与丙因遗产分割发生纠纷，丁认为丙故意杀害了继承人乙，丙对甲的继承权丧失。丙认为杀害乙并不是为了争夺遗产，因此，自己对甲的继承权并不丧失。

——甲、丙因对被继承人乙实施了故意杀害行为，均丧失对乙的遗产的继承权。虽乙、丙同为甲的继承人，丙也故意杀害了乙，但丙杀害乙并不是为了争夺遗产，因此，丙对甲的继承权并不丧失。

3. 遗弃被继承人，或者虐待被继承人情节严重

遗弃被继承人是指继承人对没有劳动能力或者没有独立生活能力，又没有其他生活来源的被继承人负有法定的抚养、扶养和赡养义务，但该继承人拒绝履行其义务的行为。如果继承人对于有独立生活能力、独立劳动能力的被继承人未尽抚养、扶养、赡养义务，或者继承人本人也没有独立的劳动能力或者生活能力，无法承担相应的法定义务，则不能认为是遗弃。遗弃本身就是性质恶劣的行为，不需要达到情节严重就丧失继

承权。另外，要将生活中继承人与被继承人仅是分开生活、来往不密切和遗弃区别开来。

虐待被继承人是指继承人在被继承人生前经常对其进行肉体折磨或者精神摧残。虐待被继承人，只有达到情节严重的程度才丧失继承权。对于情节严重，可以从实施虐待行为的时间、手段、后果和社会影响等方面来认定［《继承解释（一）》第6条第1款］。一旦虐待行为构成情节严重，不论是否追究刑事责任，均应确认行为人丧失继承权。

4. 伪造、篡改、隐匿或者销毁遗嘱，情节严重

伪造遗嘱是指被继承人生前并未立有遗嘱处分自己的财产，继承人却以被继承人的名义制作虚假的遗嘱；篡改遗嘱是指继承人擅自改变或者歪曲原遗嘱的内容；隐匿遗嘱是指继承人持有被继承人的遗嘱，却不向其他继承人公布的行为；销毁遗嘱是指继承人将被继承人所立的遗嘱完全破坏、毁灭的行为。

上述四种行为，都是根本违背被继承人的真实意愿的行为。在通常情形下，继承人实施上述行为都是出于争夺或者独吞遗产的目的，但也不排除出于其他目的，因而，伪造、篡改、隐匿或者销毁遗嘱，只有达到情节严重的程度才丧失继承权。依据《继承解释（一）》第9条的规定，伪造、篡改、隐匿或者销毁遗嘱，侵害了缺乏劳动能力又无生活来源的继承人的利益，并造成其生活困难的，应当认定其行为情节严重。

5. 以欺诈、胁迫手段迫使或者妨碍被继承人设立、变更或者撤回遗嘱，情节严重

遗嘱是立遗嘱人生前实施的处分个人财产及与此有关的事务，并于立遗嘱人死亡时发生法律效力的单方民事法律行为。以欺诈、胁迫手段迫使或者妨碍被继承人设立、变更或者撤回遗嘱，违背了被继承人的真实意思，如果情节严重，应确认继承人丧失继承权。

（二）继承权丧失的种类

1. 绝对丧失

继承权的绝对丧失又称为终局丧失，是指发生某种丧失继承权的法定事由时，该继承人的继承权终局丧失，任何情形下也不再恢复其对特定被继承人的继承权。依据《民法典》第1125条的规定，以下两种情形下继承人的继承权绝对丧失：故意杀害被继承人，为争夺遗产而杀害其他继承人。

在继承人的继承权绝对丧失后，如果被继承人立遗嘱将遗产给予该继承人，该继承人是否可以取得遗产呢？对此，《继承解释（一）》第8条规定，继承人有绝对丧失继承权的行为，而被继承人以遗嘱将遗产指定由该继承人继承的，可以确认遗嘱无效，并确认该继承人丧失继承权。

2. 相对丧失

继承权的相对丧失又称为非终局丧失，是指虽发生某种法定事由导致继承人的继承权丧失，但在被继承人表示宽恕时，继承人的继承权也可最终不丧失。依据《民法典》第1125条的规定，以下三种事由为继承权相对丧失的法定事由：遗弃被继承人；虐待被继承人情节严重；伪造、篡改、隐匿或者销毁遗嘱，情节严重；以欺诈、胁迫手段迫使或者妨碍被继承人设立、变更或者撤回遗嘱，情节严重。在上述三种情形下，如果继承人确有悔改表现，而且被继承人生前表示宽恕，或者事后在遗嘱中将其列为继承人，

则该继承人可不丧失继承权。

（三）继承权丧失的效力

1. 继承权丧失的时间效力

继承权的丧失只能是继承资格的丧失，因而不论继承权丧失的事由发生于继承开始前还是继承开始后，继承权丧失的效力都应自继承开始时发生。这是各国通行的做法。我国法律没有明文规定继承权丧失自何时起发生法律效力，但司法实践认可继承权丧失自继承开始时发生法律效力。

2. 继承权丧失对人的效力

继承权丧失对人的效力，主要表现在如下三个方面。

（1）对丧失继承权的继承人的效力。继承人因继承权的丧失而无权继承遗产，其占有的遗产应当返还于其他继承人，如其拒绝返还，其他继承人可以提起继承回复之诉。当然，继承权的丧失只是继承人对特定被继承人的遗产的继承权的丧失，只对该特定被继承人发生法律效力，对继承人的其他被继承人并不发生效力，即继承人仍然有权继承其他被继承人的遗产。

（2）对代位继承的效力。被代位继承人丧失继承权后，能否发生代位继承？对此，世界各国主要有两种立法例：一种是可以代位继承，另一种是不可以代位继承。采用哪种立法例与对代位继承的性质的不同理解有关，通常采固有权说的国家持肯定态度，而采代表权说的国家持否定态度。在我国，依据《继承解释（一）》第 17 条的规定，继承人丧失继承权的，其直系晚辈血亲不得代位继承。

（3）对自丧失继承权的继承人处受让遗产的第三人的效力。自丧失继承权的继承人处受让遗产的第三人是否负有返还财产的责任，应视第三人是否为善意而定。第三人如果是善意、有偿取得，则无须返还取得的财产；第三人如果为恶意，或者虽为善意但无偿取得，则应返还取得的财产。

（四）继承权丧失的确认

关于继承权丧失的确认，有两种立法例：一是自然失权主义，即只要发生法律规定的继承权丧失事由，继承人的继承权就当然丧失，无须经过任何程序宣告。法国、瑞士等国家采自然失权主义。二是宣告失权主义，即继承权的丧失需要采用一定的形式或者须经过司法程序确认。德国采取宣告失权主义。

在我国，《民法典》没有规定采取何种立法例，但司法实践认为应采自然失权主义，即不需要特别的法定程序，就当然地丧失继承权。只是在遗产继承中，继承人之间因是否丧失继承权发生纠纷，起诉到人民法院的，由人民法院依据《民法典》第 1125 条的规定，判决确认其是否丧失继承权［《继承解释（一）》第 5 条］。

那么，如果与遗产有利害关系的人不主张继承人丧失继承权，人民法院能否主动裁决继承人丧失继承权呢？对此，我们认为，如果当事人没有起诉到人民法院，因其为民事纠纷，人民法院不能主动宣告继承人丧失继承权；如果当事人起诉到人民法院，法院在审理过程中发现继承人具备了丧失继承权的事由，则人民法院可以主动裁决该继承人丧失继承权。这是因为，丧失继承权的继承人与非继承人处于同样地位。非继承人参与到继承诉讼中，人民法院可以主动裁决其为非继承人，那么，对于丧失继承权的继承人，当然也可以主动裁决其丧失继承权。

六、继承回复请求权

（一）继承回复请求权的概念和性质

关于继承回复请求权，《民法典》并没有规定，但为保护继承权，该权利是十分必要的。所谓继承回复请求权又称继承权回复请求权，是指在继承人的继承权受到侵害时，继承人得请求人民法院通过诉讼程序予以保护，以确认其继承人的地位并恢复其继承遗产权利的权利。从性质上说，继承回复请求权兼有请求确认继承人资格以及返还继承财产的请求权，是一种包括性的请求权。在继承回复请求权中，继承人的继承资格的确认之诉是与遗产的返还之诉紧密结合在一起的。继承资格的确认并非诉讼的最终目的，只是达到最终目的的手段，诉讼的最终目的是要求侵害人将其非法占有的遗产返还给合法继承人。但合法继承人为达到返还遗产的目的，又必须以继承资格的确认为前提。①

（二）继承回复请求权的要件

继承权受到侵害是继承回复请求权产生的前提。继承权为具有身份属性的财产权，因而继承权是否被侵害，应当以继承人有无被他人否认继承资格并排除其对继承财产的占有、管理或者处分为判断依据。凡无继承权而僭称为真正继承人或者真正继承人否认其他共同继承人的继承权并排除其占有、管理和处分者，均属于对继承权的侵害。据此，继承回复请求权的成立要件如下。

1. 加害人无正当权原而对继承财产进行占有、管理或者处分

集合的继承财产是继承权的主要标的，因而欲产生继承回复请求权，首先是继承财产被加害人占有、管理或者处分。如果只是非被继承人的继承人而于户籍上登记其为继承人，或者主张自己为继承人而没有占有财产，则不产生继承权侵害问题，也无继承回复请求权之发生。继承的财产如为不动产，对继承权的侵害，不以继承的不动产已经登记为要件，加害人对不动产有事实上的占有就足以构成对继承权的侵害。继承回复请求权的成立不以全部财产被侵害为必要，即使仅侵害其中一部分，仍足以构成侵害。此外，加害人对占有、管理、处分的财产还需要无权原。如果占有人有特别权利而得占有遗产者，则是个别诉讼问题，并不产生继承回复请求权。例如，对于因承租、借用或者他物权的设定而占有遗产的人，继承人只能行使个别的请求权要求返还遗产，而不能行使继承回复请求权。

2. 加害人否认真正继承人的资格

继承权具有身份属性，如加害人不否认继承人的资格，则非继承回复请求权问题，只是个别请求权的问题。只有在加害人否认继承人的资格时，才会发生对继承权的侵害，才有继承回复请求权的行使。加害人否认继承人的资格包括以下情形：（1）表见继承人占有继承财产并否认真正继承人的资格；（2）共同继承人僭称单独继承人或者主张自己应继份以上之应继份；（3）表见继承人与共同继承人共同侵害他人的继承权。

---

① 参见刘春茂主编：《中国民法学·财产继承》，修订2版，139页。

在认定继承权是否被侵害时，应当注意以下两个问题：一是继承权被侵害不以继承开始时为限，继承开始后也可发生。继承开始时，继承权才转为主观意义上的继承权，才有被侵害的可能性，但对继承权的侵害不以继承开始时为必要，继承开始后，如果占有继承财产的非真正继承人否认真正继承人的资格，也可以产生继承回复请求权。另外，继承开始前，如果他人非法侵夺被继承人的财产，且在继承开始后，否认继承人的资格，则继承人也可以行使继承回复请求权。二是侵害继承权不以过错为必要，只要否认他人继承资格就足以构成。

（三）继承回复请求权的权利人与相对人

1. 继承回复请求权的权利人

继承回复请求权的权利人包括真正继承人、遗产管理人、继承人的法定代理人。

（1）真正继承人。共同继承人中的一人被其他继承人排除，或者其应继份额减少时，该继承人为权利人。继承回复请求权具有身份属性，是专属于继承人一人的权利，须继承人本人才可以行使。如非其本人，即使是其配偶、亲属或者其他利害关系人，也不可以行使该项权利。

（2）遗产管理人。遗产管理人负有保管遗产的职责，因而在遗产被他人侵害时，应当允许其行使继承回复请求权。

（3）继承人的法定代理人。继承人为无民事行为能力人或者限制民事行为能力人时，由其法定代理人代为行使继承权。在其继承权受侵害时，可以由其法定代理人代为行使继承回复请求权。另外，依据《民法典》第16条的规定，在涉及遗产继承时，胎儿被视为具有民事权利能力。因此，在胎儿的应继份受到侵害时，其法定代理人有权代为行使继承回复请求权。

2. 继承回复请求权的相对人

继承回复请求权的相对人包括僭称继承人、表见继承人、僭称继承人与表见继承人的继承人、自不真正继承人处受让继承财产全部或者一部的第三人、否认请求人的继承权但不主张自己为继承人而占有遗产全部或者一部的人。[①]

（1）僭称继承人。僭称继承人包括以下三种情形：没有继承权，自称有继承权而占有遗产全部或者一部的人；否认其他共同继承人的继承权而占有遗产全部或者一部的共同继承人；主张超过自己应继份的共同继承人。

（2）表见继承人。表见继承人是指原本有继承权，由于某种原因放弃或者丧失了继承权的继承人，或者是无效遗嘱、被撤回遗嘱的指定继承人。

（3）僭称继承人与表见继承人的继承人。这种继承人承继僭称继承人与表见继承人对其被继承人之遗产的权利、义务，就僭称继承人与表见继承人所占有的他人的遗产，也有继承回复的义务。

（4）自不真正继承人处受让继承财产全部或者一部的第三人。该第三人可否为继承回复请求权的相对人，尚有争论。我们认为，该第三人与不真正继承人处于同一地位，因而受有遗产交付并且否认真正继承人继承权的，也应当为继承回复请求权的相对人。

① 参见史尚宽：《继承法论》，131～132页。

如果该第三人为个别财产的受让人，则无允许对其提出继承回复请求的必要，因为继承回复请求权自物权请求权分离而独立存在的主要目的在于保护真正继承人，免去其一一请求之苦，使其可以一次概括回复被占有的遗产，既然第三人非概括地占有遗产，也就无对其一次请求概括回复的必要。另外，真正继承人继承了被继承人的一切财产权利，已经属于财产所有人，自然可以对第三人行使物上返还请求权。如果第三人为善意，则其应受善意取得的保护，取得受让财产的所有权，真正继承人不得向其请求回复。

（5）否认请求人的继承权但不主张自己为继承人而占有遗产全部或者一部的人。虽然这类人不主张自己为继承人，但其否认继承人的继承权并占有遗产，亦是对继承权的侵害，因此，其应作为继承回复请求权的相对人。

（四）继承回复请求权的行使

在继承回复请求权中，请求遗产回复的继承人，需要就自己享有继承权的事实和请求回复的遗产在继承开始时属于被继承人占有而为侵占人所取得的事实负举证责任，且以证明被继承人占有的事实为已足，无须证明被继承人原有所有权及其他权原。[①]

在继承人为多数人时，当事人可以先为遗产分割，然后就自己取得的部分请求继承回复；在遗产分割前，继承人中的一人或者数人可以请求行使继承回复请求权，不以全体同意为必要，只是请求权人只能请求侵占人向全体继承人、全体继承人指定的第三人或遗产管理人为给付，或者向有关机关提存。[②] 另外，对于继承财产已被他人登记的，继承人请求注销登记等保存行为，因是为继承人的利益，故亦无须全体继承人的同意。

（五）继承回复请求权的效力

1. 在真正继承人与僭称继承人、表见继承人之间的效力

（1）财产返还。真正继承人请求继承财产回复时，就继承财产，僭称继承人与表见继承人如果不能举证证明其为有权占有，则应当依照继承开始时的状态，将其占有的继承财产返还于真正继承人。其返还范围不仅包括原继承财产，而且包括继承财产的代位物以及取得的孳息。如继承财产不能返还，则应当依照不当得利规则，以僭称继承人与表见继承人为善意、恶意而定其返还范围，即：受领人如为善意，以现存利益为限，负返还义务，利益不存在时，无须返还；受领人如为恶意，应返还全部取得的利益，即使利益不存在，也应返还。

（2）费用偿还。真正继承人对于僭称继承人与表见继承人在保管标的物时支出的费用，有偿还义务。其偿还范围，应按照占有人为善意或者恶意而不同，即善意占有人因保管继承财产所支出的必要费用、因改良继承财产支出的有益费用，在继承财产增加价值范围内，可以要求真正继承人偿还；恶意占有人因保存继承财产支出的必要费用，可以依照无因管理的规定请求偿还，至于支出的有益费用只能依照不当得利规则请求偿还。

（3）遗产债务清偿。在僭称继承人与表见继承人清偿遗产债务时，如果是以继承财产进行的清偿，不管清偿受领人是善意还是恶意，其清偿皆为有效，真正继承人免其债务，在偿还债务的范围内继承的财产无须返还，同时僭称继承人与表见继承人对于真正

① 参见史尚宽：《继承法论》，135页。

② 我国有学者认为，继承回复请求权的行使为保存行为，故无须全体继承人同意。

继承人无费用偿还请求权。如果僭称继承人与表见继承人用自己的固有财产清偿遗产债务，则可以向真正继承人请求费用偿还。如果僭称继承人与表见继承人误以为是自己的债务而为清偿，则发生非债清偿的法律后果，可以依不当得利规则，向债务人请求返还，但僭称继承人与表见继承人也可以不向债务人主张非债清偿，而向真正继承人主张代为清偿，请求真正继承人给予补偿。

2. 在真正继承人与第三人之间的效力

（1）第三人自僭称继承人或者表见继承人处受让遗产的，如果第三人为善意，应有善意取得的适用。在遗产被第三人善意取得时，真正继承人只能对僭称继承人或者表见继承人主张不当得利或者损害赔偿。

（2）第三人从取得的遗产超过应继份额的共同继承人处受让遗产的，若遗产尚未分割，被排除的真正继承人请求回复的，因该遗产还处于共有关系中，继承人的处分属于无权处分，故第三人应受善意取得制度的保护。

（3）第三人对僭称继承人或者表见继承人为债务清偿的，可认为是对债权的准占有人为清偿，在第三人善意且无过失时，清偿有效。至于僭称继承人或者表见继承人是否为善意，并非所问。对准占有人的清偿有效时，债权得到实现，债务归于消灭，真正继承人可以向僭称继承人或者表见继承人主张不当得利。

事例 10-8　甲因病去世后，留有遗产城镇房屋 8 间。因甲的儿子乙在美国，丙在我国台湾地区，无法取得联系，甲在大陆又无其他亲人，所以甲所在的集体企业丁在安葬甲后，即将甲所有的房屋接收，并办理了产权变更手续，将甲生前所有的房屋变更为丁所有。甲的儿子乙、丙相约回国，得知甲的遗产已被丁接收后，即向丁提出返还请求，但遭到拒绝。多次协商无果后，乙主张向人民法院提起诉讼，丙不同意。乙不顾丙的反对，向人民法院提起诉讼，请求判令丁返还甲的遗产。

——丁对甲的遗产的占有，是以否认乙、丙对甲的遗产的继承权为目的的占有。乙向人民法院请求判令丁返还甲的遗产，该请求权在性质上为继承回复请求权。乙、丙在甲死亡后均没有表示放弃继承，应视为接受继承。丁擅自将甲的遗产据为己有，构成了对继承人乙、丙的继承权的侵害。乙、丙享有继承回复请求权，可以作为共同原告向人民法院提起诉讼。在丙不同意起诉时，乙可以单独向人民法院提起诉讼，但应当请求丁将占有的遗产返还给乙、丙，不能直接要求丁将占有的遗产返还给乙。

第五节　遗　产

一、遗产的概念和特点

依据《民法典》第 1122 条的规定，所谓遗产，是指自然人死亡时所遗留的，依照继承法律规范移转给他人的个人合法财产。遗产具有如下法律特点。

（一）时间上的特定性

被继承人死亡的事实，是区分被继承人的个人所有的财产与遗产的法律上的界限。被继承人生前所有的一切财产都属于其个人，并不属于遗产。被继承人有权按照自己的意愿行使财产权利，不受任何人的干涉。无论被继承人处于何种状态，如无民事行为能力、限制民事行为能力、被宣告失踪等，其个人财产都不能被作为遗产来对待。只有在被继承人死亡时，被继承人生前的非专有的财产才转为遗产。

（二）内容上的概括性

我国继承法采取概括继承原则，自被继承人死亡时起，遗产就概括地转归继承人所有。遗产不但包括财产权利，还包括财产义务，是财产权利和义务的概括综合体。除财产权利和财产义务外，遗产还包括未被确认为权利的但受法律保护的利益。[①] 继承开始后，除专属于被继承人的权利外，被继承人的一切财产权利，依照继承开始时的形态，移转于继承人。被继承人的权利的性质、内容及状态都不因继承而改变。[②] 继承标的物上的瑕疵或者限制，被继承人所为或者所受的欺诈或者胁迫、善意或者恶意、故意或者过失等，也一并移转于继承人；被继承人的债务与权利一并由继承人继承，即使在被继承人只有债务，没有积极财产时，其债务也一样由继承人继承，只是依据《民法典》第1161条的规定，继承人的清偿义务仅以所得遗产为限，继承人不负有以自己所有的财产清偿被继承人之债务的法定义务。

（三）范围上的限定性

遗产在范围上是受一定限制的。首先，只有属于被继承人所有的财产才属于遗产。被继承人与他人共同共有的财产，应当从共同共有的财产中分割出属于被继承人生前所有的份额，作为遗产；被继承人与他人按份共有的财产，其所有的份额可以作为遗产被继承；被继承人生前占有、使用的他人的财产，不能作为遗产而被继承。其次，专属于被继承人所有的财产不能作为遗产。

（四）性质上的合法性

只有合法的财产才能成为继承的客体。自然人死亡时遗留下来的财产，无论是积极的财产还是消极的财产，并非都属于遗产。只有依法可以由自然人拥有的，并且有合法取得根据的财产，才能成为遗产。不允许由自然人拥有的财产不能作为遗产，如国家享有专有权的矿产资源和水资源等。没有合法取得根据的财产也不能作为遗产，如非法取得的国家、集体和个人所有的财产。当然，允许个人拥有的但流通受到限制的限制流通物，如金银、文物等，是可以作为遗产而被继承的。

二、遗产的范围

关于遗产的范围，《民法典》第1122条规定：遗产是自然人死亡时遗留的个人合法

① 有学者自继承的客体为继承人地位的角度出发，认为继承财产除权利、义务外，尚包括法律关系。参见戴炎辉、戴东雄、戴瑀如：《继承法》，119页。

② 被继承人的住所如果与继承人不同，则其债权的清偿地可能因继承而改变。

财产。依照法律规定或者根据其性质不得继承的遗产，不得继承。一般而言，自然人的物权、债权、知识产权中的财产权利以及其他合法财产都属于遗产的范围。

在我国，依照法律规定或者性质不得继承的财产主要包括如下几类。

1. 法律规定不得继承的财产

依据《民法典》第 369 条的规定，居住权不得继承。因此，居住权尽管是用益物权，但不能作为遗产由继承人继承。

2. 与被继承人的人身有关的具有专属性的财产权利和义务

与被继承人的人身有关的具有专属性的财产权利不具有可让与性，因而不能作为遗产由继承人继承。这类权利主要包括：以特定身份为基础的财产权利，如子女对父母的抚养费请求权、父母对子女的赡养费请求权、夫妻间的扶养费请求权等；以特别信任关系为前提的财产权利，如因雇佣或者委托合同发生的财产权利。

由被继承人一身专属的义务，也不能由继承人来继承。这类义务包括：以被继承人的身份或者地位为基础的义务，如抚养、扶养或者赡养义务；债务的履行与被继承人的人格、知识相结合的义务，如画家或者作家所负的给付义务；以信任关系为基础的债务，如因委托或者雇佣合同而承担的债务。

3. 自然资源利用权

自然资源利用权是指自然人、法人或者非法人组织占有、使用除土地与海域以外的国有自然资源的权利，如取水权、探矿权、采矿权、捕捞权、养殖权等。尽管学理上对自然资源利用权的性质尚有不同认识，但是，对于这些权利都属于财产权利，应是无争议的。

虽然自然资源利用权为财产权利，但这些权利不能作为继承的客体。水资源、矿产资源、渔业资源等大都是稀缺资源，是人类生存与发展不可或缺的物质财富。为避免这类资源的浪费以及防止环境被污染，国家严格限制自然资源利用权人的资格。为此，国家不但要考察利用人的利用能力，还要考察利用人的管理和保护能力。只有经过国家严格程序的审查、符合条件的利用人，才能通过行政许可，取得自然资源利用权。显然，自然资源利用权的取得对主体资格是有严格限制的，所以，自然资源利用权只能由特定人享有，不得随意转让，也不能作为遗产由继承人继承。享有自然资源利用权的自然人死亡后，继承人必须重新申请并经主管部门批准，才能取得自然资源利用权。由此可见，自然资源利用权不能基于继承权而当然取得。

4. 宅基地、自留山、自留地的使用权

上述权利都具有一定的福利色彩，只能由特定的社员享有，具有一定的专属性质，所以，宅基地、自留山、自留地的使用权不可以被转让，自然也不能被继承。

但需要指出的是，由于房屋与宅基地不可分离，而房屋是可以转让和继承的，因而，基于“地随房走”的原则，在房屋转让和继承时，其所附的宅基地使用权也随之转移。

5. 土地承包经营权

土地承包经营权本身可否作为遗产被继承，是一个较为复杂的问题。依照承包主体的不同，农村土地承包可以分为家庭以户的名义进行的承包和自然人以个人的名义进行的承包。家庭以户的名义进行承包的，不论是户主死亡还是家庭成员死亡，只要户还存在，就不发生土地承包经营权的继承问题。[①] 但自然人以个人的名义承包的，其土地承包经营权能否被继承呢？依照《中华人民共和国农村土地承包法》（以下简称《农村土地承包法》）的规定，对于下列两种权利继承人可以继续承包：一种是林地承包经营权（《农村土地承包法》第 32 条），另一种是通过招标、拍卖、公开协商等方式取得的“四荒”土地经营权（《农村土地承包法》第 54 条）。允许这两类权利由继承人继续承包有着特别的考虑：前者主要是考虑种植树木的收益周期长，承包期也相对较长；后者则是因为取得方式的商业化，这种权利的财产属性更浓厚。《农村土地承包法》中使用了“可以继续承包”这一表述，但何为“继续承包”？对此，既可以解释为原合同主体的变更，也可以理解为权利的继承。因为林地承包经营权或者“四荒地”土地经营权是物权，故所谓“继续承包”，实质上就是承包经营权的继承。

应当指出的是，土地承包经营权虽然不能继承，但承包收益是可以继承的。依据《继承解释（一）》第 2 条的规定，承包人死亡时尚未取得承包收益的，可以将死者生前对承包所投入的资金和所付出的劳动及其增值和孳息，由发包单位或者接续承包合同的人合理折价、补偿。其价额作为遗产。

第六节　继承的开始

一、继承开始的原因

虽然古代社会曾将出家为僧、被俘、沦为奴隶、丧失国籍等作为继承开始的原因，但现代各国的法律只承认死亡为继承开始的唯一原因。在我国，《民法典》第 1121 条第 1 款也明文规定，继承从被继承人死亡时开始。这里的被继承人死亡，包括自然死亡和宣告死亡。宣告死亡的，依据《民法典》第 48 条规定确定的死亡日期为继承开始的时间［《继承解释（一）》第 1 条］。

二、继承开始的时间

（一）继承开始时间的意义

1. 确定继承人的范围

只有在继承开始时具有继承资格的人才能成为继承人，也即只有在继承开始时生存的人，才能成为继承人。继承人范围确定的依据是血缘、收养、婚姻和扶养关系，因此，只有在继承开始时具备血缘、收养、婚姻和扶养关系的人，才能成为继承人。在继承开始时，与被继承人的收养、婚姻和扶养关系已经解除的人，不能作为继承人。

2. 确定遗产的范围

遗产是被继承人死亡时所遗留的财产。在被继承人死亡以前，其享有的各种财产经

① 实质上，家庭承包的内部也存在继承问题，不过实践中是通过承包户内部消化的办法掩盖了继承的实质。

常处在不断变动之中，财产的数额、形态等都会发生变化。因此，遗产范围的确定只能以继承开始的时间为准来确定。只有在继承开始时，尚存的属于被继承人的财产，才能被确定为遗产。

3．确定遗产所有权的转移

继承开始后，继承人享有的客观意义上的继承权转为主观意义上的继承权，此时，该主观意义上的继承权以遗产所有权为主要内容。继承人为一人时，继承人一人享有遗产所有权；继承人为多人时，遗产由全体继承人共同共有。

4．丧失继承权、放弃继承权的效力起算点

丧失继承权、放弃继承权都具有溯及效力，溯及于继承开始时发生法律效力。虽然《民法典》没有明确规定丧失继承权、放弃继承权溯及于继承开始时发生法律效力，但学理上和司法实践中都认可其溯及效力。这也是各国通行的做法。

（二）继承开始时间的确定

1．自然死亡时间的确定

受医学发展的影响，民法上关于自然死亡的认定历来有不同的观点，如脉搏停止说、心脏搏动停止说、呼吸停止说、脑死亡说等。目前，在医学界较有影响的是脑死亡说。受其影响，民法上也有采用脑死亡说的趋势。《民法典》第15条规定：自然人的死亡时间，以死亡证明记载的时间为准；没有死亡证明的，以户籍登记或者其他有效身份登记记载的时间为准。有其他证据足以推翻以上记载时间的，以该证据证明的时间为准。

2．宣告死亡时间的确定

宣告死亡是指自然人离开自己的住所，下落不明达到法定期限，人民法院经利害关系人的申请，依法宣告失踪人死亡的法律制度。关于宣告死亡时间的确定，《民法典》第48条规定："被宣告死亡的人，人民法院宣告死亡的判决作出之日视为其死亡的日期；因意外事件下落不明宣告死亡的，意外事件发生之日视为其死亡的日期。"

3．相互有继承权的继承人在同一事故中的死亡时间的确定

《民法典》第1121条第2款规定："相互有继承关系的数人在同一事件中死亡，难以确定死亡时间的，推定没有其他继承人的人先死亡。都有其他继承人，辈份不同的，推定长辈先死亡；辈份相同的，推定同时死亡，相互不发生继承。"这一规定充分考虑到了保护和尊重继承人的利益与自然规律，有利于确定死亡的时间。

事例10-9 甲、乙系夫妻，生有一子丙。某日，甲、乙、丙和甲的胞弟丁同车旅游，途中遭遇车祸，经法医鉴定，甲、丙、丁当场死亡，不能确定死亡时间；乙受轻伤。甲、丁兄弟二人的父母均已死亡。事故发生后，在丁的遗产归属问题上，乙与丁所任职的国有企业发生纠纷。

——甲、丙、丁在同一事故中死亡，死亡时间的先后不能确定。丁除甲外，没有其他继承人，因此，依照《民法典》关于"推定没有其他继承人的人先死亡"的规则，应当推定丁先于甲死亡，丁的遗产由甲继承。甲、丙各自都有继承人且辈分不同，因此，应推定长辈甲先死亡，晚辈丙后死亡。

三、继承开始的地点

继承开始的地点是指继承人参与继承法律关系、行使继承权、接受遗产的场所。继承开始的地点是决定诉讼管辖法院的准据点，是决定财产价值评估的标准地，所以，正确确定继承开始的地点具有重要的意义。

《民法典》没有规定继承开始的地点。但是，《民事诉讼法》对继承纠纷所引发诉讼的法院管辖地作了专门规定，该法第 34 条第 3 项规定：“因继承遗产纠纷提起的诉讼，由被继承人死亡时住所地或者主要遗产所在地人民法院管辖。”这实质上确认了继承开始的地点为被继承人死亡时的住所地和主要遗产所在地。

以被继承人死亡时的住所地和主要遗产所在地为继承开始地点，符合我国的国情。依据《民法典》第 25 条的规定，自然人以户籍登记或者其他有效身份登记记载的居住地为住所；经常居所与住所不一致的，经常居所为住所。我国住所的确定充分考虑到了我国人口众多、流动性较大的特点。另外，以被继承人的住所地和主要遗产所在地为继承开始的地点，更能充分保障继承纠纷在最有利于查清案情、最有利于保护各方当事人的地方得到解决。

四、继承开始的通知

被继承人死亡时，并非所有的继承人都知道被继承人已经死亡，有的人甚至不知道自己被指定为继承人。于是这就有一个继承开始的通知的问题，即需要将被继承人死亡的事实通知给继承人和遗嘱执行人，以便继承人及时行使继承权，遗嘱执行人及时履行职务。

《民法典》第 1150 条规定：“继承开始后，知道被继承人死亡的继承人应当及时通知其他继承人和遗嘱执行人。继承人中无人知道被继承人死亡或者知道被继承人死亡而不能通知的，由被继承人生前所在单位或者住所地的居民委员会、村民委员会负责通知。”依照该规定，负有通知义务的第一顺位义务人是知道被继承人死亡的继承人和遗嘱执行人，第二顺位义务人是被继承人生前所在单位或者住所地的居民委员会、村民委员会。被继承人生前所在单位或者住所地的居民委员会、村民委员会担任通知人，只适用于继承人中无人知道被继承人死亡或者知道被继承人死亡而不能通知的情形。

思考案例

1. 甲娶乙为妻，婚后育有一子一女。女儿丙已出嫁。儿子娶丁为妻，生有一子戊。甲的儿子于 5 年前不幸遇车祸死亡。甲、乙年老后，无固定生活来源。女儿丙出嫁后，拒不赡养老人，并曾数度虐待甲、乙。甲、乙主要依靠儿媳丁供养。甲死亡后，留下房屋 4 间。甲死亡后，15 周岁的戊表示放弃继承权。

问：(1) 丙是否丧失了继承权？(2) 戊能否放弃继承权？

2. 甲、乙自幼失去双亲，兄弟两人相依为命。甲前妻早丧，留有双胞胎儿子丙、丁。后甲与戊结婚。甲结婚后即单独生活。甲妻戊已怀孕数月。乙未婚配。一日，甲、乙同车去探亲，途中遇车祸而死亡，死亡先后时间不能确定。甲有遗产房屋 12 间、存款 20 万元。甲生前投保了人身意外伤害险，保险金为 20 万元，未指定受益人。甲因死亡获得死亡赔偿金 50 万元。乙有遗产房屋 6 间、存款 150 万元，另因死亡获得死亡赔偿金 50 万元。甲、乙死亡后，丙、丁与戊因遗产继承发生纠纷。

问：(1) 甲、乙的死亡时间应当如何确定？(2) 甲、乙的遗产范围应当如何确定？(3) 丙、丁、戊和戊未出生的胎儿能否分割甲、乙的遗产？

3. 甲、乙结婚后的第二年，甲继承了父亲的 3 间楼房。2 年后甲患病，同年 12 月故去。当时乙正怀孕，由于过度劳累悲伤，因而早产，生一男孩。第二天，男孩死亡。乙因破伤风，在男孩之后死亡。甲的哥哥丙与乙的母亲丁安葬了乙。丙认为自己安葬了甲、乙，3 间楼房系甲的遗产，应该归他所有；丁认为房产有她女儿乙的一份，她有权继承，不应全部归丙所有。

问：(1) 甲、乙的继承人范围应当如何确定？(2) 本案的遗产范围应当如何确定？(3) 出生后死亡的男孩是否享有继承权？

4. 王某与李某系夫妻，二人带女儿外出旅游，发生车祸全部遇难，但无法确定死亡的先后时间。下列哪些选项是正确的？(　　)

A. 推定王某和李某先于女儿死亡

B. 推定王某和李某同时死亡

C. 王某和李某互不继承

D. 女儿作为第一顺序继承人继承王某和李某的遗产

5. 钱某与胡某婚后生有子女甲和乙，后钱某与胡某离婚，甲、乙归胡某抚养。胡某与吴某结婚时，甲已参加工作而乙尚未成年，乙跟随胡某与吴某居住。后胡某与吴某生下一女丙。吴某与前妻生有一子丁。钱某和吴某先后去世。下列哪些说法是正确的？(　　)

A. 胡某、甲、乙可以继承钱某的遗产

B. 甲和乙可以继承吴某的遗产

C. 胡某和丙可以继承吴某的遗产

D. 乙和丁可以继承吴某的遗产

6. 下列哪些行为不能引起放弃继承权的后果？(　　)

A. 张某口头放弃继承权

B. 王某在遗产分割后放弃继承权

C. 李某以不再赡养父母为前提，书面表示放弃其对父母的继承权

D. 赵某与父亲共同发表书面声明断绝父子关系

7. 甲在乙寺院出家修行，立下遗嘱，将下列财产分配给女儿丙：乙寺院出资购买并登记在甲名下的房产、甲以僧人身份注册的微博账号、甲撰写的《金刚经解说》的发表权、甲的个人存款。甲死后，在遗产分割上乙寺院与丙之间发生争议。下列哪一说法是正确的？(　　)

A. 房产虽然登记在甲名下，但甲并非事实上所有权人，其房产应归寺院所有

B. 甲以僧人身份注册的微博账号，目的是推广佛法理念，其微博账号应归寺院

所有

C. 甲撰写的《金刚经解说》属于职务作品，为保护寺院的利益，其发表权应归寺院所有

D. 甲既已出家，四大皆空，个人存款应属寺院财产，为维护宗教事业发展，其个人存款应归寺院所有

课后复习

1. 什么是继承？继承包括哪些种类？
2. 继承法应当遵循哪些基本原则？
3. 遗产的范围包括哪些？
4. 如何认识继承权的性质？
5. 继承权放弃的效力有哪些？
6. 继承权丧失的事由和效力是什么？
7. 如何确定继承回复请求权的要件和效力？
8. 如何确定继承开始的原因、时间、地点？

第十一章
法定继承

提　要

法定继承是依据法律直接规定的继承人范围、继承顺序、继承份额等，继承被继承人遗产的一种继承方式。法定继承人的顺序是法定的。我国的法定继承人的顺序按如下标准确定：配偶、子女、父母，以及对公婆、岳父母尽了主要赡养义务的丧偶儿媳、丧偶女婿为第一顺序继承人；兄弟姐妹、祖父母、外祖父母为第二顺序继承人。第一顺序继承人优先于第二顺序继承人继承遗产。我国《民法典》规定了代位继承：在被继承人的子女先于被继承人死亡时，被继承人的子女的直系晚辈血亲有代位继承遗产的权利；被继承人的兄弟姐妹先于被继承人死亡的，由被继承人的兄弟姐妹的子女代为继承；代位继承人一般只能继承被代位继承人有权继承的遗产份额。我国《民法典》承认转继承：继承人在继承开始后、遗产分割前死亡的，其所应继承的遗产份额转由其继承人承受。法定继承人的继承份额是法律规定的，同一顺序继承人继承遗产的份额一般均等，但在特殊情况下也可以不均等。对于继承人以外的依靠被继承人扶养的、缺乏劳动能力又没有生活来源的人，或者继承人以外的对被继承人扶养较多的人，可以分配给他们适当的遗产。

重点问题

1. 法定继承的适用范围
2. 法定继承的顺序
3. 代位继承与转继承
4. 应继份的确定
5. 酌情分得遗产权

第一节　法定继承概述

一、法定继承的概念和特点

所谓法定继承，是指依据法律直接规定的继承人范围、继承顺序、继承份额等，继承被继承人遗产的一种继承方式。法定继承具有如下特点。

（一）法定继承的规范具有强制性

法定继承的继承人范围、继承顺序、继承份额、遗产分配原则等都是法定的，除被继承人生前可以通过遗嘱方式加以改变外，其他人都无权改变，继承人也不能通过约定排除这些强制性规范的适用。

（二）法定继承以一定的身份关系为前提

法律确定法定继承的继承人范围、继承顺序、继承份额等，都是以一定的身份关系为基础的。除极少数国家的法律允许不具备亲属关系的人在满足特定条件时成为继承人外，绝大多数国家规定的法定继承都是发生在有特定亲属关系的人之间，即继承人与被继承人都有一定的亲属关系。从这一点来说，法定继承是以一定的身份为前提的。

（三）法定继承是遗嘱继承的补充和限制

法定继承与遗嘱继承是近代继承法上的两种最为重要的继承方式，但由于遗嘱继承体现了被继承人的愿望，所以遗嘱继承优先于法定继承而适用，即有遗嘱时适用遗嘱继承，无遗嘱时才适用法定继承。虽然遗嘱继承优先于法定继承而适用，但被继承人的遗嘱也受一定的限制，如许多国家的法律中规定有特留份制度。所谓特留份，是指被继承人在遗嘱中必须为法定继承人保留的遗产份额，被继承人处分特留份的，该处分无效。我国《民法典》虽然没有规定特留份制度，但也规定了遗嘱应当为特定的继承人保留必要的遗产份额（《民法典》第 1141 条）。从这一角度而言，法定继承也是对遗嘱继承的一种限制。

二、法定继承的适用范围

（一）遗嘱在先原则

继承开始后，遗嘱继承优先于法定继承而适用，是为遗嘱在先原则。遗嘱在先原则体现了对被继承人意志的尊重，体现了法律保障个人自由、独立与尊严的价值目标。《民法典》第 1123 条规定："继承开始后，按照法定继承办理；有遗嘱的，按照遗嘱继承或者遗赠办理；有遗赠扶养协议的，按照协议办理。"遗赠扶养协议并非继承方式，而是一种双务合同。由于遗赠扶养协议体现了双方当事人的意愿，关涉扶养义务人与被继承人生前的利益，所以，遗赠扶养协议优先于任何一种继承方式而适用。

（二）适用法定继承的情形

根据遗赠扶养协议优先和遗嘱在先原则，在被继承人生前未与他人订立遗赠扶养协议又没有立遗嘱，或者遗赠扶养协议无效或者不能执行，被继承人的遗嘱又全部无效时，就适用法定继承。除此之外，依据《民法典》第 1154 条的规定，有下列情形之一的，遗产中的有关部分也按照法定继承办理：（1）遗嘱继承人放弃继承或者受遗赠人放弃受遗赠；（2）遗嘱继承人丧失继承权或者受遗赠人丧失受遗赠权；（3）遗嘱继承人、受遗赠人先于遗嘱人死亡或者终止；（4）遗嘱无效部分所涉及的遗产；（5）遗嘱未处分的遗产。应当指出，遗嘱继承人依遗嘱取得遗产后，仍有权依照《民法典》第 1130 条的规定取得遗嘱未处分的遗产［《继承解释（一）》第 4 条］。

事例 11－1 甲死亡后，留有遗产房屋 4 间、人民币 80 万元及股票若干。甲的父母早亡，甲有妻乙，有子丙、丁和女戊。丙为甲与前妻所生，丁为甲与乙所生，戊为乙与前夫所生。戊随母与继父甲共同生活时尚未成年，甲承担了戊的抚养费。甲生前立有遗嘱，明确将其遗产中的 2 万元遗赠给朋友己，遗产中的房屋 4 间由乙继承。甲死亡后，己在知道受遗赠后明确表示放弃受遗赠。乙、丙、丁、戊为遗产继承发生纠纷，丙向人民法院提起诉讼。

——甲所立遗嘱只对部分遗产进行了处分，遗嘱中未被处分的遗产部分，涉及法定继承问题。丙提起诉讼，其目的是确认其为甲的法定继承人的身份并按继承份额分得甲的遗产。受遗赠人己放弃了受遗赠的 2 万元，因此，被继承人遗产中的 2 万元应适用法定继承。被继承人在遗嘱中未处分的 78 万元人民币和股票若干，也应当适用法定继承。

三、法定继承人的范围

依照《民法典》的规定，法定继承人包括配偶、子女、父母、兄弟姐妹、祖父母、外祖父母，以及对公婆或岳父母尽了主要赡养义务的丧偶儿媳或者丧偶女婿。

（一）配偶

配偶是合法婚姻关系存续期间相互的称谓，因此，夫妻互为配偶。在古代社会，夫对妻的财产有继承权，而妻对夫的财产，或无继承权，或仅有受限制的继承权，或仅有用益权。[①] 但在现代社会，配偶相互间享有继承权已是各国立法上的通例，这是承认男女平等的近代法律思想的产物。

配偶间享有继承权以双方有合法婚姻关系为前提。没有合法的婚姻关系，或者婚姻无效、被撤销，则双方没有合法的配偶身份，自不享有继承权。对于配偶间的继承权，以下几个问题值得注意。

1. 已经办理了结婚登记，但没有共同生活的男女双方的继承权问题

虽然我国有举办婚礼仪式的传统，但我国法律采纳了登记作为婚姻成立的形式要件，即认定婚姻关系是否成立，以男女双方是否自愿到婚姻登记机关办理登记手续为准。办理了登记手续的，就具有了合法的夫妻关系；未办理登记手续的，就不具有合法的夫妻关系。至于男女双方在办理结婚登记手续后，因种种原因没有共同生活的，并不影响婚姻的效力，他们之间仍然存在被法律认可的合法夫妻关系，当一方死亡时，生存一方有权以配偶的身份继承死者的遗产。

2. 法院判决离婚，但离婚判决书尚未生效时一方死亡的继承问题

此时，配偶双方尚未解除婚姻关系，不应剥夺其继承遗产的权利。一方面，夫妻离婚的原因有很多，虽然法律规定以感情破裂作为判决离婚的标准，但实践中确认感情是

① 参见史尚宽：《继承法论》，60 页。

否破裂是综合考虑各种因素来确定的。有时感情尚在，但无法共同生活，不得不离婚的情形也是存在的，不见得被裁判离婚的双方都不希望对方继承自己的财产。另一方面，法定继承人范围的确定考虑的不只是被继承人的意愿，还有家庭共同生活、死后扶养等诸多因素。夫妻离婚前毕竟在一起生活，有共同生活的基础，对于对方财产的积累或多或少都作出过贡献，在婚姻关系还没有完全解除时，剥夺其继承权也有失公平。

3. 未经登记结婚的男女双方的继承问题

对于没有经过登记而结婚的事实，我国法律在不同时期有不同的态度。未依照《民法典》有关规定办理结婚登记而以夫妻名义共同生活的男女，同居期间一方死亡的，如果双方同居关系发生在《婚姻登记管理条例》（已失效）公布实施以前，在一方死亡时，男女双方已经符合结婚实质要件的，双方成立事实婚姻，未死亡的一方可以配偶身份对死亡一方的遗产享有继承权。如果双方同居关系发生在《婚姻登记管理条例》公布实施以后，男女双方符合结婚实质要件，在一方死亡前，双方已经补办了结婚登记手续的，则双方为合法的夫妻关系，未死亡的一方可以配偶身份继承死亡一方的遗产；双方没有补办结婚登记手续的，则不具有合法夫妻关系，未死亡的一方不能够以配偶身份继承死亡一方的遗产。当然，如果双方确实在一起生活了较长时间，且形成一定的扶养关系，符合酌情分得遗产的法定条件，则可以允许未死亡一方适当分得遗产。

（二）子女

子女是被继承人最近的直系晚辈血亲，不论在任何国家、任何时代，子女都是最基本的继承人。依据《民法典》第 1127 条第 3 款的规定，子女包括婚生子女、非婚生子女、养子女和有扶养关系的继子女。

1. 婚生子女

婚生子女是在合法婚姻关系存续期间受孕或者所生育的子女。婚生子女，不论是儿子还是女儿，不论是随父姓还是随母姓，不论是已婚还是未婚，都有继承父母的遗产的权利。在确认婚生子女的继承权时，必须坚持男女平等原则，不论是儿子还是女儿，都平等地享有对父母的遗产的继承权。

2. 非婚生子女

非婚生子女是没有合法婚姻关系的男女所生育的子女。《民法典》第 1071 条第 1 款规定："非婚生子女享有与婚生子女同等的权利，任何组织或者个人不得加以危害和歧视。"我国法律认可非婚生子女与婚生子女有同等的继承权。这是值得称道的，因为，即使子女是由父母的非法或者不道德的两性关系所生育，错也不在子女，即非婚生子女是完全无辜的，不应当用惩罚子女的方式来惩罚非婚生子女的父母的不道德行为。承认非婚生子女与婚生子女享有平等继承权，也实现了继承权真正平等，并且践行了养老育幼的优良传统。

3. 养子女

养子女是指被收养的子女。在对待养子女的态度问题上，我国是保护措施比较完善的国家之一。我国视收养关系为拟制的血亲关系，收养关系一经成立，即产生两个后果：一是确立了养父母子女间的权利和义务关系，二是解除了养子女与亲生父母之间的权利和义务关系。养子女与养父母之间的权利和义务关系，与婚生子女和父母之间的权利和义务关系相同，因此，养子女与婚生子女享有同样的继承权，不仅可以继承养父母的遗产，还可以继承养父母的近亲属的遗产。收养关系成立后，养子女不再享有继承生父母以及生父母近亲属的遗产的权利。但现实生活中，一些被收养人与养父母和生父母都保持着密切关系，其既对养父母尽了赡养义务，也给予了生父母较多帮助。为鼓励这些被收养人赡养、扶助老人的行为，司法实践中，被收养人对养父母尽了赡养义务，同时又对生父母扶养较多的，除可依据《民法典》第1127条的规定继承养父母的遗产外，还可依据《民法典》第1131条的规定分得生父母的适当的遗产［《继承解释（一）》第10条］。

关于养子女的继承权，有三个问题值得注意。

（1）寄养子女。在现实生活中，有的未成年人因父母死亡或者家庭生活困难等原因被寄养在亲戚朋友家里。虽然被寄养人与寄养人可能长期在一起共同生活，有些甚至以父子、母子相称，但只要没有办理收养登记手续，双方就不属于养父母子女关系，被寄养人不能继承寄养人的遗产，只能继承生父母的遗产。被寄养人如果与寄养人符合《民法典》第1131条的规定，可以酌情分得适当遗产。

（2）养孙子女。在收养关系中，有的收养人与被收养人年纪相差悬殊，彼此之间以（外）祖父母和（外）孙子女相称。实际上，这仍是养父母子女关系，彼此间发生父母和子女的权利和义务关系。

（3）“过继子”。对于我国民间习俗中存在的“过继子”，应区分不同情况讨论。我国目前“过继”的情形大体有两种：一种是在被继承人生前“过继”。生前“过继”又分为与被继承人形成事实扶养关系和与被继承人没有形成事实扶养关系两种情形。另一种是在被继承人死后“过继”。被继承人生前没有形成事实上扶养关系的“过继”与在被继承人死后“过继”，实质上是纯粹为了封建性质的传宗接代而“过继”。对于这种“过继”关系，“过继子”与被继承人之间无任何法律上的权利和义务关系，“过继子”当然也不享有继承权。对于生前“过继”而又形成事实扶养关系的，应当视是在《收养法》公布实施之前“过继”还是在《收养法》公布实施之后“过继”而异其效果：在《收养法》公布实施之前“过继”又实际上有扶养关系的，属于事实收养，可以适用养父母与养子女之间的权利和义务关系的规定，二者相互间享有继承遗产的权利；在《收养法》公布实施之后的“过继”，即使有实际上的扶养关系，由于法律不再认可事实收养，也不能适用养父母与养子女之间的权利和义务关系的规定，二者相互间不享有继承遗产的权利，但因有事实上的扶养关系，所以可以适用《民法典》第1131条的规定。

4. 继子女

继子女是指妻与前夫或者夫与前妻所生的子女。继子女与继父母之间的关系，是因为其父母一方死亡而另一方再结婚或者双方离婚后再结婚而形成的一种亲属关系。

继子女能否成为继父母的法定继承人，取决于他们之间是否形成抚养关系。未形成抚养关系的继父母与继子女之间只是一种姻亲关系，他们之间相互没有继承权；而形成了抚养关系的继父母与继子女之间具有法律上的拟制血亲关系，他们之间具有与自然血亲的父母子女间相同的权利和义务，相互间有继承权。形成抚养关系的继子女与继父母之间的关系虽然也是一种拟制血亲关系，但和养子女与养父母之间的拟制血亲关系不同。继子女与继父母之间的关系不是因收养而成立的，继子女与生父母之间的权利、义务也不因其母或者父的再结婚而解除。所以，继子女与养子女在继承法上的地位是不同的，这主要表现在以下方面。

(1) 并不是所有的继子女都有权继承继父母的遗产。依据《民法典》第 1127 条的规定，作为法定继承人的子女中所包括的继子女，仅是“有扶养关系的继子女”。所以，继子女有无继承权，决定于其与继父母之间有无抚养关系：有抚养关系的继子女有权继承继父母的遗产；没有抚养关系的继子女无权继承继父母的遗产。

(2) 继子女有权继承生父母的遗产。因为继子女对继父母之遗产的继承权并不决定于其与生父母的关系，所以继子女继承继父母的遗产并不影响其继承生父母的遗产[《继承解释（一）》第 11 条第 1 款]。有抚养关系的继子女继承了继父母的遗产的，仍有权继承生父母的遗产；反之，继承了生父母的遗产的继子女，只要与继父母形成抚养关系，仍有权继承继父母的遗产。正是在这个意义上说，继子女有双重继承权。

（三）父母

父母是子女最近的直系长辈血亲，几乎所有国家都认可父母有继承子女遗产的权利。在我国，《民法典》第 1070 条规定：父母和子女有相互继承遗产的权利。该规定中的父母，包括生父母、养父母和有扶养关系的继父母（《民法典》第 1127 条第 4 款）。

1. 生父母

生父母对其亲生子女有继承权。生父母对婚生子女有继承权，对非婚生子女同样有继承权。生父母享有对子女的继承权不以尽过抚养义务为条件，但亲生子女被他人收养的，则在收养关系解除前，生父母不得继承该子女的遗产。即使在收养关系解除后，如果该子女已经成年，但相互间对父母子女关系恢复没有形成一致意见的，生父母对该子女的遗产依然没有继承权。

2. 养父母

基于收养的效力，养父母对养子女在收养关系解除前当然享有继承权。但是，一旦收养关系解除，不论解除原因为何，双方的权利和义务关系都终止，双方不再享有互相继承遗产的权利。

3. 继父母

继父母与继子女之间在继承法上的关系依相互间的抚养关系而定，而不由继子女与其生父母的关系来决定。继父母与继子女之间已经形成抚养关系的，继父母有权继承继子女的遗产。如果继父母与继子女之间并未形成抚养关系，则继父母无权继承继子女的遗产。与继子女形成抚养关系的继父母也有双重继承权：其既可以继承其亲生子女的遗产，也可以继承其继子女的遗产[《继承解释（一）》第 11 条第 2 款]。

（四）兄弟姐妹

兄弟姐妹是最近的旁系血亲，法律将兄弟姐妹规定为法定继承人。依据《民法典》第 1127 条的规定，继承法上所说的兄弟姐妹，包括同父母的兄弟姐妹、同父异母或者同母异父的兄弟姐妹、养兄弟姐妹、有扶养关系的继兄弟姐妹。

1. 同父母的兄弟姐妹

同父母的兄弟姐妹是全血缘的兄弟姐妹，相互之间享有平等的继承权。这在各国都无例外。

2. 同父异母或者同母异父的兄弟姐妹

同父异母、同母异父的兄弟姐妹是半血缘的兄弟姐妹，半血缘的兄弟姐妹在各国继承法上的法律地位略有差异。一些国家承认半血缘的兄弟姐妹与全血缘的兄弟姐妹一样享有继承权，而有的国家则对半血缘的兄弟姐妹的继承权加以限制，如《日本民法典》第900条规定：“同父异母或同母异父的兄弟姐妹的应继份为同胞兄弟姐妹应继份的二分之一。”在我国，《民法典》坚持继承权平等原则，半血缘的兄弟姐妹与全血缘的兄弟姐妹一样，相互享有继承遗产的权利。

3. 养兄弟姐妹

养兄弟姐妹之间是否享有继承权，各国的规定有很大差异。在我国，收养属于完全收养，收养关系一经成立，被收养人就与生父母及生父母方面的亲属之间断绝了所有法律上的权利和义务关系，而与养父母及养父母的亲属之间成立了法律上的权利和义务关系。因此，养子女与生子女之间、养子女与养子女之间，系养兄弟姐妹，可互为第二顺序继承人；被收养人与其亲兄弟姐妹之间的权利和义务关系，因收养关系的成立而消除，不能互为第二顺序继承人［《继承解释（一）》第12条］。

4. 继兄弟姐妹

依据《民法典》第1127条第5款的规定，只有形成扶养关系的继兄弟姐妹之间才有相互继承遗产的权利。《继承解释（一）》第13条第1款亦规定：继兄弟姐妹之间的继承权，因继兄弟姐妹之间的扶养关系而发生。没有扶养关系的，不能互为第二顺序继承人。由于继兄弟姐妹之间的继承权是基于扶养关系而成立的，因而，其是否继承了亲兄弟姐妹的遗产与其能否继承继兄弟姐妹的遗产无关。有扶养关系的继兄弟姐妹既有权继承继兄弟姐妹的遗产，也有权继承亲兄弟姐妹的遗产［《继承解释（一）》第13条第2款］。

（五）祖父母、外祖父母

祖父母是父亲的父母，外祖父母是母亲的父母。《民法典》规定了祖父母、外祖父母的继承权。继承法上的祖父母、外祖父母，包括自然血亲的祖父母、外祖父母和拟制血亲的祖父母、外祖父母。

（六）对公婆、岳父母尽了主要赡养义务的丧偶儿媳、女婿

《民法典》第1129条规定：“丧偶儿媳对公婆，丧偶女婿对岳父母，尽了主要赡养义务的，作为第一顺序继承人。”在司法实践中，丧偶儿媳对公婆，丧偶女婿对岳父母的生活提供了主要经济来源，或在劳务等方面给予了主要扶助的，应当认定其尽了主要赡养义务［《继承解释（一）》第19条］。丧偶儿媳对公婆或者丧偶女婿对岳父母只要尽了主要赡养义务，不论其在丧偶后是否再婚，也不论是否有代位继承人代位继承，都为法定继承人。

事例11-2 乙幼时由甲收养并抚养成人。乙在结婚后与甲达成解除收养关系的协议，但未办理解除收养关系的登记手续。甲与丙于《婚姻登记管理条例》公

布实施后未办理结婚登记手续即以夫妻名义共同生活，但双方均符合《民法典》规定的结婚实质要件。后甲遭遇交通事故致残，收入微薄，生活清苦。乙夫妇不忍，每月向甲支付生活费，并常去甲处探望、照料。甲去世后，乙、丙和甲的同父异母的弟弟丁共同料理了甲的丧事。甲生前未立遗嘱，留有遗产房屋5间。乙、丙、丁为甲的遗产继承问题发生纠纷，三人都认为自己享有对甲的遗产的单独继承权。因无法达成协议，丁向人民法院提起诉讼，请求确认自己对甲的遗产的继承权。

——甲和丙未办理结婚登记手续即以夫妻名义共同生活，虽然双方在以夫妻名义同居生活时符合法律规定的结婚实质要件，但因双方的同居行为发生在《婚姻登记管理条例》公布实施之后，所以双方之间不成立事实婚姻，丙不得以配偶身份继承甲的遗产。但丙如符合法律所规定的可分得遗产的人的条件，则可以分得适当的遗产。乙与甲虽协议解除了收养关系，但未办理解除收养关系的登记手续，不能产生收养关系解除的法律后果，因此，乙作为甲的养子女，有权继承甲的遗产。丁为甲的同父异母的弟弟，虽属于甲的法定继承人的范围，但为第二顺序法定继承人，在乙行使继承权的情况下，丁无权继承甲的遗产。

四、法定继承人的继承顺序

（一）确定继承顺序的依据

综观各国继承法，除配偶外，其他血亲继承顺序的确定主要依据的是血缘关系的远近。我国的情况稍显复杂，确定继承顺序的主要依据有：（1）血亲关系的亲疏。血亲关系的亲疏是决定亲属继承顺序的最为主要的依据，甚至是许多国家的法律中确定血亲继承顺序的唯一依据。从各国继承法来看，血亲继承顺序的确定毫无例外地采取了亲等近者优先原则。我国《民法典》也采亲等近者优先原则，如父母、子女是较兄弟姐妹及祖父母、外祖父母更近的血亲，所以处于第一顺序。（2）生活关系的依赖程度。在我国《民法典》上，长期的共同生活关系或者扶养关系在确定继承顺序方面也起着极为重要的作用。我国不仅将有扶养关系的继亲属视为拟制血亲关系，列入法定继承顺序，使之与自然血亲处于同等的继承地位，如有抚养关系的继子女与继父母、有扶养关系的继兄弟姐妹之间可以作为第一、第二顺序继承人，而且还把对公婆尽了主要赡养义务的丧偶儿媳、对岳父母尽了主要赡养义务的丧偶女婿列入法定继承的第一顺序。（3）相互法定义务的性质。相互之间的法定扶养义务对确定继承顺序也有很大的影响，如：在我国婚姻家庭法中，配偶、子女、父母是法定的第一顺序的法定扶养义务人，所以为第一顺序继承人；兄弟姐妹、祖父母、外祖父母是第二顺序的法定扶养义务人，即只有在没有第一顺序扶养义务人或者第一顺序扶养义务人没有扶养能力时，才需要第二顺序的扶养义务人尽扶养义务，第二顺序的扶养义务人所负法定义务的性质就决定了其应是第二顺序继承人。

（二）法定继承人的继承顺序

依据《民法典》第1127条和第1129条的规定，法定继承人的继承顺序如下：第一顺序继承人为配偶、子女、父母、对公婆和岳父母尽了主要赡养义务的丧偶儿媳和丧偶女婿，第二顺序继承人为兄弟姐妹、祖父母、外祖父母。

从《民法典》的规定可以看出，在我国，配偶是固定顺序的继承人，血亲则按亲等的远近确定继承顺序。此外，我国法律还将一定的扶养关系作为确定继承人范围和顺序的依据，如规定对公婆和岳父母尽了主要赡养义务的丧偶儿媳、丧偶女婿可以作为第一顺序继承人。另外，第一顺序继承人中的子女包括形成抚养关系的继子女，第二顺序继承人中的兄弟姐妹包括有扶养关系的继兄弟姐妹。

这里，还需要明确孙子女、外孙子女的继承顺序。在《民法典》中，祖父母与外祖父母为第二顺序继承人，而孙子女与外孙子女并非第二顺序继承人，其只能在父母死亡时代位继承祖父母、外祖父母的遗产。

（三）继承顺序的效力

第一顺序继承人优先于第二顺序继承人继承遗产。《民法典》第 1127 条规定：继承开始后，由第一顺序继承人继承，第二顺序继承人不继承；没有第一顺序继承人继承的，由第二顺序继承人继承。

在同一继承顺序内，各继承人继承权平等。首先，各继承人同时继承，不分先后，不存在排列前后决定继承先后的问题。其次，除法律另有规定或者当事人另有约定外，继承人继承遗产的份额应当均等，同一顺序中排列在前的继承人也没有多分遗产的权利。

第二节　代位继承

一、代位继承的概念

《民法典》第 1128 条第 1 款规定，被继承人的子女先于被继承人死亡的，由被继承人的子女的直系晚辈血亲代位继承；第 2 款规定，被继承人的兄弟姐妹先于被继承人死亡的，由被继承人的兄弟姐妹的子女代位继承；第 3 款规定，代位继承人一般只能继承被代位继承人有权继承的遗产份额。依照这一规定，代位继承是指在法定继承中，被继承人的子女或者兄弟姐妹先于被继承人死亡时，由被继承人的子女的直系晚辈血亲或者兄弟姐妹的子女代替继承其应继份额的法律制度。其中，被继承人的子女或者兄弟姐妹为被代位继承人，被继承人的子女的直系晚辈血亲或者兄弟姐妹的子女是代位继承人。

代位继承的概念包含以下四层含义。

第一，代位继承只能发生在法定继承中，遗嘱继承中无代位继承的适用。

第二，代位继承发生在被继承人的子女或者兄弟姐妹先于被继承人死亡的情形。被代位继承人只能是被继承人的子女或者兄弟姐妹，子女包括亲生子女、养子女和形成抚养关系的继子女；兄弟姐妹包括同胞兄弟姐妹、同父异母兄弟姐妹、养兄弟姐妹和形成扶养关系的继兄弟姐妹。其他继承人即使是在继承开始前死亡，也无代位继承的适用。另外，发生代位继承的唯一原因是被代位继承人先于被继承人死亡，如果被代位继承人丧失继承权，也不能代位继承；并且被代位继承人必须在继承开始前死亡，如果在继承开始后死亡，则发生转继承而非代位继承。

第三，代位继承人是被继承人的子女的直系晚辈血亲或者其兄弟姐妹的子女。如果被代位继承人是被继承人的子女，则被继承人的孙子女、外孙子女、曾孙子女、外曾孙子女都可以代位继承，代位继承人不受辈数的限制［《继承解释（一）》第 14 条］；如果被代位继承人是被继承人的兄弟姐妹，则代位继承人仅为被代位继承人的子女。

第四，代位继承人继承的份额是被代位继承人应当继承的份额。

二、代位继承的性质

代位继承人代替被代位继承人继承被继承人的遗产，这种权利究竟是代位继承人自己固有的权利，还是代表被代位继承人行使的权利？学说上对此莫衷一是，主要有固有权说和代表权说两种主张。

固有权说认为，代位继承人参加继承是自己本身固有的权利，代位继承人基于自己的权利继承被继承人的遗产，代位继承人的继承权不以被代位继承人享有继承权为前提，只要被代位继承人不能继承，代位继承人就可以代位继承。

代表权说认为，代位继承人继承被继承人的遗产不是基于自己本身固有的权利，而是代表被代位继承人参加继承。也就是说，代位继承人只有在被代位继承人享有继承权的前提下才能取得被代位继承人的应继份额；在被代位继承人丧失继承权的情况下，不发生代位继承。

在我国，《民法典》对代位继承的性质并没有明确规定，《继承解释（一）》第 17 条采取代表权说，即被继承人的子女丧失继承权的，其直系晚辈血亲不得代位继承。同理，被继承人的兄弟姐妹丧失继承权的，其子女亦不得代位继承。当然，该代位继承人如缺乏劳动能力又没有生活来源，或者对被继承人尽赡养义务较多的，可以适当分得遗产。

三、代位继承的条件

代位继承只有在具备法定的条件下才可以适用，这些条件包括以下内容。

（一）被代位继承人于继承开始前死亡

关于代位继承发生的原因，主要有三种立法例：一是被代位继承人死亡是代位继承发生的唯一原因（如《法国民法典》第 752 条），二是代位继承的发生原因包括被代位继承人死亡和丧失继承权（如《日本民法典》第 887 条），三是代位继承的发生原因包括被代位继承人死亡、丧失继承权和放弃继承权（如《意大利民法典》第 467 条）。[①]

我国对代位继承采代表权说，所以被代位继承人死亡是代位继承开始的唯一原因。如果被代位继承人于继承开始后死亡，则因继承已经开始，遗产已经为被代位继承人所取得，只是尚未来得及分割遗产。此时，只发生转继承而无代位继承，即被代位继承人

① 立法例的选择与对代位继承性质的不同认识息息相关。采代表权说的国家只认可被代位继承人死亡是代位继承发生的唯一原因，后两种立法例则是采固有权说的结果。

应得的遗产由其继承人继承。

（二）被代位继承人须为被继承人的子女或兄弟姐妹

关于哪些人可以作为被代位继承人，各国和地区的规定差异很大，主要有以下几种立法例：（1）被代位继承人限于被继承人的子女；（2）被代位继承人限于被继承人的直系晚辈血亲；（3）被代位继承人限于被继承人的直系晚辈血亲、兄弟姐妹及其子女；（4）被代位继承人限于被继承人的直系晚辈血亲、兄弟姐妹及其直系晚辈血亲；（5）被继承人的直系晚辈血亲、父母及其直系晚辈血亲、祖父母及其直系晚辈血亲都可以作为被代位继承人；（6）被继承人的直系晚辈血亲、兄弟姐妹及其直系晚辈血亲、祖父母（外祖父母）及其直系晚辈血亲可以作为被代位继承人。

在我国，《民法典》规定的被代位继承人的范围较为狭窄，只限于被继承人的子女和兄弟姐妹。

（三）代位继承人为被代位继承人的直系晚辈血亲或子女

在我国，《民法典》第1128条第1、2款规定：被继承人的子女先于被继承人死亡的，由被继承人的子女的直系晚辈血亲代位继承；被继承人的兄弟姐妹先于被继承人死亡的，由被继承人的兄弟姐妹的子女代位继承。该条明确规定了被代位继承人是被继承人子女的，代位继承人为被代位继承人的直系晚辈血亲，而且只要是被代位继承人的直系晚辈血亲，都可以代位继承，没有辈数的限制；如果被代位继承人是被继承人的兄弟姐妹的，则代位继承人仅限于被代位继承人的子女。依据《继承解释（一）》第15条的规定，被继承人的养子女、已形成扶养关系的继子女的生子女可以代位继承；被继承人亲生子女的养子女可以代位继承；被继承人养子女的养子女可以代位继承；与被继承人已形成扶养关系的继子女的养子女也可以代位继承。

应当指出，丧偶儿媳对公婆、丧偶女婿对岳父母，无论其是否再婚，依照《民法典》第1129条的规定作为第一顺序继承人时，不影响其子女代位继承［《继承解释（一）》第18条］。

四、代位继承的应继份额

如果处于同一顺序的被代位继承人有多人，而只有其中一人或者数人死亡，则代位继承人只能继承被代位继承人的应继份。这是由按支继承原则决定的。代位继承人即使有多人，也只能继承被代位继承人的应继份。对此种情况，各国立法无不同规定。

如果处于同一顺序的继承人全部先于被继承人死亡，代位继承人如何继承？对此，有两种不同的立法例：一种是按份均分说，即被代位继承人全部死亡的，代位继承人仍按支进行代位继承[①]；另一种是按人均分说，即被代位继承人全部死亡的，代位继承人按人数平均继承遗产。[②] 在我国，《民法典》明确坚持按份均分说，不论被代位继承人是否全部死亡，代位继承人只能继承被代位继承人的份额。《民法典》第1128条第3款规定："代位继承人一般只能继承被代位继承人有权继承的遗产份额。"但是，在特殊情况

① 参见《法国民法典》第753条。

② 参见《美国统一继承法典》第2103条。

下，代位继承人也可以多分遗产，如代位继承人缺乏劳动能力又没有生活来源，或者对被继承人尽过主要赡养义务的，分配遗产时，可以多分［《继承解释（一）》第16条］。

事例 11－3 被继承人有一子一女，均于继承开始前死亡。被继承人的配偶、父母也已先于被继承人死亡。其子留有子女甲、乙、丙，其女留有子丁。被继承人的儿媳戊对其尽了主要赡养义务。被继承人死亡后，甲、乙、丙、丁、戊为各自应继承的份额发生纠纷，丁向人民法院提起诉讼。

——被继承人的子女因为先于被继承人死亡而不能对被继承人的遗产行使继承权，甲、乙、丙、丁对被继承人遗产的继承即为代位继承。甲、乙、丙、丁符合代位继承被继承人的遗产的条件，因此享有对被继承人的遗产的代位继承权。同时，被继承人的丧偶儿媳戊也符合继承被继承人的遗产的条件，因此，甲、乙、丙、丁与戊同为第一顺序的法定继承人。关于遗产的分配数额，甲、乙、丙、丁不能与戊五人均分遗产，也不能将遗产分为二份，由戊继承一份，由甲、乙、丙、丁共同继承另一份，或者由戊与甲、乙、丙共同继承一份，由丁继承另一份。原则上，被继承人的遗产应分为三份，由戊继承三分之一，甲、乙、丙三人共同继承三分之一，丁继承三分之一。

第三节　转继承

一、转继承的概念和性质

转继承是指继承人在继承开始后、遗产分割前死亡，其所应继承的遗产份额转由其继承人承受的法律制度。对此，《民法典》第1152条规定，“继承开始后，继承人于遗产分割前死亡，并没有放弃继承的，该继承人应当继承的遗产转给其继承人，但是遗嘱另有安排的除外”。在转继承人中，死亡的继承人称为被转继承人，被转继承人的继承人称为转继承人。

转继承为本位继承，这一点没有疑义。但转继承的客体究竟是继承权还是遗产份额？对此，学说上尚有不同主张：一种观点认为，转继承只是继承遗产的权利的转移，因而不应将被转继承人应继承的遗产份额视为其同配偶的共同财产①；另一种观点认为，转继承只是将被转继承人应继承的遗产份额转由其继承人接受，因此应将被转继承人应继承的遗产份额作为其与配偶的共同财产。②

我们赞同第二种观点，转继承的客体是遗产份额而非继承权。首先，继承权是具有人身专属性的财产权利，不能转让、继承。继承权是从被继承人的财产权利到继承人的

① 参见张玉敏：《继承法律制度研究》，2版，151～152页。

② 参见郭明瑞、房绍坤、关涛：《继承法研究》，87页。

财产权利的中间过渡形式，其包含对遗产的权利，也包括社员权。虽然继承权本身不能被继承，但其中包含的对遗产的权利可以继承。其次，将被转继承人应继承的遗产份额视为其同配偶的共同财产更符合我国法律的规定。我国采取当然继承主义，继承开始后，继承人没有表示放弃继承的，就视为接受继承，被继承人原享有的财产权利义务在继承开始时就由继承人承受，在被继承人死亡后、遗产分割前，继承人应得的遗产份额就已经是继承人的财产。《民法典》第 1062 条和第 1063 条规定，除夫妻另有约定外，夫妻一方继承所得的财产为夫妻在婚姻关系存续期间所得的财产，归夫妻共同所有。《民法典》第 1153 条第 1 款也规定，夫妻共同所有的财产，除有约定的以外，遗产分割时，应当先将共同所有的财产的一半分出为配偶所有，其余的为被继承人的遗产。因此，在转继承中，应先将被转继承人应继承的遗产份额作为其同配偶的夫妻共同财产进行分割，而后，属于被转继承人的部分，再由其合法继承人继承。

二、转继承的条件

依据《民法典》第 1152 条的规定，转继承的发生应当具备以下条件。

（一）被转继承人于继承开始后、遗产分割前死亡

转继承是因继承人于实际取得被继承人的遗产前死亡才发生的法律现象。继承人对遗产的权利是体现在应继承的份额上，而不是体现在对具体遗产的所有权上。继承人于继承开始后、遗产分割前死亡的，继承人应当承受的遗产份额由其继承人继承。如果继承人在继承开始前死亡，则发生代位继承；如果继承人在遗产分割之后死亡，也不会发生转继承，因其所得的遗产已经确定并具体接受，继承权已转化为特定财产的单独所有权，其继承人可直接继承。

（二）被转继承人未丧失继承权或者放弃继承权

转继承是应继承份额的转移，是将被转继承人继承下来的遗产应继份额转由其继承人承受，因此，转继承必须建立在被转继承人接受继承、享有遗产应继份额的基础上。如果丧失或者放弃继承权，则被转继承人不能再继承被继承人的遗产，因而也就不可能发生转继承。

（三）遗嘱没有另外安排

在通常情况下，具备上述两个条件，转继承就可以发生。但是，如果遗嘱中有另外安排，则可以排除转继承的适用。例如，被继承人在遗嘱中指定遗产由甲继承，但同时指定：在甲死亡后，指定的遗产由甲的儿子乙继承。这就是后位继承制度。可见，《民法典》有条件地承认了后位继承，即仅限于在继承开始后、遗产分割前这段时间内承认后位继承。在遗产分割后，不再发生后位继承。再如，被继承人遗嘱中指定的继承人在其遗嘱中指定，其死亡后，全部遗产捐赠给某基金会。此时，发生遗赠，也不发生转继承。

三、转继承与代位继承的区别

从一定意义上说，转继承是由被继承人之继承人的继承人直接取得被继承人的遗产

的制度，因而与代位继承有相似之处。但转继承与代位继承是完全不同的法律制度，二者有着根本性的区别，主要体现在以下几个方面。

（一）性质不同

转继承是两个本位继承的连续，首先是被转继承人直接继承被继承人的遗产，其次是由转继承人直接取得被转继承人的遗产，可见，转继承具有连续继承的性质。而代位继承与本位继承相对应，是由代位继承人继承被继承人的遗产而非被代位继承人的遗产。可见，代位继承具有替补的性质。

（二）发生条件不同

转继承发生在继承开始之后、遗产分割前继承人死亡的情形，而代位继承则发生在继承人先于被继承人死亡的情形。

（三）主体不同

在转继承的情况下，享有转继承权的人并不局限于被转继承人的直系晚辈血亲，还包括被转继承人的其他法定继承人，如配偶、父母、兄弟姐妹、祖父母、外祖父母；而代位继承人只能是被继承人的子女的直系晚辈血亲或者被继承人的兄弟姐妹的子女。

（四）适用范围不同

转继承不仅适用于法定继承，也适用于遗嘱继承；而代位继承只适用于法定继承。

事例 11－4 甲有子乙，乙与丙结婚并生有一女丁。甲死亡后，留有遗产房屋 4 间和人民币 10 万元。在甲死亡后，继承人之间尚未分割遗产时，乙因悲伤过度猝死，死亡前留有遗嘱，明确其全部遗产由女儿丁继承。乙死亡后，丙、丁因遗产继承发生纠纷，起诉到人民法院。

——乙在甲死亡之后、遗产分割之前死亡，因此，乙的继承人丙、丁对甲的遗产的继承为转继承。乙死亡后应从甲处继承的遗产份额为其在婚姻关系存续期间继承所得的财产，为乙、丙夫妻共同财产（乙与丙另有约定除外）。在确定乙的遗产时，应当首先进行夫妻财产分割，确定丙的份额，剩余部分则作为乙的遗产。

第四节　应继份与酌情分得遗产

一、应继份

应继份[①]的确定与继承顺序的确定一样，直接影响继承人的利益，是法定继承的重要问题之一。与配偶继承顺序的不同确定方式相适应，各国法律关于应继份的确定大体

① 应继份包括法定应继份与指定应继份。指定应继份依照遗嘱指定办理，无须法律加以规定；法定应继份需要法律加以明文规定。本书所称应继份是指法定应继份。

也有两种不同方式：一种是分股原则，即区分血亲继承人和配偶继承人作不同规定，而且应继份按股计算。不将配偶列入固定顺序继承人的国家通常采这种立法例，如德国、日本等。另一种是均分原则，即不分血亲继承人和配偶继承人，同一顺序的继承人应继份相等。将配偶列为固定顺序继承人的国家通常采此种立法例，如我国等。

依据《民法典》第 1130 条第 1 款的规定，同一顺序继承人继承遗产的份额以均等为原则，以不均等为例外。

（一）同一顺序继承人的应继份额一般应当均等

同一顺序继承人的应继份额应当是均等的。例如，被继承人有配偶、父母和 1 名子女，则每一个继承人的继承份额应为被继承人的遗产的 1/4。再如，被继承人死亡后无第一顺序继承人，也无代位继承人，仅有第二顺序的法定继承人兄弟 1 人、外祖父和外祖母，此时，第二顺序的三个继承人每人的应继份额为遗产的 1/3。

（二）特殊情况下继承人的继承份额可以不均等

（1）对生活有特殊困难的缺乏劳动能力的继承人，分配遗产时，应当予以照顾。这是照顾型的不均等。需要照顾必须符合以下两个条件：一是生活有特殊困难，二是缺乏劳动能力。继承人虽有特殊困难但有劳动能力，或者虽缺乏劳动能力但生活并无特殊困难的，都不在需要照顾之列。应当注意的是，照顾的目的是保障生活有特殊困难又缺乏劳动能力的继承人的基本生活需要，如果被继承人的遗产较多，平均分配遗产也足以保障生活有特殊困难并无劳动能力的继承人的生活需要，则没有必要再予以照顾，各继承人的应继份额仍应均等；如果各个继承人都生活有特殊困难又缺乏劳动能力，则各继承人的应继份额也只好均等。继承人是否生活有特殊困难、是否缺乏劳动能力，应以遗产分割时的情况为判断标准。

（2）对被继承人尽了主要扶养义务或者与被继承人共同生活的继承人，分配遗产时可以多分。这是鼓励型的不均等。但是，有扶养能力和扶养条件的继承人虽然与被继承人共同生活，对需要扶养的被继承人不尽扶养义务的，在分配遗产时，可以少分或者不分［《继承解释（一）》第 23 条］。对尽了主要扶养义务或者与被继承人共同生活的继承人多分些遗产，并非对其付出的补偿，而是一种鼓励，其主要目的是弘扬中华民族的优良传统，保护老年人的合法权益。所谓尽了主要扶养义务，是指提供了主要的经济来源或者在劳务等方面给予了主要扶助。尽了主要扶养义务的继承人应当多分遗产；与被继承人共同生活的继承人，往往对被继承人的生活和情感付出较多，他们理应多分些遗产。我国有学者还特别指出，与父母共同生活的尚未结婚的子女也应比已经结婚的子女多分些遗产。[①] 这是有道理的。因为尚未结婚的子女常常是与父母共同生活的，他们在生活和情感方面的付出通常也较已结婚子女的付出为多。而且，按我国民间习惯，已经结婚的子女在结婚时往往花去了父母的一部分积蓄，若在父母死亡时再与尚未结婚的子女平均继承，不公平。[②]

另外，法律上规定的是“可以”多分，而非“应当”多分。这就意味着在特殊情况

---

① 参见张玉敏：《继承法律制度研究》，2 版，141 页。

② 我国未建立遗产归扣制度，这样处理在一定程度上可以弥补归扣制度未建立的不足。

下也可以不多分遗产。例如，有的继承人虽然尽了主要扶养义务，但其收入明显高于其他继承人的，就不一定非多分遗产不可；再如，对于生活特别困难又无劳动能力的继承人，应当优先予以照顾。

（3）有扶养能力和有扶养条件的继承人，不尽扶养义务的，分配遗产时，应当不分或者少分。这是惩罚型的不均等。这里的“不尽扶养义务”，通常指尚未达到遗弃的程度。[①] 我国法律规定的继承人与被继承人之间是有法定的扶养权利义务的。如果被继承人生前需要继承人扶养，继承人有扶养能力和有扶养条件却不尽扶养义务，则继承人的行为是违背社会公德的，在分配遗产时应当不分或者少分遗产。应当不分或者少分遗产的继承人须同时具备以下条件：第一，被继承人需要扶养。需要扶养既包括需要经济上的扶助，也包括需要劳务上的帮助。被继承人不需要他人扶养，继承人未尽扶养义务的，继承人不应因此而不分或者少分遗产。如果继承人有扶养能力和扶养条件，愿意尽扶养义务，但被继承人因有固定收入和劳动能力，明确表示不要求其扶养的，分配遗产时，一般不应因此而影响其继承份额［《继承解释（一）》第22条］。第二，继承人有扶养能力和扶养条件。如果继承人没有扶养能力和扶养条件，那么其不尽扶养义务是客观原因造成的，而不是其主观上拒不履行或不愿尽扶养义务，并没有可归责性，不应因此而对其不分或者少分遗产。第三，继承人不扶养，即继承人在有扶养能力和扶养条件的情况下不履行扶养义务。

（4）继承人协商同意不均分。这是协商型的不均等。继承人之间应本着互谅互让、团结和睦的精神，自愿协商遗产的继承份额。继承人协商一致，同意不均分遗产的，应当尊重当事人的意愿。另外，需要特别注意的是，协商型的不均等必须是全体继承人一致同意不均分，不应实行少数服从多数原则。

二、酌情分得遗产

本着死后扶养之思想以及鼓励赡养老人的传统美德，允许依靠被继承人扶养的缺乏劳动能力又没有生活来源的人，以及对被继承人扶养较多的未能继承遗产的人适当分得遗产，即为所谓的酌情分得遗产。对此，《民法典》第1131条规定，对继承人以外的依靠被继承人扶养的人，或者继承人以外的对被继承人扶养较多的人，可以分给适当的遗产。

（一）酌情分得遗产人的种类与条件

酌情分得遗产的人不限于继承人以外的人，法定继承人中不能继承遗产的继承人，如第二顺序继承人，在不能继承遗产时也可以成为酌情分得遗产人。依照《民法典》的规定，酌情分得遗产的人包括两类：一类是依靠被继承人扶养的人，另一类是对被继承人扶养较多的人。

1. 依靠被继承人扶养的人

所谓依靠被继承人生前扶养，是指受扶养人与被继承人之间原无法定和约定的权利和义务关系，被继承人是出于道义等原因对受扶养人进行辅助、养育。

---

① 如果达到遗弃的程度，继承人相对地丧失继承权，不存在遗产分配问题。只有其确有悔改表现，而被继承人也表示宽恕的，其继承权恢复后才存在遗产分配问题。

2. 对被继承人扶养较多的人

对被继承人的扶养，包括经济上的扶助、劳务上的扶助，也包括精神上的慰藉。依据《继承解释（一）》第19条的规定，对被继承人生活提供了主要经济来源，或者在劳务等方面给予了主要扶助的，应当认定其尽了主要扶养义务。

（二）酌情分得遗产的份额

《民法典》第1131条规定的酌情分得遗产的份额是“适当的遗产”。在司法实践中，对适当遗产份额的认定，视具体情况，可以多于或者少于继承人的应继份额［《继承解释（一）》第20条］。所谓具体情况，包括以下因素：一是依靠被继承人扶养的缺乏劳动能力又没有生活来源的人的具体生活状况，以及被继承人生前扶养的情况；二是对被继承人扶养较多的人的具体扶养情况；三是遗产的数量。

（三）酌情分得遗产权的保护

我国司法实践承认酌情分得遗产权受法律保护，酌情分得遗产权受到侵犯时，权利人有权以独立的诉讼主体资格向人民法院提起诉讼［《继承解释（一）》第21条］。依据《民法典》第188条的规定，酌情分得遗产权的诉讼时效期间为3年，自知道或者应当知道酌情分得遗产权被侵害以及义务人之日起算。

事例11－5 甲与前妻乙协议离婚，婚生子丙由乙抚养。甲与丁再婚，婚后感情一般。甲被确诊为肝癌后，丁在甲住院之初尚能尽妻子之责，但见甲的病情没有任何好转后，便改变了态度，不再对甲进行照料，医疗费用支付也不及时。无奈之下，丙请求乙帮忙照料甲。乙念及以往的夫妻感情，承担了对甲的照料责任，并和丙共同承担了甲的治疗费用。后甲去世，留有遗产房屋8间。甲去世时，第一顺序的继承人除丙、丁外，还有其父母。甲的父母没有劳动能力，也没有生活来源。因甲未立遗嘱，丁与甲的父母、丙发生遗产继承纠纷，丁向人民法院提起诉讼，请求继承甲的遗产。在诉讼进行中，乙提出请求，要求适当分得甲的遗产。

——丙、丁、甲的父母均为甲的第一顺序法定继承人，对甲的遗产均有继承权。按照法定继承的遗产分配原则，甲的父母属于生活有特殊困难的缺乏劳动能力的继承人，因此，在分配遗产时，应当予以照顾，应多分遗产。丁有扶养能力，在甲病重之际，不尽扶养义务，应当少分遗产。乙在甲病重期间，在长达1年的时间里，对甲进行了经济上和劳务上的扶助，属于继承人以外的对被继承人扶养较多的人，有权请求分给适当的遗产。乙的遗产酌给请求权为一项独立的权利，在丁与甲的父母、丙的遗产继承纠纷诉讼中，乙有权以有独立请求权第三人的身份参加到已进行的诉讼中，主张自己对甲的遗产的权利。

思考案例

1. 甲、乙为夫妻，无父母子女。甲只有一兄丙，乙只有一妹丁。丙、丁均独立生活，且与甲、乙往来较少。某日，甲、乙驾马车进城购买年货，回家途中因马受惊狂奔，甲、乙被摔下悬崖。戊路过时发现甲已死亡、乙尚存一点气息，但乙在被送往医院途中死亡。为继承甲、乙的遗产，丙、丁发生争执。

问：(1) 甲、乙的继承人应当如何确定？(2) 甲、乙的遗产应如何继承？

2. 田某死后留下五间房屋、一批字画以及数十万元存款的遗产。田某生三子一女，长子早已病故，留下一子一女。就在两个儿子和一个女儿办理完丧事协商如何处理遗产时，小儿子因交通事故身亡，其女儿刚满周岁。田某的上述亲属中哪些人可作为第一顺序继承人继承他的遗产？(　　)

A. 二儿子和女儿　　B. 小儿子

C. 小儿子之女　　D. 大儿子之子女

3. 张某 1 岁时被王某收养并一直共同生活。张某成年后，将年老多病的生父母接到自己家中悉心照顾。多年后，王某、张某的生父母相继去世。下列哪种说法是正确的？(　　)

A. 张某有权作为第一顺序继承人继承生父母的财产

B. 张某有权作为第二顺序继承人继承生父母的财产

C. 张某无权继承养父王某的财产

D. 张某可适当分得生父母的财产

4. 唐某有甲、乙、丙成年子女三人，又收养了孤儿丁，但未办理收养登记。甲生活条件较好但未对唐某尽赡养义务，乙丧失劳动能力又无其他生活来源，丙长期和甲共同生活。唐某死亡后，甲、乙、丙、丁因分配遗产发生纠纷。下列哪些说法是正确的？(　　)

A. 甲应当不分或者少分遗产　　B. 乙应当多分遗产

C. 丙可以多分遗产　　D. 丁可以分得适当的遗产

5. 李某死后留下一套房屋和数十万元存款，生前未立遗嘱。李某有三个女儿，并收养了一子。大女儿中年病故，留下一子。养子收入丰厚，却拒绝赡养李某。在两个女儿办理丧事期间，小女儿因交通事故意外身亡，留下一女。下列哪些选项是正确的？(　　)

A. 二女儿和小女儿之女均是第一顺序继承人

B. 大女儿之子对李某遗产的继承属于代位继承

C. 小女儿之女属于转继承人

D. 分配遗产时，养子应当不分或者少分

6. 郭大爷女儿于 5 年前病故，留下一子甲。女婿乙一直与郭大爷共同生活，尽了主要赡养义务。郭大爷继子丙虽然与其无抚养关系，但也不时从外地回来探望。郭大爷还有一丧失劳动能力的养子丁。郭大爷病故后，关于其遗产的继承，下列哪些选项是正确的？(　　)

A. 甲为第一顺序继承人　　B. 乙在分配财产时，可多分

C. 丙无权继承遗产　　D. 分配遗产时应该对丁予以照顾

7. 甲育有二子乙和丙。甲生前立下遗嘱，其个人所有的房屋死后由乙继承。乙与丁结婚，并有一女戊。乙因病先于甲死亡后，丁接替乙赡养甲。丙未婚。甲死亡后遗有

房屋和现金。下列哪些表述是正确的？（　　）

A. 戊可代位继承　　B. 戊、丁无权继承现金

C. 丙、丁为第一顺序继承人　　D. 丙无权继承房屋

8. 甲（男）与乙（女）结婚，其子小明 20 周岁时，甲与乙离婚。后甲与丙（女）再婚，丙子小亮 8 周岁，随甲、丙共同生活。小亮成年成家后，甲与丙甚感寂寞，收养孤儿小光为养子，视同己出，未办理收养手续。丙去世，其遗产的第一顺序继承人有哪些？（　　）

A. 小明　　B. 小亮　　C. 甲　　D. 小光

9. 熊某与杨某结婚后，杨某与前夫所生之子小强由二人一直抚养。后熊某死亡，未立遗嘱。熊某去世前杨某孕有一对龙凤胎，于熊某死后生产，产出时男婴为死体，女婴为活体但旋即死亡。关于对熊某遗产的继承，下列哪些选项是正确的？（　　）

A. 杨某、小强均是第一顺序的法定继承人

B. 女婴死亡后，应当发生法定的代位继承

C. 为男婴保留的遗产份额由杨某、小强继承

D. 为女婴保留的遗产份额由杨某继承

课后复习

1. 法定继承具有哪些特点？

2. 在哪些情况下适用法定继承？

3. 如何确定我国法定继承人的继承顺序？

4. 代位继承和转继承各需要具备哪些条件？二者如何区别？

5. 我国法定继承人的应继份应如何确定？

6. 如何理解酌情分得遗产权？

第十二章 遗嘱继承

提 要

遗嘱继承是按照被继承人生前所立的合法有效的遗嘱而继承遗产的继承方式。遗嘱是遗嘱继承制度的核心，是一种典型的单方民事法律行为。由于遗嘱事项的重要性，因而只有完全民事行为能力人才具有遗嘱能力。当事人可以在遗嘱中指定任何不违反法律和公序良俗的内容，这是遗嘱自由的体现。遗嘱必须符合法律规定的形式要求。《民法典》规定了六种遗嘱形式：自书遗嘱、代书遗嘱、打印遗嘱、录音录像遗嘱、口头遗嘱和公证遗嘱。其中，代书遗嘱、打印遗嘱、录音录像遗嘱和口头遗嘱需要有两个以上见证人在场见证，见证人需要具有见证能力。具有遗嘱能力的人所立的内容不违反法律和公序良俗、形式合格、意思表示真实的遗嘱就是有效的遗嘱。若未附条件或者期限，则遗嘱自继承开始时起发生法律效力。遗嘱人有立遗嘱的自由，也有撤回和变更遗嘱的自由。遗嘱人可以在遗嘱中指定遗嘱执行人，遗嘱人没有指定的，法定继承人或者相关单位可以担任遗嘱执行人，负责遗嘱事项的执行。遗嘱可以附加负担，继承人和受遗赠人有履行负担的义务，如果其不履行义务，经利害关系人申请，法院可以取消其取得遗产的权利。

重点问题

1. 遗嘱继承的适用条件
2. 遗嘱能力
3. 遗嘱形式和遗嘱见证人
4. 遗嘱有效、无效与遗嘱生效、不生效
5. 遗嘱的撤回和变更
6. 遗嘱执行人的确定及职责

第一节 遗嘱继承的概念、特点和适用条件

一、遗嘱继承的概念和特点

遗嘱继承是指按照被继承人生前所立的合法有效的遗嘱而继承遗产的继承方式。遗

嘱继承由于是按照被继承人生前的意思发生的继承，故又被称为意定继承。由于遗嘱继承人的范围、遗产继承方法等有关继承事项都是由被继承人指定的，因而遗嘱继承又称为指定继承。在遗嘱继承中，立遗嘱的被继承人称为遗嘱人，按照遗嘱继承遗产的人称为遗嘱继承人。遗嘱继承具有如下特点。

（一）遗嘱继承发生的法律事实包括被继承人死亡与存在合法有效的遗嘱

死亡是法定继承开始的唯一原因。但是，遗嘱继承的发生除需要被继承人死亡外，还需要存在合法有效的遗嘱。遗嘱不同于遗嘱继承，表现在：遗嘱是引起遗嘱继承的原因之一，遗嘱除可以引起遗嘱继承法律关系的发生外，也可以引起遗赠法律关系的发生；而遗嘱继承是与法定继承对应的法律概念和制度。

（二）遗嘱继承是按照被继承人的意思发生的继承

遗嘱继承与法定继承的最大的差别在于：在遗嘱继承中，继承人、遗产份额等有关遗产的继承事项都是依照被继承人的指定确定；而在法定继承中，继承人、继承顺序、继承份额等有关继承的事项都是由法律规定的。应当注意的是：遗嘱继承人必须是法定继承人范围以内的人，但不受顺序限制；遗嘱继承人继承的遗产份额也不受法定遗产份额的约束。可见，遗嘱继承是对被继承人生前意志的尊重。

（三）遗嘱继承是与法定继承并列的一种继承方式且优先于法定继承

从历史发展的角度看，法定继承的历史要远远早于遗嘱继承的历史。尽管不同时代各有不同的原因，但自遗嘱产生以来，遗嘱继承就有着优先于法定继承适用的效力。近代社会建立于个人自由独立的基础之上，对个人意志的尊重是私法的基础之一，所以，出于对被继承人意志的尊重，更加认可遗嘱继承的优先地位。

二、遗嘱继承的适用条件

1. 存在合法有效的遗嘱

被继承人死亡是法定继承与遗嘱继承发生的共同原因，除此之外，遗嘱继承还需有合法有效的遗嘱。如果未立有遗嘱或者遗嘱无效，则都不能发生遗嘱继承。

2. 没有遗赠扶养协议

遗嘱是单方民事法律行为，只关系到一方当事人的利益；遗赠扶养协议是双方民事法律行为，事关双方当事人利益，所以，遗赠扶养协议应当优先于遗嘱继承而适用。《民法典》第1123条规定：继承开始后，按照法定继承办理；有遗嘱的，按照遗嘱继承或者遗赠办理；有遗赠扶养协议的，按照协议办理。

3. 继承人未丧失或放弃继承权

继承人一旦丧失了继承权或者放弃了继承权，则不但不能参与法定继承，而且不能参与遗嘱继承。当然，如果继承人只是相对丧失继承权，则一旦继承资格恢复，其依然可以继承遗产。

第二节 遗嘱的概念、特点与遗嘱能力

一、遗嘱的概念和特点

在继承法上，遗嘱是指自然人生前在法律允许的范围内，按照法律规定的方式对遗产或其他事务作出安排，并于死后发生法律效力的民事法律行为。遗嘱通常在两种含义上使用：一种是指遗嘱凭证（如销毁遗嘱），另一种是指意思表示。前一含义多在日常用语中使用。学理上所称遗嘱基本上是指意思表示。

遗嘱具有如下特点。

（一）遗嘱是无相对人的单方民事法律行为

遗嘱与合同是两类重要的民事法律行为，但这两类民事法律行为的成立要求不同。合同须双方意思表示一致才能成立，而遗嘱只要有遗嘱人单方意思表示就可以成立。因此，前者为双方民事法律行为，后者为单方民事法律行为。单方民事法律行为又可分为有相对人的单方民事法律行为与无相对人的单方民事法律行为。有相对人的单方民事法律行为，其意思表示到达相对人时发生法律效力；而无相对人的单方民事法律行为，意思表示作出即发生法律效力。遗嘱的意思表示无须继承人的同意，即无须到达继承人就可以发生法律效力。继承人是否愿意接受遗嘱的指定，并不影响遗嘱的法律效力。继承人不愿意接受遗嘱指定的，可以拒绝接受。正因为遗嘱是无相对人的单方民事法律行为，所以，遗嘱人有权在生前任意撤回或者变更自己所立的遗嘱。

（二）遗嘱是要式民事法律行为

遗嘱反映了遗嘱人的意愿，但遗嘱是在遗嘱人死后才发生法律效力的。因此，遗嘱是否确实为遗嘱人的真实意思表示，在遗嘱人死亡后常常难以查证。而遗嘱的内容又多属于重要事项，与继承人及相关人的利益息息相关，利害关系人之间易为此发生争执。因此，为避免争议，也为了让遗嘱人的真实意愿能够得到执行，各国民法大多规定遗嘱为要式民事法律行为，即遗嘱必须具备法律规定的形式才发生法律效力。

（三）遗嘱于遗嘱人死后发生法律效力

遗嘱是遗嘱人生前所为的行为，但这种民事法律行为在遗嘱设立时并未发生法律效力，而只是对遗嘱人死后的财产作出预先处理。遗嘱在遗嘱人死亡即继承开始时才发生法律效力，因此，只要遗嘱人还健在，不管已经订立了多长时间，遗嘱都不发生法律效力，任何人都不能在继承开始前按遗嘱的内容要求分得财产。

（四）遗嘱的设立不得代理

遗嘱是遗嘱人处分自己身后财产的民事法律行为，影响其处分决定的因素主要是遗嘱人与有关亲属之间的感情和遗嘱人的愿望，因而遗嘱具有强烈的感情色彩，其设立必须由遗嘱人亲自进行。因此，遗嘱的设立不得代理，代理的遗嘱不具有遗嘱的效力。应当注意的是，遗嘱不得代理，但可以由他人代书，尤其是在遗嘱人不会书写或者无能力书写的情形下。

二、遗嘱能力

遗嘱为民事法律行为，遗嘱人需要具有相应的行为能力才能立遗嘱，即遗嘱人需要有遗嘱能力。所谓遗嘱能力，是指自然人依法享有的设立遗嘱，对自己死后遗产的有关事项作出安排的资格。由于遗嘱人处分自己的财产一般不会损害自己的利益，也不存在保护意思表示相对人的利益的问题，所以民事行为能力的一般规则并不完全适用于遗嘱的设立。

（一）有遗嘱能力与无遗嘱能力

《民法典》第1143条第1款规定："无民事行为能力人或者限制民事行为能力人所立的遗嘱无效。"对该条规定的反面解释就是，只有完全民事行为能力人才具有遗嘱能力。因此，我国继承法上关于遗嘱能力的规定包括两种情况：有遗嘱能力与无遗嘱能力。

1. 有遗嘱能力

在我国继承法上，只有完全民事行为能力人才具有遗嘱能力。依据《民法典》第17条、第18条的规定，下列两类人是完全民事行为能力人：（1）18周岁以上的自然人。18周岁以上的自然人是成年人，具有完全民事行为能力，可以独立进行民事活动，是完全民事行为能力人。（2）16周岁以上不满18周岁的未成年人，以自己的劳动收入为主要生活来源的，视为完全民事行为能力人。

2. 无遗嘱能力

无民事行为能力人和限制民事行为能力人都没有遗嘱能力。依照《民法典》第19～22条的规定，8周岁以上的未成年人和不能完全辨认自己行为的成年人是限制民事行为能力人；不满8周岁的未成年人和不能辨认自己行为的成年人是无民事行为能力人。无民事行为能力人和限制民事行为能力人的民事法律行为应当由其法定代理人代理，但遗嘱的设立不能代理。

关于遗嘱能力有以下两个问题值得注意。

一是被宣告为无民事行为能力或者限制民事行为能力的成年人，在恢复辨认能力而宣告尚未被撤销前所立遗嘱是否有效。对此问题，理论界存在争议。我们认为，宣告为无民事行为能力或者限制民事行为能力的成年人，在恢复辨认能力而宣告尚未被撤销前，所立遗嘱应当有效。这是因为：对无民事行为能力或者限制民事行为能力的成年人予以宣告制度的目的在于维护交易安全，保护第三人的利益。所以，如果因人民法院没有作出撤销宣告而否认这类人的民事法律行为的效力，反而对交易安全是一种损害。而且，遗嘱不同于合同，遗嘱没有相对人需要保护，遗嘱只是对遗嘱人自己的财产在其死后的安排，通常与交易无关，也不涉及交易安全保护问题，所以，至少对于遗嘱来说，不应当因宣告未被撤销就否认遗嘱的效力，只是主张遗嘱有效的人应当就遗嘱人立遗嘱时的精神状况承担举证责任。①

二是盲、聋、哑的成年人是否有遗嘱能力。民事行为能力只与智力状况有关，与智

① 参见郭明瑞、房绍坤：《继承法》，2版，141页。

力无关的其他疾病不影响民事行为能力。因此，近代法律无一例外地都承认盲、聋、哑的成年人具有遗嘱能力，只是在盲、聋、哑的成年人的遗嘱能力的认定上应考虑其自身的特殊性。

（二）遗嘱能力有无的确认时间

遗嘱的设立与生效间尚有一段时间间隔，因而遗嘱能力的确认时间究竟是以遗嘱人设立遗嘱时为准，还是以遗嘱生效时为准，就值得研究。《民法典》对此问题没有明文规定，司法实践中则以立遗嘱时为准，即遗嘱人于立遗嘱时必须有遗嘱能力。无遗嘱能力的人所立的遗嘱，即使其本人后来取得了遗嘱能力，仍属无效遗嘱；遗嘱人立遗嘱时有遗嘱能力，即使后来丧失了遗嘱能力，亦不影响遗嘱的效力［《继承解释（一）》第28条］。另外值得讨论的是，遗嘱人取得遗嘱能力后对遗嘱进行了追认或变更的，该遗嘱是否成为有效遗嘱。我们认为，无遗嘱能力的人所立的遗嘱为无效遗嘱，而非效力待定，所以，遗嘱人取得遗嘱能力后，不能使无效的遗嘱变成有效的遗嘱。但是，如果遗嘱人变更先前所立的遗嘱，因其内容已经发生了根本改变，所以新遗嘱应有效。

事例 12－1 甲17周岁，在一建筑公司工作，以其工资收入维持个人生活。甲留下遗嘱，其死后个人财产归女友乙所有。几年后甲不幸遇车祸身亡，遗留人民币10万元。甲死亡时，其父母健在且有劳动能力。乙和甲的父母为甲的遗产归属发生纠纷，乙起诉到人民法院，请求判令甲的父母向其交付遗嘱中的人民币10万元。

——甲虽不满18周岁，但以自己的劳动收入为主要生活来源，应被视为完全民事行为能力人，故甲具有遗嘱能力。甲在遗嘱生效时虽已满18周岁，但立遗嘱时并未满18周岁。因此，甲具备遗嘱能力是基于其立遗嘱时虽未成年但以自己的劳动收入为主要生活来源而被视为具有完全民事行为能力的事实，而不是基于遗嘱生效时其已满18周岁的事实。

第三节　遗嘱的内容与形式

一、遗嘱的内容

遗嘱的内容是仅仅限于法律规定的事项，还是只要不违反法律和公序良俗的，都可以成为遗嘱的内容？我们认为，遗嘱为民事法律行为之一，意思自治原则同样适用于遗嘱，遗嘱自由也是继承法的基本原则，所以，只要不违反法律和公序良俗，遗嘱人就可以在遗嘱中指定任何内容。

一般来说，遗嘱的内容主要包括如下几项。

（一）指定继承人、受遗赠人

遗嘱中要有明确指定的继承人或者受遗赠人，没有指定继承人或者受遗赠人的遗嘱不具有法律效力。指定的继承人可以是第一、第二顺序法定继承人中的任何一人或者多人；受遗赠人可以是国家、集体或者法定继承人以外的组织、个人。

随着家庭饲养宠物的现象日益增多，有的家庭中出现了死者通过遗嘱将财产指定给宠物的现象，这样的遗嘱是不具有法律效力的，因为宠物只能是民事法律关系的客体，不能成为权利的主体而享有继承权或者受遗赠权。

（二）指定继承人、受遗赠人享有遗产的份额或者遗产的分配方法

遗嘱中应当说明每个指定继承人或者受遗赠人可以分得的具体财产。如果指定由数个继承人或者受遗赠人共同分得某项遗产，应当说明指定继承人或者受遗赠人对遗产的分配办法或者每个人应分得的遗产份额；遗嘱中未加说明的，推定为指定继承人或者受遗赠人均分遗产。遗嘱人可以在遗嘱中处分全部财产，也可以仅处分部分财产。遗嘱处分了全部财产的，不发生法定继承；遗嘱中有尚未处分的财产的，对尚未处分的财产应按照法定继承处理。

（三）指定候补继承人、受遗赠人

遗嘱中指定的继承人先于被继承人死亡、丧失继承权或者放弃继承权时，指定继承人将不能参加继承。如果遗嘱人不希望在出现这些情况后其遗产按照法定继承处理，则可以通过指定其他人作为候补继承人来继承遗产。关于候补继承人的指定，许多国家在法律上都有明文规定。我国法律虽然没有明文规定能否指定候补继承人，但在解释上自应无不许的道理，因为指定候补继承人的目的是防止遗嘱继承人不能继承而导致遗产归于法定继承的情况的出现，所以其本质上依然属于遗嘱人对自己财产的处分，并不违反法律和公序良俗，故当然有效。同理，遗嘱人也可以指定在受遗赠人出现不能承受遗产的情况时，遗产由其他人来受遗赠。

（四）指定后位继承人

后位继承是遗嘱人在遗嘱中指定，在继承人死亡后，其所继承的遗产由再指定的人继承。后位继承是与候补继承相对应的制度，但两者不同。前者是遗嘱人对指定继承人的继承人的指定，后位继承人不是遗嘱人的继承人，而是指定继承人的继承人；后者所指定的人都是遗嘱人的指定继承人，即候补继承人并非指定继承人的继承人。我国法律应否承认后位继承一直存在争议，但《民法典》第 1152 条在规定转继承时，明确了在遗嘱另有安排的情况下，不适用转继承。这一除外规定，实际上是有条件地承认了后位继承。

（五）指定遗嘱执行人

遗嘱执行人是保障遗嘱能够得到充分实现的人。遗嘱人如果希望遗嘱通过自己指定的人得到有效的执行，则可以选任遗嘱执行人。《民法典》第 1133 条第 1 款规定，在遗嘱中可以指定遗嘱执行人。指定遗嘱执行人并非遗嘱必不可少的内容。如果遗嘱人没有指定执行人或者指定的遗嘱执行人不愿意执行遗嘱，依照法律规定，继承人全体或者有关单位可以作为遗嘱执行人。

（六）其他事项

除上述内容外，遗嘱人还可以在遗嘱中说明其他事项，如附加义务、遗嘱信托、丧事的安排等事项。

事例 12－2 甲生前立有自书遗嘱，将其所有的房屋 4 间、所得抚恤金给儿子乙，存款 20 万元给女儿丙，存款 10 万元给妻子丁。甲同时在遗嘱中声明：乙要取得对 4 间房屋的继承权，必须与戊结婚。如丙先于其死亡，则遗嘱中确定归丙的份额由丙的儿子己继承。甲死后，乙与庚办理了结婚登记手续。

——甲通过自书遗嘱的方式对遗产进行了处分，遗嘱中指定的继承人、继承人应得的遗产份额、再指定继承人的确定等内容均符合法律的规定，应当有效。但甲对乙继承 4 间房屋所附的义务是必须与戊结婚，该内容违反了《民法典》所规定的婚姻自由原则，因而所附义务违法，不具有强制履行的效力。抚恤金是甲死亡后对其近亲属的抚慰金，不是遗产，遗嘱中对该财产的处分因违反法律关于遗产范围的规定而无效。

二、遗嘱的形式

为保证遗嘱真实，各国多规定了严格的遗嘱形式。在我国，《民法典》第 1134～1139 条规定了六种遗嘱形式：自书遗嘱、代书遗嘱、打印遗嘱、录音录像遗嘱、口头遗嘱和公证遗嘱。

（一）自书遗嘱

自书遗嘱是指由遗嘱人亲笔书写的遗嘱。自书遗嘱简便易行、便于保密，还可以保证内容真实，这是其优点；但因大部分人法律知识有限，常常有自书遗嘱不符合法律规定的形式要求而导致无效的情况出现，而且自书遗嘱容易丢失或者被隐匿，这是其缺点。然而，自书遗嘱简便易行，因而常被大众广泛使用，自书遗嘱也成为各国普遍认可的遗嘱方式之一。《民法典》第 1134 条规定："自书遗嘱由遗嘱人亲笔书写，签名，注明年、月、日。"依照该规定，自书遗嘱应当符合以下条件。

1. 遗嘱人必须亲自书写遗嘱全文

遗嘱人亲自书写遗嘱全文，不但可以充分表达自己真实的意思，而且可以防止他人伪造、篡改遗嘱内容。遗嘱人自书遗嘱所用的工具可以是毛笔、钢笔、圆珠笔等，只要是能够书写的工具就可以；自书遗嘱所用的材料可以是纸张、布帛、竹片等，只要是可以作为书写之物就可以。遗嘱人所用文字不限于汉语，少数民族文字、外国文字都可以。

2. 遗嘱人需要在遗嘱中注明年、月、日

遗嘱中标注的日期是认定遗嘱人的遗嘱能力和多份遗嘱设立先后顺序的准据，因此，遗嘱中必须标明日期。遗嘱中的日期包括年、月、日，年、月、日的书写应当完整。没有记载日期，或者记载的日期缺少一项，而通过遗嘱其他部分内容又无法补充的，则遗嘱无效。至于日期之记载，不限于年、月、日的形式，通过其他方式能够推断出确定日期的，也为有效日期的记载，如记载"某年元旦""某人 60 岁生日""某人结婚之日"等，而且年、月、日既可以是公历，也可以是农历，如果没有特别注明是农历的，应当推定是公历。遗嘱上标注的日期应当是遗嘱全部制作完毕，遗嘱人签名之日。

3. 遗嘱人需要在自书遗嘱上亲笔签名

自书遗嘱需要亲笔签名，一方面可以证明是谁作成遗嘱，另一方面可以证明是遗嘱人的真实意思表示。只要能够确认出遗嘱人并且可以确认是其真实意思表示的签名，都为有效签名。除在遗嘱末尾签写的户籍上的全名为有效签名外，下列签名也为有效签名：(1) 在文章开头写“立遗嘱人某某”字样的；(2) 遗嘱人已经在遗嘱中书写了姓名，而于遗嘱的末尾记载“父亲”或者“母亲”字样的；(3) 非户籍姓名，而是使用别名、笔名、艺名等足以代表其本人的；(4) 仅写姓或名，足以表示其本人的。遗嘱人的签名须由遗嘱人亲笔书写，而不能以盖章或者按手印等方式代替。

自书遗嘱中如需要涂改、增删内容的，应当在涂改、增删内容的旁边注明涂改、增删的字数，并且另行签名，注明日期。如果没有依照上述要求进行删改，视为遗嘱未变更；如果已经涂改到不能辨认的程度，则视为该部分内容已经被撤回。

此外，在司法实践中，自然人在遗书中涉及死后个人财产处分的内容，确为死者的真实意思表示，有本人签名并注明了年、月、日，又无相反证据的，可以按自书遗嘱对待［《继承解释（一）》第 27 条］。

（二）代书遗嘱

代书遗嘱又称代笔遗嘱，是指由遗嘱人口授遗嘱内容，他人代为书写的遗嘱。代书遗嘱非出自遗嘱人之手，其成立也没有公证人在场公证，极容易被伪造、篡改，所以，除极少数国家和地区外，世界上绝大部分国家都不认可这种遗嘱方式。但是，代书遗嘱简便易行，相比公证遗嘱节省费用，尤其在公民文化水平较低、文盲较多的国家有存在的必要，只是在制度设计上应尽量克服容易伪造之流弊。在我国，《民法典》第 1135 条规定：“代书遗嘱应当有两个以上见证人在场见证，由其中一人代书，并由遗嘱人、代书人和其他见证人签名，注明年、月、日。”依照该规定，代书遗嘱应符合以下条件。

1. 遗嘱人要指定 2 个以上遗嘱见证人

为充分保障遗嘱的真实性，防止伪造、篡改，遗嘱人必须指定 2 个以上的遗嘱见证人在场见证。

2. 代书遗嘱须由遗嘱人口授遗嘱内容，由一个见证人代书

代书遗嘱必须是由本人亲自口授内容，不能由他人代理，由其中一个见证人代为书写遗嘱内容。为保证遗嘱反映遗嘱人的真实意思，代书人记录完遗嘱内容后，应当向遗嘱人宣读并讲解遗嘱的内容，以便遗嘱人核实。

3. 遗嘱人、代书人和其他见证人在遗嘱上签名，并注明年、月、日

在代书人书写完遗嘱并宣读、讲解，经遗嘱人和其他见证人确认无误后，遗嘱人、代书人和其他见证人必须亲笔签名。没有签名的，不属于遗嘱见证人，只能是代书遗嘱过程的证明人。代书遗嘱还必须注明立遗嘱的年、月、日，年、月、日的记载与自书遗嘱记载的要求相同。

（三）打印遗嘱

打印遗嘱是指由立遗嘱人用电子计算机打印的遗嘱。《民法典》第 1136 条规定：“打印遗嘱应当有两个以上见证人在场见证。遗嘱人和见证人应当在遗嘱每一页签名，注明年、月、日。”依照该规定，打印遗嘱应符合以下条件。

1. 遗嘱人要指定 2 个以上遗嘱见证人

打印的遗嘱内容是很容易被篡改的，不容易保证其真实性。为充分保障打印遗嘱的真实性，防止伪造、篡改，遗嘱人必须指定 2 个以上的遗嘱见证人在场见证。

2. 打印遗嘱须由遗嘱人打印遗嘱内容

打印遗嘱必须由本人亲自打印内容，不能由他人代为打印。见证人应当全程见证遗嘱人打印遗嘱的过程，保证遗嘱反映遗嘱人的真实意思。

3. 遗嘱人和见证人在遗嘱每一页签名，并注明年、月、日

在遗嘱人打印完成遗嘱并经见证人确认无误后，在场的见证人必须亲笔签名，遗嘱人也必须签名。打印遗嘱中，遗嘱人和见证人应当在每一页签名，并注明立遗嘱的年、月、日，年、月、日的记载与自书遗嘱记载的要求相同。

（四）录音录像遗嘱

录音录像遗嘱是指以录音录像方式录制下来的遗嘱人的口述遗嘱。录音录像遗嘱是现代科学技术发展的产物，是一种新型的遗嘱形式。录音录像遗嘱声像俱备，其所表达的意思比代书遗嘱、打印遗嘱和口头遗嘱所表达的更为准确，更能客观地反映遗嘱的真实内容，有其优越性的一面。但是，录音录像遗嘱也存在容易被篡改、删除的缺陷。如果能够克服这一缺陷，录音录像遗嘱还是大有作为的。因此，从立法技术上看，应当在程序上作出规定，尽量降低录音录像遗嘱被删改的可能性。

世界上采用录音遗嘱形式的国家尚不多，除我国外，韩国也将录音遗嘱作为一种遗嘱形式（《韩国民法典》第 1067 条），另有将录音遗嘱称为口授录音遗嘱，将其作为口授遗嘱的一种特别形式的做法。《民法典》鉴于录像较之于录音更为客观和形象，在录音遗嘱的基础上增加了录像遗嘱，规定，“以录音录像形式立的遗嘱，应当有两个以上见证人在场见证。遗嘱人和见证人应当在录音录像中记录其姓名或者肖像，以及年、月、日”（第 1137 条）。

依照《民法典》的规定，录音录像遗嘱应当符合以下要求：(1) 遗嘱人口述遗嘱全部内容、遗嘱人的姓名、遗嘱日期（年、月、日）。遗嘱人应口述遗嘱的全部内容，其口述必须当面向见证人为之。遗嘱人还必须口述自己的姓名及年、月、日，并予以录音录像，以便证明遗嘱是何人于何时所立。(2) 遗嘱人要指定 2 个以上见证人。见证人口述自己的姓名、见证内容是否真实准确，并予以录音录像。(3) 录制好的音像带应现场封存，注明年、月、日，并由见证人在封缝处签名。

（五）口头遗嘱

口头遗嘱是指在特殊情况下，遗嘱人以口述的方式所立的遗嘱。在各种遗嘱形式中，口头遗嘱的安全性是最低的：容易被伪造、篡改，而且遗嘱人表达的意思容易被误解，见证人也容易记忆模糊。正因为有如上缺点，有的国家的民法不承认口头遗嘱的有效性，如加拿大。但在情况危急的时刻，口头遗嘱是唯一可以采用的方式，这又是其他遗嘱形式所不能替代的，所以，绝大部分国家还是保留着口头遗嘱形式，只是都进行了严格的限制。在我国，《民法典》第 1138 条规定：“遗嘱人在危急情况下，可以立口头遗嘱。口头遗嘱应当有两个以上见证人在场见证。危急情况消除后，遗嘱人能够以书面或者录音录像形式立遗嘱的，所立的口头遗嘱无效。”

1. 口头遗嘱的条件

（1）遗嘱人在危急情况下，来不及通过其他方式立遗嘱。我国法律关于允许设立口头遗嘱的情形的规定采概括式立法例[①]，即只有在危急情况下，来不及通过其他方式设立遗嘱的，才可以通过口头方式设立遗嘱。在危急情况下，来不及通过其他方式设立遗嘱的情形包括：因重病或者急病生命有危险、服军役时因训练或者遇有战争而遭受生命危险、乘客在海上遇有危难情况、在传染病地带、交通断绝等。所谓危急情况，不限于生命危急，只要是结果会导致无法通过其他形式立遗嘱的，都为危急情况，另外，必须是在客观上遇有危急情况。如果只是遗嘱人主观上自感危急而客观上并不危急，则不属于危急情况，此时所立的口头遗嘱无效。

（2）指定 2 个以上见证人。口头遗嘱也需要 2 个以上的见证人，这与代书遗嘱、打印遗嘱和录音录像遗嘱的规定相同。遗嘱人的口头遗嘱需要见证人转述，为保证见证人转述的内容与遗嘱人口述的内容一致，一些国家和地区的法律规定，口头遗嘱的见证人必须对口述遗嘱的内容进行记录，否则遗嘱无效。我国法律没有限制见证人必须书写记录，但为保证遗嘱人的意思能够真实再现，在有条件的情况下，见证人应当作出记录，注明年、月、日并签名。

（3）遗嘱人口述遗嘱内容。口述遗嘱内容的要求与代书遗嘱的相同。另需特别注意的是，对于见证人或者其他人的询问，遗嘱人点头或者摇头，或者以手势表示等，都不为口述遗嘱内容。遗嘱人口述遗嘱内容时可以使用普通话，可以使用方言，也可以使用外国语言，还可以使用哑语。只是遗嘱人使用其他语言时，见证人必须是通晓该语言之人。

2. 口头遗嘱的有效期间

口头遗嘱是在无其他遗嘱形式可以采用的情况下的应急措施，所以一旦危急情况解除，口头遗嘱就应失去效力。将口头遗嘱的有效期限限制在危急情况解除后的较短时间内，是各国通例，例如，法国、日本规定为 6 个月期限，德国规定为 3 个月期限，瑞士规定为 14 天。在我国，《民法典》没有规定明确的期限，只规定“危急情况消除后，遗嘱人能够以书面或者录音录像形式立遗嘱的，所立的口头遗嘱无效”。

（六）公证遗嘱

公证遗嘱是指经过公证机构公证的遗嘱。《民法典》第 1139 条规定，“公证遗嘱由遗嘱人经公证机构办理。”公证遗嘱应当符合《中华人民共和国公证法》（以下简称《公证法》）、《遗嘱公证细则》等的相关规定。

办理公证遗嘱，应当按照下列程序进行：

1. 申请及管辖

由于遗嘱须是本人的意思表示，所以遗嘱公证必须由本人亲自办理，不得代理

---

① 在何种情形下可以立口头遗嘱，有两种立法例：一为列举式立法例，如：《德国民法典》分为乡镇长前的紧急遗嘱（第 2249 条）、特殊情势的紧急遗嘱（第 2250 条）、海上遗嘱（第 2251 条）；《法国民法典》分为军人遗嘱（第 981 条至第 984 条）、隔绝地遗嘱（第 985 条至第 987 条）、海上遗嘱（第 988 条至第 996 条）；《日本民法典》分为危急时遗嘱和隔绝地遗嘱（第 977 条至第 978 条），危急时遗嘱包括因疾病或其他事由而濒临死亡者的遗嘱（第 976 条）、因船舶遇难濒临死亡者的遗嘱（第 979 条）。另一为概括式立法例，如：《瑞士民法典》规定，因生命垂危、交通阻隔、传染病或战争等非常状态，致使不能依照其他方式设立遗嘱的，可以立口头遗嘱（第 506 条）；《韩国民法典》规定，因疾病或者其他急迫情事，不能依照其他方式设立遗嘱时，可以设立口头遗嘱（第 1070 条）。

(《公证法》第26条)。遗嘱公证申请由本人亲自到有办理公证权限的公证机构提出。如果遗嘱人亲自到公证机构办理有困难，可以书面或者口头形式请求有管辖权的公证机构指派公证人员到其住所或者临时处所办理(《遗嘱公证细则》第5条)。申办遗嘱公证的，遗嘱人应当填写公证申请表，遗嘱人填写申请表确有困难的，可以由公证人员代为填写，遗嘱人应当在申请表上签名。遗嘱人并应提交下列证件和材料：居民身份证或者其他身份证件，遗嘱涉及的不动产、交通工具或者其他有产权凭证的财产的产权证明，公证人员认为应当提交的其他材料(《遗嘱公证细则》第7条)。提供的证明材料不充分的，公证机构可以要求补充。

有管辖权的公证机构包括遗嘱人住所地、经常居住地、遗嘱行为地的公证机构。遗嘱涉及不动产的，还可以向不动产所在地的公证机构提出。

2. 受理及审查

对于符合申请条件的，公证机构应当受理；对于不符合申请条件的，公证机构应当在3日内作出不予受理的决定，并通知申请人(《遗嘱公证细则》第8条)。公证机构受理公证申请后，应当告知当事人申请公证事项的法律意义和可能产生的法律后果，并将告知内容记录存档(《公证法》第27条第2款)。

公证机构受理遗嘱公证申请后，应对遗嘱进行审查。关于公证机构对遗嘱的审查究竟是实质审查还是形式审查，理论上尚有不同意见。从我国现行法律规定来看，遗嘱公证的审查应为实质审查，公证机构不但要审查遗嘱提供的证明材料是否合法有效，而且要审查遗嘱的内容是否合法有效。公证机构对申请公证的事项以及当事人提供的证明材料，按照有关办证规则需要核实或者对其有疑义的，还要进行核实，或者委托异地公证机构代为核实。《公证法》第28条规定，公证机构办理公证，应当根据不同公证事项的办证规则，分别审查下列事项：当事人的身份、申请办理该项公证的资格以及相应的权利；提供的文书内容是否完备，含义是否清晰，签名、印鉴是否齐全；提供的证明材料是否真实、合法、充分；申请公证的事项是否真实、合法。

3. 出具公证书

公证机构经审查，认为申请人提供的证明材料真实、合法、充分，申请公证的事项真实、合法的，应当自受理公证申请之日起15个工作日内向当事人出具公证书，但是，因不可抗力、补充证明材料或者需要核实有关情况的，所需时间不计算在15日期限内(《公证法》第30条)。公证书应按照国务院司法行政部门规定的格式制作，由公证人员签名或者加盖名章并加盖公证机构印章。公证书自出具之日起生效。

另外，公证机构办理遗嘱公证，应当由2人共同办理，承办公证人员应当全程亲自办理。在特殊情况下只能由1名公证人员办理时，应当请1名见证人在场，见证人应当在询问笔录上签名或者盖章。公证人员与被继承人或者继承人、受遗赠人、酌情分得遗产人等有亲属关系或者利害关系的，应当回避。

事例 12－3 甲与妻子生有两子一女，婚后共同购置房屋8间。甲的妻子早逝。后甲亲笔书写了第一份遗嘱，声明：东边房屋3间给大儿子，西边房屋3间给小儿子，北边房屋2间分给女儿。甲在遗嘱上签署了自己的姓名和日期。甲到公证处立下第二份遗嘱，遗嘱中声明：东边房屋3间给女儿。后甲指定见证人代书立下第三份遗嘱，声明：西边3间房屋由大儿子继承。有两个见证人在场见证，其中一个见证人代书。代书人和甲在遗嘱上签署了姓名和日期。后甲口头立下第四份遗嘱：甲因病住院期间，于弥留之际，甲请两个护士在场见证，声明：东边3间房屋给大儿子，西边3间房屋给小儿子。该遗嘱由记录人、其他见证人共同签名，注明年、月、日。甲订立口头遗嘱2小时后去世。甲死亡后，其二子一女均要求按照甲的遗嘱，分割甲的房产。

——甲亲笔书写的将东边房屋3间分给大儿子、将西边房屋3间分给小儿子、将北边房屋2间分给女儿的书面凭证，有甲的签名并注明了年、月、日，因而属于自书遗嘱。甲到公证处作出的将东边房屋3间给女儿的遗嘱，属于公证遗嘱。甲在有两个见证人在场见证的情况下，由一个见证人代书将原指定由小儿子继承的西边3间房屋指定由大儿子继承的遗嘱，符合代书遗嘱的特点。但该代书遗嘱只有甲、代书人的签字，没有其他见证人的签字，因此，该代书遗嘱不符合《民法典》对代书遗嘱的形式要求。甲于弥留之际，以口头方式设立遗嘱，并有两名护士在场见证，遗嘱由记录人、其他见证人共同签名，注明了设立遗嘱时的年、月、日，因此，该遗嘱符合口头遗嘱的有效条件。

三、遗嘱见证人

遗嘱见证人是指由遗嘱人指定的见证遗嘱真实性的自然人。除公证遗嘱、自书遗嘱外，其他遗嘱形式都需要2个以上见证人在场。继承开始时，遗嘱人业已死亡，遗嘱是否为遗嘱人的真实意思表示，全仰赖于见证人的证明。由于见证人的地位十分重要，所以各国法律都对见证人的资格予以限制。

（一）遗嘱见证人的资格

依据《民法典》第1140条的规定，下列人员不能作为遗嘱见证人。

1. 无民事行为能力人和限制民事行为能力人以及其他不具有见证能力的人

无民事行为能力人和限制民事行为能力人即使有其法定代理人的同意，也不能作见证人。见证人是否具有民事行为能力，应当以现场见证签名之时为准。另外，成年人因精神疾病被人民法院宣告为无民事行为能力人或者限制民事行为能力人，在宣告期内精神恢复正常的，其在正常状态下所作的遗嘱见证有效。[①] 其他不具有见证能力的人，主要是指不具备遗嘱见证人需要具备的一些基本的能力如听、说、写的能力等的人，如果相应的能力不具备，也不能为遗嘱见证人。例如：代书遗嘱需要见证人诵读遗嘱，并且在遗嘱上签名，所以，聋哑人、文盲等就不具有代书遗嘱的见证能力；录音录像遗嘱需要将见证人的声音记录下来，所以，聋哑人不具有录音录像遗嘱的见证能力；遗嘱人使

① 参见郭明瑞、房绍坤：《继承法》，2版，148页。

用方言或者外国语言设立遗嘱时，不懂方言或者外国语言的人就不具有见证能力。

2. 继承人和受遗赠人

遗嘱对遗产的处理直接影响着继承人、受遗赠人对遗产的接受，继承人、受遗赠人与遗嘱有直接的利害关系，由他们作遗嘱见证人难以保证遗嘱的客观性、真实性，因此，继承人、受遗赠人不能作为遗嘱见证人。这里的继承人既包括第一顺序继承人，也包括第二顺序继承人。

3. 与继承人、受遗赠人有利害关系的人

所谓利害关系人，是指遗嘱的效力对其经济利益有直接影响的人，例如，继承人、受遗赠人的债权人、债务人，共同经营的合伙人等［《继承解释（一）》第24条］。

事例 12-4 甲是聋哑人，因心脏病发作住院接受心脏手术。进手术室做心脏搭桥手术前，甲担心手术失败而死亡后，两个儿子乙、丙为继承遗产发生纠纷，就请其朋友某聋哑学校手语教师丁作为遗嘱见证人订立口头遗嘱。丁征得甲同意后，又请在场护士戊同作见证人。因戊不懂哑语，所以由丁将甲的意思翻译给戊，据此订立了口头遗嘱：遗产价值15万元的房屋4间由乙继承，存款2万元归丙所有。甲手术失败而死亡后，丁、戊共同将甲口授的遗嘱追记下来，记录人丁、见证人戊签名并注明日期后，将遗嘱交给了乙、丙。丙以戊不懂哑语，不能作遗嘱见证人为由，请求确认甲的口头遗嘱无效，主张按照法定继承来继承甲的遗产。

——甲的遗嘱中处分的是个人合法财产，也不存在缺乏劳动能力又没有生活来源的继承人，因此，甲的遗嘱内容合法。甲所立的口头遗嘱效力如何，主要取决于甲是否具有遗嘱能力和丁、戊是否符合遗嘱见证人的资格。甲虽为聋哑人，有生理缺陷，但没有精神缺陷，属于完全民事行为能力人，因此，甲具有遗嘱能力。在确定遗嘱的效力时，应充分考虑聋哑人的生理缺陷，从设立方式能否真实表达遗嘱人的意思上判断遗嘱的效力。虽戊符合遗嘱见证人的一般条件，但其在作甲的遗嘱见证人时，因其不懂哑语，不能对甲的遗嘱内容的真实性作出证明，故戊不具备作甲的口头遗嘱见证人的资格。由于戊不符合作遗嘱见证人的条件，甲的口头遗嘱就只有丁1个见证人，这不符合《民法典》规定的形式要件，因而，甲的口头遗嘱无效。

（二）遗嘱见证人的指定

是否所有在场具备见证资格的人都可以作为见证人，即是否只有遗嘱人指定的人才为见证人？《民法典》并没有明确规定。我们认为，证人与见证人是有区别的：见证人是代书遗嘱、录音录像遗嘱和口头遗嘱必须具备的形式要件之一；在立遗嘱现场的人可以作为证人，证明立遗嘱当时的情况，但并非都可以作为见证人。只有遗嘱人指定的人才能作为见证人，因为见证人的职责是在遗嘱人死后证明遗嘱人意思表示的真实与否。遗嘱人通常不会任意选择一个见证人在其死后代替其表达真实的意思。遗嘱人与见证人通常有着某种信任关系，遗嘱人的指定是这种信任关系的表现。所以，不经遗嘱人指定的人只能是普通的证人，而不是遗嘱见证人。遗嘱人作出的指定既可以是明示的，也可以是默示的。

事例 12-5　甲与前妻乙经法院调解离婚，婚生子丙由乙抚养。甲与丁再婚后，双方协议离婚，但离婚后双方未办理复婚登记手续，又以夫妻名义共同生活。甲立下自书遗嘱，声明自己的财产全部由丙继承。后甲突发急病，被丁和朋友戊共同乘出租车送至某医院救治。在出租车上，甲对戊讲："我可能活不过来了。我死后，我的财产给丁一半，你要替她做主。"出租车司机己在场，听到了甲讲话的全部内容。从出租车下来到急诊室后不到 20 分钟的时间，甲突然昏迷，于 7 天后去世。甲去世后，甲的父母、丙因遗产继承与丁发生纠纷，向人民法院提起诉讼。

——甲所立口头遗嘱无效。见证人是代书遗嘱、录音录像遗嘱和口头遗嘱的形式要件之一。在设立遗嘱现场的人可以作为证人，证明立遗嘱当时的情况，但并非都可以作为见证人。只有遗嘱人指定的人才能作为见证人，因为见证人的职责是在遗嘱人死后证明遗嘱人意思表示的真实与否。所以，不经遗嘱人指定的人只能是普通的证人，而不是遗嘱见证人。己不是甲指定的见证人，只是能够证明真实情况的证人，不符合法律规定的遗嘱见证人的条件，因此，己不能作遗嘱见证人，甲的口头遗嘱因不符合《民法典》规定的口头遗嘱应当有两个以上见证人见证的条件而无效。

（三）见证人资格欠缺的遗嘱的效力

无见证资格的人所作的遗嘱见证不具有法律效力。遗嘱中有无见证资格的人作见证，将因情形不同而发生不同后果：加上无见证资格者的见证才符合见证人的法定人数时，遗嘱因见证人资格的欠缺导致遗嘱形式欠缺而无效；除无见证资格者的见证外，还有两个以上的见证人在场见证时，该遗嘱依然有效。

四、共同遗嘱

（一）共同遗嘱的概念

共同遗嘱也称合立遗嘱，是指两个以上的遗嘱人共同设立的，同时处分共同遗嘱人各自或者共同的财产的遗嘱。

共同遗嘱可以分为形式意义的共同遗嘱和实质意义的共同遗嘱。形式意义的共同遗嘱又称单纯的共同遗嘱，是指内容各自独立的两个以上的遗嘱记载于同一遗嘱书中。这种共同遗嘱只保持着某种形式上的同一，而在内容上是由各遗嘱人独立进行意思表示，并根据各自意思表示产生独立的法律效果，相互不存在制约和牵连。实质意义的共同遗嘱是指两个以上的遗嘱人将其共同一致的意思通过一个遗嘱表示出来，形成一个内容共同或者相互关联的整体遗嘱。实质意义上的共同遗嘱通常可以分为三种类型：一是相互指定对方为自己的遗产继承人；二是共同指定第三人为遗产的继承人或者受遗赠人，其遗产以共同财产居多；三是相互指定对方为继承人，并约定后死者将遗产留给指定的第三人。

从本质上看，形式意义的共同遗嘱应属于单独遗嘱，因此，真正的共同遗嘱应仅指实质意义的共同遗嘱，本书也是在这个意义上讨论共同遗嘱的。

（二）共同遗嘱的特点

1. 共同遗嘱是两个以上遗嘱人的共同民事法律行为

共同遗嘱不同于单独遗嘱，前者至少有两个以上意思表示，而后者只有一个意思表示。共同遗嘱又不同于合同，前者的意思表示的方向是一致的，即追求同一目标，与合伙合同的性质相近；后者的意思表示的方向是相对的，是追求各自利益的意思表示的一致。

2. 共同遗嘱的内容具有相互制约性

共同遗嘱人虽然处分的是自己的财产，但对自己财产的处分与其他共同遗嘱人的处分互相关联、互相制约。在共同遗嘱人生存期间，一方撤回或者变更遗嘱的内容或者对财产进行处分，将导致他方的遗嘱失去效力，因而，共同遗嘱签订后，除共同遗嘱人一致同意撤回或者变更遗嘱外，一方欲撤回或者变更遗嘱的应告知另一方。在共同遗嘱人之一死亡后，生存方原则上不得撤回、变更遗嘱或者进行与遗嘱内容相违背的财产处分。

3. 依共同遗嘱发生的遗嘱继承在开始时间上有一定的特殊性

依单独遗嘱发生的遗嘱继承，在遗嘱人死亡时就发生效力；而依共同遗嘱发生的遗嘱继承通常并不因一方遗嘱人死亡而开始，只有在全部遗嘱人死亡后，共同遗嘱继承才真正开始。

（三）共同遗嘱的立法例

现今世界各国或者地区对共同遗嘱持有两种截然不同的立法例：一种是承认共同遗嘱的有效性，如德国、奥地利、韩国等；另一种是禁止设立共同遗嘱，否认共同遗嘱的效力，如法国、日本、瑞士等。此外，还有些国家或者地区的继承法既未明确规定允许订立共同遗嘱，也未明确禁止订立共同遗嘱，而是交由司法实践来决定。

我国法律上历来缺乏对共同遗嘱的明文规定，在理论上有肯定说、限制肯定说、否定说三种不同的观点。肯定说认为，我国立法上虽未明确规定共同遗嘱，但也并未排除共同遗嘱的有效性，基于我国夫妻和家庭成员共同共有财产的国情，应当确立共同遗嘱的法律效力；限制肯定说认为，法律应只承认夫妻共同遗嘱，对其他共同遗嘱不能承认；否定说认为，法律上不应承认共同遗嘱，因为共同遗嘱否定了遗嘱自由，在实现过程中容易引发纠纷，且违反了遗嘱的法定形式要求。

在我国司法实践中，否定与肯定共同遗嘱的判决都不在少数。《遗嘱公证细则》第15条规定：两个以上的遗嘱人申请办理共同遗嘱公证的，公证处应当引导他们分别设立遗嘱。遗嘱人坚持申请办理共同遗嘱公证的，共同遗嘱中应当明确遗嘱撤回、变更及生效的条件。可见，公证遗嘱是允许采取共同遗嘱形式的。我们认为，既然法律没有明文否定共同遗嘱，那么，不承认共同遗嘱的效力是不合适的。从立法精神上看，遗嘱只要符合形式要求，内容是真实的，不违反法律和公序良俗，都应当被认定是有效的遗嘱。至于说共同遗嘱违反了遗嘱的形式要件，也过于牵强。遗嘱形式是指遗嘱究竟是采用自书、代书、打印、录音录像、口头形式还是公证形式，而共同遗嘱也可以采用上述形式。共同遗嘱与单独遗嘱相对应，二者的差别不在于形式而在于内容：前者是多个人的意思表示，后者是一个人的意思表示。

第四节　遗嘱有效与遗嘱生效

一、遗嘱有效、遗嘱生效与遗嘱的效力

遗嘱有效、遗嘱生效与遗嘱的效力是三个不同的法律概念。遗嘱有效是从遗嘱的条件角度讲的，符合条件的遗嘱就是有效遗嘱；反之，就是无效遗嘱。遗嘱生效是从当事人之间的权利和义务关系角度讲的，是当事人之间的权利和义务关系的效力实际发生的时间点。遗嘱的效力与遗嘱生效是一个问题的两个方面：前者是从静态角度讲当事人之间的权利和义务关系，后者是从动态角度讲当事人之间的权利和义务关系的效力发生的时间点。

二、遗嘱的有效要件

遗嘱作为一种民事法律行为，应当具备民事法律行为的一般有效要件。另外，遗嘱作为单方民事法律行为，还应当符合法律规定的特殊条件。在我国，依照《民法典》及相关法律的规定，遗嘱有效应当满足以下条件。

（一）立遗嘱时，遗嘱人应当具备遗嘱能力

遗嘱能力是自然人依法享有的设立遗嘱，对自己死后遗产的有关事项作出安排的资格。《民法典》第 1143 条第 1 款规定：无民事行为能力人或者限制民事行为能力人所立的遗嘱无效。该规定表明，只有具有完全民事行为能力的人，才具有遗嘱能力。遗嘱人是否具有遗嘱能力，应以遗嘱设立时为准，而不是以遗嘱开始时为准。

（二）遗嘱人的意思表示真实

遗嘱必须是遗嘱人的真实意思表示，遗嘱的内容必须与遗嘱人内心的真实意思相一致。遗嘱作为遗嘱人生前按自己的意愿处分自己遗产的一种单方民事法律行为，必须是遗嘱人完全自愿作出的。《民法典》第 1143 条第 2～4 款规定：遗嘱必须表示遗嘱人的真实意思，受欺诈、胁迫所立的遗嘱无效；伪造的遗嘱无效；遗嘱被篡改的，篡改的内容无效。

（三）遗嘱的内容不得违反法律和公序良俗

遗嘱的内容是遗嘱人在遗嘱中表示出来的对自己的财产处分的意思。遗嘱作为一种民事法律行为，其内容当然应当合法，不得违反法律和公序良俗。所谓不得违反法律，是指不得违反我国现行法律、法规中的强制性规范。此外，规避法律强制性规范和禁止性规范的脱法行为也属于违反法律。所谓不得违反公序良俗，是指遗嘱不得损害社会的

政治、经济秩序和道德风尚，不得损害国家的主权和民族尊严。依据《继承解释（一）》第26条的规定，遗嘱人以遗嘱处分了国家、集体或者他人财产的，也属于内容违法，应当认定该部分遗嘱无效。

（四）遗嘱的形式应当符合法律规定的要求

为保证遗嘱能够反映遗嘱人的真实意愿，法律为遗嘱规定了严格的形式，遗嘱必须符合法律规定的形式要求。

三、无效遗嘱的类型

与一般民事法律行为不同，欠缺有效要件的遗嘱只有一种法律后果，就是无效，不存在可撤销的状态。在我国，依据《民法典》第1141条和第1143条的规定，无效遗嘱的类型主要包括以下几种。

（一）无遗嘱能力人所立遗嘱

依照《民法典》的规定，只有完全民事行为能力人才具有遗嘱能力，所以，无民事行为能力人或者限制民事行为能力人所立的遗嘱无效。无民事行为能力人和限制民事行为能力人从事的一般民事法律行为与立遗嘱的后果是不同的。无民事行为能力人从事的一般民事法律行为无效，限制民事行为能力人从事的与其年龄、智力或者精神健康状况相适应的民事法律行为有效，从事的与其年龄、智力或者精神健康状况不相适应的民事法律行为效力待定。之所以有这样的差异，是因为一般民事法律行为多有相对人，在确定其效力时，一方面要考虑保护无民事行为能力人和限制民事行为能力人的利益，另一方面也要考虑对相对人利益的保护。而遗嘱是无相对人的单方民事法律行为，没有相对人利益保护的问题，所以，不论是限制民事行为能力人所立还是无民事行为能力人所立的遗嘱，都是无效的。

（二）受欺诈、胁迫所立的遗嘱

所谓受欺诈所立的遗嘱，是指遗嘱人因受他人的歪曲的、虚假的行为或者言词的错误导向而产生错误的认识，作出了与自己的真实意愿不相符合的遗嘱；所谓受胁迫所立的遗嘱，是指遗嘱人受到他人非法的威胁、要挟，为避免自己或者亲人的财产或者生命健康遭受侵害，而作出的与自己的真实意思相悖的遗嘱。欺诈、胁迫遗嘱人的人既可以是继承人，也可以是继承人以外的人；既可以是会从遗嘱人受欺诈、受胁迫所立的遗嘱中得到利益的人，也可以是不会从遗嘱人的遗嘱中得到任何利益的人。[①]

（三）伪造的遗嘱

伪造的遗嘱也就是假遗嘱，是指以被继承人的名义设立的不是被继承人的意思表示的遗嘱。伪造遗嘱者的动机和目的，不是伪造的遗嘱的构成要件。只要不是遗嘱人的意思表示而以遗嘱人的名义所立的遗嘱，就都属于伪造的遗嘱。伪造的遗嘱，因为不是被继承人的意思表示，所以不论遗嘱的内容如何，也不论遗嘱是否损害了继承人的利益，均不能发生遗嘱的效力，是无效的。

---

① 参见郭明瑞、房绍坤：《继承法》，2版，155页。

（四）被篡改的遗嘱内容

被篡改的遗嘱是指遗嘱的内容被遗嘱人以外的其他人作了更改的遗嘱，例如，遗嘱的内容被修改、删节、补充等的遗嘱。篡改人只能是遗嘱人以外的人，而不能是遗嘱人本人。篡改只能是对遗嘱的部分内容的更改，如对遗嘱的全部内容更改，则为伪造遗嘱。被篡改的遗嘱，篡改的内容因已经不是遗嘱人的意思表示，而是篡改人的意思表示，所以也就不能发生遗嘱的效力，是无效的。但是，遗嘱不能因被篡改而全部无效。遗嘱中未被篡改的内容仍然是遗嘱人的真实意思表示，是有效的。

（五）没有为缺乏劳动能力又没有生活来源的继承人保留必要份额的遗嘱对应当保留的必要份额的处分

《民法典》第 1141 条明确规定：遗嘱应当为缺乏劳动能力又没有生活来源的继承人保留必要的遗产份额。对此，学说上称为“必留份”。遗嘱如果没有为继承人保留必留份的，也不能有效。

依据《民法典》的规定，必留份制度包含以下内容。

（1）必留份的主体是法定继承人范围以内的人。另外，《民法典》只规定在分割遗产时应当保留胎儿的应继份（《民法典》第 1155 条），而没有规定胎儿是否为必留份的主体。我们认为，从《民法典》第 1141 条规定的立法精神看，胎儿如果出生后没有生活来源的，也应当为必留份的主体。

（2）法定继承人必须缺乏劳动能力又没有生活来源，二者缺一不可。有劳动能力而没有生活来源，或者缺乏劳动能力而有生活来源的继承人，都不在必留份制度保护之列。继承人是否缺乏劳动能力又没有生活来源，应当按遗嘱生效时该继承人的具体情况确定［《继承解释（一）》第 25 条第 2 款］。立遗嘱时继承人缺乏劳动能力又没有生活来源，于继承开始时具有了劳动能力或者有了生活来源的，不受必留份的保障；而立遗嘱时有劳动能力或者有生活来源，而于继承开始时丧失劳动能力又没有生活来源的，应受必留份制度的保障。这是由必留份制度的目的所决定的。

（3）遗嘱应当为需要扶养的继承人保留“必要的遗产份额”。所谓“必要的遗产份额”，是指保证这部分继承人基本生活需要的遗产份额，与应继份并不是同一概念。它既可以少于法定继承人的应继份，也可以大于、等于法定继承人的应继份。所谓的基本生活需要，是指能够维持当地群众一般生活水平的需要。

（4）遗嘱中未给缺乏劳动能力又没有生活来源的继承人保留必要的遗产份额的，遗嘱并非全部无效，仅是涉及处分应保留份额遗产的遗嘱内容无效，其余内容仍有效。依据《继承解释（一）》第 25 条第 1 款的规定，遗嘱人未保留既缺乏劳动能力又没有生活来源的继承人的遗产份额，遗产处理时，应当为该继承人留下必要的遗产，所剩余的部分，才可参照遗嘱确定的分配原则处理。

四、遗嘱的不生效

原则上，具备条件的有效遗嘱在遗嘱人死亡时发生法律效力。但是，有效遗嘱也有在遗嘱人死亡时不产生法律效力的情形，即不依照遗嘱的内容在当事人之间产生权利和义务关系。这就是遗嘱不生效。遗嘱不生效的情形包括以下几种：（1）遗嘱继承人、受遗赠人先于被继承人死亡，但遗嘱另有规定（如指定有候补继承人或者候补受遗赠人）的除外。（2）遗嘱继承人、受遗赠人在遗嘱成立之后丧失继承权或者受遗赠权。（3）于附解除条件的遗嘱，在遗嘱人死亡之前该条件已经成就。（4）于附停止条件的遗嘱，遗嘱继承人、受遗赠人在条件成就前死亡。（5）遗嘱人死亡时，遗嘱中处分的财产标的已不复存在。若该财产为遗嘱人生前以事实行为或者民事法律行为所处分，则推定遗嘱人变更遗嘱；但若该财产系因其他原因而不复存在，遗嘱人又未因该标的灭失享有保险金和损害赔偿金请求权时，则以该财产为标的的遗嘱内容不发生效力。

五、附条件、附期限的遗嘱

在罗马法上，遗嘱不得附加期限，进而禁止遗嘱附加解除条件。在近现代社会，各国法律原则上都许可遗嘱附条件或者期限。《民法典》只规定了附义务的遗嘱，而没有规定附条件、附期限的遗嘱。我们认为，既然法律没有明文限制遗嘱附条件和期限，同时，遗嘱的性质与附条件和期限并不相悖，那么为保障遗嘱人的意愿能得到充分实现，解释上自不应加以限制。

（一）附条件遗嘱的生效时间

附条件遗嘱所附条件的性质不同，其生效时间也有所不同：（1）附停止条件的遗嘱。如果遗嘱人死亡以前条件成就的，则该遗嘱视为未附条件，遗嘱于遗嘱人死亡时发生法律效力；如果遗嘱人死亡以后条件才成就的，则遗嘱于条件成就时发生法律效力；如果遗嘱人表示使其条件成就的效力溯及于条件成就以前的，按其意思表示确定遗嘱发生效力的时间，但不得溯及于遗嘱人死亡以前。（2）附解除条件的遗嘱。如果遗嘱人死亡以前条件成就的，则该遗嘱视为未成立，遗嘱人死亡时遗嘱也不发生法律效力；如果遗嘱人死亡以后条件才成就的，则其遗嘱在遗嘱人死亡时发生法律效力，在条件成就时失去效力；如果遗嘱中明确表示遗嘱条件成就的效力溯及于条件成就以前的，从其指定，但不得溯及于遗嘱人死亡以前。[①]

（二）附期限遗嘱的生效时间

附期限遗嘱的生效时间按如下标准确定：（1）于附始期的遗嘱，如果遗嘱人死亡以前始期届至的，则视为遗嘱没有附期限，遗嘱自遗嘱人死亡时发生法律效力；如果遗嘱人死亡以后始期才届至的，则遗嘱于期限届至时发生法律效力。（2）于附终期的遗嘱，如果遗嘱人死亡以前期限届至的，遗嘱不发生法律效力；如果遗嘱人死亡以后期限届至的，遗嘱自遗嘱人死亡时发生法律效力，至期限届满时失去效力。

第五节　遗嘱的撤回和变更

遗嘱自由既包括遗嘱设立的自由，也包括遗嘱撤回、变更的自由。从遗嘱完成到遗嘱发生效力往往间隔很长时间，其间不免发生一些变化，遗嘱人原先的意思难免会发生

---

① 参见陈棋炎、黄宗乐、郭振恭：《民法继承新论》，修订9版，307页。

改变，如果不允许其撤回、变更自己的意思表示，显然于理不合。更何况，依照一般民法原理，尚未发生法律效力的意思表示无论何人都是不受其约束的。因此，《民法典》第 1142 条第 1 款规定："遗嘱人可以撤回、变更自己所立的遗嘱。"

一、遗嘱的撤回和变更的概念与特点

遗嘱的撤回是指遗嘱人取消先前所立遗嘱的内容，遗嘱的变更是指遗嘱人依法改变自己先前所立遗嘱的内容。

遗嘱的撤回和变更具有如下特点。

第一，遗嘱人可以自由地撤回、变更自己所立的遗嘱。只要遗嘱人认为自己所立遗嘱需要修改或者取消，遗嘱人随时可以撤回、变更自己所立的遗嘱，不需要任何理由。

第二，遗嘱的撤回、变更本质上与遗嘱的设立相同，都是遗嘱人处分自己财产的意思表示。遗嘱的设立不得代理，遗嘱的撤回、变更同样不得代理。另外，其他任何组织或者个人都不得撤回、变更遗嘱。

第三，遗嘱的撤回、变更没有固定的时间限制，只要是在遗嘱人生存期间都可以为之。

二、遗嘱撤回和变更的方法

遗嘱的撤回、变更，是遗嘱人单方意思表示的结果。遗嘱人的这种意思表示要通过一定的方式来表达。在罗马法上，遗嘱的撤回、变更必须以与前份遗嘱相同的设立方式为之。现今各国法律多规定，只要是通过遗嘱方式即可撤回、变更遗嘱，不限于前份遗嘱所采取的方式，并且在符合法定情形时也可以视为对遗嘱的撤回、变更，如立有数份内容相抵触的遗嘱、实施与遗嘱相抵触的行为、销毁或者涂销遗嘱等。依照《民法典》的规定、司法实践以及民法的一般原理，遗嘱的撤回、变更方式主要有以下四种，其中，前一种是明示方式，后三种是法律推定方式。

第一，遗嘱人另立新的遗嘱，并且在新的遗嘱中明确表示撤回、变更原来的遗嘱。遗嘱人所立的新遗嘱在形式上并没有限制，可以与原来遗嘱的形式不同。

第二，遗嘱人立有数份遗嘱，没有在后面的遗嘱中明确表示撤回、变更前面的遗嘱，如前后遗嘱的内容全部抵触的，推定撤回前遗嘱；如前后遗嘱的内容部分抵触的，则视为遗嘱的变更，抵触部分按后遗嘱办理；如前后遗嘱的内容不相抵触，则数份遗嘱可以并存，不发生撤回和变更的问题。依据《民法典》第 1142 条第 3 款的规定，立有数份遗嘱，内容相抵触的，以最后的遗嘱为准。

第三，遗嘱人可以通过自己与遗嘱相抵触的行为，撤回、变更原来所立遗嘱。遗嘱人生前的行为与遗嘱的内容相抵触的，推定遗嘱撤回、变更。这里所说的生前行为，是指遗嘱人生前对自己财产的处分行为。依据《民法典》第 1142 条第 2 款的规定，立遗嘱后，遗嘱人实施与遗嘱内容相反的民事法律行为的，视为对遗嘱相关内容的撤回。

第四，遗嘱人故意损毁、涂销遗嘱的，视为撤回、变更遗嘱。因为遗嘱只有具备形式要件才能有效，所以，如果遗嘱人故意销毁、涂销或者在遗嘱上有废弃的记载的，应当推定遗嘱人撤回、变更原遗嘱。但是，遗嘱是由第三人毁损的，或者遗嘱人并非故意销毁遗嘱的，不能视为遗嘱人撤回、变更遗嘱。如果遗嘱尚可恢复，则遗嘱有效；如果遗嘱无法恢复，则遗嘱因欠缺形式要件而无效。第三人毁损、涂销遗嘱的，遗嘱的利害关系人可以向第三人请求赔偿。[①]

三、遗嘱撤回的撤回

遗嘱的撤回被撤回或者不生效力时，原遗嘱是否恢复？对此，有明确采复活主义的，如《德国民法典》第 2257 条规定，“如果以遗嘱所为之对一项终意处分的撤回又被撤回，倘有疑义，则前项处分仍如同未被撤回一样有效”。第 2258 条第 2 项规定：“如果嗣后所立的遗嘱被撤回，倘有疑义，则以前的遗嘱仍如同未被撤回一样有效。”有采取不复活主义的，如《日本民法典》第 1025 条规定，被撤回的遗嘱，纵使其撤回行为被撤回或者不生效力时，也不恢复其效力，但其行为是由于欺诈或者胁迫者不在此限。对此，我国法律没有明文规定。

在学理上，对此问题有三种不同观点：一是绝对的不复活说，主张不管遗嘱人的意思如何，一概否定原遗嘱的复活。二是相对的不复活说，主张原则上原遗嘱不复活，但如果遗嘱人有复活原遗嘱的意思，不妨使其复活；如果遗嘱人意思不明，应依照具体情形进行解释，来决定遗嘱是否复活。三是相对的复活说，主张因为对遗嘱人意思的解释在其死亡后甚为困难，所以应原则上采复活主义，遗嘱人意思不明时应解释为复活。[②]

我们同意第二种观点。遗嘱的撤回被撤回或者不生效力，应解释为原遗嘱不复活，但遗嘱人明确表示原遗嘱复活的，按其意思表示办理。这是因为：(1) 遗嘱的撤回是独立的民事法律行为，一经作出就发生法律效力，前遗嘱就视为自始不存在。如果认为撤回行为经过撤回后，原已经视为不存在的遗嘱自动回复其效力，理论上不免矛盾。(2) 遗嘱人撤回其遗嘱撤回行为，未必就有使原遗嘱复活的意思。如果遗嘱人不作出明确的复活前遗嘱的意思表示，推定不复活也许更符合遗嘱人的真意。(3) 如果遗嘱人明确表示使其原遗嘱复活的，应当尊重其意思，使原遗嘱复活。此时遗嘱人的意思表示明确，不容易起纷争，也避免了遗嘱人另立遗嘱的烦琐。

第六节　遗嘱的执行

一、遗嘱执行的概念

所谓遗嘱的执行，是指遗嘱人死亡后，由特定的人按照遗嘱人在有效遗嘱中所表示的愿望而为必要行为。遗嘱执行的目的是实现遗嘱人的遗愿。在遗嘱中，有的事项于遗

① 《瑞士民法典》第 510 条第 2 款规定：如遗嘱被他人无意或故意毁损，以至于不能准确、完全确定其内容时，遗嘱失效。但对毁损者的损害赔偿请求权不受妨碍。

② 参见陈棋炎、黄宗乐、郭振恭：《民法继承新论》，修订 9 版，300～301 页。

嘱生效后自然发生法律效力而无须执行，如对某一继承人的虐待行为表示宽恕、剥夺某一继承人继承遗产的权利等；而有些事项于遗嘱生效时必须通过执行行为来实现，如遗产的分配、遗产债权的收取、遗产债务的清偿、遗赠的执行等。

二、遗嘱执行人的确定

遗嘱在遗嘱人死亡后才发生法律效力，因此，遗嘱人自己无法实现遗嘱中的意思表示，必须由他人代为执行。由于遗嘱的执行涉及众多利害关系人的利益，所以各国大多对遗嘱执行人的选任作了明确规定。我国《民法典》第 1133 条第 1 款中规定，遗嘱人在遗嘱中“可以指定遗嘱执行人”。该规定只确定了一种产生遗嘱执行人的方式，尚有不足。

依据《民法典》第 1133 条的规定和司法实践，遗嘱执行人可以依照以下标准确定。

1. 遗嘱人指定遗嘱执行人

遗嘱人可以指定遗嘱执行人，或者委托他人指定遗嘱执行人。这是各国通例。由遗嘱人自己选择信任的人执行遗嘱，能使其遗愿得到充分实现。遗嘱中指定的执行人既可以是法定继承人，也可以是法定继承人以外的人；既可以是自然人，也可以是法人或者非法人组织。遗嘱执行人既可以由一人担任，也可以由数人担任。执行遗嘱对执行人来说，并无利益可得，因而被遗嘱人指定为遗嘱执行人者，有权决定是否担任遗嘱执行人。

2. 法定继承人担任遗嘱执行人

在被继承人没有指定遗嘱执行人，也没有委托他人指定，或者被指定人不能执行时，法定继承人成为当然的遗嘱执行人。法定继承人为一人时，由其任遗嘱执行人；法定继承人有数人时，则他们共同担任遗嘱执行人，法定继承人也可以共同推举一人或者数人作为代表来执行遗嘱。

3. 遗嘱人生前所在单位或者继承开始地点的基层组织为遗嘱执行人

由遗嘱人生前所在单位或者继承开始地点的基层组织为遗嘱执行人，是由我国的具体国情决定的。由遗嘱人生前所在单位或者住所地的基层组织处理一些自然人个人的人身问题，在《民法典》中已有规定，如对无民事行为能力人、限制民事行为能力人的监护。遗嘱人未指定遗嘱执行人，又无法定继承人或者有法定继承人但其无能力担任遗嘱执行人时，由遗嘱人生前所在单位或者继承开始地点的基层组织充任遗嘱执行人也未尝不可。

三、遗嘱执行人的资格

遗嘱的执行是一种民事法律行为，遗嘱执行人也须具备相应的民事行为能力。为此，各国继承法都对遗嘱执行人的资格有着严格的限制。我国法律没有明文规定遗嘱执行人的资格。根据遗嘱事项的特点以及司法实践和各国的经验，下列组织和个人不适合作为遗嘱执行人。

1. 无民事行为能力人和限制民事行为能力人

从遗嘱执行的事项上看，遗嘱执行属于重大和复杂的民事法律行为，所以，遗嘱执行人应当具有完全民事行为能力。

2. 破产企业

破产企业在经济上无资力，其管理财产的能力通常也受到限制。由破产企业充任遗嘱执行人，很有可能损害继承人、受遗赠人等利害关系人的利益。对此，《日本民法典》第1009条明文限制破产人作为遗嘱执行人。我国也应作相同解释。遗嘱人生前所在单位如果进入破产程序，则不能作遗嘱执行人。

四、遗嘱执行人的地位

关于遗嘱执行人的地位，学说上甚有争论，大体可分为固有权说与代理说两种观点。

固有权说认为，遗嘱执行人执行遗嘱是本于其固有的职权，其非任何人的代理人，是一独立的主体。固有权说又分为机关说、职务说。机关说认为，遗嘱执行人是保护遗嘱人利益及实现遗嘱人意思表示的机关，因而与代理不同，不需要有本人的存在；职务说认为，遗嘱执行人如同破产管理人，于职务上有其固有的法律地位，即遗嘱执行人并非任何人的代理人，而是基于自己的权利，在遗嘱指定的范围内，独立地为他人利益处理他人的事务。

代理说是以代理的理论说明遗嘱执行人的地位，又分为被继承人（遗嘱人）代理人说、继承人代理人说、遗产代理人说。被继承人（遗嘱人）代理人说主张，由于遗嘱执行人的法律地位是遗嘱人所赋予的，遗嘱执行人须受遗嘱人的意思的拘束，所以，遗嘱执行人是被继承人的代理人；继承人代理人说主张，遗嘱执行人是继承人的代理人，因为遗嘱的执行通常以遗产为标的，而遗产于继承开始时已经由继承人所承受，只是为实现遗嘱的内容，而使遗嘱执行人有管理处分遗产的权限，遗嘱执行人因执行遗嘱所产生的权利和义务关系全部归属于继承人，所以遗嘱执行人所为的行为就是代表继承人为之；遗产代理人说主张，继承财产为独立的特别财产，遗嘱执行人是这些财产的代表人或者代理人。

以上各种学说各有一定的道理。各国法律中采代理说中的被继承人（遗嘱人）代理人说和继承人代理人说的较多。我国法律对遗嘱执行人的地位没有明文规定。我们赞同固有权说中的职务说：遗嘱执行人有自己的法律地位，并不是遗嘱人或者继承人的代理人，也不是遗产的代理人。遗嘱执行人的法律地位取决于其职务，遗嘱执行人无论是实现遗嘱人的生前遗愿，还是保护继承人和其他遗嘱受益人的合法权益，都是其固有的职务，必须依法执行。[①]

五、遗嘱执行人的职责

遗嘱执行人的职责，也就是遗嘱执行人的权利、义务，是遗嘱执行人的法律地位的具体体现。《民法典》同时规定了遗嘱执行人制度和遗产管理人制度，在继承开始后，

---

① 参见郭明瑞、房绍坤：《继承法》，2版，166～167页。

遗嘱执行人即为遗产管理人；只有在没有遗嘱执行人的情况下，才由其他人担任遗嘱管理人（第 1145 条）。因此，遗嘱执行人的职责其实与遗产管理人的职责是重合的（详见第十四章）。当然，遗嘱执行人仅在遗嘱继承中存在，而遗产管理人则存在于遗嘱继承和法定继承之中。

事例 12－6　甲与乙结婚后一直未生育，收养一子丙，后又生一女丁。甲因病去世后，已经成年的丙不听养母乙的管教，整日在外游荡，夜不归宿，并染上了赌博的恶习。后乙因患重病住院治疗，住院期间均由丁精心照料。乙立下自书遗嘱，声明自己的遗产全部由丁继承，并指定单位领导戊为遗嘱执行人。同年年底，乙病逝。戊作为遗嘱执行人对乙的遗产进行了清查，乙的遗产总额折合人民币 60 万元。戊将价值 40 万元的遗产交给丁，将另外价值 20 万元的遗产交给了丙（现已被丙挥霍）。丁认为，戊作为遗嘱执行人无权擅自变更遗嘱内容，遂向人民法院提起诉讼，请求戊赔偿遗产损失。人民法院经审理认为，戊作为遗嘱执行人，负有按照遗嘱内容将遗产最终转移给遗嘱继承人的义务，不享有将遗产交给遗嘱继承人以外的人的权利，否则即构成侵权，遂判决：戊的行为侵犯了丁的继承权，应当赔偿丁 20 万元的遗产损失。

——戊具备完全民事行为能力，因此，具备作为遗嘱执行人的条件，能够成为遗嘱执行人。戊作为遗嘱执行人，负有按照遗嘱的内容将遗产最终转移给遗嘱继承人的义务，无权将遗产交给遗嘱继承人以外的人。戊擅自将遗嘱中处分给丁的遗产交给丙，造成遗产损失，侵犯了丁对乙的遗产继承权，应当赔偿丁 20 万元的遗产损失。

第七节　附负担遗嘱

一、附负担遗嘱的概念和特点

附负担遗嘱又称附义务遗嘱，是指遗嘱人在遗嘱中指定继承人或者受遗赠人接受遗产应当履行一定义务的遗嘱。依据《民法典》第 1144 条的规定，遗嘱继承或者遗赠附有义务的，继承人或者受遗赠人应当履行义务。没有正当理由不履行义务的，经利害关系人或者有关组织请求，人民法院可以取消其接受附义务部分遗产的权利。

附负担遗嘱具有如下特点。

第一，附负担遗嘱为单独的无偿民事法律行为。附负担遗嘱与附负担赠与相似，虽然都附有义务，但依然不失其无偿民事法律行为的本质，因为所附义务与取得财产权利不构成对价关系。但是，附负担遗嘱为无相对人的单独民事法律行为，遗嘱的成立不需要相对人的同意；而附负担赠与则为双方民事法律行为，其成立需要相对人的承诺。

第二，遗嘱效力的发生不以义务的履行为条件。就负担与遗嘱的牵连关系而言，附负担遗嘱与附条件遗嘱相似，因条件与遗嘱也具有牵连关系。但是，附负担遗嘱与附条件遗嘱有着本质上的差异：附条件遗嘱中的条件影响遗嘱的效力；附负担遗嘱中的负担不影响遗嘱的效力，即使负担不履行，遗嘱的效力也依然发生，只是利害关系人或者有关组织可以请求法院取消遗嘱继承人或者受遗赠人接受附负担那部分遗产的权利。附负担遗嘱与附条件遗嘱在学理上的区别极为明显，然而实践中一份遗嘱究竟是附条件的还是附负担的并不好区别，应综合各种情况加以考虑。如果无法判断是附条件遗嘱还是附负担遗嘱，应推定为附负担遗嘱，以避免推定为附条件遗嘱而使该遗嘱处于效力不确定状态。①

第三，遗嘱负担具有附随性和不可免除性。遗嘱负担附着于遗嘱，是遗嘱的附着义务。遗嘱继承人或者受遗赠人如果不接受遗产，则不需要履行该义务。遗嘱继承人或者受遗赠人如果接受遗产，则必须履行义务。接受遗产的遗嘱继承人或者受遗赠人不履行遗嘱负担的，有关单位和个人可以提请人民法院取消其接受遗产的权利。

二、负担的内容

在附负担遗嘱中，负担的内容表现为遗嘱继承人或者受遗赠人的义务。对此义务，应当注意如下问题。

第一，遗嘱中指定的负担的义务人只能是遗嘱继承人或者受遗赠人。我国《民法典》规定的是遗嘱可以附义务，所以，不论是遗嘱继承还是遗赠都可以附义务。负担的义务人也只能是遗嘱继承人或者受遗赠人。遗嘱对遗嘱继承人或者受遗赠人以外的人设定的义务不具有法律效力，遗嘱继承人或者受遗赠人以外的人不受其约束。

第二，遗嘱中指定的义务必须是可能实现的。遗嘱以不能实现的义务为负担的，其负担无效，这一点毫无争议。但是，遗嘱是否同样无效呢？对此，我们认为，如果遗嘱人知道负担无效就不会立遗嘱的，则负担无效，遗嘱也无效；如果遗嘱人知道负担无效依然会立遗嘱的，则负担无效不影响遗嘱的效力。可见，遗嘱是否有效应取决于遗嘱人的意思。如果无法证明遗嘱人的真实意思，应推定遗嘱人知道即使负担无效也会立遗嘱，即遗嘱有效。

第三，遗嘱中所附负担应为法律上的义务。该法律上的义务不以有经济利益为必要，无经济利益的事项也可以为负担，如为遗嘱人办理丧事、撰写墓志铭、照料某人等。单纯的道德义务不为遗嘱负担，如要求某继承人勤奋；无任何意义的义务也不能作为遗嘱负担，以其作为遗嘱负担的，该负担无效，但不影响遗嘱的效力。对此，《瑞士民法典》第 482 条第 3 款规定："如果遗嘱附加的条件或者要求令人讨厌或者无任何意义，可视其不存在。"

第四，遗嘱中所附义务不得违反法律或者公序良俗。遗嘱中不得附违反法律或者公序良俗的义务，毫无疑问，附此义务的负担无效。只是附此类义务的遗嘱是否有效呢？我们认为，遗嘱中附违反法律或者善良风俗的义务与附不能义务的性质不同，附违反法律或者善良风俗的义务的遗嘱也应无效。对此，《瑞士民法典》第 482 条第 2 款规定：

① 参见陈棋炎、黄宗乐、郭振恭：《民法继承新论》，修订 9 版，367 页。

“有违反善良风俗或者违法的附加条件或者要求内容的，其处分无效。”

第五，附负担遗嘱中所规定的继承人或受遗赠人应当履行的义务，不得超过继承人或者受遗赠人所取得的遗产利益。这是符合现代继承制度中限定继承的理念的。对此，《日本民法典》第1002条第1项规定：“受负担遗赠的人，仅在不超过遗赠标的价额的限度内，负履行所负担义务的责任。”我国法律采限定继承原则，也应作相同的解释。

三、负担义务人与履行请求权人

（一）负担义务人

负担是遗嘱的附款，因此按照遗嘱负担义务的人只能是遗嘱继承人和受遗赠人。那么，遗嘱负担义务人在继承开始后、负担履行以前死亡的，其继承人是否要履行负担之义务？由于附负担遗嘱继承和附负担遗赠中的遗嘱继承人和受遗赠人接受遗产的方式不同，所以，这一问题应区别附负担遗嘱继承和附负担遗赠而处理。

在附负担遗嘱继承中，如果遗嘱继承人明确表示放弃继承，则其继承人无须履行遗嘱负担义务；如果遗嘱继承人未作出放弃继承的表示，则推定其接受继承，遗产与遗嘱负担都成为其遗产的一部分，继承人应于应继份的限度内负履行负担的义务。

在附负担遗赠中，如果受遗赠人已经明确表示接受遗赠，则遗赠财产及负担为其遗产的一部分，于接受遗赠的限度内负履行负担的义务；如果受遗赠人未明确表示接受遗赠，则视为放弃接受遗赠，受遗赠人无接受遗产的权利，也无须负担遗嘱确定的义务。

（二）履行请求权人

关于请求遗嘱继承人或者受遗赠人履行遗嘱负担的权利人，《民法典》第1144条规定为利害关系人和有关组织。依照《民法典》的规定和继承法基本原理，下列人可以作为履行请求权人。

1. 继承人

继承人为与遗嘱人关系最密切之人，由其替代遗嘱人监督义务的履行是最合适的，各国法律也都承认继承人为履行请求权人。继承人为数人时，任何继承人都可以请求履行，无须全体继承人共同为之。继承人中如一人为附负担的遗嘱继承人，其他继承人可以请求其履行遗嘱负担。

2. 受益人

关于因遗嘱负担受有利益的人可否享有履行请求权，有两种立法例：一种是否定式的，如德国民法；另一种是肯定式的，如瑞士民法。我国采取肯定式的立法例，规定受益人享有履行请求权。虽然受益人非普通债权人，但其为附负担遗嘱的直接受益者，赋予其履行请求权更能简化法律关系，而且因负担义务人的原因履行不能时，受益人还可以请求损害赔偿。

3. 遗嘱执行人

《民法典》没有明文规定遗嘱执行人为履行请求权人，但遗嘱执行人是代表遗嘱人执行遗嘱的人，自然也有权监督遗嘱中负担义务的履行。

4. 有关组织

如果遗嘱负担是出于公益目的，则若负担的义务人不履行义务，自应由有关组织监督义务的履行，以实现遗嘱人的遗愿。

四、附负担遗嘱的法律后果

继承人或者受遗赠人放弃继承或者受遗赠，则无须履行遗嘱负担的义务；继承人或者受遗赠人接受继承或者遗赠，则应履行遗嘱所负担的义务，但履行所负担的义务以实际所得遗产数额为限。

继承人或者受遗赠人接受遗产，但不能履行义务时，应如何处理？对此，《民法典》没有明文规定。我们认为，应区别不能履行的原因分别对待：非因负担的义务人的事由不能履行的，负担义务人可以接受遗产，无须履行义务，但若负担义务人因该事由获得利益的，则其在所得利益范围内负履行负担义务；因负担义务人的原因不能履行的，受益人可以请求损害赔偿，受益人不能主张或者无特定受益人的，继承人、遗嘱执行人或者有关组织可以撤销遗嘱继承或者遗赠。[①]

继承人或者受遗赠人接受遗产，但拒绝履行义务时，应如何处理？《民法典》第1144条第二句规定：没有正当理由不履行义务的，经利害关系人或者有关组织请求，人民法院可以取消其接受附义务部分遗产的权利。依据《继承解释（一）》第29条的规定，附义务的遗嘱继承或者遗赠，如义务能够履行，而继承人、受遗赠人无正当理由不履行，经受益人或者其他继承人请求，人民法院可以取消其接受附义务部分遗产的权利，由提出请求的继承人或者受益人负责按遗嘱人的意愿履行义务，接受遗产。

思考案例

1. 甲进手术室做心脏手术前，邀主治大夫乙为见证人立下口头遗嘱，指定遗产由妻子、女儿各继承一半，陪同护士丙在场听到了甲口头遗嘱的全部内容。甲手术成功后，在妻子的精心照顾下，很快恢复了健康。但甲住院期间，女儿对甲关心不够，甲很伤心。甲出院后不久，又书写了一份遗嘱，将全部遗产指定由妻子继承。2年后，甲因心脏病复发而死亡。

问：(1) 如何认定甲的口头遗嘱和自书遗嘱的效力？(2) 甲的遗产应当如何继承？

2. 甲有三子乙、丙、丁，有遗产房屋3间、汽车1辆、存款200万元。甲首先立自书遗嘱，指定房屋3间由乙继承；其次立代书遗嘱，指定汽车由丙继承；再次立公证遗嘱，指定存款200万元由丁继承；后又立录音录像遗嘱，指定全部财产由乙继承；临终前立口头遗嘱，指定200万元和房屋3间由丙继承。甲死亡后，乙、丙、丁为继承遗产发生纠纷。

问：(1) 若上述遗嘱均符合法律的规定，应如何确定其效力？(2) 甲的遗产应当如何继承？

3. 甲有二子乙、丙，甲立下遗嘱将其全部财产留给乙。甲因病死亡。经查，甲立遗嘱时乙17岁、丙14岁，现乙、丙均已工作。甲的遗产应如何处理？（　）

① 参见陈棋炎、黄宗乐、郭振恭：《民法继承新论》，修订9版，373页。

A. 乙、丙各得二分之一　　B. 乙得三分之二，丙得三分之一

C. 乙获得全部遗产　　D. 丙获得全部遗产

4. 甲有一子一女，二人请了保姆乙照顾甲。甲为感谢乙，自书遗嘱，表示其3间房屋由两个子女平分，所有现金都赠给乙。后甲又立下代书遗嘱将其全部现金分给两个子女。不久甲去世。下列哪些选项是错误的？（　　）

A. 甲的前一遗嘱无效　　B. 甲的后一遗嘱无效

C. 所有现金应归甲的两个子女所有　　D. 所有现金应归乙所有

5. 甲立下一份公证遗嘱，将大部分财产留给儿子乙，少部分的存款留给女儿丙。后乙因盗窃而被判刑，甲伤心至极，在病榻上当着众亲友的面将遗嘱烧毁，不久后去世。乙出狱后要求按照遗嘱的内容继承遗产。对此，下列哪一选项是正确的？（　　）

A. 乙有权依据遗嘱的内容继承遗产

B. 乙只能依据法定继承的规定继承遗产

C. 乙无权继承任何遗产

D. 可以分给乙适当的遗产

6. 王锋与刘青结婚4年后生一子王达。某日王锋出海打鱼遇台风未归，生死不明。若干年后，其妻刘青向人民法院申请宣告王锋死亡，人民法院依法作出宣告死亡判决。经查，王锋结婚后与父母分开生活（王锋出海未归2年后其父死亡）。王锋因与刘青感情不和且离婚未果而与刘青分居，分居期间王锋盖有楼房6间。王锋遇台风后被人相救，因不想再见刘青而未与家庭联系，独自到南方某市打工。打工期间，王锋与打工妹陈莹相识并相好，并在该市教堂举行了婚礼，生有一女王莉。陈莹为王锋介绍了一份收入颇丰的工作。在与陈莹共同生活期间，某日王锋因摸彩票中奖，获奖金90万元。后王锋与陈莹各出30万元购买了张明的3间私房，但未办登记过户手续。某日王锋因心脏病发作死亡，临终前告诉了陈莹自己的身世，并立口头遗嘱将自己原有的6间房屋由其母谢兰继承（有2名医生在场）。

请回答下列问题：

（1）设刘青于最早申请日期向人民法院申请，受理人民法院依法作出宣告王锋死亡的判决。此时，王锋所建的6间房屋应如何继承？（　　）

A. 其中3间房屋归刘青所有；3间房屋属王锋遗产，由王锋的继承人继承

B. 6间房屋由刘青、谢兰、王达和王锋之父继承

C. 3间房屋由刘青、谢兰、王达继承

D. 6间房屋由刘青、谢兰、王达继承

（2）王锋彩票中奖所得90万元，应由谁继承？（　　）

A. 谢兰、王达、王莉　　B. 谢兰、刘青、王达、王莉

C. 谢兰、刘青、陈莹、王达、王莉　　D. 谢兰、陈莹、王达、王莉

7. 张某、李某系夫妻，生有一子张甲和一女张乙。张甲意外去世，有一女丙。张某在张甲去世3年后死亡，生前拥有个人房产一套，遗嘱将该房产处分给李某。关于该房产的继承，下列哪些表述是正确的？（　　）

A. 李某可以通过张某的遗嘱继承该房产

B. 丙可以通过代位继承要求对该房产进行遗产分割

C. 继承人自张某死亡时取得该房产所有权

D. 继承人自该房产变更登记后取得所有权

8. 甲育有二子乙和丙。甲生前立下遗嘱，其个人所有的房屋死后由乙继承。乙与丁结婚，并有一女戊。乙因病先于甲死亡后，丁接替乙赡养甲。丙未婚。甲死亡后遗有房屋和现金。下列哪些表述是正确的？（　　）

A. 戊可代位继承　　B. 戊、丁无权继承现金

C. 丙、丁为第一顺序继承人　　D. 丙无权继承房屋

9. 甲在与乙结婚后、于女儿丙 3 岁时，因医疗事故死亡，获得 60 万元赔款。甲生前留有遗书，载明其死亡后的全部财产由其母丁继承。经查，甲与乙婚后除共同购买了一套住房外，另有 20 万元存款。下列哪一说法是正确的？（　　）

A. 60 万元赔款属于遗产

B. 甲的遗嘱未保留丙的遗产份额，遗嘱全部无效

C. 住房和存款的各一半属于遗产

D. 乙有权继承甲的遗产

10. 甲自书遗嘱，将所有遗产全部留给长子乙，并明确次子丙不能继承。乙与丁婚后育有一女戊、一子己。后乙、丁遇车祸，死亡先后时间不能确定。甲悲痛成疾，不久去世。丁母健在。下列哪些表述是正确的？（　　）

A. 甲、戊、己有权继承乙的遗产

B. 丁母有权转继承乙的遗产

C. 戊、己、丁母有权继承丁的遗产

D. 丙有权继承、戊和己有权代位继承甲的遗产

11. 甲有乙、丙和丁三个女儿。甲于某年元旦亲笔书写一份遗嘱，写明其全部遗产由乙继承，并签名和注明年、月、日。同年 3 月 2 日，甲又请张律师代书一份遗嘱，写明其全部遗产由丙继承。同年 5 月 3 日，甲因病被丁送至医院急救，甲又立口头遗嘱一份，内容是其全部遗产由丁继承，在场的赵医生和李护士见证。甲病好转后出院休养，未立新遗嘱。如甲死亡，下列哪一选项是甲之遗产的继承人？（　　）

A. 乙　　B. 丙　　C. 丁　　D. 乙、丙、丁

12. 老夫妇王冬与张霞有一子王希、一女王楠，王希婚后育有一子王小力。王冬和张霞曾约定，自家的门面房和住房属于王冬所有。某日，王冬办理了公证遗嘱，确定门面房由张霞和王希共同继承。后王冬将门面房卖给他人并办理了过户手续。后，王冬去世。不久王希也去世。关于住房和出售门面房价款的继承，下列哪一说法是错误的？（　　）

A. 张霞有部分继承权

B. 王楠有部分继承权

C. 王小力有部分继承权

D. 王小力对住房有部分继承权、对出售门面房的价款有全部继承权

13. 贡某立公证遗嘱：死后财产全部归长子贡文所有。贡文知悉后，自书遗嘱：贡某

全部遗产归弟弟贡武，自己全部遗产归儿子贡小文。贡某随后在贡文遗嘱上书写：同意，但还是留10万元给贡小文。其后，贡文先于贡某死亡。关于遗嘱的效力，下列哪一选项是正确的？（　　）

A. 贡某的遗嘱已被其通过书面方式变更

B. 贡某的遗嘱因贡文先死亡而不生效力

C. 贡文的遗嘱中被贡某修改的部分合法有效

D. 贡文的遗嘱涉及处分贡某财产的部分有效

14. 韩某病故，留有住房1套、存款50万元、名人字画10余幅及某有限责任公司股权等遗产。韩某生前立有两份遗嘱：第一份自书遗嘱中表示全部遗产由其长子韩大继承；第二份自书遗嘱中，韩某表示其死后公司股权和名人字画留给7岁的外孙女婷婷。韩大在未办理韩某遗留房屋所有权变更登记的情况下以自己的名义与陈卫订立了房屋买卖合同。下列哪些选项是错误的？（　　）

A. 韩某的第一份遗嘱失效

B. 韩某的第二份遗嘱无效

C. 韩大与陈卫订立的房屋买卖合同无效

D. 婷婷不能取得某有限责任公司股东资格

课后复习

1. 遗嘱继承有何特点？
2. 如何理解遗嘱自由及其限制？
3. 遗嘱的形式包括哪些？口头遗嘱需要具备哪些条件？
4. 哪些人可以作遗嘱见证人？欠缺见证人的遗嘱具有什么样的效力？
5. 遗嘱的有效要件有哪些？
6. 无效遗嘱的类型包括哪些？
7. 不生效的遗嘱类型有哪些？
8. 遗嘱的撤回和变更有哪些特点？
9. 遗嘱执行人如何确定？
10. 如何理解附负担遗嘱？

第十三章 遗赠和遗赠扶养协议

提　要

遗赠是指自然人以遗嘱的方式将其个人财产赠给国家、集体或者法定继承人以外的组织、个人，而于其死后发生法律效力的一种单方民事法律行为。虽然遗赠与遗嘱继承都是通过遗嘱方式实现的，但二者的承受人范围有显著的差别：遗嘱继承人是法定继承人范围以内的人，只能是自然人；受遗赠人是法定继承人以外的组织、个人，还可以是国家、集体。遗赠扶养协议是我国特有的制度，是指受扶养人与扶养人之间签订的，扶养人承担受扶养人的生养死葬义务，在受扶养人死后享有接受其遗产的权利的协议。遗赠扶养协议的内容是特定的，扶养义务人负担遗赠人的生养死葬，遗赠人死后将遗产赠与扶养义务人。遗赠扶养协议内容的特定性使其与继承合同以及其他的双方民事法律行为区别开来。由于遗赠扶养协议是双方民事法律行为，而且是有偿的，所以，遗赠扶养协议有优先于遗赠和遗嘱继承的法律效力。

重点问题

1. 遗赠的概念和特点
2. 受遗赠权的本质
3. 遗赠与遗嘱继承、赠与的区别
4. 遗赠的接受和放弃
5. 遗赠扶养协议的概念和特点
6. 遗赠扶养协议的效力

第一节　遗　赠

一、遗赠的概念和特点

《民法典》第1133条第3款规定："自然人可以立遗嘱将个人财产赠与国家、集体或者法定继承人以外的组织、个人。"可见，遗赠是指自然人以遗嘱的方式将其个人财产赠给国家、集体或者法定继承人以外的组织、个人，而于其死后发生法律效力的一种单方民事法律行为。

遗赠具有如下特点。

（一）遗赠是通过遗嘱方式实施的单方民事法律行为

遗赠是通过遗嘱的方式实现的将自己的财产赠给他人的行为，因此，遗赠欲发生法律效力，以遗嘱有效为前提。同时，遗嘱为单方民事法律行为，故遗赠也为单方民事法律行为，并且为无相对人的单方民事法律行为，只要有遗赠人一方的意思表示，就可以发生法律效力。

（二）遗赠是给予法定继承人范围以外的人遗产的民事法律行为

遗嘱中将遗产指定给法定继承人范围以外的人，才为遗赠。法定继承人范围以外的人不限于自然人，还可以是国家、集体或者其他组织。受遗赠人不论是组织还是个人，通常必须是继承开始时存在的人或者组织。但是，胎儿也可以作为受遗赠人，处于筹备设立中的组织和团体也可以作为受遗赠人。

（三）遗赠是给予法定继承人范围以外的人以财产利益的民事法律行为

法律不允许遗嘱人通过单方民事法律行为给受遗赠人带来不利益，因此，遗赠必须是给予受遗赠人财产利益的行为。财产利益可以是权利的让与，可以是债务的免除，也可以是全部遗产权利和义务相抵后剩余的财产利益。当然，遗赠可以附加义务，但这种义务并不是取得财产利益的对价，只是取得财产利益的条件。

（四）遗赠是遗赠人死后发生法律效力的民事法律行为

遗赠虽然是在遗嘱人生前作出的意思表示，但要到遗嘱人死亡时才会发生法律效力。遗赠人死亡前，因遗赠尚未发生法律效力，遗赠人可以随时依照法定程序和方式撤回自己的遗赠。

二、受遗赠权的本质

受遗赠权究竟是物权还是债权，即遗赠财产是在继承开始时就当然移转于受遗赠人，还是受遗赠人享有向继承人或者遗嘱执行人请求交付遗赠财产的权利？对此，学说上有三种不同观点：第一种观点认为，在概括遗赠中，受遗赠权与继承权一样具有物权效力，即遗产自继承开始时就移转于受遗赠人；在特定遗赠中，受遗赠权只有债权效力，即遗产先概括移转于继承人，在继承人接受继承后，受遗赠人只能向继承人请求交付遗赠物。第二种观点认为，不管概括遗赠还是特定遗赠都只具有债权效力。第三种观点认为，在遗嘱人无直系晚辈血亲时，概括遗赠具有物权效力，在其他情形下都只具有债权效力。

我们认为，遗赠只具有债权效力。《民法典》第 1124 条规定："继承开始后，继承人放弃继承的，应当在遗产处理前，以书面形式作出放弃继承的表示；没有表示的，视为接受继承。""受遗赠人应当在知道受遗赠后六十日内，作出接受或者放弃受遗赠的表示；到期没有表示的，视为放弃受遗赠。"这一规定就是建立在继承权的物权效力和受遗赠权的债权效力的基础上的。我国继承法理论一致认为，遗产自继承开始时移转于继承人，所以继承权的接受无须明示，继承人单纯的沉默就意味着接受继承。而受遗赠权正好与之相反：受遗赠权的接受必须明示，默示的则视为放弃受遗赠。这也意味着遗产并非自继承开始时移转于受遗赠人，受遗赠权仅具有债权效力。对此，《民法典》第230条仅赋予了继承直接导致遗产物权变动的效力，而没有规定受遗赠也可以直接导致遗产物权的变动。

三、遗赠与遗嘱继承、赠与的区别

（一）遗赠与遗嘱继承的区别

遗赠与遗嘱继承都是通过遗嘱处分自己的财产，但二者仍有如下区别。

1. 主体的范围不同

受遗赠人可以是法定继承人范围以外的任何人，除自然人外还包括国家、集体和其他组织；而遗嘱继承人只能是法定继承人范围以内的人，只限于自然人，但不受继承顺序的限制。

2. 取得遗产的方式不同

遗嘱继承人对遗产享有的是具有支配性质的权利，所以通常遗嘱继承人可以直接参加遗产的分配；受遗赠人不能直接支配遗产，其享有的是请求遗嘱执行人或者继承人给付遗产的请求权性质的权利，所以，受遗赠人通常不能直接参加遗产的分配。

3. 接受的意思表示方式不同

在继承开始后，同样的沉默会带来不同的法律后果：对于遗嘱继承人来说，在遗产处理前没有作出接受或者放弃的意思表示的，推定接受继承；对于受遗赠人来说，其在知道受遗赠后60日内没有作出接受或者放弃的意思表示的，推定放弃受遗赠。因此，接受继承无须明示的意思表示，而接受遗赠只有通过明示的意思表示才能实现。

（二）遗赠与赠与的区别

虽然遗赠与赠与都是当事人一方将自己的财产无偿给予他人的行为，但二者有如下区别。

1. 行为的性质不同

遗赠为单方民事法律行为，遗赠人立遗嘱不必征求受遗赠人的同意，就可以在遗嘱中作出遗赠的意思表示。即使受遗赠人表示放弃受遗赠，也不影响遗嘱的法律效力，遗嘱中的其他内容依然要予以执行。受遗赠人放弃的那部分遗产，遗赠人另有指定的，按其指定，否则按法定继承办理。而赠与是双方民事法律行为，须双方意思表示一致才能成立。

2. 对民事行为能力的要求不同

遗赠人需要具备遗嘱能力，即必须是完全民事行为能力人；而赠与人只需要具备一般行为能力，完全民事行为能力人固然可以为赠与，限制民事行为能力人也可以进行与其年龄、智力或者精神健康状况相适应的赠与行为。

3. 方式不同

遗赠是通过遗嘱的方式进行的，遗赠的意思表示必须以法律规定的方式作出；而赠与为非要式行为，采取口头、书面或者其他形式均可。

4. 处分财产的范围不同

遗赠人处分自己的财产受必留份的限制，即必须为缺乏劳动能力又没有生活来源的法定继承人保留必要的份额，而且遗赠人的其他债权人的债权优先于遗赠权得到实现，即遗赠的财产应优先用来偿还遗赠人所欠的债务和税款；而赠与人则可以任意处分自己的财产，当然，如果赠与人处分自己的财产损害债权人的利益的，债权人可以行使撤销权。

5. 发生法律效力的时间不同

遗赠在遗赠人死亡后才发生法律效力，而赠与在当事人意思表示一致时发生法律效力。

四、遗赠的接受和放弃

《民法典》第 1124 条第 2 款规定："受遗赠人应当在知道受遗赠后六十日内，作出接受或者放弃受遗赠的表示；到期没有表示的，视为放弃受遗赠。"依照该规定，遗赠的接受必须以明示的方式作出，单纯的沉默视为放弃受遗赠，且遗赠的接受必须在受遗赠人知道受遗赠后的 60 日内作出。

在理解《民法典》第 1124 条时，应当注意以下两个问题。

第一，当受遗赠人为无民事行为能力人或限制民事行为能力人时，其法定代理人在知道受遗赠后的 60 日内没有作出明确的接受或者放弃受遗赠的意思表示的，究竟视为接受遗赠还是放弃遗赠？我们认为，应视为接受遗赠较为合理。依照民法一般理论，法定代理人处分无民事行为能力人或者限制民事行为能力人的财产，必须是为了无民事行为能力人或者限制民事行为能力人的利益，损害其利益的处分无效。这是出于保护无民事行为能力人或者限制民事行为能力人的需要。所以，在受遗赠人是无民事行为能力人或者限制民事行为能力人时，其法定代理人在规定期限内没有作出接受遗赠的意思表示的，推定接受遗赠，以此作为《民法典》第 1124 条的例外。

第二，受遗赠人在知道受遗赠后的 60 日内死亡的，其继承人表示接受遗赠是否有效？这个问题与受遗赠权可否继承有关。对此，我们持肯定意见。因为遗赠自继承开始时发生法律效力，受遗赠权自遗赠发生法律效力时就已经产生。受遗赠权虽具有一定的专属性，通常不能转让，但应当可以继承，所以，在继承开始后受遗赠人死亡的，在规定期限内受遗赠人的继承人有权表示接受遗赠。

遗赠的接受和放弃具有溯及效力，溯及至继承开始时发生法律效力。

事例 13－1　甲在丈夫去世后失去了生活来源，乙是其独生子。乙夫妇家境富裕，但对甲拒不赡养。甲的邻居丙看到甲有困难，主动承担了对甲的日常生活照料义务。一天，甲突发急病，丙急忙将其送往医院抢救，并通知乙。甲在手术前立下自书遗嘱，表示死后将其出嫁时带到夫家并埋在地下的一罐银圆留给丙。在手术进行过程中，乙夫妇赶到医院。当听说母亲将银圆赠给丙时，乙夫妇逼迫丙签署了放弃受遗赠的声明。后手术失败，甲在手术过程中死亡。甲的遗产除一罐银圆（经评估，价值人民币 12 万元）外，另有债务 10 万元。丙持甲所立遗嘱，请求乙移交遗赠物，但遭到拒绝。丙向人民法院提起诉讼。

——关于丙在甲死亡前作出放弃受遗赠的意思表示，因遗嘱尚未生效，丙在遗嘱中享有的受遗赠权是期待权而不是既得权，因此，即使未受胁迫，丙放弃受遗赠权的行为也是无效的。甲生前所立遗嘱符合遗嘱的有效条件，丙在知道受遗赠后 60 日内明确向乙表示接受遗赠，因此，丙享有对甲的遗产的受遗赠权。甲的遗嘱中没有指定遗嘱执行人，故甲的法定继承人乙应为遗嘱执行人。甲有债务 10 万元，遗赠给丙的银圆价值为人民币 12 万元。因此，遗嘱执行人乙应在清偿完甲生前所欠的 10 万元债务后，将遗产剩余的 2 万元执行遗赠，移交给丙。

五、受遗赠权的丧失

依据《民法典》第 1125 条第 3 款的规定，受遗赠人具备继承权丧失事由的，应当认定丧失受遗赠权。但应当指出，并非所有继承权丧失的理由均适用于受遗赠人。依照《民法典》第 1125 条的规定，丧失继承权的法定事由包括以下五种：故意杀害被继承人；为争夺遗产而杀害其他继承人；遗弃被继承人，或者虐待被继承人情节严重；伪造、篡改、隐匿或者销毁遗嘱，情节严重；以欺诈、胁迫手段迫使或者妨碍被继承人设立、变更或者撤回遗嘱，情节严重。在上述五种事由中，遗弃被继承人的事由并不适用于受遗赠人，因为受遗赠人对遗赠人并没有法定的扶养义务，不具有遗弃的条件。

六、转遗赠

转遗赠是指在开始后，受遗赠人表示接受遗赠，并于遗产分割前死亡的，其接受遗赠的权利转移给他的继承人。《民法典》并没有规定转遗赠，但《继承解释（一）》第 38 条规定了转遗赠：“继承开始后，受遗赠人表示接受遗赠，并于遗产分割前死亡的，其接受遗赠的权利转移给他的继承人。”

第二节　遗赠扶养协议

一、遗赠扶养协议的概念和特点

《民法典》第 1158 条规定：“自然人可以与继承人以外的组织或者个人签订遗赠扶养协议。按照协议，该组织或者个人承担该自然人生养死葬的义务，享有受遗赠的权利。”依照该规定，遗赠扶养协议是指受扶养人与扶养人之间签订的，扶养人承担受扶养人的生养死葬义务，在受扶养人死后享有接受其遗产的权利的协议。

事例 13－2　甲为某国有企业的职工。退休丧妻后，因子乙和女丙均在外地工作，甲担心年龄增大、行动不便时自己的日常生活无人照料，便与其所在丁单位签订了遗赠扶养协议，约定甲的日常生活由丁单位派人照料，甲通过“房改”取得产权的原丁单位房屋转归丁单位所有。协议签订后，因甲身体状况一直很好，丁单位也就没有派人照料。一日，甲遭遇车祸突然死亡。甲去世后，甲的子女乙、丙共同处理了甲的丧事。后丁单位持协议要求乙、丙办理房屋过户手续，乙、丙则以丁单位未履行协议为由拒绝了丁单位的请求。

——丁单位为国有企业，有权与甲订立遗赠扶养协议。该协议不违反法律的规定，自成立之日起生效，丁单位应当按照协议的约定首先履行对甲的扶养义务，并在甲死亡后履行对其安葬的义务。因丁单位没有履行对甲生前扶养和死后安葬的义务，因此，在甲死亡后，丁单位不享有受遗赠的权利。从这个意义上讲，甲的继承人乙、丙有权以丁单位未按照遗赠扶养协议履行扶养义务为由，拒绝丁单位接受遗赠的请求。

遗赠扶养协议具有如下特点。

（一）遗赠扶养协议是双方民事法律行为

遗赠扶养协议由扶养人与受扶养人双方订立，且只有在双方意思表示一致时才可成立。这一点与遗赠不同。遗赠是无相对人的单方民事法律行为，只要遗嘱人作出遗赠的意思表示，该意思表示符合法律规定的形式和实质要件，遗赠就是有效的，无须任何人的同意。而且遗赠在继承开始时才发生法律效力，而遗赠扶养协议自意思表示一致时就发生法律效力。特别应当指出的是，遗赠扶养协议在本质上是财产性质的合同，而非身份合同，所以，遗赠扶养协议可以准用《民法典》有关合同的相关规定。

（二）遗赠扶养协议是诺成性民事法律行为

遗赠扶养协议自双方意思表示一致时起即成立生效，故是诺成性民事法律行为。另外，有学者认为，遗赠扶养协议为要式民事法律行为。从遗赠扶养协议的重要性上看，为杜绝争议的发生，遗赠扶养协议采取书面形式甚至公证形式值得提倡。但是，《民法典》并未规定遗赠扶养协议为要式民事法律行为，司法实践中也认可遗赠扶养协议的不要式性。

（三）遗赠扶养协议是双务、有偿民事法律行为

遗赠扶养协议是双务民事法律行为，双方当事人互相享有权利、负有义务：扶养人负有对遗赠人生养死葬的义务，享有接受遗赠人遗赠的财产的权利；受扶养人享有接受扶养的权利，负有将遗产遗赠给扶养人的义务。遗赠扶养协议是有偿民事法律行为，其有偿性表现在扶养人接受遗赠财产，以对受扶养人进行扶养为代价。当然，扶养人付出的代价不一定与取得的遗产价值相等。

（四）遗赠扶养协议是生前行为和死后行为的统一

遗赠扶养协议是扶养人与受扶养人生前签订的。自扶养人角度而言，在受扶养人生前，其负有扶养义务，在受扶养人死后，其享有接受遗产的权利；自受扶养人角度而言，在其生前享有被扶养的权利，在其死后有履行遗赠遗产的义务。因此，遗赠扶养协议是生前行为与死后行为的统一。

事例 13-3 甲立下自书遗嘱，主要内容为："甲的生前生活由侄女乙负责，死后由乙安埋，自立字据之日起甲的三间房屋归乙所有，任何人不得侵犯干涉。"同年 3 月 6 日，甲、乙到公证处公证。公证文书名为"赠与书"，主要内容为："赠与人甲，受赠人乙。甲所有的 3 间平房，面积约 60 平方米，价值 300 000 元，现甲因年老多病，又无其他亲人，自愿将上述房屋及其他家具有条件地赠与乙，从赠与书生效之日起，产权即归乙所有，同时乙必须负责甲的生养死葬。"协议签订后，甲将房屋等交付给乙，乙也给甲提供了粮食、蔬菜等。同时，乙在征得甲同意后，对房屋进行重建，将该房屋拆除并修建成面积为 120 平方米的砖混结构一楼一底的房屋，花费约 700 000 元。拆房之初，甲向当地居委会借房居住。但房屋建好后，乙并未将甲接回，而是将该房用作经营。为此，甲、乙发生矛盾，双方关系不断恶化，乙放弃了对甲的扶养。之后，甲以"房屋赠与乙是有条件的赠与，现乙对我不尽义务"为由，向人民法院起诉，请求解除遗赠关系并归还房屋和其他财产。

——甲、乙之间的赠与书在性质上属于遗赠扶养协议。遗赠扶养协议的核心在于其内容区分为扶养和遗赠两部分，且两部分的生效时间不同步。协议成立后，扶养部分先发生法律效力，扶养人应当履行扶养义务，受扶养人享有受扶养的权利。受扶养人死亡后，赠与部分发生法律效力，扶养人履行安葬义务后取得赠与物的所有权。甲、乙之间的协议具备遗赠扶养协议的特征，应当认定为遗赠扶养协议。但"赠与书"中"从赠与书生效之日起，产权即归乙所有"的内容无效，因遗赠扶养协议中赠与部分以赠与人死亡作为生效条件。赠与人在其死亡前仍是赠与物的所有权人，有权对赠与物进行事实和法律上的处分。在协议履行过程中，乙作为扶养义务履行人，不履行扶养义务，导致合同目的无法实现时，甲有权向人民法院起诉，请求解除遗赠关系并归还房屋和其他财产。因遗赠的房屋已被拆除而无法返还，故乙应返还相应的价款。

二、遗赠扶养协议的效力

（一）遗赠扶养协议的优先适用效力

遗赠扶养协议是双方民事法律行为，遗赠扶养协议中约定由扶养人取得的遗产是扶养人履行了扶养义务后取得的，而法定继承人和遗嘱继承人或者受遗赠人取得遗产是无偿的，所以在遗产分配上，遗赠扶养协议具有优先于法定继承、遗嘱继承、遗赠的效力。依据《民法典》第 1123 条的规定，继承开始后，按照法定继承办理；有遗嘱的，按照遗嘱继承或者遗赠办理；有遗赠扶养协议的，按照协议办理。如果被继承人生前与他人订有遗赠扶养协议，同时又立有遗嘱的，继承开始后，若遗赠扶养协议与遗嘱没有抵触，遗产分别按协议和遗嘱处理；若有抵触，按协议处理，与协议抵触的遗嘱全部或者部分无效［《继承解释（一）》第 3 条］。

（二）对遗赠扶养协议当事人的效力

遗赠扶养协议签订后，扶养人应当按照约定尽扶养义务，具体的扶养标准应当按协议确定，协议未约定的，应当以不低于当地的最低生活水平为标准。鉴于扶养义务的特殊性，扶养义务的履行应当是继续性的，在受扶养人死亡前不得中断。除扶养义务外，扶养人还必须按照协议的约定负责受扶养人的丧葬事宜。另外，虽然扶养人尽了生养死葬义务，但是扶养人实施了能够导致受扶养人死亡的行为的，应当准用继承权丧失的规定，剥夺其接受遗产的权利。

依据《继承解释（一）》第40条的规定，扶养人无正当理由不履行，导致协议解除的，不能享有受遗赠的权利，其支付的供养费用一般不予补偿；遗赠人无正当理由不履行，导致协议解除的，则应当偿还扶养人已支付的供养费用。

事例 13－4　甲为某农村集体经济组织成员，终生未育。在丈夫去世后，甲孤苦无依。邻居乙为一乡村医生，为人忠厚善良。在甲失去生活能力后，乙主动担负起扶养老人的责任。甲对乙的为人和家庭生活环境都比较满意，遂和乙签订了遗赠扶养协议，约定：乙对甲履行生养死葬的义务；甲去世后，其所有的4间房屋归乙所有。协议签订后，乙就把甲接到自己家里进行扶养。2年后，甲在其侄子丙的唆使下，委托丙将自己所有的4间房屋以高于市场价的价格出卖给丁，并办理了过户登记手续。乙得知后，请求甲要回房屋，遭到拒绝。乙遂向人民法院提起诉讼，请求确认甲和丁的房屋买卖合同无效。

——遗赠扶养协议中有关遗赠的内容只能于受扶养人死亡后发生效力，在受扶养人死亡前，扶养人不得要求受扶养人将其财产归己所有，因此，甲去世前对其在遗赠扶养协议中处分给乙的房屋仍享有所有权，甲有权出卖；对于甲、丁之间的房屋买卖合同，乙无权请求撤销。但甲对房屋的处分行为致使乙的受遗赠权无法实现，乙有权解除遗赠扶养协议，并得要求甲补偿其已经付出的扶养费用。

思考案例

1. 甲生前立有遗嘱，指定其死后房屋2间归朋友乙所有。乙知道自己为受遗赠人后，因对丙所负债务到期被丙催债，遂萌生杀害甲以尽快取得受遗赠财产、偿还债务的念头。一切准备就绪后，乙于某日晚前往甲处实施杀害行为，但因甲不在家而未得逞。3天后，甲因车祸身亡。乙在知道甲死亡的消息后60日内表示接受遗赠，后乙在一次意外中死亡。乙死亡后，其债权人丙、继承人丁对2间房屋的归属发生争执。

问：(1) 乙是否享有受遗赠权？(2) 丙、丁能否取得2间房屋的所有权？

2. 甲与妻子乙结婚多年，有一养子。婚姻关系存续期间，甲与丙公开同居生活，甲与丙依靠甲的工资（退休金）及奖金生活，但甲、乙并未离婚。甲病重住院期间，丙一直在医院照顾。甲立下遗嘱："我决定，将依法所得的住房补贴金、公积金、抚恤金和住房一套，以及手机一部遗留给我的朋友丙一人所有。我去世后骨灰盒由丙负责安葬。”甲去世后，丙根据遗嘱向乙索要财产和骨灰盒，遭到乙的拒绝。

问：（1）甲的遗嘱是否有效？（2）丙是遗嘱继承人还是受遗赠人？

3. 甲死后留有房屋 1 间和存款若干，法定继承人为其子乙。甲生前立有遗嘱，将其存款赠与侄女丙。乙和丙被告知 3 个月后参与甲的遗产分割，但直到遗产分割时，乙与丙均未作出是否接受遗产的意思表示。下列说法哪一个是正确的？（　　）

A. 乙、丙视为放弃接受遗产

B. 乙视为接受继承，丙视为放弃接受遗赠

C. 乙视为放弃继承，丙视为接受遗赠

D. 乙、丙均应视为接受遗产

4. 梁某已 80 多岁，老伴和子女都已过世，年老体弱，生活拮据，欲立一份遗赠扶养协议，死后将 3 间房屋送给在生活和经济上照顾自己的人。梁某的外孙子女、侄子、侄女及干儿子等都争着要做扶养人。这些人中谁不应做遗赠扶养协议的扶养人？（　　）

A. 外孙子女　　B. 侄子　　C. 侄女　　D. 干儿子

5. 甲死后留有房屋 1 套、存款 3 万元和古画 1 幅。甲生前立有遗嘱，将房屋分给儿子乙，存款分给女儿丙，将古画赠与好友丁，并要求丁帮丙找份工作。下列哪种说法是正确的？（　　）

A. 甲的遗嘱部分无效

B. 若丁在知道受遗赠后 60 日内没有作出接受的意思表示，则视为接受遗赠

C. 古画在交付丁前由乙代为保管，若意外灭失，丁无权要求乙赔偿

D. 如丁在作出了接受遗赠的意思表示后死亡，则其接受遗赠的权利归于消灭

6. 甲妻病故，膝下无子女，养子乙成年后常年在外地工作。甲与村委会签订遗赠扶养协议，约定甲的生养死葬由村委会负责，死后遗产归村委会所有。后甲又自书一份遗嘱，将其全部财产赠与侄子丙。甲死后，乙就甲的遗产与村委会以及丙发生争议。对此，下列哪一选项是正确的？（　　）

A. 甲的遗产应归村委会所有

B. 甲所立遗嘱应予撤销

C. 村委会、乙和丙共同分割遗产，村委会可适当多分

D. 村委会和丙平分遗产，乙无权分得任何遗产

7. 甲与保姆乙约定：甲生前由乙照料，死后遗产全部归乙。乙一直悉心照料甲。后甲的女儿丙回国，与乙一起照料甲。半年后，甲去世。丙认为自己是第一顺序继承人，且尽了义务，主张甲、乙的约定无效。下列哪一表述是正确的？（　　）

A. 遗赠扶养协议有效

B. 协议部分无效，丙可以继承甲的一半遗产

C. 协议无效，应按法定继承处理

D. 协议有效，应按遗嘱继承处理

课后复习

1. 遗赠具有哪些特点？

2. 如何理解遗赠权的本质?
3. 遗赠与遗嘱继承、赠与有何区别?
4. 单纯的沉默是否意味着放弃遗赠?为什么?
5. 遗赠扶养协议有哪些特点?
6. 如何理解遗赠扶养协议的效力?

第十四章
遗产的处理

提　要

继承开始后，遗产转归全体继承人共同共有。如果无特别约定，遗产的使用、收益和处分必须由全体继承人共同为之或者取得全体继承人一致同意才能进行。继承开始时，应当确定遗产管理人。遗产管理人应当履行法律规定的职责，因故意或者重大过失造成继承人等损害的，应当承担民事责任。遗产债务清偿应坚持以下原则：限定继承原则、保留必要份额原则、清偿债务优先于执行遗赠原则、继承费用优先原则。在遗产管理人编制遗产清单期间，因债权总额尚未确定，应当禁止继承人清偿债务。遗产债务应当按照以下顺序清偿：所欠职工工资、生活费，所欠税款，有物上担保的债权，普通债权，未知的普通债权。各共同继承人对遗产债务应当承担连带责任。继承人可以随时请求分割遗产，但继承人有特别约定或者遗嘱中禁止分割的除外。遗产的分割应当坚持以下原则：遗产分割自由原则，有利生产和生活需要原则，不得损害遗产效用原则，保留胎儿应继承份额原则，故意隐匿、侵吞、争夺遗产者酌减原则。遗产分割后，分得遗产的继承人对其他继承人承担瑕疵担保责任和债务人资力担保责任。无人继承又无人受遗赠的遗产即无人承受的遗产归国家或者集体经济组织所有。

重点问题

1. 遗产的性质
2. 遗产管理人
3. 遗产债务清偿
4. 遗产的分割自由与限制
5. 无人承受遗产的处理

第一节　遗产的地位

一、遗产的性质

关于遗产的性质，理论上主要有无主财产说、财产法人说、继承人共有说等不同主张。无主财产说认为，遗产分割前，遗产的权利人没有确定，因此没有所有权人，遗产属于无主财产；财产法人说认为，遗产本身是一个法人，独立享有权利和承担义务；继承人共有说认为，遗产在分割前为全体继承人所共有，在继承人作出放弃继承的意思表示前，继承人一律被视为遗产的共有人。①

我国《民法典》采继承人共有说。《民法典》第 1124 条第 1 款规定："继承开始后，继承人放弃继承的，应当在遗产处理前，以书面形式作出放弃继承的表示；没有表示的，视为接受继承。"这一规定就是建立在遗产继承人共有说基础上的。对此，我国学界基本上达成共识。

继承人共有究竟是按份共有还是共同共有？各国有不同立法例：一是按份共有制，因最早为罗马法所采用，故又称罗马法主义。依该立法例，继承一开始，各共同继承人就个别地继承财产，法律上当然按其应继份，各自享有确定的、显在的应有部分；各个继承人即使在遗产分割以前，也可以单独处分其应继份，而且继承债权或者继承债务，除标的不可分外，法律上当然地变成各共同继承人的分割债权或者分割债务。在现代继承法上，法国、日本等国家的民法采此立法例。二是共同共有制，因为日耳曼法所采用，故又称日耳曼法主义。依该立法例，各共同继承人在全部继承财产上都有其应继份，但其应继份为潜在的、不确定的，在个别的财产上无显在的、确定的应有部分；各共同继承人不得处分全部或者个别财产上的应有部分，但共同继承人全体同意的除外；继承债权与继承债务在遗产分割前归共同继承人全体所有。在现代继承法上，德国、瑞士等国家的民法采此立法例。

在我国，《民法典》没有明确规定遗产为继承人共同共有还是按份共有，学理上对此也颇有争论。我们认为，遗产的共有为共同共有。这是因为，虽然继承人有应继份，但该应继份并不是确定的共有份额。遗产的共有具有如下效力：第一，共同继承人就遗产的全部有其应继份，但应继份是潜在的、不确定的；第二，共同继承人对遗产的使用和处分，应由全体继承人共同决定；第三，共同继承人之间对继承的债权、债务负连带责任。

二、遗产的确定

死者通常为家庭成员，家庭共有财产和夫妻共有财产中属于死者的那一部分才为遗产，所以，处理死者的遗产时，首先要把遗产同夫妻共有财产和家庭共有财产区分开。依据《民法典》第 1153 条的规定，夫妻共同所有的财产，除有约定的以外，遗产分割时，应当先将共同所有的财产的一半分出为配偶所有，其余的为被继承人的遗产；遗产在家庭共有财产之中的，遗产分割时，应当先分出他人的财产。

（一）遗产与夫妻共有财产的区分

对于在夫妻关系存续期间死亡的被继承人，婚姻关系存续期间属于其个人的财产当然属于遗产。属于夫妻共有财产的，并不都是遗产，夫妻共有财产中属于被继承人的部分才是遗产。

---

① 参见郭明瑞、房绍坤：《继承法》，2 版，190 页。

依据《民法典》第1063条的规定，被继承人的个人财产包括：被继承人的婚前财产，被继承人因受到人身损害获得的赔偿或者补偿，遗嘱或者赠与合同中确定只归被继承人的财产，被继承人专用的生活用品，其他应当归被继承人的财产。被继承人的个人财产当然为遗产。除上述属于个人财产的外，其他夫妻关系存续期间所得的财产都为夫妻共有财产，包括：工资、奖金和其他劳务报酬，生产、经营、投资的收益，知识产权的收益，继承或赠与所得的财产（但遗嘱或赠与合同中确定只归夫或妻一方的财产除外）以及其他应当归共同所有的财产（《民法典》第1062条）。夫妻在婚姻关系存续期间所得的共同所有的财产，除有约定的以外，如果分割遗产，应当先将共同所有的财产的一半分出为配偶所有，其余的为被继承人的遗产。

（二）遗产与家庭共有财产的区分

遗产在家庭共有财产之中的，遗产分割时还应当先分出他人的财产。家庭共有财产主要包括：家庭成员共同劳动积累的财产，家庭成员共同继承、受赠的财产等。家庭共有财产中个人财产份额的确定，不适合采平均主义，一般应当按照家庭成员的贡献大小、出资多少、应继承的份额等因素来确定。[①] 但是，应当注意的是，家庭成员的个人财产不属于家庭共有财产，家庭成员的个人财产当然为遗产。

（三）遗产同其他共有财产的区分

财产共有关系除夫妻共有财产、家庭共有财产之外，还存在其他形式的财产共有，如合伙共有财产等。当合伙人之一死亡时，应当按照死者的出资比例或协议约定的比例，将死者在合伙中的财产份额分出来，列入其遗产范围。

三、遗产的使用、收益和处分

在继承人为一人时，遗产的使用与收益完全由其自己决定。在继承人为多人时，遗产的使用应当由全体继承人共同决定，但全体继承人协商一致的除外。除继承人另有约定外，遗产的收益归属于继承人全体所有，为遗产的一部分。如果继承人就遗产的使用、收益有约定，该约定不仅对继承人有效，而且对继承人的继承人也发生法律效力。[②] 遗产为各继承人共同共有的财产，不征得全体继承人的一致同意，任何继承人不得将遗产的全部、一部或者某项财产擅自处分。当然，对遗产的保存行为除外，因为保存行为对全体继承人有利而无害。

第二节　遗产管理人

一、遗产管理人的确定

继承开始后，原属于死者的一切财产都归继承人所有。但继承人并不一定现实地占

① 参见郭明瑞、房绍坤、关涛：《继承法研究》，167页。

② 参见陈棋炎、黄宗乐、郭振恭：《民法继承新论》，修订9版，132页。

有遗产，即使占有遗产，也可能放弃继承权，而且由于遗产尚未分割，各人可以分得多少遗产尚未确定。如果不确定遗产管理人，难免会有遗产被侵占、损毁的事件发生，从而损害继承人、受遗赠人、酌情分得遗产人的利益。在无人继承又无人受遗赠时，遗产被侵害的可能性更大。所以，法律上有必要确定遗产管理人。

所谓遗产管理人，是指对遗产负有保存和管理职责的人。关于如何确定遗产管理人，各国做法不一。在我国，《民法典》对遗产管理人的确定作了如下规定：继承开始后，遗嘱执行人为遗产管理人；没有遗嘱执行人的，继承人应当及时推选遗产管理人；继承人未推选的，由继承人共同担任遗产管理人；没有继承人或者继承人均放弃继承的，由被继承人生前住所地的民政部门或者村民委员会担任遗产管理人（第 1145 条）。对遗产管理人的确定有争议的，利害关系人可以向人民法院申请指定遗产管理人（《民法典》第 1146 条）。

二、遗产管理人的职责

依据《民法典》第 1147 条的规定，遗产管理人应当履行下列职责。

（一）清理遗产并制作遗产清单

遗产管理人清理遗产并制作遗产清单有如下好处：便于防止遗产流失，便于计算遗产价值、清偿遗产债务、执行遗赠、分配遗产，便于继承人或者利害关系人随时查阅。在通常情况下，遗产清单可以包括以下内容：（1）被继承人生前所有的不动产、动产、知识产权、股权等财产的数量及价值；（2）被继承人生前所享有的不具有人身专属性的债权；（3）因被继承人死亡而获得的保险金、赔偿金、补偿金和抚恤金；（4）被继承人生前所欠的债务和应交纳的税款；（5）被继承人的丧葬费用和继承费用；（6）其他遗产上的负担；（7）有争议或者诉讼中的债权、债务等。[①] 当然，遗产清单中所列举的事项，并不都属于遗产的范围，如抚恤金、丧葬费用、继承费用等就不属于遗产。

（二）向继承人报告遗产情况

继承人是与遗产关系最为密切的利害关系人，其是遗产的承受人、遗产债务清偿的义务人、分割请求权人，遗产之存否、多寡、状况等都对其关系重大，所以，继承人对遗产情况享有知情权，遗产管理人应向其报告遗产情况。

（三）采取必要措施防止遗产毁损、灭失

为保护继承人、受遗赠人以及相关利害关系的人利益，遗产管理人应当采取必要措施以防止遗产的毁损、灭失，例如：针对鲜活易腐的动产应及时予以变价处理，保存变价后的价款；针对未采摘的果蔬，应继续看护管理。

（四）处理被继承人的债权债务

在继承开始后，被继承人的债权债务均由继承人所承受，因此，遗产管理人及时处理被继承人的债权债务，对继承人、受遗赠人、遗赠扶养协议之扶养人等都有很大影响，因而妥善处理被继承人的债权债务是遗产管理人的一项重要职责。例如，对于已经

① 参见郭明瑞、房绍坤：《继承法》，2 版，197 页。

到期的遗产债权，遗产管理人应向债务人发送催收通知，要求债务人履行。

（五）按照遗嘱或者依照法律规定分割遗产

分割遗产是遗产处理的重要环节，也是遗产管理人的重要职责。遗产管理人在继承人之间分割遗产时，应当按照遗嘱或者法律规定进行。

（六）实施与管理遗产有关的其他必要行为

除上述职责外，凡与管理遗产有关的其他必要行为，遗产管理人也应当实施，例如，妥善保管被继承人的账册、通过诉讼保全遗产等。

三、遗产管理人的赔偿责任

《民法典》第 1148 条规定："遗产管理人应当依法履行职责，因故意或者重大过失造成继承人、受遗赠人、债权人损害的，应当承担民事责任。"依照该规定，遗产管理人违反管理职责，未尽到注意义务，致使继承人、受遗赠人、债权人受到损害的，应当承担赔偿责任。可见，遗产管理人承担民事责任以主观上有故意或者重大过失为条件。遗产管理人若仅具有一般过失，即使造成了损害后果，也不承担民事责任。同时，遗产管理人承担的民事责任不因其是否受有报酬而有所区分。《民法典》第 1149 条规定，遗产管理人可以依照法律规定或者按照约定获得报酬。可见，遗产管理人是否收取报酬，取决于法律的规定或者当事人的约定。若法律没有规定或者当事人没有约定遗产管理人获取报酬，则遗产管理人的管理为无偿管理。

一般而言，遗产管理人有下列情形时，应当承担民事责任：(1) 未尽到管理义务，造成遗产价值减少；(2) 未尽到通知义务，致使继承人、受遗赠人、债权人受到损害；(3) 未按照遗产债务的法定清偿顺序进行清偿，致使债权人的利益受到损害；(4) 在遗产不能满足全部遗产债权的情况下，未按照债权比例进行清偿，造成债权人损失；(5) 对于尚未到期债权或者有争议债权，在债权到期前或者争议解决前先行清偿其他债权，造成上述债权人的债权无法获得清偿；(6) 在遗产不足的情况下，在受遗赠人、遗嘱继承人和法定继承人中间未按规定顺序分配遗产，造成部分权利人受有损害；(7) 在清偿遗产债务时，没有为继承人中缺乏劳动能力又没有生活来源的人保留适当遗产，致使这类继承人生活发生困难；(8) 在遗产分割时未为胎儿保留必要份额。

第三节　遗产债务的清偿

一、遗产债务的概念和特点

我国继承法采取当然的概括继承原则，遗产自继承开始时就转归继承人所有。遗产不但包括遗产权利，而且包括遗产义务，所以，被继承人的债务应当由继承人来偿还。当然，放弃继承权的继承人对遗产债务可以不负偿还责任（《民法典》第 1161 条第 2 款）。

所谓遗产债务，是指被继承人生前以个人名义欠下的，完全用于被继承人个人需要的债务。遗产债务主要包括：被继承人应当缴纳的税款；被继承人因合同、侵权行为、不当得利、无因管理等原因欠下的债务；因其他原因欠下的债务，如合伙债务等。

遗产债务具有如下特点。

1. 遗产债务是被继承人生前所欠的债务

有学者认为，继承开始时发生的债务，诸如丧葬费用、遗产管理费用、遗产继承费用等，也为遗产债务。我们认为，应当明确区分遗产债务与非遗产债务，因为前者的责任承担以遗产为限，后者的则不以遗产为限。遗产债务只应指被继承人的债务，不应当包括继承人的债务。继承开始是区分被继承人债务和继承人债务的分界点：被继承人生前所欠的债务为遗产债务，继承人的偿还义务以所继承的遗产为限；继承开始后所欠下的与被继承人有关的债务（如丧葬费用）、与遗产有关的债务（遗产管理费用、遗产继承费用）都是非遗产债务，继承人的偿还义务不受继承遗产的限制。

2. 遗产债务是被继承人以个人名义欠下的用于被继承人个人需要的债务

只有以被继承人名义欠下的债务，才为遗产债务。但是，被继承人以个人名义欠下的债务并非全部为遗产债务，还要注意区分被继承人个人债务与夫妻或者家庭共同债务。与夫妻或者家庭共同生活无关的、单纯为满足被继承人个人需要的债务，才为遗产债务。如果是为夫妻或者家庭共同生活需要、为增加夫妻或者家庭共有财产、为偿还夫妻或者家庭共同的债务等所欠的债务，不管是以谁的名义欠下的，都是夫妻或者家庭共同债务，应当用夫妻共有财产或者家庭共有财产来偿还。

事例 14-1　甲向乙借款 6 万元，借款期限 1 年，月利率 3%。甲在借款单的借款人位置上签了名。丙在借款单上表示："本人自愿为借款人甲提供担保，如债务人到期没有履行还款义务，本人自愿承担连带责任。"丙还在借款单的保证人位置上签写了自己的姓名。后丙因购房向乙借款 10 万元，将其店面 1 间作为借款抵押物，并办理了抵押登记。丙去世后借款期满，丙的继承人经乙多次催讨仍没有还款，乙就两笔借款分别向人民法院提起诉讼，请求丙的继承人妻子丁、儿子戊分别承担保证责任和还款责任。

——丙为甲的借款向乙承担保证责任而发生的债务，未与其妻丁协商一致，依照《民法典》的有关规定，该保证债务为丙的个人债务，属于遗产债务。丙为购房，以个人名义向乙所负债务，是为夫妻共同生活所负的债务，为丙和丁的夫妻共同债务，丙、丁有共同偿还责任，丙应当承担的部分为遗产债务。

二、遗产债务的清偿原则

继承人在清偿遗产债务时，应当坚持如下原则。

（一）限定继承原则

所谓限定继承，是指继承人对被继承人的遗产债务的清偿只以遗产的实际价值为限，超过遗产实际价值的部分，继承人不负清偿责任。对此，《民法典》第 1161 条第 1

款规定：继承人以所得遗产实际价值为限清偿被继承人依法应当缴纳的税款和债务。超过遗产实际价值部分，继承人自愿偿还的不在此限。

从一些国家、地区的立法来看，限定继承往往是作为例外，即原则上继承人清偿债务的责任不以遗产为限，只有作出限定继承的意思表示或者经过特别程序，继承人的清偿责任才以遗产为限。但我国法律的规定相反：对遗产债务的清偿以限定继承为原则，即原则上继承人清偿遗产债务的责任以遗产为限，无须继承人作出限定继承的意思表示，也无须经过特别的程序。只有在例外的情况下，继承人对超过遗产实际价值部分的债务才承担清偿责任。这种例外有两种情形：一是继承人自愿偿还的，不受限定继承的限制；二是对于继承人有扶养能力而不尽扶养义务，致使被继承人为满足基本生活需要而欠下的债务，继承人应当承担清偿责任。[①]

（二）保留必要份额原则

《民法典》规定了限制遗嘱自由的必留份制度，于第 1141 条规定，“遗嘱应当为缺乏劳动能力又没有生活来源的继承人保留必要的遗产份额”。这一思想也体现在遗产债务清偿中，即在清偿遗产债务时，如有继承人缺乏劳动能力又没有生活来源，必须为其保留必要的份额。对此，《民法典》第 1159 条规定：“分割遗产，应当清偿被继承人依法应当缴纳的税款和债务；但是，应当为缺乏劳动能力又没有生活来源的继承人保留适当的遗产。”

（三）清偿债务优先于执行遗赠原则

受遗赠权只具有债权效力，是对继承人享有的请求给付遗赠财产的权利。但是，在有普通债权时，普通债权优先于受遗赠权实现，遗产债务的清偿优先于遗赠的执行，即“执行遗赠不得妨碍清偿遗赠人依法应当缴纳的税款和债务”（《民法典》第 1162 条）。如果既有法定继承又有遗嘱继承、遗赠，由法定继承人清偿被继承人依法应当缴纳的税款和债务；超过法定继承遗产实际价值部分，由遗嘱继承人和受遗赠人按比例以所得遗产清偿（《民法典》第 1163 条）。

事例 14－2　甲与乙系再婚。在婚姻关系存续期间，妻子乙丧失劳动能力。甲再婚时，其子丙（与前妻所生）已参加工作并独立生活。甲向有关部门申请开设商店，获市场监督管理部门批准。由于资金不足，甲向他人借款 10 万元用于经营活动。后甲因病住院，经医治无效死亡。甲生前与乙订有协议，明确甲因经营所负债务为甲个人债务，由甲负责偿还。甲生前立有遗嘱，将遗产 2 万元留给负责照看妻子乙的侄女丁。丙在办完父亲的丧事后，将甲的遗产折价出售，获 5 万元人民币，分给丁 2 万元，其余部分与乙各分得 1.5 万元。债权人向法院起诉，要求乙和丙偿还甲的生前欠款。

——甲的遗产价值为人民币 5 万元，遗产债务为人民币 10 万元。根据限定

① 对于这时的债务是遗产债务还是继承人债务，还有不同的意见。但不论是遗产债务还是继承人债务，可以确定的是，继承人应当为此债务承担无限连带责任。

继承原则，乙、丙作为继承人在承担甲的债务时，承担清偿责任的数额以5万元为限，对超出部分的5万元债务，并无偿还的义务。乙为缺乏劳动能力又没有生活来源的人，甲的遗产虽不足以清偿债权人的债务，但仍应当为乙保留适当的遗产份额，剩余的遗产再用于清偿债务。甲的遗产不足以清偿债务，因此，遗嘱中遗赠给丁的部分不能执行，丁应当将取得的甲的2万元遗产返还给乙、丙，用于偿还甲的债务。乙和丙为共同继承人，对甲的债务要在遗产范围内承担连带清偿责任。乙和丙都有义务按照甲的遗产数额向甲的债权人清偿债务。乙或者丙如果对债权人承担的债务数额超过自己分得的遗产数额，则就超过部分有权向其他继承人追偿。

三、遗产债务的清偿时间

遗产债务的清偿时间对债权人影响甚大。遗产数量有限、债权人众多时，如果法律不限制遗产债务的清偿时间，而任由遗产管理人或继承人去偿还，则先受清偿的债权通常可以获得满足，而其他债权人的债权则毫无保障，所以，法律应当限制遗产债务的清偿时间，至少在债权人申报债权以前、债权总额尚未基本确定时，不应当清偿遗产债务。对此，许多国家的法律中都有限制性规定。例如，《瑞士民法典》第586条第1项规定："在制作遗产清单期间，不得要求继承人履行被继承人的债务。"

我国法律没有规定遗产债务的清偿时间。我们认为：为避免因清偿部分债权人的债权而使其他债权人受损害的不公平的事情发生，在遗产管理人编制遗产清单期间，因债权总额尚未确定，应当禁止继承人清偿债务。继承人为清偿的，如果损害了其他债权人的利益，应为无效清偿。

四、遗产债务的清偿方式

关于遗产债务的清偿方式，主要有两种立法例：一是不经过清偿遗产债务，不得分割遗产，如德国民法①；二是遗产债务不清偿，也可以分割遗产，如法国民法。② 我国法律没有确定遗产债务的清偿方法，司法实践中对先清偿债务后分割遗产或者先分割遗产后清偿债务都予以认可。

应特别指出的是，先分割遗产后清偿债务的弊端是很明显的：如果有继承人拒绝清偿债务或者将继承的遗产用尽而又无力清偿债务，债权人债权的实现显然会受到影响。即使其他继承人承担连带责任，也为债权人的求偿增加了很多困难。所以，应当鼓励先清偿债务后分割遗产。只有在因客观原因无法先清偿债务时，才先分割遗产后清偿债务。

① 参见《德国民法典》第2046、2047条。

② 参见《法国民法典》第870条。

事例 14－3 甲去世后留有遗产人民币 140 万元存款，继承人有妻乙、子丙、女丁。甲生前留有遗嘱，明确将存款中的 10 万元给其弟戊，将遗产中的 10 万元给朋友己。乙、丙、丁执行完遗嘱后，将剩余的遗产存款 120 万元平均分割。遗产分割完毕后，甲的债权人庚以甲生前对其负有 140 万元的债务为由，请求乙、丙、丁、戊、己履行偿还义务。

——共同继承人乙、丙、丁是在执行遗赠和分割遗产后得知甲生前债务的存在，因为本案既有法定继承人，又有遗嘱继承人和受遗赠人，所以就涉及上述各分得遗产的人应如何分摊遗产债务的问题。依据《民法典》第 1163 条的规定，首先由法定继承人乙、丙、丁用其所得的 120 万元遗产清偿甲对庚的债务，法定继承人所得遗产不足以清偿的 20 万元债务，由遗嘱继承人戊和受遗赠人己按比例用所得遗产偿还。

五、遗产债务的清偿顺序

在被继承人的债权人为多人而遗产又不能全部清偿的情况下，哪一债权能够优先获得清偿，对债权人的利益影响巨大，所以，确定遗产债务的清偿顺序是一个十分重要的问题。依据《民法典》第 1161 条以及其他法律的有关规定，对遗产债务应按如下顺序清偿。

（一）所欠职工工资、生活费

被继承人生前从事个体营业或者从事承包经营时，对于雇用职工所欠的工资、生活费，应当在其遗产中优先支付，这是维持职工日常生活所必需的。

（二）所欠税款

缴过税款后的收入才是个人的合法收入，而只有个人的合法收入才能由个人自由支配，所以，欠缴的税款也应当优先于其他债务清偿。

（三）有物上担保的债权

物上担保包括抵押权、质权和留置权。有物上担保的债权优先于普通债权，这是由担保物权的优先效力决定的。当然，有物上担保的债权的债权人行使担保物权后，不足清偿的部分，仍应当与普通债权处于同一顺序受偿。

（四）普通债权

在清偿上述三类债权后，剩余财产可以用来清偿普通债权。如果剩余财产足以清偿全部的普通债权，则无须确定普通债权的顺序和比例；如果剩余财产不足以清偿全部的普通债权，则各普通债权人应就剩余的财产按其债权的比例平均受偿，这是由债权的平等性决定的。

应当注意的是，这里的普通债权人亦包括继承人，即继承人作为被继承人的债权人，其债权不能因为继承人成为遗产的共同共有人而发生混同的后果。这是保护继承人利益的需要，因为如果发生混同，这无异于作为债权人的继承人用自己固有的财产清偿遗产债务。当然，如果继承人是被继承人的债务人，继承人的债务也不因其成为遗产的共同共有人而发生混同。这是保护其他债权人利益的需要。

（五）未知的普通债权

对于债权人未申报的普通债权，而继承人和遗产管理人在清偿遗产债务时并不知道其存在的，只能以清偿完上述债权后剩余的财产予以清偿。

六、共同继承人对遗产债务的连带责任

继承人为一人时，无共同继承人的内外部关系问题。但是，在继承人为多人时，就需要确定共同继承人之间对外承担何种责任。对此，主要有三种立法例[①]：一是分割责任主义，即共同继承人就被继承人生前所负债务，给付可分的，按各人应继份负责清偿；给付不可分的，则由各共同继承人按不可分债务的规则处理。法国民法、日本民法采此立法例。[②] 二是连带责任主义，即无论给付是否可分，继承人对被继承人的债务都负连带责任。德国民法、瑞士民法采此立法例。[③] 三是折中主义，即在遗产分割前，被继承人的债权人只能对遗产请求清偿，而在遗产分割以后，其可以对共同继承人按其应继份请求清偿。荷兰民法、葡萄牙民法采此立法例。[④]

在我国，《民法典》没有明确规定各共同继承人对遗产债务承担何种责任，但在我国基于遗产为继承人所共同共有，共同继承人对遗产债务自应负连带责任。与其他国家的做法不同的是，我国继承法上共同继承人以分得的遗产为限对遗产债务承担连带责任。连带责任是共同继承人对外的责任形式，在共同继承人内部应当按照各自继承遗产的比例分担遗产债务。承担了连带责任的继承人就超过自己应当承担部分的债务，有权向其他继承人追偿。

七、附条件与附期限的遗产债务的清偿

附条件与附期限的遗产债务不因被继承人死亡而清偿期提前届至，继承人本无须对该债务提前清偿。但是，如果不提前进行清偿，而是先清偿其他债权，或者进行遗产分割，则会损害未到期债权人的利益（尤其在遗产不足以清偿债务时），并且会使纠纷发生的概率增加，所以，有的国家规定，附条件与附期限的遗产债务，即使条件尚未成就或者期限尚未届至，也应提前清偿债务。例如，《日本民法典》第 930 条第 2 款规定："对于附条件的债权或存续期间不确定的债权，应按家庭法院选任的鉴定人的估价，予以清偿。"

对于附条件与附期限的遗产债务的清偿，我国法律未加以规定。我们认为，为保护债权未到期的债权人的利益，并减少纠纷发生的概率，根据我国的实际情况，附条件与附期限的遗产债务应当按照以下规则清偿：附条件的遗产债务可以向提存机关提存；附

---

① 参见戴炎辉、戴东雄、戴瑀如：《继承法》，114～115 页。

② 参见《法国民法典》第 1220 条、《日本民法典》第 899 条。

③ 参见《德国民法典》第 2058 条、《瑞士民法典》第 603 条。

④ 参见《荷兰民法典》第 1147 条、《葡萄牙民法典》第 2097 条和第 2098 条。

期限的遗产债务可以在扣除从清偿债务到清偿期届至这一段时间的利息后，提前进行清偿。当事人对于附条件与附期限的遗产债务的清偿另有约定的，从其约定。

第四节　遗产的分割

一、遗产分割的原则

遗产分割是指遗产在各继承人之间实际分配，从而使分割后的遗产为各个继承人单独所有的行为。遗产分割只发生在继承人为多人的场合，并以各继承人的地位以及应继份的确定为前提。遗产分割完毕，意味着结束继承法律关系，继承人之间的共同共有关系消灭。

关于遗产分割的原则，学理上有不同的概括。我们认为，遗产分割应当坚持如下原则。

（一）遗产分割自由原则

遗产分割自由原则是指继承人可以随时请求分割遗产。所谓可以随时请求分割遗产，是指继承开始后，不论什么时候，也不论基于什么原因，继承人都可以请求分割遗产。继承人中只要有人主张分割遗产，其他继承人便负有协助分割的义务。

当然，遗产分割自由原则也不是没有限制的。从各国民法的规定来看，遗产分割自由可因继承人的约定或者遗嘱的禁止而受限制。（1）继承人约定不分割。如果各继承人不主张分割遗产，则遗产就一直维系共同共有状态。所以，各继承人如以协议约定不得分割遗产，自无禁止的理由，只是禁止分割遗产的约定必须是全体继承人一致同意的。继承人可以就全部或部分的遗产约定不得分割。继承人不得分割遗产的协议，也可以因继承人的一致同意而解除。（2）遗嘱禁止分割。遗产乃遗嘱人遗留下来的财产，所以对遗嘱人的意思应当予以尊重，如果遗嘱人禁止分割遗产，则遗产不能分割。为保障遗嘱人不得分割遗产的意思表示的真实性，遗嘱人的意思表示必须符合遗嘱的形式要件。遗产共同共有的长时间存续不但有害于物的充分利用，而且可能损害交易安全，所以，许多国家对遗嘱人禁止分割遗产加以时间限制，如德国规定不得超过30年，日本规定不得超过5年。[①] 遗嘱禁止分割遗产超过法定年限的，超过部分被认为无效。我国法律没有规定遗嘱禁止分割遗产是否具有法律效力。但是，基于私法自治原则，如果遗嘱中有此项限制，自不能否定其效力，只是应为禁止分割遗产的意思表示设一时间限制。

（二）有利生产和生活需要原则

遗产分割应当照顾继承人的生产和生活的需要。对生产资料的分割要从有利于生产的目的出发，充分考虑生产的需要和财产的用途，将生产资料尽量分配给具有生产经营能力的人；对生活资料的分割也要考虑继承人的实际需要，尽量照顾有特殊需要的人。受照顾分得生产资料和生活资料的继承人，应当采取折价付款的方式给其他继承人以补

---

① 参见《德国民法典》第2044条、《日本民法典》第908条。

偿。《民法典》第1156条第1款中规定，遗产分割应当有利于生产和生活需要。例如，在分割遗产中的房屋、生产资料和特定职业所需要的财产时，应依据有利于发挥其使用效益继承人的实际需要，兼顾各继承人的利益进行处理［《继承解释（一）》第42条］。

（三）不得损害遗产效用原则

在遗产分割时，对于不宜分割的遗产，不得损害其效用及经济价值。这是增加社会财富，维持人类可持续发展的需要。《民法典》第1156条第1款中规定，遗产分割不应损害遗产的效用。

（四）保留胎儿应继承份额原则

在遗产分割时应当保护胎儿的利益是各国通例，只是保护方式略有不同。一些国家的法律规定，在胎儿出生前不得分割遗产。例如，《德国民法典》第2043条第1项规定："倘若继承份额因期待一名共同继承人出生而不确定，则直到此种不确定消除为止，排除分割。"《瑞士民法典》第605条第1项规定："当须考虑胎儿的权利时，应将分割推迟至其出生之时。"我国法律没有采用禁止分割遗产的方式来保护胎儿的利益，而是规定遗产分割时必须保留胎儿的应继承份额。《民法典》第1155条规定："遗产分割时，应当保留胎儿的继承份额。胎儿娩出时是死体的，保留的份额按照法定继承办理。"应当为胎儿保留的遗产份额没有保留的，应从继承人所继承的遗产中扣回。为胎儿保留的遗产份额，如胎儿出生后死亡的，由其继承人继承；如胎儿娩出时是死体的，由被继承人的继承人继承［《继承解释（一）》第31条］。在遗产分割时所保留的胎儿份额，应不少于各继承人所取得遗产的平均数；如果胎儿未来生活没有经济来源的，还应当予以照顾。

（五）故意隐匿、侵吞、争夺遗产者酌减原则

对于故意隐匿、侵吞、争夺遗产的人，除其行为可能构成侵权时令其承担侵权责任外，我国司法实践中还有一种特殊的惩罚措施，即可以酌情减少其应继承的遗产。对此，《继承解释（一）》第43条规定："人民法院对故意隐匿、侵吞或者争抢遗产的继承人，可以酌情减少其应继承的遗产。"

事例14-4　甲早年丧妻，鳏居多年后再婚，再婚时甲与前妻的儿子乙已满24周岁。乙与丙结婚后，与甲夫妇分开生活。乙在工作时因事故死亡，雇主支付了一次性死亡赔偿金56万元，由甲领取。其时，丙已有7个月身孕。丙与甲协商达成一致，家中房屋、电视机等财产留给胎儿，由甲保管；但双方对赔偿款及乙名下存款、未领工资等未作处理。此后，丙取走了乙名下存款17万元，甲领取了乙名下工资等8 000元。丙怀胎10月后生一女孩丁。丙在某国家机关工作，收入高且稳定；甲退休金微薄，其妻没有工作，生活比较困难。现丙、丁因与甲就遗产分割发生纠纷，向人民法院提起诉讼。

——乙死亡而继承开始时，虽丁未出生，但依照《民法典》的有关规定，丁具有继承能力，甲、乙协商将遗产中的房屋、电视机等财产留给胎儿，保留胎儿继承的遗产份额符合法律规定的遗产分割原则。丁出生后，为其保留的该遗产份

额归丁所有。同时，乙是甲的唯一赡养人，乙死亡之后，甲没有劳动能力，还有妻子需要扶养，生活陷入困难，属于生活有特殊困难又缺乏劳动能力的法定继承人，因此，在分割赔偿款、存款、工资等遗产时应当给予照顾，适当多分。

二、遗产分割的方式

《民法典》第1156条第2款规定，不宜分割的遗产，可以采取折价、适当补偿或者共有等方法处理。根据这一规定，遗产分割的方式主要有以下四种。

（一）实物分割

遗产分割在不违反分割原则的情况下，可以采取实物分割的方式。采用实物分割方式的遗产是可分物，不可分物不能作实物分割，应当采取折价补偿的办法即补偿分割。

（二）变价分割

如果遗产不宜进行实物分割，或者继承人都不愿取得该遗产，则可以将遗产变卖，换取价金，然后，由继承人按照自己应继份的比例，对价金进行分割。使用变价分割的方式分割遗产，实际上是对遗产的处分，所以，遗产的变价应当经过全体继承人的同意。

（三）作价补偿

对于不宜实物分割的遗产，如果继承人中有人愿意取得该遗产，则由该继承人取得遗产的所有权，然后，由取得遗产所有权的继承人按照其他继承人应继份的比例，分别补偿给其他继承人相应的价金。

（四）转为按份共有

遗产不宜进行实物分割，继承人又都愿意取得遗产的，或者继承人基于某种生产或者生活目的，愿意继续保持遗产共有状况的，则可以采取将共同共有转为按份共有的分割方式，由继承人对遗产享有共有权，确定各自的份额。份额确定后，继承人之间就不再是原来的遗产共有关系，而变成了普通的财产按份共有关系。

应当指出，遗嘱人可以指定遗产分割方式；遗嘱人未指定的，当事人可以协商确定。当事人无法达成一致意见而发生争议的，可以通过民间调解或者诉讼方式来解决。

三、遗产分割的效力

（一）遗产分割效力发生的时间

关于遗产分割效力发生的时间，主要有两种立法例：一种是溯及主义或称宣告主义，认为遗产分割的效力溯及于继承开始时发生法律效力，因为在遗产分割前，各共同继承人之间已经认定其各有特定部分，遗产分割只不过是对各自享有的专属的所有权的宣示或者认定。法国、日本采此立法例。另一种是不溯及主义或称移转主义，认为遗产分割以前，各共同继承人对遗产是共有关系，只有总的共同的支配权。各共同继承人只有在遗产分割后，才开始享有其专属部分，遗产分割使共有关系转化为新的所有关系。也就是说，遗产分割具有财产权的转移效力或者创设效力，而不具有溯及效力。德国、瑞士采此立法例。我国学界对于遗产分割的效力发生的时间，也存在着溯及主义与不溯及主义的争议。我们认为，根据我国法上的物权变动模式，遗产分割应采取移转主义。

事例 14－5 甲父去世，留有价值人民币160万元的房屋一套、存款人民币20万元。甲父生前未立遗嘱，甲另有姐乙和弟丙。甲与其妻丁感情破裂，正准备离婚，因此甲、乙、丙姐弟三人协商一致，遗产暂不分割。甲向人民法院提起离婚诉讼，请求解除与丁的婚姻关系，人民法院经审理后作出准予离婚判决。判决生效后，甲与乙、丙对遗产进行了分割，甲分得遗产人民币70万元。丁得知后，以该遗产为婚姻关系存续期间继承所得、属于夫妻共有财产为由，请求法院分割甲继承所得的财产。

——甲在与丁的婚姻关系解除后分得的70万元遗产，属于夫妻共同财产。在甲父去世时，甲与丁仍存在夫妻关系，甲已经接受继承，故甲接受继承的遗产应属于夫妻共同财产。该部分财产在甲、丁离婚时未被纳入夫妻共同财产范围，离婚后丁作为共有人有权请求重新分割。

（二）继承人相互间的担保责任

依转移主义，继承人分得的遗产源于共同继承人，所以，共同继承人理应对其他继承人负担保责任。当然，依照溯及主义，继承人对其他继承人分得的遗产亦承担担保责任，以此作为溯及主义的例外。

继承人之间的担保责任主要有以下两种。

1. 瑕疵担保责任

遗产分割采用实物分割的方法时，各继承人对其他继承人分得的遗产，负有与出卖人相同的瑕疵担保责任。继承人的瑕疵担保责任包括两种：一是物的瑕疵担保责任。物的瑕疵是指标的物的价值、效用或品质存在瑕疵。继承人对其他继承人分得的遗产存在的上述物的瑕疵，应负担保责任。二是权利瑕疵担保责任。权利瑕疵是指分得遗产的全部或者一部属于第三人，或者遗产上负担有第三人合法的权利（如抵押权）。继承人对其他继承人分得的遗产存在的上述权利瑕疵，应负担保责任。瑕疵担保责任的原因事实不限于发生在继承开始以前，只要发生在遗产分割以前，继承人都需要承担瑕疵担保责任。

2. 债务人资力担保责任

遗产分割后，各继承人应当按其所得部分，对其他继承人因遗产分割而取得的债权，担保债务人具有支付能力。对于分割遗产时已届清偿期的债权，各共同继承人应当就遗产分割时债务人的支付能力负担保责任；对于未到清偿期的债权或者附停止条件的债权，各共同继承人应就债权清偿时债务人的支付能力负担保责任。担保的数额，通常以债权的数额为准，但遗产分割时对债权另有估价的，其他继承人应以估价的数额负担保责任。继承的债权不限于普通债权，有价证券上的债权也应在担保之列。

事例 14-6 甲去世后留有价值人民币 130 万元的房屋 4 间、徐悲鸿奔马图 1 幅，另有债权 39 万元。甲的继承人妻乙、子丙和女丁在安葬甲后，对甲的遗产进行了分割，其中，乙分得房屋 4 间，丙分得徐悲鸿奔马图 1 幅，作价 32 万元，甲对戊的 39 万元债权归丁所有。丙因急需用钱，欲出卖所得字画，但经专家鉴定该奔马图为赝品，价值仅为人民币 2 万元。而丁向戊主张债权时，该债权因在甲去世时已经过了诉讼时效而未获债务人戊的清偿。丙和丁均向乙提出重新分割甲的遗产的要求。

——乙、丙、丁对甲的遗产为共同继承关系，因此，各继承人对其他继承人所分得的遗产负有瑕疵担保责任。丙分得的徐悲鸿奔马图为赝品，价值仅为人民币 2 万元，因此，该遗产存在瑕疵，对于由此导致的丙 30 万元继承利益的损失，乙、丁应承担瑕疵担保责任，丙有权请求重新分割遗产或者要求乙、丁给予补偿。丁以甲对戊的 39 万元债权作为继承所得，但甲去世时该债权已过诉讼时效，戊行使时效抗辩权而导致丁未获清偿，丁也就没有实现对甲的遗产的继承权。对于诉讼时效经过导致的继承人丁继承利益的损失，乙、丙应承担瑕疵担保责任，丁有权请求重新分割遗产或者要求乙、丙给予补偿。

第五节 无人承受的遗产的处理

一、无人承受的遗产的概念和范围

无人承受的遗产即无人继承又无人受遗赠的遗产，是指继承开始后，没有人依法继承或者接受遗赠的被继承人的财产。无人承受的遗产存在于以下情形：（1）死者既无法定继承人，又未立遗嘱指定受遗赠人，也未签订遗赠扶养协议；（2）继承人都放弃或者丧失继承权，受遗赠人也放弃或者丧失受遗赠权；（3）被继承人只用遗嘱处分了一部分遗产，且没有法定继承人；（4）被继承人虽用遗嘱处分了遗产，但遗嘱无效且又无法定继承人；（5）被继承人用遗嘱取消了一切法定继承人的继承权，但又未指定受遗赠人，或者虽指定受遗赠人，但受遗赠人放弃或者丧失了受遗赠权，或者先于被继承人死亡，且未签订遗赠扶养协议。

二、无人承受的遗产的归属

关于如何处理无人承受的遗产，各国继承立法都有规定。从各国继承法的规定来看，大都采用无人承受的遗产归国家所有的做法，但对于国家取得遗产的地位，存在着不同的认识，主要有以下两种立法例：其一是继承权主义，即主张国家是作为无人承受的遗产的法定继承人而取得遗产，如德国；其二是先占权主义，即主张国家有优先取得无人承受的遗产的权利，如法国、英国、美国、奥地利等。[①]

我国关于无人承受的遗产的处理的规定与其他国家的规定有所不同。《民法典》第1160条规定："无人继承又无人受遗赠的遗产，归国家所有，用于公益事业；死者生前是集体所有制组织成员的，归所在集体所有制组织所有。"可见，我国是按死者的身份来确定无人承受的遗产的归属的。死者生前是国家机关、全民所有制单位的职工，城镇个体劳动者及无业居民的，其无人承受的遗产归国家所有；死者生前是城镇集体所有制单位的职工、农村集体所有制单位的职工、村民的，其无人承受的遗产归死者生前所在的集体所有制组织所有。

实践中处理无人承受的遗产时，应当注意三个问题。

1. 死者债务的清偿

依据《民法典》第1161条的规定，继承人继承遗产的，应当清偿被继承人的债务。同理，取得无人承受的遗产的国家或者集体所有制组织，也应当在取得遗产的实际价值范围内负责清偿死者生前所欠的债务。清偿债务后，国家或者集体所有制组织才能取得剩余部分的遗产。

2. 非继承人取得遗产

在处理无人承受的遗产时，继承人以外的依靠被继承人扶养的缺乏劳动能力又没有生活来源的人，或者继承人以外的对被继承人扶养较多的人提出取得遗产的诉讼请求的，人民法院应当视情况适当分给遗产[《继承解释（一）》第41条]。何谓适当，应当视具体情况而定，依照审判实践，必要时可以是遗产的全部。

3. "五保户"遗产的处理

对于如何处理"五保户"的遗产，2006年的《农村五保供养工作条例》未作规定。依据《继承解释（一）》第39条的规定，由国家或者集体组织供给生活费用的烈属和享受社会救济的自然人，其遗产仍应准许合法继承人继承。其如果属于无人承受的遗产，应当归死者生前所在的集体经济组织所有。

事例14－7 甲早年到上海一户人家做保姆，照料当时刚出生的双胞胎姐妹乙和丙，一直到乙、丙上学。甲与乙、丙之间建立起了深厚的感情。甲无子女，也无其他近亲属，且无固定工作，丧失劳动能力后，受到部队官兵及邻居的照顾，且一直作为救济对象，不仅被免除了所住公房的房租，还每月从民政部门领取最低生活保障金。乙、丙工作后，甲的生活费主要由其二人提供。甲去世后，居民委员会干部及邻居在清理遗物时，意外地发现了甲留下的20万元现金，同时还发现一张欠丁1万元的欠款条。因为该遗产的归属问题，居民委员会与乙、丙发生争议。

——甲无子女和其他近亲属，也无遗嘱和遗赠扶养协议，因此，甲遗留的财产为无人承受的遗产。甲为城镇无业居民，因此，甲的遗产应归国家所有。甲生前对

① 参见郭明瑞、房绍坤：《继承法》，2版，224～225页。

丁所负的1万元债务，应当首先用甲的遗产清偿。对于清偿完遗产债务后剩余的19万元，再按无人承受的遗产处理，归国家所有。乙、丙属于继承人以外的对被继承人扶养较多的人，她们适当分得遗产的权利应当得到尊重，即应当将甲的遗产适当分给乙、丙一部分。

思考案例

1. 甲是个体工商户，经营饮食业。妻子乙已丧失劳动能力，儿子丙、丁和戊参加了工作。经营中，甲向银行贷款10万元。甲因病住院被医院确诊为癌症。甲住院期间，经营照常进行，但未缴纳税款。甲去世时共欠税款3万元。甲生前立有遗嘱，将遗产2万元给负责照看妻子的侄女已。戊、丁、丙在办完甲的丧事后，将甲的遗产折价出售获12万元，分给已2万元，就其余部分与乙各继承2.5万元。银行与税务机关向人民法院起诉，要求偿还欠款和税款。

问：(1) 甲的遗产被分割后，其生前债务应如何清偿？(2) 当遗产不足以清偿全部债务时，乙的利益如何保护？

2. 马俊去世后第九年，其妻张桦去世，遗有夫妻共有房屋5间。马俊遗有伤残补助金3万元。在婚姻关系存续期间，张桦以个人名义在单位集资入股获得收益10万元。双方生有一子马明，先于张桦病故。马明生前与胡芳婚后育有一子马飞。张桦长期患病，生活不能自理，由表侄常生及改嫁儿媳胡芳养老送终。5间房屋于张桦死亡后被拆迁，拆迁单位与胡芳签订“危旧房改造货币补偿协议书”，胡芳领取作价补偿款、提前搬家奖励款、搬迁补助费、货币安置奖励费、使用权补偿款共计250万元。

请回答以下问题：

(1) 下列各项中何者属于遗产？（　　）

A. 提前搬家奖励款　　B. 搬迁补助费

C. 货币安置奖励费　　D. 使用权补偿款

(2) 马俊的伤残补助金、张桦集资入股收益的性质应如何确定？（　　）

A. 伤残补助金和集资收益均为个人财产

B. 伤残补助金为个人财产，集资收益为夫妻共同财产

C. 伤残补助金为夫妻共同财产，集资收益为个人财产

D. 伤残补助金和集资收益皆为夫妻共同财产

(3) 下列关于常生可否得到补偿的说法，何者正确？（　　）

A. 应当得到补偿，分配数额应当小于法定继承人

B. 应当得到补偿，分配数额可以等于或大于法定继承人的继承份额

C. 如常生明知法定继承人分割遗产而未提出请求，即丧失遗产分配权

D. 如常生要求参与分割遗产，应在继承开始后1年内提出请求

(4) 下列关于胡芳及其子女遗产继承权的说法，何者正确？（　　）

A. 胡芳对张桦尽了主要赡养义务，应列为第一顺序继承人

B. 马飞对张桦的遗产享有代位继承权

C. 胡芳再婚后所生子女对张桦的遗产享有代位继承权

D. 马飞对马俊的遗产享有转继承权

3. 何某死后留下 1 间价值 60 万元的房屋和 40 万元现金。何某立有遗嘱：40 万元现金由 4 个子女平分，对房屋的归属未作处理。何某的女儿主动提出放弃对房屋的继承权，于是 3 个儿子将房屋变卖，每人分得 20 万元。现债权人主张何某生前曾向其借款 120 万元，并有借据为证。下列哪些说法是错误的？（　　）

A. 何某已死，债权债务关系消灭

B. 4 个子女平均分担，每人偿还 30 万元

C. 4 个子女各自以继承所得用于清偿债务，剩下 20 万元由 4 人平均分担

D. 4 个子女各自以继承所得用于清偿债务，剩下 20 万元 4 人可以不予清偿

课后复习

1. 如何理解遗产的性质？
2. 对遗产如何进行使用、收益和处分？
3. 如何确定遗产管理人？
4. 遗产管理人有哪些职责？
5. 如何理解遗产管理人的赔偿责任？
6. 遗产清偿应坚持哪些原则？
7. 遗产债务应按何种顺序清偿？
8. 遗产分割应当坚持哪些原则？
9. 遗产分割具有何种效力？
10. 无人承受的遗产如何处理？

第十五章

涉外继承

提　要

涉外继承是指具有涉外因素的财产继承法律关系。财产继承法律关系的主体、内容和客体中只要有一个因素涉外，就为涉外继承。各国法律以及国际条约都没有涉外继承的实体法律规范，涉外继承的法律适用依赖各国法律中的冲突规范指向的准据法。各国法律中的冲突规范确认准据法的方式各异，但其宗旨不外乎保护本国公民利益和本国利益。冲突规范指向的准据法也不外三个——被继承人的住所地法、被继承人的本国法、遗产所在地法，只是在各国继承法中这三种方式有不同的组合。我国涉外继承的准据法是：动产继承适用被继承人住所地法，不动产继承适用不动产所在地法。对于外国人在我国的无人承受的遗产，依遗产所在地法律处理。

重点问题

1. 涉外继承的概念和特点
2. 涉外继承的准据法

第一节　涉外继承的概念和特点

涉外继承是指财产继承法律关系的构成要素中含有涉外因素，要适用冲突规范加以解决的继承。涉外继承具有如下特点。

1. 财产继承关系中至少有一个因素涉外

在涉外继承中，财产继承关系至少存在一个涉外因素，具体包括主体涉外、客体涉外和与继承有关的法律事实涉外。主体涉外是指继承法律关系中继承人或者被继承人为外国人或者无国籍人，只要有一人为外国人或者无国籍人的继承就是涉外继承；客体涉外是指遗产在国外，遗产不论是动产、不动产还是其他财产权利，只要全部或者部分在国外的继承就是涉外继承；与继承有关的法律事实涉外是指被继承人在国外死亡或者被继承人在国外立有遗嘱，只要两个事实中有一个发生在国外就是涉外继承。

2. 处理涉外继承法律关系需要适用国际私法中的冲突规范

由于继承法律关系中有涉外因素，不能单纯地适用本国法律，国际上虽然制定了专门的海牙公约（如1961年《海牙遗嘱处分方式法律冲突公约》、1973年《海牙遗产国际管理公约》、1988年《海牙死者遗产继承的准据法公约》），但这些公约都非实体法律规范，国内法中也很少有专门处理涉外继承的实体法规范，因而解决涉外继承问题首先须适用各国法律中的冲突规范。冲突规范本身并无直接确定当事人的具体权利和义务的内容，而仅指明在某种情况下应援用何国法律。

3. 处理涉外继承法律关系需要确定具体的准据法

准据法是涉外继承冲突规范指向的法律，是用以确定当事人之间权利、义务的实体法。冲突规范只解决具体适用哪一国家的法律，冲突规范指向的准据法才最终使继承权得到实现。例如，《涉外民事关系法律适用法》第31条中规定的“法定继承，适用被继承人死亡时经常居所地法律，但不动产法定继承，适用不动产所在地法律”就是一种冲突规范，这一规范指向的“被继承人死亡时经常居所地法律”“不动产所在地法律”就是准据法，即处理有关涉外继承关系适用的法律。

4. 涉外继承案件实行专属管辖

由于冲突规范指向的各国法律的差异，因而适用不同国家的法律会使遗产处理的结果有很大的差异。为保护本国公民和国家的利益，大多数国家对涉外继承案件实行专属管辖。在国际上通行的做法是以被继承人的国籍、住所或者遗产所在地等为依据，确定涉外继承案件的管辖权。在我国，对涉外继承案件也实行专属管辖，《民事诉讼法》第34条第3项规定：因继承遗产纠纷提起的诉讼，由被继承人死亡时住所地或者主要遗产所在地人民法院管辖。

第二节　涉外继承的法律适用

一、涉外继承准据法的确定

（一）涉外法定继承的准据法

在国际上，各国在确定法定继承的准据法时分别适用三个冲突规范：被继承人死亡时的住所地法、被继承人死亡时的本国法、遗产所在地法。这三个规范分别代表着三类不同国家的利益，即被继承人住所地国的利益、被继承人本国的利益和遗产所在地国的利益。虽然各国在解决有关法定继承的法律冲突时采用不同的冲突规范，但归纳起来不外乎两种做法，即所谓单一制和分割制。

1. 单一制

单一制又称同一制，是指处理涉外法定继承时，不区分动产与不动产，对被继承人所有财产的继承适用同一准据法。实行单一制的国家所采取的具体做法又是不同的：（1）适用遗产所在地法。采取这种做法的国家主张，对于涉外法定继承，不分动产和不动产，一律适用遗产所在地法。法定继承依遗产所在地法是一条古老的冲突规范，不过目前除拉丁美洲少数国家仍在采用外，很少有国家采用。（2）适用被继承人死亡时的本国法。采取这种做法的国家主张，对于涉外法定继承，不分动产和不动产，一律适用被继承人死亡时的本国法。德国、日本、西班牙、葡萄牙、希腊、荷兰、波兰等国家采取这种做法。(3) 适用被继承人死亡时的住所地法。采取这种做法的国家主张，不论是动产还是不动产，对于涉外法定继承都适用被继承人最后的住所地法，因为被继承人和最后住所地的关系最为密切。瑞士、丹麦、挪威、巴西、哥伦比亚等采取这种做法。

2. 分割制

分割制又称为区别制，是指区别遗产中的动产和不动产，分别适用不同的准据法，即对遗产中的不动产继承适用不动产所在地法律，对遗产中的动产继承适用被继承人的属人法。目前，采取分割制的国家比较多，一般都主张不动产继承依不动产所在地法，但在动产继承上，由于对被继承人的属人法有不同的理解，因而所采用的冲突规范也有所不同：(1) 适用被继承人死亡时的住所地法，英国、美国、法国、比利时、泰国、智利等国家采取这一主张；(2) 适用被继承人死亡时的本国法，奥地利、土耳其、卢森堡、伊朗、玻利维亚、保加利亚、匈牙利、罗马尼亚等国家采取这一主张。

应当说，分割制和单一制各有利弊。在分割制中，由于不动产与所在国关系密切，所以维护财产所在地国的公共利益是采用分割制的一个重要原因；并且适用不动产所在地法既有利于案件的审理，又有利于判决的执行。但分割制也有一个缺陷，就是在实际运用上，如果遗产分布在两个以上的国家，遗产继承就要受两个以上的国家的法律支配，因此继承关系会复杂化，在法律适用上可能会碰到诸多麻烦和困难。采用单一制可以避免上述缺陷。在单一制中，不论遗产分布在几个国家、是动产还是不动产，遗产继承都只受被继承人的属人法的支配，因此，法律适用简单方便。但单一制的缺陷也很明显：如果被继承人的属人法与遗产所在地法不同，就会产生一定的困难，特别是遗产所在地国采用分割制时，根据属人法作出的判决一般在不动产所在地国无法得到确认和执行。

（二）涉外遗嘱继承的准据法

涉外遗嘱继承的准据法主要涉及遗嘱能力、遗嘱的方式、遗嘱的内容和效力等的准据法的确定。

1. 遗嘱能力的准据法

遗嘱能力的准据法，一般认为应由当事人的属人法解决。其中，有的国家采用遗嘱人的本国法，如日本、奥地利、韩国、埃及和土耳其等；有的国家采用遗嘱人的习惯居所或住所地法，如英国。此外，在一些国家，对于在本国境内的不动产，要求对遗嘱人的遗嘱能力适用不动产所在地法。

2. 遗嘱的方式的准据法

在遗嘱方式的准据法上，一些国家不区分动产与不动产，统一规定应适用的法律。这些国家一般以属人法和行为地法为准据法，又可分为：其一，先依遗嘱人的属人法，如果属人法不认为其遗嘱方式为有效，但立遗嘱时所在地法认为为有效者，则依立遗嘱时所在地法。其二，在属人法和立遗嘱时所在地法中，只要有一个国家的法律认为其遗嘱方式为有效，即承认其为有效。另外一些国家则区分动产与不动产，分别规定应适用的法律，即不动产的遗嘱方式适用不动产所在地法，动产的遗嘱方式适用的法律则比较灵活，如英国、美国、日本、匈牙利等国家。后一种做法与 1961 年《海牙遗嘱处分方式法律冲突公约》的规定较为相近，该公约第 1 条明确规定，不动产遗嘱方式依物之所在地法；动产遗嘱方式依下列任一法律即为有效：(1) 遗嘱人立遗嘱地法；(2) 遗嘱人立遗嘱时或者死亡时的国籍国法；(3) 遗嘱人立遗嘱时或者死亡时的住所地法；(4) 遗嘱人立遗嘱时或者死亡时的惯常居所地法。而且该公约还规定，它不妨碍缔约国现有的或者将来制定的法律规定的上述规则所指定的法律以外的法律所确定的遗嘱方式之有效性。可见，在遗嘱方式的法律适用上，尽量使遗嘱有效的立法倾向是较为明显的。这不但反映在各国法律中，也反映在国际条约中。

3. 遗嘱的内容和效力的准据法

关于遗嘱内容和效力的准据法，有以下几种立法例：(1) 适用遗嘱人立遗嘱时或者死亡时的本国法，日本、德国、奥地利、波兰、匈牙利等国家采用这一做法。(2) 适用遗嘱人死亡时或者立遗嘱时的住所地法。一些国家认为，继承及继承的财产是与死者的住所有密切关系的，因而主张遗嘱的内容及效力依遗嘱人的住所地法。不过，有的国家主张适用遗嘱人死亡时的住所地法，有的国家则主张适用遗嘱人立遗嘱时的住所地法。(3) 有关动产的遗嘱适用被继承人属人法，有关不动产的遗嘱则适用物之所在地法。英国、美国、法国、泰国等采此立法例。不过，在有关动产的遗嘱继承方面，它们对属人法有不同的理解。(4) 适用遗产所在地法。南美洲的一些国家从继承属于物权范围的观点出发，认为遗嘱继承应适用遗产所在地法。

(三) 无人承受的遗产的确定及归属的准据法

关于无人承受的遗产的准据法，主要涉及两方面的问题：一是依何种法律确定遗产为无人承受的遗产，二是依何种法律决定无人承受的遗产的归属。

对于依照何种法律确定遗产无人承受，各国一般主张依继承关系本身的准据法决定。由于各国关于继承关系的准据法的规定不一，因而确定何种遗产为无人承受的遗产的准据法也不一致，既可能是被继承人的本国法，也可能是被继承人的住所地法，或者是遗产所在地法。

关于无人承受的遗产的归属的准据法，各国立法和实践多采取如下办法加以解决：(1) 适用继承关系本身的准据法。德国采用被继承人的本国法来解决在德国的无人承受的遗产的归属问题，即如果被继承人的本国法把国家对无人承受的遗产的权利视为继承权，则德国就把财产交给被继承人国籍国；如果被继承人的本国法把国家对无人承受的遗产的权利视为对无主财产的先占权，则德国就以无主物先占者的资格把该项财产收归德国国库。(2) 适用遗产所在地法。如 1978 年的《奥地利联邦国际私法法规》第 29 条规定，如果依死者遗产继承的准据法即死者死亡时的属人法，遗产为无人承受的遗产，或者将归于作为法定继承人的领土当局，应以死者的遗产于其死亡时所在地国家的法律，取代死者死亡时的属人法。这意味着，无人承受的遗产应适用该遗产所在地国家的法律。(3) 将无人承受的遗产分为动产和不动产，分别加以处理，即无人承受的遗产中的动产的处理依被继承人死亡时国籍国法，而不动产的处理依不动产所在地法。

二、我国涉外继承的准据法

（一）涉外法定继承的准据法

关于涉外法定继承的准据法，《涉外民事关系法律适用法》第 31 条规定，法定继承适用被继承人死亡时经常居所地法律，但不动产法定继承，适用不动产所在地法律。可见，我国涉外法定继承的准据法采取分割制，即动产继承适用被继承人死亡时的经常居住地法律，不动产继承适用不动产所在地法律。

（二）涉外遗嘱继承的准据法

关于涉外遗嘱继承的准据法，涉及遗嘱方式和遗嘱效力两个方面。《涉外民事关系法律适用法》第 32 条规定，遗嘱方式符合遗嘱人立遗嘱时或者死亡时的经常居所地法律、国籍国法律或者遗嘱行为地法律的，遗嘱均为成立。可见，涉外遗嘱方式的准据法包括遗嘱人立遗嘱时或者死亡时的经常居所地法律、国籍国法律或者遗嘱行为地法律。《涉外民事关系法律适用法》第 33 条规定，遗嘱的效力适用遗嘱人立遗嘱时或者死亡时的经常居所地法律或者国籍国法律。可见，涉外遗嘱效力的准据法包括遗嘱人立遗嘱时或者死亡时的经常居所地法律、国籍国法律。

（三）遗产管理等事项与无人承受的遗产的准据法

依据《涉外民事关系法律适用法》第 34 条和第 35 条的规定，遗产管理等事项的准据法为遗产所在地法律，无人承受的遗产的归属的准据法为被继承人死亡时遗产所在地法律。

思考案例

1. 甲到美国经商，后在那里结婚并加入美国国籍，定居在美国。甲姐乙是中国国籍，居住在北京。乙在中国去世，留下一栋价值约 200 万元的房屋和一笔存款。乙既没有结婚，也没有收养子女，其父母均已去世，除妹妹甲之外没有其他亲人。

问：甲应当按照哪种法律继承乙的遗产？

2. 甲为日本人，但妻乙为中国人，夫妻常驻中国从事餐饮经营。甲去世后，遗产有：在日本的存款，折合人民币 100 万元；在中国的住房一套、经营用房一间。甲生前设立自书遗嘱，声明其全部遗产由乙继承。甲死亡时，其子尚年幼，父母丧失劳动能力且无生活来源。

问：(1) 甲的遗嘱形式是否适用中国法律？(2) 甲的遗嘱效力是否适用中国法律？

3. 王某系已取得美国国籍且在纽约州有住所的华人，回中国探亲期间病故于上海，未留遗嘱。王某在上海遗有 1 栋别墅和 200 万元人民币的存款，在美国纽约州遗有 1 套公寓房、2 家商店、3 辆汽车、若干存款。王某在纽约州没有亲属，其在上海的亲属因继承王某遗产发生争议，诉至上海某人民法院。根据国家私法规则，我国法院应适用下列哪些法律审理这一案件？（　　）

A. 在纽约州的财产适用纽约州法律

B. 在上海的财产适用中国法律

C. 遗产中的动产适用纽约州法律

D. 遗产中的不动产适用不动产所在地法律

4. 侨居甲国的中国公民田某在乙国旅行时遇车祸身亡。其生前在丙国某银行寄存有价值10万美元的股票、珠宝一批，在中国遗留有价值200万人民币的房产一处。田某在中国的父母要求继承这批股票和珠宝。我国与甲、乙、丙三国均无有关遗产继承的特别协议。依我国法律，前述股票和珠宝的继承应适用哪一国的法律？（　　）

A. 中国法　　B. 甲国法　　C. 乙国法　　D. 丙国法

5. 甲国人琼斯在我国工作期间不幸病故。琼斯在我国境内遗留有价值300万元人民币的财产，但未留遗嘱，亦无继承人。在这种情况下，对于琼斯遗留在我国的财产应依据什么法律处理？（　　）

A. 依甲国法处理

B. 依涉外继承的准据法处理

C. 依中国法律处理，但中甲两国缔结或参加的国际条约另有规定的除外

D. 交甲国驻华使领馆依甲国法处理

6. 李某（具有中国国籍）长期居住在甲国，1年前移居乙国并取得当地住所。现李某去世而未立遗嘱。李某生前在中国有投资股权和银行存款。乙国关于法定继承的冲突规范规定：法定继承适用被继承人本国法律。现李某的丙国籍的儿子和女儿为继承李某在华的股权和存款发生争议，并诉诸中国法院。依照我国相关法律及司法解释，关于本案的法律适用，下列哪项是正确的？（　　）

A. 应适用乙国法律，因为李某去世时居住在乙国

B. 应适用甲国法律，因为李某长期居住在甲国

C. 应适用丙国法律，因为李某的儿子和女儿均具有丙国国籍

D. 应适用中国法律，因为李某具有中国国籍，且争议的遗产位于中国

课后复习

1. 涉外继承具有哪些特点？

2. 如何确定涉外法定继承的准据法？

3. 如何确定涉外遗嘱继承的准据法？

4. 如何确定涉外无人承受的遗产的准据法？

5. 我国涉外继承和涉外无人承受的遗产的准据法如何确定？

参考书目

1. 史尚宽. 亲属法论. 北京：中国政法大学出版社，2000

2. 史尚宽. 继承法论. 北京：中国政法大学出版社，2000

3. 郭明瑞，房绍坤，关涛. 继承法研究. 北京：中国人民大学出版社，2003

4. 郭明瑞，房绍坤. 继承法. 2 版. 北京：法律出版社，2004

5. 陈苇. 外国婚姻家庭法比较研究. 北京：群众出版社，2006

6. 刘春茂. 中国民法学·财产继承. 修订 2 版. 北京：人民法院出版社，2008

7. 杨大文. 亲属法. 5 版. 北京：法律出版社，2012

8. 戴炎辉，戴东雄，戴瑀如. 继承法. 台北：自版，2013

9. 陈棋炎，黄宗乐，郭振恭. 民法继承新论. 修订 9 版. 台北：三民书局，2014

10. 房绍坤. 亲属与继承法. 2 版. 北京：科学出版社，2015

11. 张玉敏. 继承法律制度研究. 2 版. 武汉：华中科技大学出版社，2016

12. 戴炎辉，戴东雄，戴瑀如. 亲属法. 台北：自版，2017

13. 陈苇. 婚姻家庭继承法学. 3 版. 北京：群众出版社，2017

14. 夏吟兰. 婚姻家庭继承法. 2 版. 北京：中国政法大学出版社，2017

15. 林秀雄. 继承法讲义. 修订 7 版. 台北：元照出版有限公司，2017

16. 许莉. 婚姻家庭继承法学. 3 版. 北京：北京大学出版社，2019

17. 杨大文，龙翼飞. 婚姻家庭法. 8 版. 北京：中国人民大学出版社，2020

18. 马忆南. 婚姻家庭继承法学. 5 版. 北京：北京大学出版社，2023

19. 雷纳·弗兰克，托比亚斯·海尔姆斯. 德国继承法：第 6 版. 王葆莳，林佳业，译. 北京：中国政法大学出版社，2015

20. 安雅·阿门特-特劳特. 德国继承法. 李大雪，龙柯宇，龚倩倩，译. 北京：法律出版社，2015

图书在版编目（CIP）数据

婚姻家庭继承法 / 房绍坤，范李瑛，张洪波编著 .
8 版 . --北京：中国人民大学出版社，2025. 4.
（21 世纪普通高等教育法学系列教材）. --ISBN 978-7
-300-33785-2

Ⅰ. D923

中国国家版本馆 CIP 数据核字第 2025PS2202 号

21 世纪普通高等教育法学系列教材
婚姻家庭继承法（第八版）
房绍坤　范李瑛　张洪波　编著
Hunyin Jiating Jicheng Fa

出版发行	中国人民大学出版社		
社　　址	北京中关村大街 31 号	邮政编码	100080
电　　话	010－62511242（总编室）		010－62511770（质管部）
	010－82501766（邮购部）		010－62514148（门市部）
	010－62511173（发行公司）		010－62515275（盗版举报）
网　　址	http://www. crup. com. cn		
经　　销	新华书店		
印　　刷	北京市鑫霸印务有限公司	版　　次	2007 年 3 月第 1 版
开　　本	787 mm×1092 mm　1/16		2025 年 4 月第 8 版
印　　张	19 插页 1	印　　次	2025 年 11 月第 3 次印刷
字　　数	423 000	定　　价	50.00 元

《　　　　　　》※任课教师调查问卷

为了能更好地为您提供优秀的教材及良好的服务，也为了进一步提高我社法学教材出版的质量，希望您能协助我们完成本次小问卷，完成后您可以在我社网站中选择与您教学相关的1本教材作为今后的备选教材，我们会及时为您邮寄送达！如果您不方便邮寄，也可以申请加入我社的**法学教师 QQ 群：436438859（申请时请注明法学教师）**，然后下载本问卷填写，并发往我们指定的邮箱（cruplaw@163.com）。

邮寄地址：北京市海淀区中关村大街 59 号文化大厦 1202 室收

邮　　编：100080

再次感谢您在百忙中抽出时间为我们填写这份调查问卷，您的举手之劳，将使我们获益匪浅！

基本信息及联系方式：※

姓名：__________ 性别：__________ 课程：__________

任教学校：__________ 院系（所）：__________

邮寄地址：__________ 邮编：__________

电话（办公）：__________ 手机：__________ 电子邮件：__________

调查问卷：※

1. 您认为图书的哪类特性对您使用教材最有影响力？（　　）（可多选，按重要性排序）
   A. 各级规划教材、获奖教材　　B. 知名作者教材
   C. 完善的配套资源　　D. 自编教材
   E. 行政命令
2. 在教材配套资源中，您最需要哪些？（　　）（可多选，按重要性排序）
   A. 电子教案　　B. 教学案例
   C. 教学视频　　D. 配套习题、模拟试卷
3. 您对于本书的评价如何？（　　）
   A. 该书目前仍符合教学要求，表现不错将继续采用。
   B. 该书的配套资源需要改进，才会继续使用。
   C. 该书需要在内容或实例更新再版后才能满足我的教学，才会继续使用。
   D. 该书与同类教材差距很大，不准备继续采用了。
4. 从您的教学出发，谈谈对本书的改进建议：__________

选题征集：如果您有好的选题或出版需求，欢迎您联系我们：

联系人：黄　强　联系电话：010-62515955

索取样书：书名：__________

书号：__________

备注：※为必填项。